KB245838

I don't

I don't

I don't

남자들은 덮고 싶고
여자들은 알고 싶은
결혼의 역사

수잔 스콰이어 지음
박수연 옮김

뿌리와
이파리

“그러니까 결혼을, 괴물이라고 표현한 건가요?”

-헨리 제임스, 『황금 주발 *The Golden Bowl*』-

| 차례 |

『I Don't』는 서양에서 결혼을 어떻게 바라보는지에 관한 책이다. 애초에 결혼이 왜 생겨났고, 결혼의 목표는 무엇이며, 누가 결혼을 지지했고, 많은 사람의 머릿속에—그들이 의식하고 있든 아니든—지금과 같은 결혼관이 어떻게 자리잡게 되었는지에 관한 문화사적 탐색이다. 고대 문화를 한 겹, 한 겹 파헤치다 보면 인류의 잠재의식 속 기억창고를 발견하게 될 것이다.

인간이라는 동물의 본성을 역사적으로 살펴보면, 금실 좋은 부부조차 심지어 가장 사이가 좋을 때도 결혼생활을 왜 힘들어하는지 이해할 수 있다. 또 과거의 결혼생활을 이해하면, 결혼생활에서 어떤 것은 고칠 수 있고 어떤 것은 당연하게 받아들여야 하는지 구별하는 데 도움이 된다.

고대인들이 결혼에서 가장 중요하게 생각한 것은 바로 생식이었다. 생식이 우선이었기 때문에 여성들의 성행위를 통제해야만 했다.

교회가—하나의 교파밖에 없었던, 종교개혁 이전의 교회가—성性에 관한 규정을 만들고 시행할 때, 결혼이 담당한 가장 중요한 역할은 성욕의 억제였다.

사랑이 우선시되는 오늘날의 결혼관은 프로테스탄트의 견해에서 비롯되었다. 이 책은 사랑을 중시하는 결혼관이 대서로 자리잡는 16세기에 끝을 맺는다. 이후에 어떤 일이 있었는지는 여러분이 이미 잘 알고 있으므로.

사랑과 성행위의 인과관계는커녕 사랑이라는 개념조차도 인류가 이해하지 못한 저 먼 옛날의 성행위를 '사랑을 나누다'라고 표현하는 것은 무리가 있다. 원시시대의 성행위에는 어떠한 낭만적인 환상도 밀회도 약속도 프라이버시도 미래계획도 없었다. 단지 욕망과 욕망에 따른 섹스, 아무 생각 없는 섹스가 있었다. 인간이 생각할 줄 아는 동물임에도.

그렇기에 인류는 '사랑을 나누고' 있지는 않았다. 아직은 아니다. 하지만 다른 체위로는 사랑을 나눈다는 것을 상상할 수도 없을 만한 자세를 이미 취하고 있었다. 바로, 배와 배, 몸과 몸, 얼굴과 얼굴, 눈과 눈을 맞대는 자세다. 이렇듯 정상위를 선호하는 인간의 특이한 취향으로 말미암아―엘리자베스 여왕 시대의 노골적인 표현을 빌리자면 '얼굴과 얼굴을 맞대고 성교하기making the beast with two backs'―로맨스, 감정의 얽힘, 에로틱한 열정, 부부 사이의 사랑이든 불륜의 사랑이든 '사랑'이 생겨나게 되었다.

미래에는 누가, 누구와, 언제, 어디에서, 어떤 체위로 섹스를 했는지가 아주 복잡한 문제로 대두될 것이다. 그러나 원시시대에 중요한 것은 생존이었고, 생존을 위해서는 빠른 생식이 필요하며, 빠른 생식을 위해서는 자의식의 속박에서 벗어난 성교가 요구되었다. 섹스에 대한 자의식이 생기고 섹스에 의미를 부여하면서부터—인류가 성교와 임신의 인과관계를 이해하면서부터—성행위가 억압받게 된다는 사실은 역사를 통해서 지겹도록 많이 알려지리라. 그러나 금세 일어날 일은 아니다. 그랬다면 인류의 현재는 달라졌을 것이다. 인류가 생존이라는 과제를 해결하고 나서야 비로소 섹스의 최종 결과를 인식하게 되었다는 사실은 진화론적으로 추론할 수 있다. 성을 억압하는 시대는 '나중에' 원 없이 오랜 세월 동안 맞게 된다.

얼마나 나중이냐고 묻는다면, 고고학적 시간개념을 놓고 볼 때 막연하고 두루뭉술하게 답할 수밖에 없다. 도구를 만들 줄 알게 된—초보적이지만 인류가 지적 능력을 발휘하기 시작했다는 증거—250만 년 전으로 거슬러 올라간다. 하지만 창을 만들어내는 능력과, 생명의 기원을 신화학적으로 설명하는 것처럼 추상적인 개념을 이해하는 지적 능력 사이에는 엄청난 간극이 있다. 그리고 그 간극은 사실상 영원히 좁혀지지 않을 것이다. 그 간극이 크다는 사실, 그리고 아이의 어머니가 누구인지는 명백하게 알 수 있지만 아버지가 누구인지는 알 수 없다는 사실을 생각할 때 (수백만 년까지는 아니더라도) 수십만 년 동안 인류는 섹스와 생식의 인과관계를 이해하지 못했을 가능성이 크다.[1] 그 중요한 개념을 이해하기까지—여성이 혼자 힘으로 새 생명을 잉태할 수 없다는 사실을 남성이 이해하기까지—진화론적인 관점에서 남성이든 여성이든 성행위를 멈출 이유는 없었다. 도덕이나 교양이나 죄의식이나 죄라는 개념은 형성되지도 않았다. 먼 미래에 혼인법의 근간이 되는, 정절에 대한 이중 잣대도 없었다. 결혼제도 자체—원시적인 개념의 섹스를 문명화하는 요소—도 생기지 않았다. 기원전BCE²⁾ 1만 2000년 후에 외부적인 사건이 연이어 일어나고 나서야 이러한 변화들이 나타난다.

당시에 현대적으로 완전히 진화한 인류는 세 부류로 나뉘었다. 그들은 집단 또는 부족끼리 이동하면서 아프리카에서 시작하여 전 세계로 퍼져 나갔다. 이들 중에는 고대 근동the Near East(서유럽에 가까운 동양의 서쪽 지역인 터키, 이란, 이라크, 시리아, 이스라엘 등의 나라를 가리키는 말로, 유럽중심의 시각에서 나왔다—옮긴이)의 강 계곡 유역에 이미 정착한 부족도 있었고, 더 북쪽으로 가서 지금 유럽 땅의 동굴에 서식처를 마련한 부족들도 있었지만, 대부분은 유목생활을 하면서 식량을 구할 수 있는 곳이면 어디든 떠돌아다녔다.³⁾

부족의 일원인 남녀는 일상생활에서 반복적으로 발생하는 위험을 물리치기 위해 능력과 솜씨를 한데 모았다. 굶주림을 해결하려는 공동의 투쟁은 두 방면에서 이루어졌다. 두 팀으로 나눠서 중요한 식량원인 동물과 식물을 구하러 다녔다. 남녀는 선천적으로 잘하는 분야가 다르므로 성별에 따라 역할을 분담했다. 남성은 여성보다 힘이 세고 지방에 비해 근육 비율이 높은 데다 몸이 홀가분하기 때문에 체력적으로 고된 사냥에 적합했다. 여성은 생식주기의 제약을 받아 자유로운 이동에 제약을 받기 때문에(또 임신을 하면 일에도 지장이 있으므로) 식물과 곡물을 거둬들이는 일에 잘 맞았다.

물론 성별에 따른 역할분담이 늘 엄격하게 이루어진 것은 아니었다. 위험한 지역에 들어가 창을 휘두를 만큼 튼튼하고, 빠르게 움직이는 사냥감을 포착할 예리한 시력을 갖추었을뿐더러, 그 동물을 죽일—그 동물에게 죽을 수도 있는—담력이 있는 여성도 어쩌다 있을 수 있었다. 또 사냥보다는 농사일을 잘하는 남성들도 있었다. 그러나 부족 내의 여성 사냥꾼과 남성 농사꾼은 오늘날 평균적인 중산층 부부 가운데, 밖에 나가서 돈을 벌어오는 여자와 집에서 살림하는 남자만큼이나 예외적인 경우였다.

오늘날처럼 남성과 여성이 매일 다른 곳에서 다른 일을 한 것은 같지만, '여성의 노동'이 남성의 노동에 비해 평가절하되지는 않았다. 여성 자신도 남성보다 가치 없는 존재라고 인식하지 않았다. 생존이라는 공동의 투쟁에서 남녀는 서로에게 없어서는 안 될 존재였기 때문에—남자 혼자 또는 여자 혼자서는 마련하거나 생산할 수 없는 중요한 부분을 남녀가 힘을 합해서 해냈다—남성과 여성의 지위는 비교적 동등했다.

음식과 물, 불과 집, 육아, 게다가 성인의 생식기까지 모든 것을 공유했다. 인류학자들이 집단혼group marriage이라고 부르는, 유동적이고 포괄적인 성 체계에 따라 남성과 여성은 서로의 몸을 나눠 가졌다. 집단혼이 존재했으리라고 추정하는 것일 뿐이지만(말 그대로 역사가 기록되기 전인 선사시대이므로), 의자 빼앗기 놀이와 같은 짝짓기는 분명히 실행 가능하며 충분히 있을 수 있는 일이었다. 그러한 형태의 짝짓기가 생존에 유리했기 때문이다.[4] 몸이 허락하지 않거나 이미 임신한 여성들만 짝짓기에 제약을 받았다. 가임여성이 옆에 있는 한, 남성들은 생식의 의무를 게을리 하지 않았다.

집단혼은 성행위가 문명화되지 않고 본능을 따르며 의식의 통제를 받지 않을 때 가능하다. 그러나 임신의 신비가 밝혀지고 소유라는 개념이 생겨나면서 집단혼을 유지할 수 없게 되었다. 조직적인 공동섹스에 대한 시도는 간혹 있었지만 원시시대 이후로 한 번도 성공한 적이 없다. 비교적 최근에 나타난 시도 두 가지를 꼽자면, 1800년대 중반에 마르크스주의자가 주창한 자유연애 운동free love movement과 1970년대 초반 이른바 성 혁명으로 촉발된 개방형 결혼open marriage을 들 수 있다. 그런데 둘 다 특이한 소수만이 받아들였을 뿐, 대다수 사람에게는 관음증적인 관심 이상을 불러일으키지 못하고 '급진적인 사회실험'으로 치부되어 역사의 쓰레기통에 재빨리 버려졌다.[5)]

때마침, 집단혼(과 자의식 없는 섹스)에 죽음의 전조가 울리기 시작했다. 오랜 세월 동안 보편적으로 받아들여진 양성평등gender parity은 비교적 찰나의 순간에 새로운 형태로 전환된다. 문명화 과정의 희생양이었던 셈이다.[6)] 그렇다면 문명화를 촉진한 요소는 무엇일까? 당시는 아직 선사시대이므로 인간의 손으로 역사가 기록되지 않았다. 그러나 짐작 가능한 시나리오를 구성할 수 있는 환경적인 실마리는 충분히 있다. 평범하기 짝이 없는 어떤 사건으로 촉발된, 서로 얽히고설킨 사건의 연속에서 그 실마리를 찾을 수 있다. 바로, 기후 변화다.[7)]

기원전 1만 년에서 8000년 사이, 지중해 부근을 떠돌던 부족은 울창한 숲을 지나게 되었다. 유목민들은 눈앞에 펼쳐진 광경을 믿을 수 없다는 표정으로 바라보았다. 그들은 꿈속에서도 그릴 수 없었던 비옥한 토양 앞에 서 있었다. 주린 배를 가득 채울 수 있는 넓디넓은 황금빛 곡식 들판이 어서 와서 수확해달라는 듯, 그림처럼 펼쳐져 있었다. 모두가 1년 동안 먹고도 족히 남을 식량이었다. 대기는 따뜻하고 토양은 기름지고 햇살은 눈부셨다. 그날 밤 그곳에서 하루 머물다 가지 않을 이유가 없었다. 그리고 다음 날도, 또 그 다음 날도. 농사를 담당하는 사람들은 곡식을 거둬들이느라 정신이 없었다. 광활한 평야 주변의 삼림을 둘러보다가 살진 동물들이 널려 있는 것을 발견한 사냥꾼들도 사냥감을 잡아들이느라 바삐 움직였다(잡힐 듯 잡히지 않는 사냥감들을 쫓다가 아무런 소득 없이 허송세월하던 시간도 절약할 수 있었다). 부족들은 먹어치우는 족족 식량이 저절로 다시 생겨나는 낙원이 바로 여기인데 굳이 먹이를 찾아 다른 곳을 돌아다닐 필요가 없다는 데 곧 의견의 일치를 보았다. 방랑 시절은 끝났다. 부족은 그곳에 정착했다.

일종의 지구온난화 덕택에 인류 생존에 새로운 시대가 열린 것이다. 네 번째이자 가장 길고 (현재로써는) 마지막인 빙하기가 막을 내렸다. 수십만 년 동안 북반구 대부분을 거대한 스케이트장으로 뒤덮었던 수십 미터 두께의 빙하가 마침내 원위치인 북극으로 돌아간 것이다. 지구는 다시 온화한 기후를 회복해 근동지역에 덥고 건조한 여름과 서늘하고 습한 겨울을 가져다주었고, 따뜻한 날씨를 찾아 여러 세대에 걸쳐 유럽의 동굴에서 살던 사람들은 그곳에 보금자리를 틀었다.

기후변화로 모든 것이 달라졌다. 정착생활이 가능해졌고, 농업이 발달하게 되었으며, 농업의 발달은 충격적인 깨달음으로 이어졌다. 엄청나게 중요한 지적 유레카의 순간이었다. 이제 남성들이 동물을 사냥하러 다니는 대신, 가축을 키우게 되면서 짐승의 행동을 가까이에서 매일 관찰할 수 있게 되었다. 깨달음은 어느 날 갑자기 찾아왔다.

거부하지 않고 순순히 받아들이는 암양에게로 숫양이 총총 다가가서 암양의 몸에 올라타는 것을 양치기는 보았다. 그러나 행위가 끝난 후 숫양은 (양치기가 성행위가 끝난 후 보통 그렇게 하는 것처럼) 누워서 잠들지 않았다. 대신 새로운 파트너에게 또 접근했다. 어떨 때는 해가 지기 전에 암양 10여 마리와 행위를 벌이기도 했다. 몇 주가 지나고 나서, 양치기는 그 암양 여러 마리의 배 부분이 볼록해진 것을 발견했다. 양치기는 암컷의 체형이 변하면 어떤 결과가 나타나는지 알고 있었지만 그때까지는 임신의 원인을 알지 못했다. 오히려 자신이 내린 결론과 반대되는 증거가 넘쳐났는데도, 양치기는 새끼를 낳는 것이 암컷 혼자서 하는 일이고 성행위와는 아무런 관계가 없다고 생각했다. 그런데 갑자기 진실을 깨닫게 된 것이다.

양치기는 동물과 인간에게 똑같이 나타나는, 수컷 섹슈얼리티의 (이제는 당연한) 진실을 우연히 알게 되었다. 사정射精 자체가 만족스럽긴 하지만, 사정은 성교의 마지막 결과가 아니라 중간과정이며 성교와 임신 사이에 없어서는 안 될—그러나 그때까지는 몰랐던—연결고리였다. 양치기는 여성의 몸 안으로 들어갈 수 있는 자신의 성기가 육체적 쾌락과 긴장감 해소의 근원이라는 사실은 이미 알고 있었다. 이제 그는 자신의 성기가 생명 자체를 만들어내는 하나의 근원(이내 유일한 근원으로 규정하게 된다)이기도 하다는 사실을 이해하기 시작했다. 여성의 배는 저절로 부풀어 오르지 않으며, 남성이 먼저 여성의 몸 안에 씨를 뿌려야만 했다. 양치기는 비로소 그 자체로 경이로운 생명창조 능력은—더욱더 경이롭게도—아무런 제한이 없기까지 하다는 사실을 이해하게 되었다. 암컷은 배란기에만 임신할 수 있고 한 번에 씨 하나만 받아들일 수 있어서, 여성의 경우 1년에 한 번 정도 출산할 수 있는 반면, 건강한 수컷은 사춘기부터 사망할 때까지 언제 어느 때든 여러 명의 여성을 임신시킬 수 있는 능력이 있었다.

출산이라는 문제에서 남성들은 자신의 능력을 오랜 세월 동안 과소평가했고, 똑같이 오랜 세월 동안 여성의 능력을 과대평가했다. 남성들은 이제 다시는 자신을 과소평가하지도, 여성을 과대평가하지도 않게 된다. 벼락을 맞은 듯한 깨달음을 얻고 나서, 남성들은 자신의 생식능력을 점점 더 과신한다. 아리스토텔레스의 도움으로 말미암아, 마침내 부성은 절대적이고 모성은 거의 아무것도 아니라는 식의 사고에 이른다. 남성들은 생식이라는 드라마에서 주연의 위치에 오르는 과정을 스스로 기록한다. 문자의 발명 덕택에 관련 문서는 넘쳐난다.

증거 A: '씨'라는 단어는 구약성서에 222번이나 언급되어 있다. 씨를 대단히 귀중하게 생각하는 구약성서는 씨를 임신 가능한 여성의 생식기에만(다른 곳은 안 되고 반드시 여기에만) 뿌려야 하며, 그 이외의 곳에 뿌리면 신의 호된 분노를 사게 된다고 주장한다.[8]

증거 B: 고대 그리스에서 시민들은(시민이라고 하면 그 정의에 따라 모두 남성이었다) 생명을 탄생시키는 성기라면 사족을 못 써서 남성 성기를 본뜬 거대한 건축물을, 마치 기독교가 널리 퍼진 로마시대에 십자가가 그랬듯, 도시 어디에서나 찾을 수 있었다.[9]

증거 C~F: 아이를 품는 사람incubator, 아이를 담는 사람container, 저장소receptacle, 그릇vessel 등의 표현이 있다. 이 단어들을 보면 원시시대 이후 어머니의 역할이 어떻게 인식되었는지 짐작할 수 있다.

남성은 체력 면에서 언제나 여성보다 우월했다. 부성에 대한 새로운 깨달음은 남성이 존재―인간의 내적인 가치―라는 심오한 차원에서 여성보다 우월하다는 인식을 이끌어냈다. 시간이 지남에 따라 그 인식은 남녀 모두에게 당연한 것으로 굳었고, 사적인 진실이 무엇이든 상관없이 공적인 정책이 되었다. 이로써 '아버지의 지배'라는 부권*patria potestas*의 원칙이 자연스레 자리잡게 되었다.

그러니 남성이 자신의 신체적·지적·도덕적 우월성을 확인하고 또 확인하면서도, 여성에게 위협을 느껴서―특히 결혼생활에서 억압받아서―누구나 더 약한 성별이라고 생각하는 여성에게 허를 찔리고 파멸당했다고 끊임없이 주장하는 것은 얼마나 흥미로운 일인가? 여성과 결혼의 서로 뒤엉킨 역사는 남성의 시각으로 바라본 것이다. 그렇기 때문에 여성의 경험은 거의 드러나지 못했고, 여성의 경험은 아마 그러할 것이라고 남성이 생각하거나 상상한 것만 많았다. 다시 말해, 남성이 경험한 여성이고, 남성만을 드러낼 뿐이다. 남성은 자신을 보호할 수단을 아무리 많이 강구해도 여성들에게 방해를 받는 것처럼 역사 속에서 묘사되곤 한다. 서양사와 문학을 보면 남성을 쥐고 흔드는 악녀가 등장한다. 그녀들은 비밀스럽게, 유혹적으로, 강제적으로, 시치미를 딱 떼고, 기지를 동원해서 원하는 것을 손에 넣는다. 그것도 매우 자주.

기타 증거: 이브는 아담을 속이려는 의도 하나 없이 선악과를 건넸고, 아담은 그 선악과를 베어 물었다. 이브 이후에는 델릴라와 이세벨이 등장하는데, 그녀들은 각각 용맹한 투사와 왕을 배반하거나 그들의 명예에 먹칠을 한다. 당대 사회에서 명예가 땅에 떨어지는 것은 치명적인 일이었다. 지중해의 또 다른 지역에서는 호메로스가 한 여성의 치명적인 아름다움 때문에 전쟁이 촉발되고 결국에는 사회 전체가 멸망한다는 내용의 서사시를 썼다. 여성이 마법을 써서 남성을 성적으로 제어할 수 있다는 의심이 반복적으로 일어나, 스페인과 독일에서 식민지시대 미국에 이르기까지 400년간 광풍이 몰아쳐, 악마로 몰린 사람들은 추방 · 고문 · 사형을 당했다. 이들 중 80~85퍼센트는 공교롭게도 여성이었다.[10]

서양문화를 규정짓는 작업을 생산하고 보존한 이른바 강한 성별이 약한 성별에게 반복적으로 당한다고 생각하는 이유는 무엇일까? 한쪽이 다른 쪽보다 우월하다고 진정으로 확신한다면 굳이 우월하다는 사실을 끊임없이 상기시킬 필요가 있을까? 남성들이 (실제로는 아무런 힘도 없는) 여성과 대응하기 위해 법과 관습을 포함한 여러 강력한 무기를 자신한테 유리하게 마음대로 쓸 수 있으면서도, 굳이 자신들이 여성들에게 희생당한 무방비 상태의 피해자라고 호소하는 이유는 과연 무엇일까?

남성들이 여성들과 함께 살아가는 삶의 역사를 담은 픽션과 논픽션을 보면, 문헌을 쓴 당사자조차 인식하지 못하는 불평이 언외言外에 숨어 있으며, 이는 수 세기에 걸쳐 행간에서 읽힌다. 결혼생활의 특징적 요소라고 할 수 있는, 가정과 성적 결합에서 권위와 권력 사이에 내재된 모순이 엿보인다. 그 차이는 결코 두드러지지 않는다. 남편이 아내에게 행사하는 권위는—신神과 법과 여론 등 모든 면을 통해—처음부터 반론의 여지없이 인정되고 용납되고 사실상 요구된다. 권위를 가진 자가 자동으로 권력도 갖게 되는 것은 두말할 필요도 없겠지간, 결혼생활을 엿보면 꼭 그렇지만도 않다.

결혼생활에서 남성은 어쩔 수 없이 아내에게—신체적·감정적·정신적·성적으로든 다른 어떤 식으로든—자신을 노출할 수밖에 없다. 아내도 마찬가지지만, 아내가 약한 면을 드러내는 것은 가부장적 결혼의 핵심명제를 확인하는 것에 지나지 않기 때문에 아내로서는 잃을 게 별로 없다. 하인과 주인의 관계처럼 여성은 남성에 비해 열등하기 때문에 누구도 열등한 사람에게 큰 기대를 하지 않는다. 반면, 주인은 잃을 게 많고 추락할 격차도 컸다. 어떤 식으로든 남성은 취약했다.

부권the rule of the father이 오히려 아버지의 발목을 잡는 셈이 되었다. 부권은 남성이 자기도 모르는 사이에 아내에게 바친 권력의 근원이었다. 그 권력을 휘두를 것인가 말 것인가는 여성들에게 달려 있었다. 문학이 인생을 반영한다고 볼 때, 성서, 로마 신화, 르네상스 시대 비극, 복고 희극, 현대에 이르기까지 권력을 휘두르는 여성이 등장한다. 1993년에 나온 어떤 글에는 "남성은 영원히 여성에게 원한을 품은 채 살아간다"고 한다.[11]

오랜 세월에 걸쳐 남성이 여성에게 가진 몹시 복잡한 감정의 근원은, 황홀감은 사라지고 불안감이 엄습한 순간인 부성의 깨달음paternal awakening에서 찾을 수 있다. 자신의 능력에 대한 높아진 자의식에는 부정적인 이면이 있었으니, 바로 상처받기도 쉬워진다는 점이다. 남성은 상처받지 않으려고 자신을 단단히 무장했다. '부권'을 실행한다는 것은 일상이라는 여울을 따라 얼마간은 안전한 항구를 세우는 것이었다. 아내에게 아이나 노예와 같은 법적 지위를 주어서, 한마디로 아무런 지위도 갖지 못하게 했다. 여성들에게서 시민권과 소유권을 박탈했다. 남성이 고안한 완충장치는 그것뿐이었다. 부성을 인식하면서 남성들은 영원한 불안감에 시달리게 되었다. 여성이 필요하다는 사실이 남성을 난처하게 했다. 남성은 씨앗이 자라날 수 있는 유일하고 적합한 그릇을 여성이 갖고 있다는 부인할 수 없는 현실을 깨달았다. 그것이 딜레마의 핵심이었다. 아내가 품고 있는 씨앗이, 내 형이나 사촌이나 이웃의 씨앗이 아닌 내 씨앗이라고 어떻게 확신할 수 있단 말인가? 1980년대에 DNA 테크놀로지가 나오기 전까지, 남성은 아내가 품고 있는 씨앗이 자신의 핏줄이라는 사실을 확인할 방법이 없었다.

14세기 후반, 초서는 "여편네가 없는 사람은 여편네 바람 때문에 창피를 당하진 않을 것 아닌가"[12]라고 썼다. 이 글은 역사가 시작된 이래로 서양문화에 계속해서 등장하는 주제를 명확하게 건드리고 있다. 고대, 중세, 르네상스 시대, 심지어 빅토리아 시대에 이르기까지 여성은 성적으로 탐욕스럽고 만족할 줄 모른다는 믿음이 존재해왔다. 선사시대에 남성이 아버지로서의 행복감을 맛보게 되면서 딜레마가 생기고, 이 딜레마는 결국 역사를 통해서 계속 존재하게 된다. 바로, 여성은 통제될 수 없기 때문에 여성을 통제해야 한다는 것이다.

문명의 발상지인 근동지역에서 문명이 움트자, 남성들은 불안감을 느끼기 시작했다. 갓 발견한 소중한 부성을 어떻게 지켜낼 수 있을까? 그들은 '여자'라는 문제점을 깨닫게 되었고 이제 그 문제를 해결하려고 팔을 걷어붙였다. 처음에는 문제해결이 어려우리라고는 상상도 하지 않았다. 염소와 개와 소도 가축으로 길들여서 소유할 수 있는데 여성이라고 못할 건 무엇인가?

그래서 고대인들은 성性의 통제를 최우선과제로 삼았다. 그것은 적절한 타이밍에 적절한 조처였다. 성을 통제하면 생식이 통제될 것이고, 생식을 통제하면 (이론상으로는) 여성이 섹스 파트너를 만날 기회를 통제함으로써 여성을 통제할 수 있으며, 여성을 통제하면 남성에게 가해지는 위협을 덜거나 심지어는 완전히 없앨 수 있을 테니까. 남성들은 이 목표를 달성하기 위해 수많은 전략을 고안했다. 후손들은 시대에 맞게 디테일을 고치면서 여러 전략을 혼합해 조정하긴 했지만 어느 시대고 남성들은 같은 목표를 추구했고, 그 목표는 달성되지 못했다.

모든 전략 가운데에서 세 가지가 단연 눈에 띄었다. 가부장제 결혼 patriarchal marriage('부권'), 정절에 대한 이중 잣대(남편에게는 느슨하고, 아내에게는 엄격한 잣대), 집에 가둬놓기('여자가 있어야 할 곳')가 그것이다. 남성들은 이러한 전략을 처음부터 썼고 시대를 초월해서 계속 유지했다.

이 전략들은 과연 얼마나 효과를 발휘하게 될까?

제1장

아내의 말을 들었다는
이유만으로
낙원에서 쫓겨나고

여기에 문제의 핵심이자 짐승의 배belly of the beast(적들에 둘러싸이는 것처럼 매우 좋지 않은 상황에 부닥쳤다는 뜻. 비교적 최근에 생겨난 관용적 표현으로, 그 유래는 『짐승의 배에서In the Belly of the Beast』라는 책이다. 이 책은 살인범 잭 애봇이 수감 중에 작가 노먼 메일러에게 보낸 편지를 나중에 묶어 1981년에 퍼낸 것으로, 잔인하고 부당한 교도소의 현실에 대한 내용을 담고 있다—옮긴이)이자 강렬한 슬램덩크 슛이 있다. 이것은 서양에서 최초이자 근대 이전에는 유일한, 결혼의 원형原型이다. 이것은 교회와 국가와 사회의 일관된 후원을 등에 업고 남편과 아내가 반드시 따라야 할 뿐 아니라 각자의 역할을 알려주고 공동의 의무를 밝히는, 모든 상황에서 적용되는 행동의 기준이 된다. 이것은 유대교와 기독교 교리뿐만 아니라 비종교적인 법의 발전에도 영향을 미친다. 이것이 결혼과 가족생활에 끼친 영향력은 과장하지 않고 말한다고 해도 엄청나다. 이것은 절대 사라지지 않을 개념이다. 게다가 놀라우리만큼 간결하기까지 하다.

한 행, 네 단어, 열두 음절. 바로, 창세기 3장 16절에 나오는 "남편은 너를 다스릴 것이니라Your husband... shall rule over you"라는 구절이다.[13] 하느님이 일곱째 날 쉬고 동산에 돌아오니 이브와 아담이 부끄러워 무화과나무 잎으로 몸을 가리고 숨어 있자, 하느님이 이브에게 내린 명령이다. 종교가 서양을 지배하는 한, 성서가 하느님의 말씀을 그대로 받아 적은 것이라는 믿음도 영원히 계속될 테고, 하느님의 명령은 인간이 도전하거나 바꾸거나 버릴 수 없는 최종적인 것이라는 믿음 또한 영원할 것이다. 그러므로 하느님이 이브에게 남편의 다스림을 받으라고 명령하면, 모든 아내에게 남편의 다스림을 받으라고 명령한 것과 다름없다. 암묵적으로는 모든 남편이 아내를 다스리라는 뜻이며, 이 사실이 간과될 리 없다. 그래서 이와 같은 상황이 수 세기 동안 계속된다.

성서가 지배하던 시대에 대다수 사람에게 남편이 아내를 다스린다는 개념은 새로운 것이 아니었다. 창세기의 집필 작업―여러 작가와 편집자가 구전되는 방대한 이야기 자료에서 주제와 변주를 뽑은 공동작업―은 기원전 마지막 1000년의 시간 대부분(약 기원전 1200~1000년에서 200년 사이)에 걸쳐 계속되었다고 한다. 당시 이스라엘 사람과 이스라엘 주변국의 이교도들에게 창세기 3장 16절은 당연한 사실을 다시 말한 것에 불과했다. 계급제도는 어디에서나 볼 수 있는 공통된 규약이었다. 백성은 왕에게, 하인은 주인에게, 자식은 아버지에게, 아내는 남편에게 복종해야 했다. 복종 이외의 것은 당시로써는 상상도 할 수 없었다. 사람들에게는 여가시간이나 수명이나 사회적 용인이라는 개념이 없었고, 누구도 수평적으로 권력을 공유하는 방법을 시도해보지도, 상상하지도 못했다. 세계의 질서는 수직적이었다. 명령계통이 가장 중요하고 명령을 어기는 사람에게는 혹독한 형벌이 내려졌다. 명령을 어기는 남자도, 여자도 없지는 않았지만 행동을 조심한다면 벌을 교묘히 면할 수 있었다. 사회의 웃음거리로 전락하고 싶지 않다면 신중할 필요가 있었다.

'그렇게 해야만 하는 것'과 현실 사이에 간극이 엄청나다는 것은 남녀 모두 경험을 통해 이미 알고 있었다. 아무리 어를 써도 아내를 다스리고 있지도 않고, 다스리고 싶지도 않고, 다스릴 수도 없는 남편들이 있었다. 남편에게 복종하지도 않고, 복종할 생각도 없고, 복종할 수도 없는 아내들도 있었다. 창세기 3장 16절의 장점은 이런 맥락에서 빛을 발휘한다. 성서 작가들은 그 구절이 하느님 자신이 직접 내리고 확신에 찬 무한한 힘으로 전달된 명령이라고 묘사함으로써, 비종교적인 여론을 종교적인 의무로 변모시켰다. 독실한 남녀는 종교적 의무를 진지하게 받아들였으며, 어쩌면 비종교적인 의무보다 더 진지하게 받아들였다. 19세기까지는 종교를 독실하게 믿은 사람이 소수가 아니라 다수였다는 사실을 생각할 때 영리한 조처였다. 남편과 아내에게는 사회적 압력 외에도, 종교계가 틈만 나면 노골적으로 상기시켜주는 정해진 역할을 수행해야 할 또 다른 이유—신성한 의무—가 있었다. 다른 자극이 더 필요하다면 성서에 나오는 하느님 자신도 있었다. 하느님이 자신이나 자신의 명령을 진지하게 여기지 않는 인간을 대하는 태도는 곧 명백하게 드러난다.

이 하느님은 고대 사회에서 숭배받는 다른 신들과 달랐다. 단지 유일신이어서가 아니었다. 그는 여러 신을 모신 신전에 속하지도 않았고, 여러 신의 우두머리도 아닐뿐더러 자연의 요소(하늘, 땅, 태양, 바다)나 인간의 경험(사랑, 전쟁, 술, 출산)의 화신도 아니었다. 그 자체가 신전이었고, 구체적인 형태를 띠지 않으면서도 모든 것을 상징하는 것이므로 그 무엇으로도 나눌 수 없었다. 그의 가장 특이한 면은 보이지 않는다는 점이었다. 성서에 등장하는 인물은 하느님과 만난 놀라운 경험을 증언한다. 하느님은 산 정상에 서거나, 숲 속에서 불쑥 떠오르거나, 낮의 서늘한 기운 속에 정원을 뚫고 미끄러져 들어오는 등 어디에서든 갑자기 나타난다. 하느님이 나타나면 사람들은 덜덜 떨거나 의식을 잃는다. 그들은 하느님이 확실히 존재한다고, 그것도 겁나게 놀랍도록 존재한다고 단언한다. 그러면서도 하느님을 볼 수는 없다. 이스라엘인의 관점에서 하느님은 물질적인 면에서는 존재하지 않는다. 이스라엘인들은 다른 문화권에서 섬기는 우상을 묘사하는 것처럼 하느님의 이미지를 조각하거나 그리거나 새겨 넣는 등 하느님을 의인화하려는 어떠한 시도나, 하느님이 물질적인 면에서 존재한다는 사실을 암시하는 어떤 발언에도 질색한다('나사렛의 예수'라는 이름의 유대인 랍비가 인간의 형태를 하고 나타나 갈릴리를 맨발로 돌아다니면서 사람들에게 설교하고 사도들과 식사를 함께한다는—더군다나 십자가에 매달려 못 박혀 피를 흘린다는—이유만으로 유대인들은 기독교를 인정하지 않는다).

하느님이 독특하다면 하느님의 천지창조 또한 독특해야만 할 것이다. 그래서 성서의 첫 세 장에 펼쳐지는 최초의 서사는 처음부터 다른 부분과 구분된다. 보통 고대 신화는 하늘과 땅 등의 탄생을 인간의 행동과 유사한 신의 공적으로 묘사한다. 예를 들어 바빌로니아와 아시리아 신화는 남신과 여신의 성교로 시작된다(생식에서 남성의 역할이 더는 미스터리가 아님을 보여주는 확실한 증거다). 이집트 신화를 보면 이집트 남성들은 팔자가 정말 좋았으리라고 추측할 수 있다. 태양의 신 아툰Atun은 낭떠러지에 서서 자위를 하다가 절정에 이르자 저 아래 절벽 물웅덩이로 정액을 분출한다.[14] 손만 있으면 되는데 굳이 성교를 할 필요가 뭐가 있겠는가? 그러나 창세기의 하느님은 인간으로서는 도저히 인식하거나 이해할 수 없는 방식으로 천지를 창조한다. 창세기를 쓴 사람들도 인식하거나 이해하려고 시도조차 하지 않는다. 성서의 천지창조는 그 창조자 자신처럼 수수께끼와 같고 모호하며 신성한 지성의 표현이다. '하느님은 생각한다, 고로 우리가 존재한다'라는 선에서 이해하고 넘어가자.

　　이 시점에서 우리 인간은 당연히 아직 창조되지 않았다. 창세기는 뜸을 들일 만큼 들이고 나서 26절에야 비로소 인간을 등장시킨다. 잘 알려진 것처럼 성서의 첫 구절은 '태초에'로 시작된다. '태초에' 아무것도 존재하지 않고 광활하며 아무 형태도 없이 텅 비어 어둠이 물 위에 있었다(다른 고대 신화를 보면 하늘이나 땅과 같은 것이 존재하기 전에 물이 이미 존재했다. 이는 물이 생명을 탄생시키는 데 제일 중요하다는 사실을 암시한다). 물 위가 아니라 '깊음the deep' 위에 있었다고 나오는 영어판 성서도 있다. "하느님의 영은 수면에 활동하고 계셨다"는 내용은 2절에서 하느님은 이미 은유적 표현을 쓰기 시작했다. 3절에서 하느님은 별안간 외친다. "빛이 있으라"고 하자 빛이 나타났다. 하느님은 빛을 낮이라 부르고 빛과 어둠을 나누어 어둠을 밤이라고 불렀다. 하느님은 뭍이 드러나게 한 후 모인 물을 땅이라 불렀다. 하느님이 "땅은 온갖 채소와 씨 맺는 식물과 열매 맺는 과일나무들을 그 종류대로 내어라"고 하자 그대로 되었다. 하느님이 '큰 광채로 낮을, 작은 광채로 밤을 지배하게' 하자 두 개의 광채가 지시대로 움직였다. 성서를 보면 하느님은 생명이 없는 우주를 자신의 마음에 들게 만드는 데 나흘을 보내고 나서(하느님은 '자신이 보기에 좋게' 차근차근 즐겁게 창조에 임한다) 그 땅을 채울 생명체를 만들기 시작한다. 하느님은 자신의 마음속이 아니라면 어디에선지 알 수 없는 곳에서 동물들을 불쑥 불러온 다음, 하늘을 날거나 바다에서 헤엄치거나 땅 위를 기어다니게 하고 나서 동물들의 움직임을 열정적이고도 흠잡을 데 없는 솜씨로 지휘한다. 하느님이 무엇이든 생기라고 말하면—생각하든 원하든—

하나의 오차도 없이 그대로 된다. 하느님이 무엇을 명령하든 그대로 이루어진다. 성서를 읽는 사람들은 1장에서 하느님이 보여준 업적을 알기 때문에 3장에서 하느님이 이브에게 "남편이 너를 다스릴 것이니라"라고 말하면 그 또한 그대로 되리라고 생각할 수밖에 없다.

하느님은 모든 생물에 암수를 만들어서 "번식하고 번성하여 가득 채우라be fertile, and increase"는 명령을 따르게 했다(좀더 시적이고 고풍스러운 표현으로 "생육하고 번성하여 땅에 충만하라be fruitful, and multiply"는 버전도 있다). 앞에서 언급했다시피 하느님 자신은 육체가 없기 때문에 남성도 여성도 아니다. 작가들이 주요인물을 다양하게 표현하려고 때로 그렇게 하는 것처럼, 성서 작가들은 '하느님God'이라는 명사나 하느님을 대체하는 명사(야훼Yahweh, 엘로힘Elohim)를 대명사로 받을 때마다 변함없이 'The'를 썼다. 성서 작가들은 성별을 알 수 없는 대상을 대신해서 표현할 때마다 예외 없이 '주Lord' 또는 '아버지Father'와 같은 남성을 지칭하는 명사를 썼다. 그들로서는 여성형 명사를 쓰는 것은 상상도 할 수 없었다. 그 어느 시기, 그 어느 장소보다도 인습에 사로잡혀 있던 사회를 위해 그들은 새로운 하느님을 주인공으로 하는 새로운 신학을 만들고 있었다. 이러한 상황에서 새로움에는 한계가 있을 수밖에 없었다. 성서의 하느님이 내리는 명령은 '아버지'가 내린 성전聖典의 명령이다. 하느님은 모든 인간의 가장家長이 섬기는 신의 가장이기 때문이다. 게다가 하느님은 전능하다—이것이야말로 최고로 남성적인 것이다. 하느님은 '그녀'가 될 수 없고, 더더군다나 '여신Goddess'이 될 수 없다. 정치적 올바름이라는 제단 위에 정통성을 제물로 바치면서까지 기꺼이 성별 중립적인 번역을 시도한 성서 영어번역가들의 언어적 곡해가 최근 20~30년 동안 있었지만, 여기에서 그 이야기까지는 파고들지 말기로 하자. 하느님은 '그'여야 하고 '그'로 남을 것이다.

　여섯째 날, 혹은 문학적으로 표현하자면 26절에, 드디어 오랫동안 기다렸던 인간 이야기가 나오는데, 이 부분이 굉장히 헷갈린다. 서로 다른 두 개의 여섯째 날에 일어난 두 가지 순간이 있는데, 창세기 1장에는 첫 번째 순간만 나온다. 여기에서 일어난 일은 다음에 일어날 일과 내용이 전혀 일치하지 않는다. 서로 다른 세대를 살았던 두 명의 다른 작가가 작성한 두 가지 이야기가 창세기 최종 원고에 들어갔고, 이 최종 원고가 성서 경전이 되어 그리스어와 라틴어로 계속 번역되었고 이후에는 수많은 언어로 대량으로 번역되었다. 오늘날 전 세계에서 구할 수 있는 수많은 히브리어 성서와 기독교 성서를 보면 두 가지 버전이 다 나오며, 내용이 어긋나는 부분에는 주註가 달리거나 상세한 분석을 곁들여져 있다. 그러나 창세기 2장에 나오는 아담과 이브의 이야기만이 철학자·신학자·사회평론가·예술가·문필가에게 표준적인 주제가 되었고, 이들이 남긴 작품은 수 세기에 걸쳐 대중에게 소개되어 뇌리에 남는다.

　그러나 창세기 1장 이야기는 눈송이만큼이나 오래 흔적을 남긴다. 마음의 눈에는 보이지 않게 교묘하게 시야를 벗어나 있지만 성서 구절에 분명히 존재한다. 대다수 대중이 글을 읽고 쓸 줄 알게 되고 대량인쇄가 가능해지면서 기독교를 믿는 유럽 전역에 성서가 보편적으로 읽히게 된 15세기 이후에도 그랬고, 내가 지금 이 책을 쓰는 오늘날도 마찬가지다(고등교육을 받은 주위사람 10명에게 창세기에서 인간이 어떻게 창조되었는지 아느냐고 물어보라. 만일 '어떤 버전 성서'냐고 되물으면서 어물쩍 넘어가려는 사람이 한 명이라도 있다면 다행일 것이다). 이야기의 첫 번째 핵심은 '남자와 여자를 창조하셨다male and female He created them'다.

　남성과 여성을 함께 한꺼번에 동시에 창조한 것이다. 남성과 여성의 지위가 평등하기를 바란 하느님의 의도가 많은 사람에게 꽤 오랫동안 낯설었던지 인류의 뇌리에 이 구절은 남아 있지 않다. 하느님은 남성과 여성을 동시에 창조하고 그들에게 동시에 말했다. 하느님이 처음으로 한 말은 당시 사회에서 충분히 받아들일 수 있는 내용이었다. 유대교 전통에선 이 말씀을 모세 5경 613개 율법의 첫 번째로 꼽는다. 그 말씀은 바로 "번식하고 번성하여 가득 채워라"다. 이 명령에는 결혼이 내포된 것으로 추정된다(성서학자들은 이 말씀이 여성에게도 확장되는지를 놓고 수천 년 동안 논쟁을 벌였지만, 대다수는 그렇지 않다고 생각했다. 18세 이상 남성에게만 이와 같은 의무가 지워졌다). 하느님은 지극히 온당한 말씀으로 충격을 던지고 나서 남녀 모두에게 땅을 지배할 권리를 준다. 이번에도 하느님은 남녀 모두에게 동시에 말한다. "땅을 가득 채워라. 땅을 정복하라. 바다의 물고기와 하늘의 새와 땅에 움직이는 모든 생물을 지배하라."

정복하라? 지배하라? 영어라는 언어에서 전통적으로 남성에 해당되는 모든 단어 중에, 그리고 남성과 여성을 구분하는 굳건하게 서 있는 높다란 의미론의 바리케이드 중에 이 두 단어는 단연 돋보인다. 하지만 이 구절은 특별한 의미를 품고 있다. 가장 중의 가장인 하느님이 민첩하게 그 바리케이드를 치우고 지배자의 권리를 남성과 여성 모두에게 부여함으로써 우주를 공동으로 지배하는 자로서의 신성한 소임을 함께 맡긴 것이다. 이와 같은 내용은 뚜렷하게 명시되어 있지는 않다. 근대 이전에는 남녀가 동등한 지위를 누린다는 것은 도저히 있을 수도 없는 일이었다. 그런 사고방식은 당시 평범한 사람들로서는 상상할 수 없는 것이었다.

창세기 1장은 누구도 기억하지 않는 이야기를 하고 있지만, 실상 이야깃거리가 될 만한 내용이 아닌 것도 사실이다. 어떤 행동도 갈등도 없고 사랑하거나 미워하는 등장인물도 없고 감동적인 내용 또한 하나도 없으며, 걸작은커녕 평작平作 수준의 예술작품이 탄생할 만큼 영감을 주는 내용도 없다. 한마디로 기억에 남는 내용이 하나도 없다. 하느님이 인간들에게 땅을 가득 채우라는 말을 한 게 전부다. 어길 수도 있는 규칙이나 넘지 말아야 할 한계를 알려주지도 않았다. 아직 그런 내용은 나오지 않는다. 인간과 관련한 내용은 "남자와 여자를 창조하셨다"로 압축된다. 꼬리에 꼬리를 물고 일어나는 여러 가지 사건을 단 하나의 문장으로 요약했을 뿐이다. 그 문장이 당시 남성과 여성의 지위를 저해할 수도 있었기 때문에 아마 그 정도로 충분했을 것이다. 정치적으로 받아들이기 어려운 메시지일 뿐만 아니라 서사적인 효과도 부족했으니(사실 내러티브라고 할 만한 게 없었으니) 이 구절이 역사 속에서 망각된 것도 그리 놀랄 일은 아니다. 사람들의 뇌리에 인상 깊게 남는 부분이 없기 때문에 이 구절과 관련된 일요 설교도 없는 것이다. 이는 앞으로 나올 중세의 주요쟁점으로 부각된다.

로마제국이 멸망한 후 르네상스 시대까지 사람들의 일상생활은 비종교적인 것보다는 종교적인 것에 맞추어져 있었다. 사람들 대부분은 성서에 노출되지 않기가 사실상 불가능했다. 그러나 그 기간에 평신도들은 대부분 문맹이었기 때문에 읽기보다는 듣기를 통해―교회의 통제하에 지역 성직자를 통해―성서를 접했다. 어떤 구절을 들어보지 못하면, 그런 구절이 있는 줄도 몰랐다. 남녀가 동시에 창조되었다는 창세기 1장의 터무니없는 구절을 평범한 성직자들은 당연히 언급하지 않았다. 불복종이라는 죄악이나 여성의 음흉한 본성과 같이 유용하게 활용할 수 있는 소재도 없을 뿐더러, 사회질서를 어지럽히고 윤리적 영향력도 없는 구절을 언급할 필요가 뭐가 있었겠는가? 창세기 1장은 건너뛰고, 써먹을 이야깃거리가 풍부한 구절로 바로 넘어갈 수 있는 마당에.

창세기 1장이 26절의 느린 호흡으로 서사를 풀었다면, 창세기 2장은 6절로 단숨에 이야기를 요약한다. 성서 작가들은 닷새에 걸쳐서 진행된 하느님의 업적은 두 단락도 되지 않는 길이로 급하게 처리한 후, 서양 문학에 막대한 영향을 미친 서사 부분을 한 프레임, 한 프레임 매혹적으로 풀어나간다. 이야기는 하느님이 '땅을 경작할 사람'이 필요하다고 말하는 5절에서 시작된다. 하느님은 '땅의 티끌'로 적절한 형태를 만들어 콧구멍에 '생기'를 불어넣는다. 그러자 히브리어로 '아드함adham'이 탄생한다. '아드함'은 '인류' 또는 '인간'을 뜻하는 성별 중립적인 단어다. 전통적인 영어 성서에서는 성별 중립성을 잃고 '남자man'로 번역되거나 기독교 성서에서는 '아담Adam'으로 번역된다(히브리어 성서에서는 대체로 '남자'만 쓴다). 남자에게 '땅을 경작하라'고 확실하게 명령했으니 하느님은 경작을 위해 남자를 '에덴의 동쪽' 동산에 둔다. 남자가 생명을 유지해야 하므로 하느님은 '갖가지 아름다운 나무가 자라 맛있는 과일이 맺히게 하고' 그 동산 중앙에는 '선악을 알게 하는 나무the tree of knowledge of good and bad(evil)'를 둔다. 하느님은 이제 인간이 접근할 수 있는 것에 제한을 둔다. 하느님은 이렇게 지시한다. "네가 동산에 있는 과일을 마음대로 먹을 수 있으나 단 한 가지, 선악을 알게 하는 과일만은 먹지 마라. 그것을 먹으면 네가 반드시 죽을 것이다." 하느님의 말은 남자가 그 자리에서 바로 죽는다는 뜻이 아니라 언젠가는 죽게 될 운명을 갖게 된다는 뜻이다.

충격적인 발언을 하고 나서 하느님은 인간이 살아갈 환경을 찬찬히 둘러본다. 남자에게는 음식과 집과 일과 살아가면서 지켜야 할 많은 규칙 중 첫째를 가르쳐주었다. 그런데 전지전능한 하느님은 자신이 아직 하지 않은 일이 있다는 걸 알았다. 하느님은 "사람이 혼자 사는 것이 좋지 않구나"라고 읊조리며 생각에 잠겼다. 무엇이 남자를 고독으로부터 구할 수 있을까? 그 답은 어떤 성서가 옆에 있느냐에 따라 달라진다. 유대교 성서냐 기독교 성서냐에 따라 다르고, 유대교도나 기독교도라도 엄격한 정통파냐 화해할 수 없는 수준의 세속적 종파냐에 따라 다르며, 작업에 참여한 번역자나 편집자가 어떤 감수성을 지녔느냐, 그리고 번역이 언제 이루어졌느냐에 따라 다르다. 수 세기 전에 그 답은 '협력자helpmate'였고, 현대적인 버전으로는 '그에게 적합한 동반자partner suited to him'고, 절충안으로는 '그의 동반자로서의 협력자a helper as his partner'까지 다양한 표현이 존재한다.[15] 내가 가진 히브리어 성서에는 "내가 그를 도울 적합한 짝을 만들어주겠다I will make a fitting helper for him"라고 나와 있다. 성촉절인 이날, 하느님은 ─다시 한번─ "온갖 들짐승과 새를 만든다." 이번에는 남자를 만든 것과 같은 방식으로 '흙으로' 만드는데 그 내용을 단 한 문장에 담았다. 진정 하느님은 들짐승과 날아다니는 새 가운데에서 인간을 '도울 적합한 짝'을 찾고자 했을까? 그런 바람을 가졌다는 내용을 암시하는 구절은 없다.

하느님은 적극적으로 발표에 임하는 유치원생처럼─이 구절에서 하느님은 사랑스럽다─자신이 창세기 1장에서 땅과 태양 등의 이름을 지었던 것처럼 '남자가 어떻게 이름을 짓나 보려고' 남자 앞에 배우자 후보를 일렬로 세운다. 남자는 충실하게 이름을 짓는다. 남자는 인간이기에 다른 생물의 본성을 알아보고 이름을 지을 수 있는 능력이 있다. 하지만 그는 자신의 본성도 알았기 때문에 하느님이 보여주는 새나 들짐승 중 그 어느 것과도 교감할 수 없다는 것을 알았다. 이름을 다 짓고 났는데도 남자는 여전히 혼자였고 하느님은 문제를 해결할 때까지는 쉴 생각이 없었다. 하느님은 외과수술을 시행해서 남자를 '도울 적합한 짝'을 바로 만들어냈는데 그게 내용의 전부가 아니었다. 종교생활뿐만 아니라 사회생활까지 통제할 절대적 권위를 행사하는, 이후에 등장하게 될 획일적인 교회는 결혼과 성과 여성에 관한 이리저리 뒤엉킨 교리를 홍보하고 시행하는 데 필요한 구절을 이 수술에서 찾게 된다. 교회가 차용한—또는 매우 효과적으로 주장한—개념은 여성이 남성보다 열등하다는, 의심할 여지 없는 증거가 되며 이는 교묘하게 기독교 신학의 진화와 발을 맞춘다. 종교계로서는 이보다 더 '적합한 짝'을 만나기 어려웠을 것이다.

수술은 현명하게 마취를 한 후 시작된다. 21절을 보면 하느님은 아담의 배를 가르고 갈빗대 하나를 뽑으려고 아담을 '깊이 잠들게 한다'(갈빗대 모티프는 성서가 만들어지던 시기에 이미 고대 자료가 된 수메르 신화에서 차용한 듯하다. '갈비뼈의 여성Lady of the Rib' 또는 '생명의 여성Lady of Life'으로 번역되는 '닌티Nin-ti'라는 여신을 본떠서 '이브'가 탄생된 것 같다).[16] 하느님은 알 수 없는 도구로 환자의 살을 봉합하고 갈빗대를 생명체로 둔갑시킨다. 그 생명체는 남자와 마찬가지로 인간이나 남자와는 확실히 다른 존재다. 두 번째—명백하게 순차적으로—인간창조 행위와 함께, 하느님이 해야 할 주요한 일은 끝난다. 그 무렵 마취에서 완전히 깨어난 아담에게 하느님은 결과물을 보여준다. 날짐승이나 들짐승과는 비교도 할 수 없는, 남자에게 틀림없이 적합한 존재다. 기쁨에 들뜬 아담은 "이는 내 뼈 중의 뼈요, 살 중의 살이로구나!"라고 외친다. 다음에 이어지는 23절을 보면 남자는 다른 생물들에게 그랬던 것처럼 여자에게도 이름을 붙여준다. "남자에게서 나왔으니 이를 여자Woman라고 부르리라"(왜 woman이냐고? man으로 번역되는 히브리어 아드함adham은 유대교 성서에서 일반적으로 '인간human being'을 뜻한다. 고대 영어에서 **wer**이나 **wyf**는 각각 남성과 여성을 구별하기 위한 접두사였다. 그런데 중세 영어는 **wer**를 떼어버리고 그냥 **man**이라고 썼고, 그 이후부터 man은 '남자 인간'이라는 뜻으로만 쓰였다. 반면, 현재는 woman으로 바뀐 **wyfman**은 여자 인간을 가리키는 단어로 그대로 남았다).

남자는 처음이자 중요하게, 여자는 두 번째이자 부차적으로, 순서대로 창조되었다는 논리다. 그런데 하느님은 남자를 만들 대처럼(그리고 창세기 2장에서 날짐승과 들짐승을 만들 때처럼) 여자도 '땅의 티끌'에서 만들 수도 있었던 것 아닌가. 그렇게 되면 여전히 부차적인 존재기는 하지만 그 태생은 독립적일 것이다. 그러나 하느님이 그녀를 남자라는 **재료로** 남자로부터 만들었으니 말 그대로 종속적인 존재인 것이다. 히브리어든 영어든 심지어 그녀의 이름도 남자의 이름에서 따왔다. 하느님이 선택한 방식을 보면 의도가 드러난다. 여성이 남성보다 열등한 것은, 사회가 그렇다고 해서도 아니고(사실 사회가 그렇게 주장하지만) 남성들이 우월감을 느낄 필요가 있어서도 아니다(우월감을 느끼고 싶어하는 일부 남자들이 있지만). 그것은 하느님의 **계획이기 때문이다.** 그래서 기독교 전통도 이를 주장하며 이것이야말로 주장의 핵심이다(적지 않은 유대 사상가가 반론을 제기한다. 여자를 남자의 갈비뼈로 만듦으로써 하느님은 남녀의 평등을 암시했다는 것이다. 말 그대로 자신의 일부가 없는 것이기 때문에 여자가 없으면 남자는 불완전하다고 주장하는 사람도 있다. 일각에서는 자웅동체 이론을 열렬히 지지한다. 원래 인간은 암수가 한 몸이었는데 신이 암수를 갈라놓았다는 설이다. 관심이 있다면 자세한 내용을 찾아보라). 창세기 2장 22절에서 2장 23절까지 여성을 창조하고 이름을 붙였다는 내용은 창세기 3장 16절과 서로 긴밀하게 맞물려, 가정생활을 에워싼 끝없는 고리가 된다. 여성은 남성보다 열등하므로 아내는 남편보다 열등하다. 언급할 필요조차 없는 당연한 이유 때문에, 열등한 존재는 우월한 존재에게 복종하고 따라야 한다. 아내는 남편에게 복종하고 남편은 아내를 정복해야 한다는 식의 논리다.

23절에서는 내러티브 전달에 가속이 붙는다. 그러다 적절하지 않은 순간, 아니 조금 이상한 순간에 갑자기 속도가 떨어진다. 마치 텔레비전 프로그램이 광고로 잠시 중단되는 것처럼. 그런데 성서를 쓸 정도로 특출하게 재능 있는 작가들이, 분위기가 고조될 때 갑자기 찬물을 끼얹는 것과 같은 문학적 자살행위를 하면 안 된다는 사실을 모를 리 없었을 것으로 미루어보아, 그들이 전달하고자 하는 메시지는 긴급한 것임이 틀림없다. 이제 독자의 관심을 붙들었으니 메시지를 전달할 시점인 것이다.

"그러므로 남자가 부모를 떠나 자기 아내와 합하여 두 사람이 한 몸이 될 것이다." 이 말과 함께 원시적인 배경은 사라지고, 시간은 빠르게 흘러 성서 작가들이 살던 시대까지 왔고 인구는 분명히 증가했을 것이다. 언제부터 아담에게 아버지와 어머니가 있었으며, 어떻게 갓 태어난 여자가 바로 그의 아내가 된단 말인가? 답: 아담에게는 부모가 없었고, 그녀는 그의 아내가 아니다. 부모를 떠나야 하는 '남자'는 하느님이 흙으로 방금 빚어낸 그 남자가 아니고, '아내'는 하느님이 아담의 갈비뼈로 방금 만들어낸 여자가 아니다. 이들은 성서가 창조되던 당시 이스라엘의 남녀를 대표하는 일반명사다.

24절은 서사적인 이유라기보다는 설교적인 이유에서 중요하다. 아담이 지독한 고립에서 벗어난 직후 이 구절이 나오는 것에는 신중한 계산이 있었을 것이다. 24절은 유대인의 생활에서 결혼이 얼마나 중요했는지를 보여준다. 이 부분은 성서에서 여러 번 언급된다. 이를 언급함으로써 마지막 두 절이라는 뼈대에 살을 붙인 격이다. "사람이 혼자 사는 것은 좋지 못하다"를 뒤집으면 바로 "사람에게 동반자나, 도움을 줄 적합한 짝이 있으면 좋다"가 되는 것이 아니며, 고독을 해결하는 데 그의 옆에 여자를 두는 것만이 방법은 아니다(전통적으로 히브리어 성서는 '갈비' 대신 '한쪽side'을 쓴다). 24절의 위치와 내용을 볼 때 "혼자 사는 것은 좋지 못하다"를 바르게 뒤집는 것은 "결혼하는 것이 좋다"이며 남자에게 필요한 동반자는 단지 여자가 아니라 아내다. 에덴동산의 아름다운 생활이 어쩔 수 없이 종말을 맞게 될 때까지 창세기에서는 결혼이라는 단어는 언급되지 않는다. 그럼에도 이 절이, 남자가 부모를 떠나 아내를 맞이하고 자신의 가정을 이룰 의무가 있다는 내용인 것은 상당히 분명하다. 결혼은 개인적 선택의 문제가 아니라 하느님의 명령으로 제시된다.

결혼이 무엇을 의미하는지—적어도 남성들에게—에 대한 새로운 정보도 여기에 나와 있다. '아내와 합하여Clings to his wife'(여러 가지 버전이 있지만 '굳게 결합하여cleaves'라고 번역되기도 한다)는 섹스를 의미하는 것 같지만 '부모를 떠나'라는 문맥을 볼 때 남자가 결혼을 하면 자신의 가족과 가정의 일부가 아니라 아내의 가족과 가정의 일부가 되어야 한다는, 가부장 문화로서는 가부장답지 않아 보이는 관습을 의미한다. 반면, '한 몸이 되라Become one flesh'는 남성과 여성이 하나로 합쳐져 '한 몸'이 된다는, 섹스에 관한 내용이다(최근에 번역된 성서에서는 16세기 이후 영어 성서에서 공통적으로 인정한 '몸flesh'이라는 단어를 삭제하기도 했다. 쓸데없이 내숭을 떠는 것 같다). 그러나 이 표현은 또 상징적 의미를 띤다. 여성과 '한 몸이 된다'는 것은—빼낸 갈비뼈와 결합함으로써—남성이 다시 완전해진다는 것이다. 자웅동체 이론을 믿는다면 인류가 암수한몸인 원래의 양성으로 돌아간다는 뜻이다.

다음 절은 창세기 2장의 마지막 절인데, 많은 내용을 담고 있다. "아담과 그의 아내가 다 같이 벌거벗었으나 그들은 부끄러워하지 않았다." 그러나 곧 부끄러워하게 된다. 25절은 창세기의 클라이맥스라고 할 수 있는 3장을 위해 복선을 깐다. 3장이 끝날 무렵, 부끄러움은 인간이 참고 견뎌야 할 다른 고통에 비하면 아무것도 아니다. 지금 — 목가적인 것으로 묘사되지만 굉장히 지루할 것만 같은 — 아담과 이브는 낙원에 사는 아기와 같은 상태다. 그들에게는 벌거벗은 상태가 갓 태어난 아기 때만큼이나 아무렇지도 않다. 두 사람을 '남자'와 '아내'라고 지칭하는 것으로 보아 그들이 성적으로 성숙했다는 것은 의심할 여지가 없지만 그들은 벌거벗음으로써 어디가 드러나는지 알지 못한다. 이들이 부끄러워하지 않는 것으로 보아 성적 자의식이 없음을 알 수 있다. 마치 하느님이 그들에게 '번식하고 번성하여 가득 채울' 생식기는 줘놓고 성욕이라는 스위치는 아직 켜지 않은 것과 다름없다. 그들의 스위치는 아직 '켜지지 않은' 상태다 — 금지된 열매를 맛보기 전까지는.

그러나 하느님은 창세기 1장과 같이 창세기 2장에서 "번식하고 번성하여 가득 채우라"고 말하지는 않았다. 아직은 하지 않는다. 한 몸이 되라는 명령도 내리지 않는다. 아직 합방하지 않은 건 아닌가 생각될 수도 있지만 둘 사이에 부부관계가 있었다고 볼 수 있다. 키워드는 '아내'다. 바로 앞 절에서는 아내가 특정인이 아닌 일반인을 지칭하는 단어로 쓰였지만 여기서는 아니다. 이번에는 틀림없이 이브를 가리킨다. 또 한 가지 중요한 사실은 25절에 소유대명사가 등장한다는 점이다. 그전에 아담은 그녀를 단지 '여자'라고만 불렀다. '여자'가 갑자기 '아내', 그것도 '그의 아내'가 된 이유는 무엇일까? 성서라는 맥락에서 보자면 보통 섹스가 있었음을 뜻한다(욕구가 없다면 행위가 있겠는가?). 이 문학적인 세계에서, 그리고 문학의 모태가 되는 현실세계에서 성에 눈을 뜬 여성은 아내거나 아내야만 하며(창녀가 아니라면. 그러나 하느님은 아직 창녀를 만들어내지는 않았다), 그녀의 육체적 경험은 오로지 한 명의 남자와 맺거나 맺어야만 한다. 남자는 '아내' 앞에 '그의'를 붙였다. 그 반대는 적용되지 않는다. 아담이 '그녀의 남편'으로 불리는 것은 7절 뒤에야 나온다. 그는 그냥 '그 남자'다. 그가 유일한 남자이기 때문이다. 남자가 행하는 현재 또는 미래의 성행위는 여자의 경우처럼 경종이 울려지지 않는다. 성서는 다음 장 6절까지 아담을 결혼시키지 않는다. 현실세계에서 그는 여자 한 명하고만 관계를 맺지 않을 것이다. 또 그녀는 법적인 의미이서 '그의 것'이 되기도 하지만 그는 '그녀의 것'이 되지 않는다.

성서 안팎에서 남자는 가축과 곡물을 소유하듯 아내를 소유한다. 인간이든 동물이든 식물이든 그의 것이며 그만의 것이다. 창세기 다음에 나오는 출애굽기에서 모세가 산에서 가지고 내려온 십계명은 이와 같은 내용을 담고 있다. "너희 이웃집을 탐내지 마라. 너희 이웃의 아내나 종이나 소나 나귀나 너희 이웃이 소유한 그 어떤 것도 탐을 내서는 안 된다." 남자는 섹스를 통해 여자를 소유하거나 결혼을 통해 여자를 소유하며, 전자가 맞으면 후자도 맞거나 맞아야만 한다. "번식하고 번성하여 가득 채우라"는 명령은 남자가 결혼해서 아이를 낳을 의무로 이미 굳었고, 이는 다시 말해 남자가 '아내와' 섹스할 의무를 뜻하는 것이다. 고대 이스라엘의 경우라면 '아내들과'로 해석될 수 있겠지만.

당시는 출산을 장려하는 남성중심 사회였다. 출산을 얼마나 열심히 장려했으면 종교의 중심이 되는 경전의 맨 첫 장에 신성한 명령으로 적혀 있겠는가? 그런 의미에서 결혼제도가 일부다처제였다는 사실은 놀랍지도 않다.[17] 남자는 감당할 여력이 있는 한 얼마든지 많은 여자와 섹스할 수 있고, 그럼으로써 가능한 한 많은 자녀를 낳을 확률도 높아지는 것이다. 그래서 그는 하느님의 명령도 충실히 지키면서 자신의 성적 능력과 생식 능력도 만방에 과시할 수 있었다. 그러나 이스라엘 사람들은 부성보호도 굉장히 중요하게 생각했다. 다른 곳에서도 마찬가지지만 여기에서도 부성을 보호하는 최선책은―당시의 '결혼'을 오늘날의 개념으로 결혼이라 부를 수 있을지 모르겠지만―결혼이었다. 서로 혼인서약을 하고 반지를 교환하는 결혼이 아니라(일부다처제는 그 정의 안에 남편과 아내의 상호관계가 배제되어 있다), '그의 아내'라는 개념의 결혼이다. 요컨대 관계를 가졌으면 소유하는 것이고 소유하면 관계를 갖는다는 것이다. 십계명을 어기고 '아이 아버지가 누구인지 모르는 위기상황'을 불러일으키면서 이웃의 여자와 관계를 맺었다면 사형에 처해진다. 성서에는 사형방법까지 자세히 나와 있다. 친구와 이웃에게 공개적으로 돌을 맞아 죽게 된다. 이스라엘 사람들은 남자의 씨를 소중히 생각했고 그 씨를 함부로 쓰면 사정없이 처벌했다.

유대교 창시자들은 인간 행동에 대해 엄청나게 완고한 태도를 취한다. 변화무쌍한 인간 행동에 대처하기 위해 그들은 섹스에서 고난에 이르기까지 모든 행동에 대처할 수 있는 전략을 고안한다. 이는 안이한 낙관론보다는 현실적인 경험이 우세했음을 보여준다. 그들은, 극형에 처한다고 해도 다른 남자의 여자와 잘 남자가 있고 그러한 결합으로 아이가 생길 수도 있으며, 그 아이들의 어머니는 아이 아버지가 누구인지 솔직하게 밝히지 않을 공산이 크다는 사실을 잘 알고 있었다. 부성과 관련된 혼란을 피하는 것이야말로 유대인들에게 제일 중요한 문제였다. 이로 말미암아 유대인들은 그들의 가부장적 문화와는 정반대되는 선택을 하게 된다. 기독교도나 이슬람교도와 달리 유대인들은 모계혈통을 따른다.

에덴의 동쪽에서는 이 모든 것이 문제되지 않았다. 섹스가 벌어졌다고 해도 아담은 이브의 정절을 걱정할 필요가 없었다. 아직까지 그곳에 남자라고는 아담밖에 없었으니까. 그런데 그곳에는 뱀도 있었다. 뱀의 존재는 창세기 3장 도입부에 언급되는데, 뱀의 존재는 걱정거리가 될 만했다. 고대 근동지역의 천지창조 이야기에 뱀이 스르르 미끄러져 들어온다면—신과 싸우든 인간을 속이든 모든 것을 파괴하든 이런 종류의 이야기에서 뱀은 언제나 스르르 미끄러져 들어온다—좋은 징조가 아니다(유명한 예를 하나 들면, 바빌로니아의 길가메시Gilgamesh서사시에서 주인공은 뱀에게 불로초를 빼앗겨 영원히 죽지 않으려던 소원을 성취하지 못한다).[18] 생명뿐만 아니라 인간의 고난과 죽음이 어떻게 생겨났는지도 힘닿는 데까지 설명해야 했던 신화 작가에게 뱀은 유용한 악역이다. 성서 작가들은 그들이 의도했든 아니든 그 이상을 성취한다. 이 드라마의 마지막 장은 뱀과 인간의 만남을 통해 진행되지만 문제의 인간은 남자가 아니라 여자다. 작가들은 이후에 연이어 일어날 효과적인 사건의 촉마 역할을 이브에게 맡김으로써 남자가 왜 여자를 조심해야 하는지를 근본적으르 설명하는 동시에 정당화한다. 다른 창조신화를 누르고 오래도록 살아남은 이 창세기의 핵심내용은, 지난 100만 세기 동안 지구 상에서 가장 많이 팔린 책(성서)의 모든 판본의 모든 번역본에 나와 있기 때문에—100만 세기 동안 설교자와 교사와 부모는 이브에 관한 이야기를 대대로 전해주었고, 100만 세기 동안 에덴동산에서 벌어진 이야기를 바탕으로 예술작품이 만들어졌고 글이 쓰였고, 100만 세기 동안 입에서 입으로 전해졌기 때문에—성서를 펼쳐보지 않더라도 이후에 나올 이야기는 누구나 다 알 것이다.

　　문제는 이브에 관해 전해지는 이야기와 실제 성서에 나온 구절은 딱 한 가지 중요한 면에서 일치하지 않는다는 사실이다. 우연이었든 고의였든 이른바 '인류의 타락' 부분에서 이브가 맡은 죄인으로서의 역할은 과장되었고—그녀가 죄를 지은 것은 사실이지만 그렇게까지 중죄를 저지른 것은 아니다—이는 여러 세대를 거쳐 윗세대든 아랫세대든 남자든 여자든 누구에게도 유익하지 않았다. 이브가 금단의 열매를 맛보라고 아담에게 건네주는 창세기 3장 6절이 문제의 핵심이다(작가들이 어떤 과일을 염두에 두었든 이후에 전통으로 자리잡는 사과는 아닌 게 거의 확실하다. 사과는 기독교가 모든 것의 중심이 되었던 유럽에서 흔한 과일이었지만 고대 근동지역에서는 보기 드문 과일이었다. 근동지역에서는 무화과나 포도나 감귤류가 흔했다). 당신의 기억을 더듬어보라. 이브가 아담을 속였나? 먹어도 된다고 한 나무에서 딴 열매라고 넌지시 말하거나 암시하기라도 했나? 아담이 선악과냐고 물었을 때 이브가 부인하거나 화제를 돌리거나 질문을 회피하거나 모르는 척했나? 노골적인 속이기도 얼버무리기도 없었고 그 열매를 어디에서 따왔는지 잘못 설명하지도 않았다면 그가 열매를 먹도록 그녀가 강요하거나 부추기거나 유혹하거나 다른 식으로 유인하기라도 했나?

이 모든 질문에 대한 대답은 '아니오'다. 내가 확인했고 밑에 예를 들어놓은 기독교 성서 7개와 히브리어 성서 4개, 이 11개의 영어 성서 어떤 것을 보아도 그렇지 않다(영어 성서 하나만 보더라도, 확인하지 못한 수백 개의 성서 버전이 있으니 마음 편히 놓으시라).

공인된 『킹 제임스 성서』(1611, 크리스천 클래식)를 보면 "그녀가 거기에서 열매를 따서 먹고 그녀와 함께한 자기 남편에게도 주니, 그가 먹더라"고 나와 있다. 『히브리어 성서 율법서』(1993, 스톤 에디션. 비교적 엄격하게 교리를 지키는 유대교도를 위한 성서)에는 "그녀는 그 열매를 따서 먹고 그녀와 함께 있는 남편에게도 주었더니 그도 먹었다"로, 『개역 영어 성서』(1992, 기독교 성서이자 최신 유행을 따라 성별 중립적인 버전)에는 "그녀가 그녀의 남편에게도 일부를 주었더니 그도 그것을 먹었다"로 나온다.

아담(혹시 눈치 못 챘을까 봐 짚고 넘어가면 드디어 '그녀의 남편'으로 데뷔했다)은 저 다섯 절 앞인 3장이 시작된 이후부터 매순간 '그녀와 함께 있어서with her' 아마 이때도 '그녀와 함께 있었을' 것이라고 짐작할 수 있다. 뱀이 약삭빠르게 그녀를 꼬드기는 동안 — 강설인 사람은 이브였고 강요하고 부추기고 유혹한 건 뱀이었다 — 아담과 이브는 함께 있었음이 분명하다. 뱀은 "하느님이 정말 너희에게 동산에 있는 모든 과일을 먹지 말라고 했나?"라는, 언뜻 듣기에는 아무런 해가 가지 않는 사소한 질문으로 꼬임을 시작한다. 마치 뱀이 정말 몰라서 물어보는 것이라고 착각한 이브는 뱀이 오해를 하고 있다고 대답하는데, 이때 아담은 그 이야기가 잘 들리는 곳에 있었음이 틀림없다. 하느님이 한 가지 나무만 빼놓고 모든 나무에서 과일을 따먹어도 된다고 허락했다며 이브는 이렇게 말한다. "동산 중앙에 있는 과일은 하느님이 '먹지도 말고 만지지도 말아라, 그렇지 않으면 너희가 죽게 될 것이다'라고 말씀하셨다."

그런데 이브는 어떻게 이 모든 사실을 알까? 하느님이 동산 중앙에 있는 선악과나무를 가리키며 그 나무의 열매를 먹으면 죽는다는 말을 했을 때 유일한 청중은 아담이었다. 하느님은 아담을 땅을 경작하는 사람으로 임명한 지 얼마 안 됐고 이브는 그때까지 존재하지 않았다. 하느님은 아직 "사람이 혼자 사는 것은 좋지 않다"고 말하지 않았다. 그녀는 카메라에 잡히지 않는 곳에서 아마도 아담에게 그 이야기를 전해 들었을 것이다. 전지전능한 창조주가 같은 이야기를 왜 성가시게 되풀이하겠는가? 계층조직을 통한 명령하달 방식인 것이다. CEO가 임원에게 말하면 임원이 자신의 부하직원에게 말하는 식이다. 그렇다면 책임은 명령을 받은 부하직원이 아니라 명령을 내린 임원이 져야 하는 게 아닐까?

한편, 뱀은 하느님의 말에 이의를 제기하며 이브의 불안감을 교묘하게 달랜다. 교활한 뱀은 '그건 사실이 아니'라며 '너희는 절대로 죽지 않을 것'이라고 말한다(뱀이 거짓말하고 있을 확률이 반반이었는데 누군가가 자신들에게 거짓말하고 있다는 생각은 왜 들지 않았을까?). 하느님이 그 열매를 먹으면 안 된다고 말한 이유는—이 부분이 결정타인데—"하느님은 너희가 그것을 먹으면 눈이 밝아져서 하느님과 같이 되어 선악을 분별하게 될 것을 아셨기 때문"이라고 말한다. 계속해서 그랬던 것처럼 아담이 '그녀와 함께했다면' 그는 이브의 모든 말을 들었을 것이다. 그리고 지금, 그녀가 두려움 없는 눈빛으로 그 나무의 열매를 다시 생각해볼 때 아담도 그녀처럼 그 열매가 "먹음직스럽고 보기에 아름다우며 지혜롭게 할 만큼 탐스럽게" 보였을 것이다. 게다가 잃을 게 뭔가? 과일은 눈부시며 맛있어 보이고 신과 같은 지식을 주며 먹는다고 죽지도 않는다. 그들로서는 불리할 게 없었고, 오직 하느님에게만 불리했다.

더 생각해볼 필요도 없었다. 이브는 과일을 따서 먹고 옆에 있는 남편에게도 주었고 남편도 먹었다. 그게 내용의 전부다. 아담은 망설이지도 않았고 이브는 아담을 설득할 필요도 없었으며—뱀이 불안감을 달래주기 전에 내적 갈등을 겪은 것은 이브뿐이었다—아담이 양심에 찔려 괴로워하거나 이브와 티격태격했다는 암시도 없다. 그가 그녀에게 어떤 방식으로든 굴복했다거나 그녀가 그를 속였다는 암시도 없다. 사실 아담은 그 과일이 어디에서 난 것인지 물어보지도 않았다. 그가 계속해서 '그녀와 함께' 있었다면 그는 이미 답을 알고 있었을 것이다. 그런데도 이브는 배후조종자며 아담을 조종하거나 꾀어서 공범자로 만들었다고 알려졌다. 이야기는 세월을 초월해 전해져, 한 장소에서 다른 장소로 넘어가고 한 사람에게서 다른 사람으로 되풀이되면서 사람들의 입에 오르내리는 연예인 루머처럼 결국은 기정사실로 둔갑한다. 이브를 '요부temptress'와 관련지어 생각하는 것은 일찍부터 통념으로 자리잡았다. 대체 정확히 어떻게 이브가 아담을 유혹했다는 것인가?[19] 이브와 '요부'를 연결짓는 게 어느 정도의 진실은 담고 있지만—"모든 여자에게는 이브 같은 면이 조금씩은 있다there's a little bit of Eve in every woman"는 문구처럼—그 진실이 무엇이든 성서 구절에는 나와 있지 않다.

지금부터 200~300년 전까지는 역사를 전달하는 사람들이 남자들이었다. 여자에게는 발언권이 거의 없었을뿐더러, 여자들이 이브를 어떻게 생각하는지, 또는 이브에게서 자신의 모습을 발견할 수 있었는지는 말할 것도 없이 여성들의 공통된 경험의식을 전달하기에는 목소리를 내는 여자의 수가 극히 적었다. 반면, 창세기 3장에 관해서라면 주구장창 떠들어댈 남자는 수도 없이 많았다. 그들은 이브가 한 일을 여자들의 알 수 없는 본성, 그중에서도 좋지 않은 본성을 해명하는 데 이용했다. 여자들을 믿고 기다려주는 다른 남자들에 대해 점잔을 빼며 거만하게 말하는 남자들—대표적으로 교회 지도자들—에게 이브는 끊임없이 주기만 하는 선물과도 같은 존재였다. 몇 가지 예를 들어보겠다. 먼저 4세기 후반 밀라노의 주교이자 성 아우구스티누스의 정신적 스승이었던 성 암브로시우스St. Ambrosius는 이브가 "그 남자를 속인 책임이 있으며 (중략) [그녀는] 남편을 선동해서 죄를 짓게 했다"고 말했다.[20] 암브로시우스 주교는 2세기에 활동한 작가이자 영향력 있는 선대 인물인 테르툴리아누스Tertullianus의 의견에 공감하고 있는 건지도 모른다. 테르툴리아누스가 한창 발전하던 신학에 미친 지적 영향력은 막대해서, 가톨릭 역사학자들은 그를 '라틴 기독교의 창시자' 또는 '교부敎父'라고 부른다. 테르툴리아누스는 기독교 여성을 대상으로 하는 논쟁에서 "너희 각각이 이브라는 사실을 정녕 모르느냐?"라는 수사의문문을 던진다. "너희 여자들에게 신이 내린 형벌은 현대에도 살아남아 있다. 죄의식 또한 당연히 남아 있어야 할 것이다. 바로 너희가 선악과라는 판도라의 상자를 열었다. 바로 너희가 하느님의 법을 처음으로 어겼다. 악마도 감히 용기를 내어 공격하지 못할 남자를 설득한(설득이라니?) 것도 바로 너희다.” 한마디로 정리하자면 ‘바로 너희가 악마로 통하는 길’이다.[21] 프로테스탄트 개혁가들은 교회가 막대한 권력을 휘두르던 시대에 종말을 고하지만 이브의 이미지에 관해서는 별달리 개혁하지 않는다. 장 칼뱅John Calvin이 16세기 중반에 쓴 유명한 구절처럼 말이다. “여자들은 모든 인류의 멸망과 혼란은 자신들 때문에 온 것을 알고 부끄러워해야 하며 여자들로 말미암아 우리는 천국으로부터 버림받고 저주받고 쫓겨났다. (중략) 여자들은, 겸손하고 온화한 상태를 유지하기 위해 하느님이 그들에게 내린 복종을 끈기 있게 견디고 자신을 낮추는 수밖에 다른 길이 없다.”[22]

이브가 계속해서 오명을 쓰고 특히 중세시대에는 더 심하게 시달릴 동안, 아담이 한 일은 간과되었다. 이것은 우연이 아니다. 이브가 여성들을 나쁘게 보이도록 했다면 아담은 남자들을 더 나쁘게 보이게 했다. 수 세기 동안 성서학이란 분야에서 독점적 지위를 차지해온 남성들이 충분히 그렇게 하지 않을 수 있었는데도 자신들의 결점을 노출한 이유는 무엇일까? 게다가 사건의 순서라는 문제도 있다. 이브를 비방하고 아담에 관해서는 언급하지 않는 오래된 습관은 이 이야기가 일어난 시기 때문일 수도 있다. 이브가 ―테르툴리아누스가 이미 언급한 것처럼― 먼저 했다는 것이 모든 차이를 만들어낸다.

아담이 이브에게서 과일을 받아 맛본 후 ‘두 사람의 눈은’ 밝아지고 자신들이 벌거벗었다는 사실을 자각하게 된다. 날이 서늘할 때 ‘주 하느님이 동산에서 거니는 소리’를 들었을 때(몸도 없는 신이 산들바람이 부는 정원을 거닐 때 무슨 소리가 난단 말인가?) 그들은 무화과나무 잎을 엮어서 주요부위를 가리고 있었다. 그들은 하느님으로부터 숨으려고 했지만, 명백한 에너지의 낭비였다. 하느님은 단지 남자를 불렀다고 성서에 나와 있다. "네가 어디에 있느냐?"고 하느님은 ('그에게') 갈한다. 남자는 "동산에서 하느님이 거니시는 소리를 듣고, 벗었으므로 두려워 숨었다"는 어설픈 변명을 한다. 이브가 여성을 상징하는 것처럼 남자를 대표하는 아담은 이 부분에서 남자들에게 그다지 도움이 되지 못한다.

"네가 벗은 것을 누가 너에게 말해주었느냐?'고 하느님은 수사의문문에 불과한 질문을 한다. 이어서 또 하나의 수사의문문을 건넨다. "내가 먹지 말라고 한 과일을 네가 먹었느냐?"

아담은 남자다운 행동을 할까? 과연 책임을 질까? 전혀! 그는 이브를 탓한다. 그는 심지어 하느님 탓도 한다. 그는 자기 자신을 뺀 모두를 탓한다. "하느님이 저와 함께 있게 하신 여자가 그 과일을 주어 제가 먹었습니다."

우리가 아는 한 그 나무에 관한 하느님의 명령은 오로지 아담에게 내려진 것인데, 하느님은 아무 말도 하지 않고 이 어설픈 변명을 들어 넘길까? 그렇다. 하느님은 잠시 아담을 내버려두고 '그 여자'에게 초점을 맞춘다. "네가 어째서 이렇게 하였느냐What is this that you have done?" 여기에서 '너you'가 복수인 '너희'를 뜻하는 게 아님은 분명하다. '너'는 이브, 오로지 이브를 가리킨다. 이 순간에 이야기는 반전되고 범죄의 책임뿐만 아니라 처벌받을 사람도 뒤집힌다.

궁지에 몰리자 이브도 하느님의 은총을 받지 못할 발언을 한다. 그녀도 책임전가에 동참한다. "뱀이 꾀어서 제가 먹었습니다."

하느님은 일단은 그 변명도 넘어간다. 하느님은 14절에서 뱀에게 화살을 돌리며 판결의 포문을 연다. 하느님은 뱀은 '저주를 받아' 배로 기어다니고 죽을 때까지 흙을 먹을 것이라고 말한다. 하느님은 또 "너를 여자와 원수가 되게 하고 너의 후손도 여자의 후손과 원수가 되게 하겠다"고 약속한다. 인간과("그들은 네 머리를 상하게 할 것이며") 뱀은("너는 그들의 발꿈치를 상하게 할 것이다") 서로 살해하려는 시도를 계속하게 될 것이라는 뜻이다. 이제 뱀에게 판결을 다 내렸으므로 이브가 저주를 받을 차례다. 한 바퀴를 빙 돌아 제자리로 돌아온 셈이다.

여자에 대한 판결은 16절 전체를 차지한다. "내가 너에게 임신하는 고통을 크게 더할 것"이며(일부 학자는 월경을 속어로 '저주the curse'라고 부르는 어원이 이 구절에서 비롯되었다고 주장한다), "게다가 너는 남편을 사모하게 될 것이다yet your urge shall be for your husband." 성적 충동인 것이 분명한 이 '충동urge'('욕구desire'나 '갈망craving'으로 번역되기도 한다)이 아이를 낳게 하는 행위를 즐길 수 있게 함으로써 여성의 고통을 덜어준다는 것인지, 여성들이 가능한 한 자주 임신하게 해서 그 고통을 극대화하겠다는 것인지 알 수 없다. 그런데 '게다가yet'를 붙인 걸 보면 후자를 뜻하는 것 같다. "게다가 너는 남편을 사모하게 될 것이다"의 다음에 어떤 구절이 나올지는 익히 잘 알려져 있다. "그리고 남편은 너를 다스릴 것이니라and he shall rule over you."

얼핏 보기에도, 등장인물과 그들이 이렇게 되기까지 무엇을 했는지만 고려한다면(남편과 비교했을 때의 아내의 지위나, 남자와 비교했을 때의 여자의 지위가 아직 규명되지 않은 역사의 공백상태에서 이야기가 펼쳐진 것처럼) 아담이 이브를 다스린다는 생각은 심리적으로 둔감하거나 하느님의 잔인함이 극단적으로 드러난 것처럼 보인다. 일단 하느님이 이브를 만들고 아담이 그녀를 '여자'라고 이름 붙이자마자 아담은 스포트라이트를 그녀에게 내주었고 그녀는 중심인물 자리를 넘겨받는다. 그녀는 뱀과 논쟁을 벌이고, 이 드라마에서 수동적 인물인 아담의 의견을 들어보지 않고 뱀을 믿어보기로 스스로 결정한다. 그녀는 나무의 열매를 살펴보고 과일이 먹음직스럽다고 생각한다. 하지만 그녀가 무엇보다도 좋아한 것은 그 열매가 전해줄 지혜다. 호기심은 그녀의 여러 가지 본성 중 하나인 듯하다(호기심은 절대로 비난받아 마땅한 본성이 아니라고 본다). 그런데 지금까지 우리가 지켜본 아담은—창세기가 고작 8절이면 끝날 상황에서—그저 이름 붙이기를 잘할 뿐 혼자서 두드러지게 뭔가를 잘하는 남자가 아니다. 과일을 따서 먼저 베어 문 사람은 이브였다. 아담은 여태 기다려놓고도 그녀가 과일을 줄 때까지 기다렸다가 먹는다.

한마디로 그녀가 주도하고 그는 그저 따를 뿐이다. 그녀가 범죄를 시작한다. 그는 부속품이자 공범이고 공모자며—이렇게 말해도 될까?—협력자다. 이브에게 내린, 남편이 너를 다스릴 것이라는 하느님의 명령은 우리가 아는 두 사람의 본성에 어긋나는 일을 하라는 명령이니, 하느님은 대체 무슨 생각으로 그런 명령을 내린 걸까? 두 배우자의 지위를 엄격하게 계층으로 나눈 결혼의 제일 큰 장점은, 역사 속에서 이러한 결혼을 찬성해온 사람들이 말하는 바로는, 양 배우자가 성실하게 결혼생활에 임하면 가정의 평화와 조화에 크게 도움이 된다는 점이라고 한다. 그런데 이브의 자매가 그녀와 어떤 부분이라도 비슷하고 아담의 형제가 그와 어떤 부분이라도 비슷하다면(당연히 터무니없는 사고방식이지만, 이브와 여자가 같다고 생각하는 이론가들을 말릴 수는 없다), 하느님의 명령은 부부싸움으로 이어졌을 것이다. 하느님이 이날 이후 모든 부부에게 결혼생활의 갈등을 매일같이 선사해서, 이혼은 결혼이 발명되고 2주 후에 생겨났다는 볼테르의 블랙유머에 힘을 실어줄 의도였다면, 아주 영리하고도 심술궂은 계획이라서 '하느님은 농담도 잘하셔'라고 생각하게 될 정도다.

이제 뱀과 여자에게 판결을 내렸으니 남자에 대한 재판을 시작할 차

레다. 하느님과 성서의 관점에서 그의 범죄는 그의 아내의 범죄와 같지 않은가 보다. 아담이 하느님에게 '벗었기 때문에 숨었다'고 말하는 저 위의 절에서 하느님은 이브에게 방향을 틀어 "네가 어째서 이렇게 하였느냐?"라는 수사의문문을 던진다. 그녀가 저지른 죄는 명백하다. 단 하나의 금단의 나무에서 금단의 열매를 따서 먹은 죄다. 이브의 죄목은 불복종이다. 아담은 나무에서 과일을 따지 않고 이브에게 받았으나 그도 그 열매를 맛보았으니 그도 명령에 복종하지 않았다. 그러나 아담의 불복종 때문에 하느님이 분노한 게 아니다. 하느님은 아담의 죄목을 또렷하게 말해준다. "네가 네 아내의 말을 들었기 때문이니라Because you have listened to your wife."

이 주제는 또 하나의 문화적 전통이 된다. 아내의 말을 들은 남자는 인생의 실패자거나 사람들의 놀림을 받는 어리석은 사람, 또는 둘 다라는 식으로 자주 묘사된다. 취약하기 짝이 없는 남자는 아내의 말을 듣게 되는 결혼의 함정에 빠지지 않으려 노력한다. 여기에서 중요한 것은 여자가 목소리를 내는 것을 완전히 막을 수 없다면 최소화라도 하는 것이다(신약 성서만 봐도 여자에게 침묵할 것을 한 번도 아니고 세 번이나 명령한다).[23] "남편이 너를 다스릴 것이니라"에는 '네가 아내를 다스릴 것'이라는 말이 함축되어 있을 뿐만 아니라, 특히나 '네가 네 아내의 말을 들었기 때문에 네가 네 아내를 다스리지 못하면 그녀가 너를 다스릴 것'이라는 의미도 넌지시 암시하는 것이다.

하느님은 아담이 아내의 말을 들었기 때문에, 아내가 겪는 분만의 고통만큼 극심한 고통을 땅을 일구면서 느끼게 될 것이라고 약속한다. 이 벌은 이후 세대에게도 전해진다. "땅은 너 때문에 저주를 받고 너는 수고해야 땅의 생산물을 먹게 될 것이다. (중략) 땅은 너에게 가시와 엉겅퀴를

닐 것이며 (중략) 너는 이마에 땀을 흘리며 고되게 일을 해서 먹고 살 것이다." 마지막 저주는 죽게 된다는 것이다. "너는 흙이므로 흙으로 돌아갈 것"이라고 하느님은 선언한다. 이것은 불행처럼 브이나 실은 축복이다(누구도 그처럼 힘든 노동을 평생 감내하고 싶지 않을 테니까).

하느님은 자비롭게도 허약한 인간들에게 '가죽 옷garments of skins'을 만들어 입혔다. 혹독한 환경에서 무화과나무로 엮은 주요부위 가리개보다는 훨씬 더 적합할 것이고, 곧 시작될 새로운 추방생활에 훨씬 더 까다롭게 맞춘 드레스 코드일 것이다. 하느님은 더 흘 일이 없자 그들을 에덴동산에서 내쫓았고 이야기는 씁쓸한 결말을 맞는다. 낙원 시절은 끝나고 실낙원의 시대가 온다.

현실세계에서 사람들은 무의식적으로 자신의 필요에 맞게 이야기를 왜곡해 자신들이 보고 싶은 대로 본다. 아담은 여성성에 의해 파멸된 남성성의 제1상징—칭찬받을 만한 역할은 아니지만 그렇다고 비난받을 역할도 아니다—이 되었다. 다시 말해 여자를 조심하지 않은 남자들에게 일어날 수 있는 최악의 시나리오인 것이다. 이브는 남자들에게, 남자가 여자에게 기회를 주면 남자의 뼈 중의 뼈요 살 중의 살인 여자가 남자의 철천지원수로 될 수도 있다는 사실을 알려준다. 더 나아가 그녀는 인류를 비참하게 만든 죄인으로 비난을 받는다. 그녀가 아니었다면 하느님을 맞추었을지도 모를 총알의 이동방향을 돌렸다. 종교계로서는 고마운 일이 아닐 수 없다. 고뇌와 슬픔에 싸인 현세가 다 이브 때문이라고 남녀 모두 탓할 수 있게 되었으니까. 성서—전도서 25장 24절—ㄱ- 앞장서서 비난한다. "죄는 여자로부터 시작하였고 우리의 죽음도 본디 여자 때문이다."

이브는 '여자는 남자를 위험에 빠뜨린다'는, 항상 존재하는 주제를 확립하고 강화시키는 허구의 여성 캐릭터 가운데 하나일 뿐이다. 유일한

최초의 아내인 이브는 남성들이 자신들의 결혼관을 피력할 때 굉장히 유
용한 수단이 되어주며, 여성들이(비난받아 마땅한 여성도 일부 존재하지만)
남성에게 불러일으키는 분노와 불안과 욕망을 발산할 때에도 유용한 도
구가 되어준다. 하지만 이 모든 것에는 예기치 못한 결과가 따른다. 악역
을 맡다 보니, 이브는 성서에서 의도하지 않는 중요한 인물이 되었다. 반
면, 아담은 피해자가 되고 그의 역할은 축소되었다. 결과적으로 이브를
통해 여자들을 헐뜯음으로써 현실에서는 여자들에게 주어지지 않는, 남
성보다 우월한 권력을 상상 속에서나마 부여하게 되었다. 누구도 이 게임
에서 승리할 수 없으며 게임은 지금 막 시작되었다.

바로 '여자를 조심하라*Caveat Femina*'라는 게임이다. 이혼의 시대
가 오기 300년 전부터 이혼을 옹호했고(그래서 그와 동시대를 살았던 사람
들을 분노케 하기에 충분했다) 비참한 결혼생활을 영위한 17세기 시인 존
밀턴에게 이 게임에 어울리는 광고카피를 짓게 하자. 아귀가 딱딱 맞게
도 그 문장은 『실낙원*Paradise Lost*』에 나오며 화자는 ― 누구긴 누구겠는
가?―아담이다.

> 여자의 가치를 과신하여
> 그 의사意思에 맡기는 자에겐
> 이런 일이 있을 것이다.[24]

제2장

정력을 헛되이 썼다는
이유만으로
죽다

고대 이집트, 바빌로니아, 아테네, 로마에서 남자는 여러 신을 믿고 여러 명의 여자와 자는 것이 보통 관례였지만 아이를 낳을 아내는 한 명만 두었다. 고대 이스라엘에서는 그 반대가 적용되었다. 남자는 단 한 명의 신을 믿고 여러 명의 여자와 자며, 아이를 낳아줄 아내는 본인이 감당할 수 있는 한 얼마든지 둘 수 있었다. 그래도 솔로몬 왕처럼 아내를 많이 두는 사람은 흔치 않았고—성서에는 솔로몬의 아내가 총 700명이었고 300명의 첩까지 있었다고 한다 —두세 명이 적당했다.[1] 부부간 정절이 남자들에게 요구되지도, 기대되지도 않던 시절에 '번식하고 번성하여 가득 채워라'를 신성한 맹세로 여기던 문화에서는 이런 결혼제도가 통했다.

당연히 서열이 있었다. 서열은 생식능력에 따라 결정되므로 세 번째나 네 번째(아니면 400번째) 부인이 첫 번째 부인을 제치고 선두자리에 설 수 있었다. 이스라엘 사람들에게 가장 중요한 것은 섹스하기 전에 결혼해야 한다는 게 아니라 결혼 후에 출산이 따라야 한다는 것이었다. 섹스는 아이를 낳기 위한 것이다. 섹스를 했으되 아이를 낳지 못하면 전적으로 여자 쪽에 장애가 있다고 보고, 죄는 배가 되었다. 자신이 당연히 해야 할 소임을 다하지 못했을 뿐만 아니라 신의 노여움을 사서 불임이 되었다고 생각했기 때문이다.[2] 남편은 불임을 이유로 아내와 쉽게 이혼할 수 있었으며 남편이 이혼을 하지 않으려고 해도 그가 마음을 바꿔먹도록 법적인 강요가 따랐다. 하느님은 불임의 저주를 받은 이스라엘 여성들을 도왔다.

하느님이 도운 첫 번째 여자가 창세기 16장에 등장하는 사라Sarah다. 하느님이 사라를 먼저 도운 것은 당연한 처사였다. 그녀의 남편은 굉장히 독실한 아브라함이었다. 그의 후손은 선택받은 민족이 될 테며, 사라는 민족의 아버지가 될 사람의 어머니로서 소임을 다해야 했는데, 불임인 여성으로서는 해내기 어려운 임무였다. 그녀에게는 하느님이 특별 처방한 불임치료제가 필요했다. 자녀가 없어서 고민하는 아브라함에게 하느님은 그의 후손이 하늘의 별만큼 많아질 것이라는 약속을 여러 번 했다. 사라도 남편과 같은 고민을 몰래 하면서 자책했지만, 하느님으로부터 남편과 같은 약속을 받지는 못했다. 그녀는 자신의 힘으로 문제를 해결해보려고 이집트 노예소녀인 하갈에게 아브라함의 자식을 낳으라고 명령했다. 하갈이 단 한 번의 시도로 바로 임신에 성공했다는 사실을 아는가? 그녀는 자신이 타고난 가치를 아주 잘 이해한 듯하다. 생식능력을 증명해보인 하갈은 아브라함의 자녀를 낳는다고 집안에서 지위가 달라지지는 않았지만, 불임인 여주인을 '경멸의 눈으로' 바라본다(성서가 쓰인 시대에 이스라엘 사람들은 함무라비 민법을 따랐다. 이 법전에는, 여주인이 첩의 자리를 내려준 여자노예는 주인의 아이를 임신한다고 해도 여주인과 똑같은 지위를 주장할 수 없다고, 다시 말해 주인의 부인이 될 수 없다고 명시되어 있다).[3]

사라는 자기가 시켜서 임신한 하인이 자신을 은근히 멸시하는 게 견딜 수 없었다. 그녀는 아브라함을 궁지로 몰면서 따졌다. "내가 업신여김을 당하는 것은 당신의 잘못입니다. 내가 내 여종을 당신의 첩으로 주었는데 그 아이가 임신한 것을 알고 나를 멸시하니 당신과 나 사이의 문제를 주님께서 판단하셨으면 합니다!" 아브라함은 하갈 문제를 사라에게 맡긴다. "당신 좋을 대로 하시오." 아브라함의 아이를 가졌다고 해서 하갈이 당장 아브라함의 부인이 되는 것은 아니었지만 그녀를 억지로 팔아버리거나 집에서 쫓아낼 수는 없었던[4] 사라는 하갈을 학대하는 수밖에 없었다. 자세한 내용은 언급되어 있지 않지만 사라의 가혹한 학대가 효과가 있었던 모양이다. 하갈은 제 발로 집을 나간다. 그러나 하갈은 후에 아랍의 조상이 될 '들나귀와 같은 생활을 하게 될' 아브라함의 아들—이스마엘Ishmael—을 낳을 운명이었으므로 하느님은 그녀가 멀리 가지는 못하게 한다. 이야기를 요약하자면, 하갈은 돌아오긴 했으되 태도는 여전했고 사라가 아이를 낳지 못하는 것만 빼면 평화로운 날들이 계속되었다. 하느님이 불임을 해결해주려고 했을 때 사라의 나이는 아흔이었다. 하느님이 그녀가 1년 내로 아들을 낳으리라고 말해주었을 때 사라가 웃은 것도 잘못은 아니다(사라는 성서 속에서 유일하게 하느님에게 콧방귀를 뀐 인물이다. 하느님이 얼마나 재치가 넘치는지 알 수 있다).

이스라엘의 결혼풍습 때문에 특이한 가정불화가 일었을 게 분명하며, 여성뿐만 아니라 남성도 피해를 보았을 것이다. 많은 남자가 신혼 첫날부터 결혼생활의 어려움을 호소하는데, 아내가 한 명인 것만도 벅차다고 한다면—『토라Torah』(모세 5경)에 나온 내용과 같이—아내를 여러 명 거느리는 것은 얼마나 복잡한 문제였겠는가? 『토라』는 결혼생활을 심도 있게 다루면서, 결혼생활에서 일어날 수 있는 모든 문제의 시나리오를 예상하고 각각의 상황을 철저히 분석해 개선책을 처방하고 있다. 결혼생활은 곧, 아이를 많이 낳는 생활인데, 『토라』는 출산을 보호하고 장려하는 데 중점을 두었기 때문에 다산만 할 수 있다면 결혼생활이 희생되어도 좋다는 주의였다. 「신명기Deuteronomy」를 보자. "만일 두 사람이 싸우고 있는데 한 사람의 아내가 자기 남편을 도우려고 다른 남자의 불알을 잡아당기면 여러분은 그 여자의 손을 사정없이 잘라버리십시오." 주변의 이교도 사회에서는 거세한 남자가 존경을 받고 영향력을 갖게 되는데, 존경심이나 영향력을 얻고자 스스로 거세한 이스라엘 남자에게는 어떤 결과가 따를까? "불알이 상했거나 생식기가 잘린 자는 종교집회에 참석하지 못합니다."5)

또 하나의 보호장치는 십계명에 나와 있다. 십계명에서는 소유권에 관한 사상이 담겨 있어서 부부관계의 중요한 특징을 잘 드러난다. "남의 아내를 탐내지 마라. 그의 집이나 땅이나 종이나 소나 나귀나 그가 소유한 그 어떤 것도 탐을 내서는 안 된다."6) 집, 아내, 종, 소는 법적으로 동등하다. 이 모든 것은 그것을 소유한 남자의 합법적인 재산이다(아내에게 권태를 느낀 남자가 아내의 목에 밧줄을 매어 시장—소시장—에 끌고 가서 가장 높은 값을 부르는 사람에게 파는 풍습이 1,000여 년 동안 성행했고, 아내도 기꺼이 팔리기를 원하는 경우가 다반사였다. 이러한 하층계급의 비공식적인 이혼방식은 놀랍게도 최소한 1887년까지 지속되었다).7) 이 사실을 염두에 두면, 제7계명—간음하지 말라—은 여자와 남자에게 달리 적용되어야만 했고 실제로 그랬다. 여자는 남편 이외의 남자와 자면 간음죄가 적용되었고, 남자는 다른 남자의 아내나 약혼자와 잘 때만(두 경우 모두 '신부 값bride-price'을 여자의 가족에게 내야 했다) 그러했다. 그는 소유권에 관한 법을 어긴 것이지만 그게 다가 아니었다. 그가 빼앗은 소유 품목은 여자였기 때문에, 유대인들이 여전히 부계전통을 따르고 있던 시절에 생식의 순수성

reproductive integrity—여자는 당연히 순결을 지키고 있어야 했다—을 해친 죄가 적용되었다.[8] 그보다 더 큰 문제는 남자가 하느님과 유대인 사이의 계약인 십계명 중 두 가지를 따르지 않았다는 것이며, 여자는 하느님과 남편 모두에게 반항한 것이었다. 이스라엘의 관점에서 간음은 사형을 받아 마땅한 범죄였고 그것도 공개사형에 처해졌다. 보통은 투석형이었고 화형에 처해질 때도 있었다(다윗 왕은 영웅으로 추앙받았지만 그도 돌에 맞아 죽어 마땅한 죄를 지었다. 부하병사의 아내인 밧세바Bathsheba에게 욕정을 품은 죄, 그녀를 정부情婦로 만든 죄, 그녀를 임신시킨 죄, 아무런 의심도 하지 않는 그녀의 남편 우리아Uriah를 설득해 잠깐 전장을 떠나 부부면회를 하도록 하여 다윗이 아닌 우리아가 아이 아버지로 보이게 하려 한 죄, 아내와 같이 자려고 부대를 떠날 수는 없다는 충성심 강한 우리아가 전투에서 죽게끔 각본을 짠 죄, 애도하는 과부와 결혼한 죄. 그러나 다윗은 깊이 뉘우치는 태도를 보이고—우리아가 죽었기 때문에 아이 아빠가 누구인지 둔제될 것이 없으므로—하느님은 다윗을 용서한다. 가끔 다윗처럼 운이 끝내주게 좋은 사람들이 있다).[9]

이도저도 아닌 애매한 상황을 위한 규정도 마련되어 있다. 여자가 임신했는데 남편이 아내가 다른 남자의 아이를 임신했다고—구체적인 증거는 없이 심증만으로—확신한다면? 민수기Book of Numbers에 해답이 있다. "만일 어떤 사람의 아내가 길을 잃고 남편의 신의를 저버린 채 남편 모르게 [다른 남자와] 육체적 관계를 맺었는데, 강요가 아니라 자의로 관계를 가졌다는 비밀을 숨기고 증인도 없지만" 남편이 아내의 외도를 의심하여—아내가 부정을 저지르지 않았어도 질투심에 눈이 어두워진다면—그는 아내를 제사장에게 데려와야 한다. 보릿가루 2.2리터도 바쳐야 한다. "보릿가루에 기름을 붓거나 유향을 넣어서는 안 된다. 이것은 의심하는 남편이 사실을 밝히려고 드리는 예물이기 때문이다." 제사장은 토기에 거룩한 물을 담아 그곳에 거룩한 티끌을 집어넣어 '저주가 되게 하는 쓴 물'('시험수ordeal-water'라고 번역되기도 함)을 만든다. 그리고 제사장은 여자의 머리를 풀게 한 후 의심이 담긴 예물을 손에 들게 하고, 쓴 물이 담긴 토기는 자신이 직접 들고 마침내 무슨 일을 하고 있는지 여자에게 말해준다. 제사장은 저주의 말(하느님이 불러주었을 게 분명한)을 두루마리에 기록하여 그것을 쓴 물에 빤다. 여자는 시험을 받아들이겠다는 뜻으로 "예, 뜻대로 하소서!Amen, amen!"라고 말한다. 시험은 계속된다. 아내는 그 물을 마신다. 그녀가 죄를 지었다면 저주가 시작되어 "배는 부어오르고 하체는 썩어 문드러질 것이다." 여기에서 하체는 '질vagina'을 완곡하게 돌려서 말한 표현이거나, 기능장애가 있는 난소를 뜻하거나, 둘 다일 수도 있다. 한마디로 성서에 나오는 여성에게는 최악의 악몽과도 같은 것이니, 바로 불임의 형벌이 내려진 것이다. 만약 여자가 아무 죄가 없다면 "아무런 해도 입지 않을 것이며 임신할 수 있을 것이다."[10] 하느님, 가엾은 그녀를 도와주소서!

이스라엘 남자들은 불임보다도 훨씬 모호한 이유로 아내와 이혼할 수 있었지만, 아내는 남편과 같은 이유로 이혼할 수 없었다. 예컨대 "어떤 남자가 아내에게 어떤 부정한 일이 발견되어 싫어지면" 값비싼 변호사를 고용할 필요 없이 바로 "이혼증서를 써서 아내에게 주고 집에서 내보내면 된다."[11] 그는 자신이 진정으로 이혼을 원하는지 잘 생각해봐야 한다. 아내가 다시 돌아올 수도 있기 때문이다. 일부 성서학자는 이 법이 부인교환wife swapping을 막기 위한 것이라고 한다. 노예가 아닌 여성을 남자가 성적으로 취하면(그 여자가 남의 아내가 아닌 한에서다. 그렇지 않다면 남녀 모두 사형이다) '아내'가 되기 때문에 이런 법이 필요했을 것이다.[12]

성서의 규정은 결혼의 책임을 등한시하거나 악용하는 남편과 아내 모두를 단속했다. 늘 그렇듯 성서는 가능한 시나리오를 지칠 때까지 자세하게 설명한다. "어떤 남자가 어떤 여자와 결혼해 같이 살게 되었는데, 남자가 여자를 싫어하게 되어 '내가 이 여자와 결혼했는데 알고 보니 처녀가 아니었다'고 말하면서 여자를 비난하고 모략한다면, 여자의 부모는 마을 연장자들 앞에서 딸의 처녀성의 증거를 보여주어야 한다. 누군가는 여자에게 책임을 져야 하는데 남편이 책임을 지지 않는다면 아버지가 책임을 져야 한다. 여자의 아버지는 연장자들에게 '내가 이 남자에게 내 딸을 아내로 주었는데 남자가 딸을 싫어하게 되어서 당신 딸이 처녀가 아니라며 중상모략하지만, 여기에 증거가 있다!'고 말해야 할 것이다."

전통적으로 처녀성의 증거는 피가 묻은 침대시트다. 초야를 치르고 나서 신부의 처녀성의 증거로 시트를 검사하는 전통은 여전히 동유럽과 북아프리카 등 남자의 명예에 사활을 거는 지역에 남아 있다. 딸의 아버지가 증거를 내보이면 사위는 고통을 받게 된다. 그러나 그리 큰 고통은 아니다. 연장자들은 "남자를 데려가서 채찍질하고 은 100세켈shekel의 벌금을 받아 여자의 아버지에게 준다. 남자가 이스라엘의 처녀를 모략했기 때문이다."(CSI 과학수사대도 없는데 그 피가 소 피인지 사람 피인지 어떻게 확인할 수 있을까?) 채찍질을 당하고 벌금을 낸 후에야 진정한 처벌이 따른다. 여자는 "그의 아내로 남으며 그는 다시는 그녀와 이혼할 수 없게 된다." 얼마나 멍청한 짓인가. 아내에게 싫증이 났다고 처음부터 이실직고했으면, 평생 이혼도 못한 채 같이 사는 대신 진작 이혼할 수 있었을 텐데.

피 묻은 시트 등 혼전순결의 다른 증거가 없을 때는 남편이 승소한다. "여자는 친정집 문 앞으로 끌어내서 마을 남자들이 그녀를 돌로 쳐 죽인다. 그녀가 이스라엘에서 수치스러운 짓을 저질렀기 때문이다." 이것이 간음의 형벌이다. 그녀는 전혀 간음하지 않았는데도 말이다. 그녀는 혼전에 어떤 남자와 섹스했고 다른 남자와 결혼했을 뿐이다. 혼전섹스 자체도 사형이나 채찍질을 당할 범죄는 아니다. 신부의 아버지가 아직 팔지 않은 처녀가 더럽혀지면 그녀는 처벌을 면할 수 있지만 그녀를 더럽힌 남자는 '그녀를 자신의 아내로 맞이할' 의무가 있다(그녀의 아버지는 거절할 수 있지만 어쨌든 처녀에 해당하는 시가市價를 받는다). 그러나 부성과 도덕성을 보호하기 위해, 어떤 순서든 두 남자와 잔 여자는 간음을 한 것으로 판결받고 무자비한 처벌이 내려진다.

다른 남자가 소유한 처녀를 성적으로까지는 아닐지라도 재정적으로 더럽힌다면, 남자는 사형에 처해지지만 처녀의 운명은 행위가 벌어진 위치에 따라 달라진다. 행위가 '성 안에서' 일어났으면 양 당사자를 성문 밖으로 끌어내어 돌로 쳐 죽인다. 여자는 성 안에 있으면서도 소리치며 반항하지 않았고, 남자는 남의 아내를 욕보였기 때문이다. 그러나 만일 행위가 '들판에서' 벌어져서 소리를 쳐도 아무도 도와줄 수 없다면 남자만 처형하고 "여자에게는 아무 벌도 주지 않는다." 성서 구절을 보면 "이것은 사람을 쳐서 죽인 경우와 마찬가지"라며 "남자가 들에서 여자를 강간했기 때문에 약혼녀가 아무리 소리를 쳐도 구해줄 사람이 아무도 없었기 때문"이라고 한다. 그럴 수도 있고 아닐 수도 있다. 그녀가 들에서 남자를 덮치고, 소리 질러 도움을 청하지 않았을 수도 있다. 그녀는 도움이 필요 없었고 둘의 행위는 서로 좋아서 한 것이니까. 반대되는 증거가 많은데도 성서의 규정은 그녀가 반항하려고 했거나 반항하면 죽일까 봐 겁냈을 것이라면서, 약한 성별이므로 보호받을 권한을 그녀에게 준다. 증거불충분은 무죄로 추정하는 것이다.[13]

특히 출산과 관련한 문제에서 약한 성별을 보호하는 문제는 좀더 치밀한 계산이 요구된다. 한 명 이상의 여자가 같은 남자의 아이를 가졌을 때 가장 중요한 것은 여자를 보호하는 것도, 심지어 남자를 보호하는 것도 아니고 자식, 특히 장남을 보호하는 것이다. 장자상속권의 규정은 다른 곳과 마찬가지로 여기에서도 적용되지만 이스라엘 사람들은 생식에 관한 일반적인 접근법에서 늘 그러하듯 이 문제에 지나치게 집착하는 것 같다(창세기의 천지창조 이야기 뒤에 나오는 끝없는 족보—각 세대의 장남의 이름과 나이를 정확하게 기록해놓았다—만 봐도 유대인들이 장자를 얼마나 중요하게 생각했는지 알 수 있다. 그러나 모두가 900살 정도까지 사는 것으로 보아 그렇게 정확한 기록은 아닐 수도 있다).

상속(과 가정 내 갈등을 피하는 법)에 관한 성서 규정을 보면 장남을 낳은 어머니가 누구든 상관없이 아이들의 어머니들에 관한 남편의 감정을 장남에 대한 의무와 분리시켜야 한다고 의무화하고 있다.

> 어떤 사람에게 두 아내가 있는데 하나는 사랑을 받고 하나는 미움을 받다가 그들이 모두 아들을 낳았을 때 만일 미움받는 여자의 아들이 장남이라면, 재산을 분배할 때 장자권을 무시하고 사랑하는 여자의 아들이라고 해서 미워하는 여자의 아들보다 더 많은 재산을 주어서는 안 됩니다. 여러분은 미운 여자의 아들이라도 먼저 난 자를 장남으로 인정하여 두 몫을 그에게 주도록 하십시오. 그는 자기 아버지의 정력의 첫 열매며 장자권을 가진 자입니다.[14]

정력의 첫 열매first fruit of his vigor란 그의 정자로 만들어진 첫 아들이란 뜻이다. 이교도의 바다에서 유일신을 섬기는 외로운 섬과도 같은, 선택받았지만 연약한 이스라엘이라는 나라에서 정자의 건강과 복지와 분배는 굉장히 중요한 문제였다. 성과 혼인에 관한 법은 정자의 문제―누가 그 정자의 주인인가, 어떤 순서로 아이가 태어났는가, 어떤 아내는 생식능력이 있고 어떤 아내는 불임인가 ―와 연관되어 있다. 성서에서 성행위를 엄격하게 단속하는 것은 도덕 때문이라기보다는 정자가 어떤 자손을 낳았느냐에 집중하는 듯하며, 그것은 곧 모계족보로 이어진다.

성서는 여성들에게 법적 권리, 결혼의 권리, 이혼의 권리, 성의 권리는 주지 않았지만 모성의 권리를 주었다. 모성권이 있기 때문에 여성들은 행동에서 놀라울 정도로 큰 여유를 누리게 되었고, 이는 단순한 우연의 일치가 아니다. 가령, 역연혼levirate marriage(남편의 형제라는 뜻의 'levir'에서 유래했다)을 보자. 아내가 아들을 낳기 전에 남자가 죽으면 남자의 미혼 형제들이 남편자리를 넘겨받았다. 이후에 어떤 일이 벌어질지는 뻔하다. 과부는 "집안사람 이외의 다른 사람과 결혼할 수 없다. 죽은 남편의 형제가 그녀를 아내로 맞아 형제의 의무를 다해야 한다. 그 여자가 낳은 첫 아들이 죽은 형제의 대를 잇게 하여 그 이름이 이스라엘에서 끊어지지 않게 한다." 죽은 남자의 형제는 형수와 잠자리를 해야 한다는 것이 싫을 수도 있고 죽은 형제의 이름이 이스라엘에서 끊어지지 않는 게 기쁘지 않을 수도 있다. 이 법에 대한 저항이 일반적이었던지『토라: 현대적 주석』은 이 부분을 자세히 다루면서 단계별 대응책을 제시하고 있다. 첫째, 죽은 남자의 부인은 악역 담당인 '마을 지도자들elders'에게 시동생을 일러야 한다. 그러면 지도자들이 무엄한 형제를 불러서 말로 설득해본다. 지도자들이 설득하고 강요도 했는데 말을 듣지 않으면 공개적인 망신이 뒤따른다. 죽은 남자의 부인은 "지도자들이 보는 앞에서 그 사람의 신한 짝을 벗기고 그 얼굴에 침을 뱉으며 '이것은 자기 형제의 대를 잇게 하는 의무를 거절하는 자가 받는 수치다'라고 말해야 한다."[15] 침을 뱉는 것은 망신을 주려는 의도임이 분명하며, 신을 벗기는 것은 과부가 남편의 가족에 대한 의무에서 벗어났음을 상징한다.[16]

그러나 질외사정을 한 남자로 유명한 오난Onan의 운명에 비하면 그렇게 끔찍한 것도 아니다. 오난은 죽은 형을 대신해서 의무를 반만 실행했는데―그는 죽은 형의 아내와 섹스하는 것에는 전혀 불만이 없어서, 한 번도 아니라 여러 차례 했다―이것은 아예 실행하지 않은 것보다도 나빴다. "그러나 오난은 아이를 낳아도 자기 자식이 되지 못할 것을 알고 자식을 낳아 주지 않으려고 형수와 관계를 가질 때마다 질외사정을 했다." 오난은 역연혼 규정을 위반했고, 그보다 더 중요한 것은 정액으로 대를 이어야 하는 의무를 어겼으므로 하느님은 그를 죽였다. 그러자 과부 며느리 다말Tamar이 유다Judah에게는 골칫거리가 되었다. 유다는, 유일하게 살아남았지만 결혼하기에는 아직 너무 어린 아들을 며느리에게 남편으로 줘야 할 법적 의무가 있었다. 유다는 당장이든 앞으로든 막내아들을 며느리와 결혼시킬 생각이 없었다. 하지만 속내를 숨겼다. 유다는 다말을 친정집으로 돌려보내면서 막내가 크면 결혼시켜 주겠노라고 약속했다.[17]

다말은 결국 자신이 속았다는 사실을 깨달을 만큼 충분한 세월이 흐른 후 모성권을 되찾고자 복수를 계획한다. 그녀는 신전의 창기(보통 창녀가 아닌) 분장과 복장을 하고 베일을 쓴 채 길가에 앉아서 유다가 지나가기를 기다렸다. 유다는 지나가다 눈길을 끄는 창녀를 보게 되었고 그녀가 다말임을 알아보지 못했다. 그는 덫에 걸려든 것도 모르고 그녀에게 수작을 걸었다. 그녀는 몸을 주는 대가로 염소를 달라고 말했다. 유다는 그러겠다면서 염소를 가져다주겠다고 약속했지만 그녀는 담보물을 달라고 고집을 부렸다. 그녀는 유다의 끈 달린 도장과 그가 짚고 있던 지팡이를 요구하면서, 염소를 가져오면 돌려주겠다고 했다. 둘은 몸을 섞었고 다말은 임신을 했지만 유다에게 알리지 않았다. 유다는 두 사람이 몰래 만났던 길가로 심부름꾼을 보내서 약속한 염소를 보냈는데, 심부름꾼은 끈 달린 도장도 지팡이도 가져오지 않고 염소만 다시 데리고 돌아왔다.

　　석 달쯤 후에 유다는 다말이 '창녀짓을 해서 임신했다'는 소문을 듣게 된다. 지역사회는 다말의 시아버지에게 며느리의 잘못에 대한 책임을 물어 다말을 사형시키려고 했다. 이럴 때 사형방법은 투석형이 아니라 화형이었다. 형장으로 끌려 나가기 바로 전에 다말은 유다에게 지팡이와 끈 달린 도장이 담긴 소포와 전갈을 보냈다. "나는 이 물건 임자 때문에 임신하게 되었습니다. 이 끈 달린 도장과 지팡이가 누구의 것인지 한번 보십시오." 부인할 수 없는 증거물을 본 유다는, 자신이 며느리를 속인 것이 며느리가 자신을 속인 것만큼 나쁘다고 인정한다. 유다는 "그녀가 나보다 옳다. 내가 그녀를 내 아들 셀라에게 주지 않았다"고 말한다. 결백이 입증된 다말은 집으로 돌아갔고 쌍둥이를 해산한다. 쌍둥이는 시아버지의 씨를 받아, 죽은 남편의 아이로 인정된다. 역연혼의 원칙은 지켜졌고 대를 잇는 관습도 지켜졌으며 모성의 권리도 이루어졌다.

　　두 자매도 이와 비슷한 속임수를 자기 아버지에게 써먹었다. 하느님이 보낸 천사를 통해 도시가 멸망하게 된다는 첩보를 입수한 롯Lot의 가족은 소돔을 빠져나온다. 하지만 아이들의 엄마는 빠져나오지 못하고— 그녀는 뒤돌아보지 말라는 하느님의 명령을 어긴 죄로 소금기둥으로 변한다—롯과 처녀인 두 딸은 언덕에서 동굴을 발견하고 그곳에 숨는다. 큰딸은 은둔생활이 영원히 계속될 거라고 믿었던지, 아버지를 속이고 아버지를 통해 교대로 임신할 계획을 세운다. "이 일대에는 세상 관습대로 우리와 결혼할 남자가 없다. 그러니 아버지에게 술을 먹이고 아버지의 잠자리에 들어 아버지를 통해 우리 가족의 혈통을 이어가자." 이틀 연속으로 자매는 아버지를 취하게 하고서 첫날밤에는 큰딸이, 그 다음 날에는 둘째딸이 아버지와 잠자리에 든다. 롯은 너무나 취해 자신이 무엇을 하는지도, 누구와 무엇을 하는지도 모르면서도 밤일은 제대로 할 수 있었던 모양이다. 깊이 따지진 말자. 중요한 것은 두 딸 모두 아버지의 아들을 임신했다는 사실이다. 그들이 결국은 동굴을 빠져나왔는지, 롯이 아버지/할아버지가 될 거라는 소식을 듣고 기뻐했는지 뒷이야기는 알 수 없다.[18]

이스라엘 사회가 아이를 낳는 것에 얼마나 집착했으면 새 신랑이 징집되는 것도 금지했다. "여러분은 이제 막 결혼한 사람을 군대에 징집하거나 특별한 임무를 맡기지 마십시오. 그가 자유롭게 1년 동안 집에 있으면서 자기 아내와 행복하게 지내도록 해야 합니다."[19] (이스라엘 사람들의 관점에서 아내를 '행복'하게 해주는 것이 무엇인지 설명하지 않아도 지금쯤은 독자 여러분도 알 거라고 믿는다.) 신랑이 아내를 임신시키고 나면 자유롭게 자신의 씨를 다른 곳에 뿌릴 수 있었다. 예컨대 전쟁터 같은 곳에 말이다. 그 무엇도 운에 맡기지 않는 성서는, 전쟁에서 승리한 후에 적군 여자를 아내로 맞이하는 방법까지 소상하게 설명하고 있는데—사랑과 출산에 관한 한 모든 것이 공평하다—전쟁터에서 사로잡은 여자에게도 보호본능은 멈추지 않는다. 여자를 땅바닥에 눕히고 거기서 바로 할 일을 하는 게 아니다. 여자를 땅바닥에 눕히는 건 상상할 수도 없다. 한 달 동안은 여자 근처에 얼씬도 해서는 안 된다, 절대로. "그 여자를 여러분의 집으로 데리고 가십시오. 그리고 그 여자는 자기 머리를 밀고 손톱을 깎고 옷을 갈아입은 다음, 여러분의 집에서 한 달 동안 자기 부모를 위해 애도해야 합니다. 그러고 나서 여자와 잠자리를 하면 그녀는 여러분의 아내가 될 것입니다." 여자가 싫어질 때 버리는 방법도 소개하고 있다. 이혼서류는 필요없지만 지켜야 할 사항은 있다. "그러나 후에 여러분이 그 여자를 좋아하지 않으면 그녀를 마음대로 가게 하십시오. 여러분은 이미 그 여자를 욕되게 하였으므로, 그녀를 노예로 취급하여 돈을 받고 팔아서는 안 됩니다."[20]

다른 남자에게 속한 여자들을 제외하고, 아이를 낳는 경로로 성서에서 남자들에게 엄격하게 금지하는 것이 바로 '이방인stranger'의 핏줄이다. 고대 근동지역에서는 유일신을 믿는 유대인보다 이교도가 수적으로 훨씬 우세했기 때문에 이런 규정이 생겨났다. 다신교도들은 자유분방한 데 반해, 유대인들은 하느님의 엄격한 규율을 지키느라 애를 쓰고 있었다. 그런 이스라엘 사람들에게 이교도의 생활풍습은 유혹적으로 느껴졌다. 성서 작가들은 위협소구를 통해 이교도의 유혹을 물리쳤다. 하느님이 자기 백성을 이집트의 노예생활에서 구출하여 약속의 땅인 가나안Canaan 앞까지 데려왔을 때 하느님은 "여러분보다 크고 강한 일곱 민족"을 물리치고 그 땅을 차지하게 될 것이라고 맹세한다. 그러나 승리한 후에도 이스라엘 사람들이 이교도들을 모조리 죽이지 않으면, 우상을 숭배하는 이교도 잔당들 사이에서 살게 될 것이라고 말했다. 그렇게 나쁜 아이디어 같지는 않다.

하느님은 자기 백성에게 이렇게 말한다. "여러분은 그들과 결혼하지 말고 여러분의 자녀도 그들과 결혼시키지 마십시오. 만일 여러분이 그들과 결혼하게 되면, 여러분의 자녀가 그들의 유혹에 빠져 나를 떠나고 다른 신들을 섬기게 될 것입니다. 그러면 내 분노의 불꽃이 여러분에게 미쳐서 여러분을 즉시 멸망시킬 것입니다." 이러한 재앙을 피하고자 하느님은 간악한 술책을 권고한다. "그러므로 여러분은 그들의 제단을 헐고 그들이 섬기는 돌기둥의 우상을 깨뜨려버리고 조각상을 찍어버리십시오.” 그보다 더욱 무자비한 내용은 다음이다. “여러분의 주님께서 여러분의 손에 넘겨준 사람들을 불쌍히 여기지 말고 모조리 죽이십시오.” 하느님의 명령에 따라 잔인한 만행을 저지른 침략자에게 하느님은 어떤 상을 내릴까? 그의 백성은 ‘번성하며multiply’ 자궁의 ‘군제에 축복을 내려’ 무엇보다도 큰 상으로 불임문제를 한 방에 해결해준다. “여러분 가운데 자식을 낳지 못하는 남자나 여자는 없을 것입니다.”[21]

하느님이 이렇게 위협하고 약속을 해도 선택받은 백성이 이방인들을 등지지 않는다면, 이스라엘 남자들을 유혹해서 결망시키곤 하는 사악한 이민족 여자들을 등장시킨다. 블레셋Philistine 출신의 델릴라Delilah는 장사 삼손Samson의 비밀스런 힘의 원천인 머리칼을 잘라버렸고(삼손의 눈알도 뺐지만 그 부분을 기억하는 사람이 얼마나 될까?). 솔로몬 왕은 이민족 아내를 너무 많이 얻어서 하느님은 탐욕스러운 왕의 계승자로부터 반드시 ‘나라를 빼앗겠다’고 맹세했다.[22] 그러나 성서 속에서 파장을 일으키고 이스라엘 남자들에게 재앙을 내리며 우상을 숭배하는 이민족 여성 가운데, 이세벨Jezebel이 가장 비난받는 인물이면서도 가장 매혹적인 인물이다. 그녀는 페니키아 왕족 출신으로 이스라엘 왕인 아합Ahab과 결혼해 남편을 쥐고 흔들었다. 이세벨은 자신의 가학적인 충동을 채우려고 하루에 100명의 예언자를 처형하고 기뻐했다. 그녀가 가나안 토착신인 비의 신 바알Baal을 섬겼기 때문에 아합은 이스라엘에서 바알 신 숭배를 인정했는데, 이는 하느님이 내린 첫 번째 계명을 어긴 것이어서 천벌을 받아 마땅한 죄였다. 이 모든 죄악이 모여 결국 하느님의 재앙이 내려진다.[23]

무능한 아합은 궁전 부근의 포도원을 탐내서(다시 십계명이 등장한다) 포도원 주인 나봇Naboth에게 후하게 돈을 주겠다, 더 좋은 포도원을 주겠다고 회유하지만 나봇은 “주님께서 조상이 물려준 유산을 팔지 말라고 했다"며 거부한다. 아합은 세 살짜리 떼쟁이처럼 행동한다. 그는 '기분이 나빠 시무룩한 채' 궁으로 돌아가서 '자기 침대에 누워 얼굴을 돌리고 아무것도 먹지 않았다.' 이세벨은 남편이 왜 심기가 불편한지 물었고 아합이 이유를 설명하자 이렇게 말한다. "이래서야 어떻게 이스라엘의 왕으로 행세할 수 있겠습니까? 일어나 식사를 하시고 기운을 차리십시오. 내가 이스르엘Jezreel 출신 나봇의 포도원을 왕이 갖도록 하겠습니다." 얼핏 보면 이세벨은 훌륭한 아내의 전형적인 표본인 것 같지만―남편이 관심을 보이는 일이 무엇이든 그 일의 진척을 돕는 아내―그렇게 따지면 맥베스 부인도 양처良妻다.

이세벨은 아합의 이름으로 편지를 써서 왕의 도장을 찍고 나봇의 지도자들에게 보냈다. 지도자들은 그 편지가 왕의 지시라고 믿고 따라, 나봇을 공식모임의 손님 자격으로 초대한다. 그런데 그 모임에는 나봇이 하느님과 지역 군주인 아합 왕을 저주했다고 비난할 건달 두 명도 온다. 결국 이세벨이 편지에 쓴 것처럼 '나봇을 끌어내서 돌로 쳐 죽인다.' 이세벨은 나봇이 죽었다는 소식을 듣고 아합에게 말한다. "이제 나봇은 없으니 일어나셔서 그가 왕에게 팔지 않겠다던 포도원을 가지십시오. 나봇은 죽었습니다." 아합은 아무 말도 묻지 않고 부인이 시키는 대로 한다.

아합과 이세벨을 벌줄 기회를 기다리고 있었던 하느님은 이제 행동에 나선다. 그는 전령 엘리야Elijah를 보내 아합에게 판결을 내린다. "내가 너에게 재앙을 내려 네 집안의 남자는 모조리 죽일 것이다. 이것은 네가 나를 노하게 하고 이스라엘 백성을 죄의 길로 인도하였기 때문이다." 그런데 아합이 저지른 죄는 그게 다가 아니었다. 성서 작가들은 갑자기 이런 구절을 집어넣는다. "일찍이 아합처럼 주님 앞에서 악을 행하는 데만 정신이 팔린 사람도 없었다. 이것은 그의 아내 이세벨이 그를 충동하였기 때문이다.” 어디에서 많이 들어본 소리 아닌가? “네 아내의 말을 들었기 때문이다.” 아담이 들었던 말과 같다. 이 남편도 아내를 다스리지 못한 것이다. 그러나 아합은 엘리야 앞에서 깊이 뉘우치며 기도를 하자 하느님은 엘리야의 귀에 “그가 내 앞에서 겸손한 태도를 보였으므로 내가 그의 생전에 재앙을 내리지 않겠다”고 속삭인다. 대신 아버지의 죄악은 다음 세대로 이어진다. 아합의 아들 70명(모두 이세벨이 낳은 아들은 아닐 것이다)이 살해되었다. 바알 신을 제외한 그 어떤 신 앞에서도 겸손한 태도를 보이지 않은 이세벨에게(아마 바알 신 앞에서도 겸손한 태도를 보이지 않았을 것이다) 엘리야는 “이스르엘의 개들이 이서벨의 시체를 뜯어 먹을 것”이라는 주님의 말을 전한다.

그 후 성서에서 페이지가 한참 넘어간 후에야 이세벨의 최후가 나온다. 몇 년 동안 무슨 일이 있었는지 아무 이야기도 없다가, 이세벨은 최후의 날에 이스르엘에 다시 모습을 드러낸다. 마치 고귀한 여왕과 같은 눈빛으로 사랑하는 백성을 맞이하는 것처럼 궁전 위층 창가에 왕비답게 치장을 하고서. 사실 이세벨은 그녀를 죽이러 오는 예후Jehu를 기다리고 있었다(예후는 아합의 자손 70명을 죽이고 바알 신도를 물리치며 끝내는 이스라엘의 왕이 된다). 예후가 궁전 문으로 들어오자 이세벨은 창가에서 그를 모욕하는 말로 비아냥거렸다. 그러자 예후가 환관 세 명에게 “이세벨을 내던져라”고 말했다. 이세벨이 창에서 던져지자 말이 그녀를 짓밟았고 피가 사방으로 튀었다. 예후는 하인들에게 명령했다. “저 저주받은 여자를 묻어주어라. 어쨌든 그녀는 왕의 딸이다.” 그리고는 근처 술집으로 갔다. 그도 굶주렸던 모양이지만 엘리야의 예언을 실행한 개들만큼 굶주리지는 않았던 듯하다. 개들이 주린 배를 채우자 환관들은 술집에 가서 예후에게 말하기를, 그녀를 묻으러 갔더니 “머리뼈와 두 발과 손바닥 외에는 아무것도 없었다"고 했다. 이에 예후는 이렇게 답했다. "이것은 주님의 말씀이 이루어진 것이다. 개들이 이세벨의 살을 뜯어먹을 것이고 그 시체는 이스르엘 밭의 거름처럼 흩어져 그것이 이세벨의 시체라고 알아볼 사람이 아무도 없을 것이라고 말씀하셨다."

그녀는 배반, 사기, 살인죄를 지었다. 하지만 같은 죄를 저지른 성서에 나오는 그 많은 사람 가운데 누구도 갈가리 찢겨 모두에게 잊히는 형벌을 받지는 않았다. 그녀가 이민족 출신이고 바알 신도이기 때문에 형벌이 가중된 것은 아니다. 성서에 나오는 이민족 이교도가 아무리 잔인한 최후를 맞는다고 해도 이세벨 같은 대우를 받지는 않았다. 이세벨이 개의 먹잇감이 된 데는 숨겨진 다른 이유가 있다. 그녀는 가부장제 사회에서 최악의 아내고 그녀의 결혼생활은 창세기 3장 16절과 완전히 반대되는 것이기 때문이다. 그녀는 당시 이스라엘 사회에서 남자들을 극도로 불안하게 하는 존재의 결정체—남자들이 여자들에게 두려워하던 그 무엇—라서 남자들은 그런 여자를 떠올리고 싶어하지도 않았다. 그녀의 시체를 거의 소멸에 가까운 상태로 만든 것은 남자들이 그런 여자를 앞으로도 떠올리고 싶지 않다는 뜻이다. "누구도 이것이 이세벨의 시체라고 알아볼 사람이 없을 것이다." 그녀는 왕가의 결혼식에서 바지를 입었는데, 이는 자신의 남편인 한 남자를 웃음거리로 만듦으로써 남자들을 조롱하는 행위였다. 남자들의 눈에도 자신들의 모습이 작아 보였고 아내에게 맹목적으로 휘둘리는 남자—아담이 저지른 일생일대의 실수—에게 따를 수 있는 위험도 알게 되었다. 다스림을 받는 존재에게—남편은 가끔은 자신이 과연 다스리는 존재가 맞긴 하는가 하고 고민한다—자신을 노출하는 것은 남편에게 이익이 되지 않는다. 이세벨은 남편인 왕의 약한 모습을 드러냈기에 성서에 나오는 최악의 아내다.

성서 속 최고의 아내는 무명씨다. 사실 이름 같은 건 필요하지 않다. 그녀는 어떤 이야기에 등장하는 인물이 아니고 그저 어떤 모범이나 전형이기 때문이다. '좋은 아내'는 잠언에서 처음 등장하며 이후 사람들의 뇌리에서 떠나지 않는다. '좋은 아내'는 여러 세기를 거치면서도 놀라우리만큼 변함없는 모습으로 침착하게 사람들의 머릿속으로 미끄러져 들어와 그녀를 그 모습 그대로 놓아두는 것에 만족하는 남자들의 작품에 등장한다. 그녀는 사실 그저 좋은 아내를 넘어서 완벽한 아내다(너무 완벽해서 현실적이지 않을 뿐 아니라 고루해 보일 정도지만, 도든 걸 다 갖출 수는 없을 테니까). '좋은 아내'의 정반대되는 이미지 역시 여러 세기를 거쳐 나타난다. 가끔은 아내로, 가끔은 아내가 아닌 여자로, 더 많은 남자의 더 많은 작품에 강렬하게 등장한다. 그녀들은 놀랍도록 똑같이 성가시다는 특징을 가진다. 어떤 식으로 성가신지 묘사할 수 있는 방법은 무궁무진하다. 작품 속에서 그녀는 온갖 역경을 겪으면서도 미친 듯이 유쾌한 인물이다. 잠언 12장은 현처와 악처의 전형을 모두 요약해놓았다. "어진 아내는 남편의 '자랑과 기쁨the crown'이지만 자기 남편을 부끄럽게 하는 아내는 그 남편의 뼈를 썩게 하는 염증과 같은 존재다." 잠언 31장 10절부터 31절은 남편의 '자랑과 기쁨'이 무엇을 뜻하는지 꼼꼼하게 설명한다.

잠언은 이집트 명언을 비롯한 여러 출처의 시와 격언을 모은 비종교적인 구절로, 부모가 자녀들에게 물려주고 싶은 지혜가 담긴 글이다. 그런데 잠언 31장은 마치 교사가 학생에게 들려주는 이야기 같다. 각 행이 히브리어 각 철자의 순서대로 시작하는 아크로스틱(각 행의 머리글자나 끝 글자를 이으면 말이 되는 유희시―옮긴이) 형식으로 교훈을 게임처럼 효과적으로 전달한다(잠언의 마지막 부분 앞에는 이상하게도 '좋은 아내'와는 관련 없는 짧은 산문시가 나오는데, 이 부분은 원래는 독립된 구절이었다고 한다).

시의 앞 절 중에서 첫 부분은 대중문화의 고전이 되었다.

누가 현숙한 여인을 찾아 얻겠느냐. 그의 값은 진주보다 더하니라.[24]
그런 자의 남편의 마음은 그를 믿나니 산업이 핍절하지 아니하겠으며
그런 자는 살아 있는 동안에 그의 남편에게 선을 행하고 악을 행하지 아니
하느니라.

이렇게 꿈에나 나올 법한 아내는 잠을 많이 자지 않기 때문에 꿈도 많이 꾸지 않는다. 그녀 "방의 불은 밤에도 늦게까지 꺼지지 않는다." 그녀는 "부지런히 일하며 날이 밝기도 전에 일찍 일어나서 가족들을 위해 음식을 준비한다." 게다가 그녀는 경제적 독립성도 갖추었다. "그녀는 나가서 밭을 보고 생각해두었다가 그것을 산다." 또, 일도 잘한다. "자기가 번 돈으로 포도밭을 가꾼다." 그녀는 손수 물레질을 하여 실을 뽑고 베를 짜고 자신을 포함해 가족 모두를 위한 옷을 만든다. 남편이 부끄러워하지만 않으면 자신은 헐벗어도 된다고 생각한다. "능력과 품위가 그녀의 옷이다." 그러면서도 '가정 경제에 도움이 되는' 도매업을 할 짬은 있었던 모양인지 베로 옷을 지어 상인들에게 팔고, 가난하고 불쌍한 사람들도 도와준다. 그녀가 '게을리 놀고먹지 않는' 것은 두말할 필요도 없다. 남편도 열심히 일하고 있는지는 모르겠지만 그늘진 나무 밑에 있는 양치기처럼 그렇게 힘들게 일하는 것 같지는 않다. 그의 지위는 확실하지 않지만 중요한 인물로 "그 땅의 장로들과 함께 성문에 앉아 사람들의 인정을 받는다." 성문에 앉은 장로가 하는 일이 무엇인지는 언급되어 있지 않지만 틀림없이 물레질처럼 고된 일은 아닐 것이다.

'좋은 아내'는 최악의 아내를 물리치고 모든 여자의 귀감이 되도록

열심히 일하고 바른 태도—'부지런히 일하고willing hands'—를 가져야
한다. 그녀는 또 입 조심도 해야 한다. 아리스토텔레스, 사도 바울, 조너선
스위프트, 노먼 메일러과 같은 남자들은 수다스러운 여자들에 관해 수다
스럽게 떠들면서, 여자들의 수다가 불러올 재앙을 묘사했다. 두서없이 횡
설수설 떠드는 것, 영양가 없는 잡담, 악의로 가득 찬 비방, 넋두리, 잔소
리, 만날 똑같은 소리, 말도 안 되는 요구, 근거 없는 비난, 새빨간 거짓말.
부인할 수 없는 사실은 여자들이 의식적으로든 무의식적으로든 말이 많
기는 하다는 점이며, 남자들의 불평에도 일리는 있다. 그러나 잠언 31장
에 등장하는 여자에 대해서는 어떤 남자도 불평하지 않는다. 그녀의 언
어 습관은 참으로 올바르기 때문이다. "입을 열면 지혜고 자상한 가르침
이 그 입술에 배어 있다." 여기에서도 그녀의 차분한 성품을 알 수 있다.
고통받고 사면초가에 빠져도 큰 소리 한 번 지르지 않는 초인적인 어머
니가 바로 그녀인 것이다. "그 자녀는 자기 어머니를 고맙게 생각하며 그
남편도 그녀를 칭찬한다." 어떻게 칭찬했을까? "세상에는 훌륭한 여성이
많이 있지만 당신은 그중에서도 가장 위대한 여성이오."

어찌나 따분한 소리의 연속인지.

그녀에 대한 찬사 가운데 그녀의 외모에 대한 언급은 희미하게라도
찾을 수가 없다. 성서의 다른 구절에서는 여자의 외모에 대한 언급은 흔
한데도 말이다. 창세기를 보면 아브라함의 아내인 사라를 '매우 아름답
다'고 묘사하고 있다. 야곱Jacob의 아내 라헬Rachel은 '우아하고 아름답
다'고 나와 있고 심지어 라헬의 언니이자 야곱에게 사랑받지 못한 첫째
부인 레아Leah도 눈이 '사랑스러웠다'고 표현하고 있다. 그러나 이들 모
두 누가 봐도 인간적인 등장인물이었고, 잠언 31장에 나오는 여자는 이
상적인 아내의 모든 특징을 갖춘 집합체다. 그녀는 얌전하고 겸손하고 자

애롭고 모성애가 있고 근면하고 검소하고 신중하고 사려 깊고 사심 없이 남편을 내조하는, 16세기 프로테스탄트의 이상형으로 말하면 '가정적 homely'인 사람이다. 16세기 어느 작가는 "어디를 가든 자신의 작은 집을 등에 지고 가는 달팽이처럼 늘 집에 있는" 여자를 이상적인 아내의 전형으로 찬양했다.[25] 그녀는 여성성과는 관계없는 사람이며 다른 남자들이 탐낼 종류의 여자가 아니라고 넌지시 표현된다. 그래서 그녀의 남편은 성문을 어슬렁거리며 시간을 보내고 아내가 무엇을 하고 있을지 걱정하지 않고 다른 장로들과 함께 자리를 차지하고서 유유자적 앉아 있을 수 있는 것이다. 잠언 31장은, 별로 좋지 않은 아내들에게는 '좋은 아내'의 결정판이자, 궁지에 몰린 남편들에게는 현실에서 도피할 판타지로서 2,000여 년간 두 가지 문화적 의무를 수행해왔다.

한편, 저 서쪽 아테네 남편들은 이 판타지를 이미 실현한 듯했는데…….

제3장

아테네의 남편들은
모든 것을
가졌을까?

냉철한 두뇌, 건강한 신체, 뚜렷한 윤곽, 정교하게 계산된 쾌락. 기원전 500~300년 무렵 전성기 아테네를 그린 전형적인 그림을 보면 현실에는 있음직하지 않은 평온함이 느껴진다. 앞쪽에는 나이 든 남자들이 눈부시게 하얀 토가를 입고 어슬렁거리면서 민주주의의 모태가 된 사상이나 영혼의 본성에 관한 고상한 의견을 나눈다. 이들은 모든 것에서 행복의 수단을 열심히 찾기 때문에 자신들 앞에 벌어진 시각적으로 아름다운 성찬에 자주 눈길을 돌린다. 바로, 실오라기 하나 걸치지 않고 운동경기를 하는 10대 소년들이다. 근육의 섬세한 움직임 하나하나가 멋진 눈요깃거리를 제공한다. 움직이는 젊은 몸의 명확한 구조와 힘찬 우아함은 그림 배경으로 보이는 도시 건축에서도 나타나는데, 이는 장면을 어지럽게 하기보다는 오히려 고양시킨다. 아테네 미학에서 무질서한 카오스는 찾을 수 없다. 그래서 이 그림에는 여자가 없는 건지도 모른다. 아이스킬로스가 쓴 비극 『테베를 공격한 일곱 장수*Seven Against Thebes*』에 등장하는 인물은 이런 대사를 읊는다. "바깥일은 남자들 소관이니, 여자들은 논의에 끼어들지 마시오. 여자는 집에 있어야 해롭지 않은 법."[1]

아테네에서 남자들의 일은 틀에 박힌 가부장적인 생각을 엄격하게 적용한 특권층 엘리트 시민들이 담당했다. 이들은 부인들을 여자들만 기거하는 별당에 가둬놓고, 여자들만의 축전이나 가끔 있는 가족 장례식에 참석할 수 있게 1년에 한두 번만 외출을 허용했다.[2] 고결한 아테네 남편은 생식의 의무를 행할 때를 빼고는 집 안에서조차 아내와 어울리지 않았고 사람들 앞에서는 절대로 어울리지 않았다. 그는 자신과 같은 남자들과 정치적·문화적 사안에 관여하며 낮 시간을 보냈고 밤에도 남자들과 보내는 경우도 있었다. 그러나 남자들이 주로 밤에 하는 일은 유럽 고급 창녀의 전신격인 정부hetaera와 어울리는 것이었다. 정부는 아내는 아니지만 남자의 지위를 증명해주는 존재로, 교양 있고 문화적 소양이 있으며 사회적으로나 성적으로 세련된, 한마디로 아내가 갖추지 못한 모든 걸 갖춘 여자였다.

아테네 남편들은 정부 외에 소년도 옆에 두었다. 가볍게 성욕을 해결할 수 있고 익명성도 보장되는 남녀노예도 언제든 대기 중이었다 ─아테네가 서양문화에 남긴 여러 문화유산 가운데 하나인 성매매 제도 덕분이다. 기원전 6세기 초반 법체계를 만든 귀족 정치가이자 입법가인 솔론Solon은 민주주의의 초석을 다진 인물로 널리 알려졌지만,[3] 남들의 육체적 관계야말로 그가 특별히 관심을 기울였던 분야였다.

그는 엄격한 도덕주의 성향을 지니고 있었고, 자신이 가진 권력을 이용해 개인적 기준을 남들에게 강요할 수 있었다. 그는 여성의 정조 유지를 최우선과제로 삼았다. 이에 따라 남성들은 미혼이나 처녀성을 잃은 딸이나 하녀를 노예로 팔 수 있는 법적 권리를 부여받았다. 그는 다른 많은 귀족 시민과 마찬가지로 남색 취향이 있었지만, 다른 남색 취향 귀족 남자들과는 달리 솔론은 너무 어린 남자아이는 보호해야 한다고 생각했다. 솔론은 또한 사춘기 이전의 소년을 유혹하는 성인남자는 사형을 받아 마땅하다고 생각했다. 솔론이 생각한 것은 법이 되는 경향이 있었고, 이 생각도 법이 되었다.

입법 활동을 하던 어느 날, 그는 너무 많은 우부남이 미심쩍은 남녀들과의 너무 많은 불륜에 조심성 없이 뛰어들고 있다는 사실을 깨닫게 되었다. 그에게 문제가 된 것은 불륜이 아니라 '조심성 없음'이었다. 조심성 없는 불륜은 가족을 혼란으로 몰고 갈 수도 있기 대문이었다. 혼란의 해결책은 질서이기에, 솔론은 불륜의 세계에 질서를 구축하고자 했다. 남자들이 가볍게 섹스할 수 있는 욕구가, 깨끗하고 안전하고 효율적이고 조용히 충족된다면 가정생활이 개선되리라 판단한 그는 첩concubine으로 알려진 남녀노예들을 풍부하게 갖춘 집창촌을 만들어냈다. 솔론의 아이디어로 아테네 가정생활이 개선되었는지는 몰라도 성매매 사업은 성생활에서 없어서는 안 될 부속품으로 빠르게 자리잡는다. 남성 단골고객들 덕에 이익을 보니 아테네 정부政府로서는 마다할 이유가 없었고, 훌륭한 시민이면서도 쾌락까지 맛볼 수 있으니 남성들로서도 대환영이었다. 남녀관계를 단순하게—명확하게—했기 때문에 아테네에 널리 퍼져 있던 미학적인 관점과도 맞아떨어졌다. 가정 내 질풍노도나 감정적인 혼란을 혐오했던 아테네 사람들로서는 같은 시대 이스라엘 사람들의 관습이야말로 질색할 일이었다. 섹스 파트너는 많으면 많을수록 좋았지만, 아내가 많은 것은 사양이었다.

여기는 아테네였기 때문에 혼인법에도 건축물처럼 또렷하게 선이 그어져 있었다. 심지어 침실 파트너들도 기능별로 분류되어 있었고 분류

된 기준 사이에 경계는 모호하지 않았다. 만약 그 제도가 원래 의도대로 효과를 발휘했다면 아테네는 2,500년 동안 계속된 서양 올림픽 '아내 통제하기' 종목에서 금메달을 차지했을 것이다. 이 종목의 챔피언 가운데는 데모스테네스도 있다. 그는 솔론이 성매매제도를 확립한 지 200여 년 후에 결혼제도를 다음과 같이 요약한 것으로 유명한 연설가다. "정부情婦는 우리를 기쁘게 하기 위해 필요하고, 첩은 육체적인 욕구를 매일 해결하기 위해 필요하며, 아내는 자녀를 합법적으로 낳아주고 충실한 가정부 역할을 해주기 위해 필요하다."[4]

아테네 남자들의 생산성이 높았던 것은 이 때문인지도 모른다. 각자 임무를 충실히 담당하는 서비스 팀에 의해 남성들의 성적 욕구가 인식되고 분류되고 충족되었기 때문에 그들은 고전시대를 황금시대로 바꿀 자신들의 일에 몰두할 수 있었다. 세 부분으로 나뉜 이 제도는 이후 남성들의 정신세계에 계속적으로 영향을 미친, 아테네의 숨겨진 유산이다. 데모스테네스가 제창한 세 분야로 나뉜 조화는 오랫동안 두 분야로 좁혀져서 남아 있지만, 일각에서는 이를 '성녀-창녀 콤플렉스Madonna-whore complex'라고 부른다. 프로이트는 이를 "성생활에서 가장 자주 발견되는 퇴보의 형태"라고 칭한다. 같은 이름의 논문에서 프로이트는 이 콤플렉스를, 남성이 자신이 사랑하는 여성을 욕망할 수 없거나 자신이 욕망하는 여성을 사랑할 수 없는 능력이라고 정의 내린다. 이는 프로이트가 살았던 영국 후기 빅토리아 시대에 생생하게 나타났던 딜레마다. 당시 중산층 어머니들은 처녀인 딸에게 결혼 첫날밤에는 눈을 감고 조국을 생각하라고 가르쳤다. 성교를 참아내면 주어지는 보상은 모성이었다. 일단 결혼하면 얼마나 정숙한 척을 잘하는가, 또는 실제로 얼마나 정숙한가에 따라서 기혼녀의 인격이 얼마나 고매한지가 결정되었다. 중산층 남편들이 성

적으로 이중생활을 하는 것으로 악명이 높았던 것도, 시절을 고려하면 그
리 놀라운 일이 아니다. 남편들은 매주 일요일에는 가족과 함께 교회에서
예배를 드리고, 나머지 시간에는 몰래 흥미진진한 포르노의 세계에 흠뻑
빠지거나 (솔론 덕분에) 창녀촌에 드나들면서 시간을 보냈다.

아테네에서는 숨기거나 핑계를 댈 필요도 없었다. 심지어 장식미술
만 봐도 당시에 어떤 성제도가 정착했으며 아테네 사회가 얼마나 질서
에 집착했는지 보여준다. 꽃병을 비롯한 공예품에 그려진 이미지를 보
면 실생활에서 적용되는 성적 지위에 따라 체위가 어떻게 달라지는지 알
수 있다. 사회적 지위가 낮은 사람일수록 품위가 낮은 체위를 했다. 계급
이 달라지면 체위가 달라지는 게 아니라, 같은 계급 안에서도 차이가 있
었다. 한물간 정부는 창녀들보다 낮지는 않지만 거의 그만큼 낮은 지위
로 분류되었다. 한물간 정부나 창녀 모두 항문성교와 같은 후배위 등 여
러 천한 체위를 할 수 있는 존재였다. 전형적으로 노골적인 한 장면을 보
자. 여자가 남자에게 펠라티오를 하는 동안 또 다른 남자는 여자의 목덜
미 머리채를 쥐고 뒤에서 삽입하고 있다. 여자는 퉁퉁하그 나이 들었으
며—그녀의 낮은 지위를 말해주는 또 하나의 증거—완전히 알몸으로 그
려졌다.[5]

이와는 대조적으로 젊고 아름다운 정부는 속이 훤히 들여다보이는
정도까지는 아니더라도 우아하게 차려입었으며 정신적인 애정과 육체적
인 애정을 드러내는 일대일 정사 장면에 등장한다. 남자는 연인들이 그러
하듯 여자에게 키스하고 포옹하며 여자의 머리칼이나 뺨을 쓰다듬는다.
그녀에게는 잔인한 행위나 항문성교는 하지 않는다. 육체의 아름다움에
대한 존중은 정상위를 통해 표현된다. 실생활에서 그녀의 모델이 될 법한
여자는 이 그림, 특히 여자가 늙으면 어떻게 되는지를 묘사한 그림이 교

훈적이라고 생각할지도 모른다. 앞으로 자신에게 어떤 일이 일어날지 알아야 할 테니까. 제일 잘나가는 아테네의 정부는 결혼만 하지 못할 뿐, 아내들이 누리지 못하는 모든 즐거움을 다 누렸다. 하지만 아름다움을 잃으면(또한 피임을 하고 있었고 피임 지식이 있었는데도 임신을 하면) 아테네 부인들에게는 보장된 사회안전망이나 존중은 갖지 못한 채 혼자 힘으로 살아가야 했다.[6]

아테네는, 자식을 낳아 군대에 신병을 공급해주고 정부政府를 위해 새로운 관리를 낳아주는 등 국가에 이바지하는 바가 큰 부인들을 잘 돌보아주었다. 남편이 아내를 부양하지 못하면 사회가 개입해 보호장치와 혜택, 존중까지 제공했다. 남편과 아내가 아마도 에로틱하지 않은, 그저 새 생명을 만들기 위한 섹스를 해야 할 경우, 그들의 체위는 정상위였으리라. 이는 혼인을 통해 합법적으로 모성권을 갖게 된 자부심을 의미한다.

아이를 낳기 위해—아테네에서 결혼은 오로지 아이를 낳기 위함이었다—남성들은 너무 어린 신부는 고르지 않으려고 했다. 아리스토텔레스는 동물의 세계에서 "너무 어린 암수 한 쌍이 낳은 새끼는 결함이 있으며, 보통 몸집이 작은 암컷이 태어나기 때문에 인간에게도 같은 결과가 나타날 수 있다"고 썼다. 그런 단점만 빼면, 신부가 어릴수록 나중에 "정숙해질 가능성이 높다"고도 했다. 아리스토텔레스는 "남녀가 신체적으로 한창일 때 성교가 이루어지기 때문에" 여자는 18세, 남자는 37세 정도가 좋다고 말했다(아리스토텔레스는, 일단 아내가 임신하면 남자들은 아내가 게으름을 피우지 못하게 해야 한다고 경고하면서 임신한 여성들이 매일 산책을 하도록 법으로 의무화해야 한다고 말했다).[7]

생물학적인 면을 고려하는 것 이외에도, 장래 남편은 자신과 비슷한 사람 중에서 신부를 찾아야 했다. 신붓감은 비슷한 사회적 평가를 받는 시민의 딸이어야 했다. 친정집에서는 여자들만 기거하는 별당에서 자라 남편 집에서도 여자들만 사는 별당으로 쉽게 옮겨올 수 있고, 방적이나 집안 살림처럼 여자들이 하는 일을 배운, 아니 그런 일만 배운 여자여야 했다. 운이 좋으면, 아테네 전성기 중의 전성기 시절 정치가인 페리클레스가 "여자가 가질 수 있는 최고의 영광은 남자들의 입에 적게 오르내리는 것"[8]이라고 분명하게 표현한, 아테네 최고의 이상적인 신붓감을 구할 수도 있었다. 그러나 아무리 운이 좋더라도 결혼 후 교육기간이 필요했다. 소크라테스와 친분이 있었던 크세노폰은 가정경영 지침서 『경영론 Oeconomicus』에서 신부 길들이는 방법을 알려준다. 작가의 화신인 이스코마코스와 소크라테스의 가상대화를 통해, 작가는 열다섯 살 신부를 어떻게 다루었는지 묘사하고 있다. 이스코마코스는 신부가 너무 어려 집안일 중에서 '외투 짜는 법' 말고는 아는 게 없다고 말한다.

강의를 시작하기 전에 이스코마코스와 신부는 신께 기도를 드린다. 신랑은 "제가 잘 가르칠 수 있기를"이라고 기도하는 데 반해 신부는 "자신이 해야 마땅한 일들을 잘 수행하겠다고 신들 앞에서 맹세한다." 신부가 열의를 보이자 이스코마코스는 '함께 대화를 나눌 정도로 충분히 교육된' 신부가 좋은 제자가 될 자질이 있다고 생각하고 대화를 시작한다. 실상 그가 소크라테스에게 늘어놓는 말을 보면 대화가 아니라 가정철학에 관한 장황한 독백에 가깝다. 신부의 목소리는 거의 들리지도 않는다. 신부가 "그러면 재산을 늘리기 위해 제가 어떻게 도와야 할지 알고 계시나요?"라고 묻자마자 이스코마코스는 일장연설에 돌입한다. 신들이 남자와 여자를 부부로 되게 한 이유는 무엇보다도 먼저 자녀를 낳기 위해서란다. 자식은 부모가 늙으면 부양하게 된다. 이와 같은 첫 번째 이유 말고도 인간은 가축처럼 야외에서 생활하지 않고 쉴 거처가 있어야 한다. "이처럼 실내에서 하는 일이나 실외에서 하는 일 모두 노고와 주의가 필요하므로, 내가 생각하기에, 처음부터 신은 여성의 본성을 실내에서 하는 업무와 책임에 알맞게 마련해놓은 한편, 남자의 본성은 바깥일에 알맞게 해놓은 것이오.” 여성의 몸과 마음은 악천후나 긴 여행 등을 견딜 능력이 없다. 여자는 태생적으로 ‘공포심을 더 많이 느끼는’ 반면, 남자는 불의를 당했을 때 방어해야 하므로 신이 여자보다 많은 양의 용맹함을 주었다. 이스코마코스는 이렇듯 연설을 늘어놓으면서 여왕벌에 관한 이야기를 한다. 그러자 지루한 이야기를 오랫동안 참고 듣던 신부는 여왕벌이 앞으로 그녀가 하게 될 일과 무슨 관련이 있느냐는 논리적인 질문을 던진다. ‘여왕벌도 벌집 안에 머물기 때문’이라는 게 남편의 답이다.[9]

아테네 사회가 아내들을 존중하기는 했지만, 아내를 설명하는 일반적인 단어를 보면 그들이 존중한 것은 자식을 낳는 사람이 아니라 자식을 낳는 행위임을 알 수 있다. 아내가 자녀를 낳는 지위임을 뜻하는 일반명사가 두 개 있는데, 폐경 전에는 ‘출산 가능한 사람*gyne*’으로 불리고 폐경 이후에는 ‘늙은 여자*gynes*’로 불린다. 그리스어로 ‘아내’를 뜻하는 법률용어인 *damar*는 *damarzo*라는 동사원형에서 유래했는데, 이 동사원형은 동물을 길들이거나 쇠를 구부릴 때 ‘누르다subdue’라는 뜻이거나 ‘처녀를 남편에게 복종하게 하다’란 뜻이다.[10] 새 신부는 새로 사온 노예와 똑같은 의식을 치른다. 둘 다 좋은 운을 불러오라는 뜻에서 머리 위에 견과류 한 바구니를 뒤집어쓴다.[11] 다른 곳과 마찬가지로 아테네에서도 한 남자의 아내는 노예처럼—노예와 완전히 같은 것은 아니지만—남자의 법적 소유물이다. 21세기에 활동한 어느 역사가가 말한 바로는, 아테네 아내와 노예는 [사회적 지위의 낮음에서는] 오십보백보지만 [아테네 남자가] 여자와 노예에게 느끼는 심리적 부담감은 확실히 달랐다. “노예와 노예가 겪는 고난은 동물이 겪는 괴로움처럼 아무런 자의식이 없을 수 있었지만, 여성들은 남성들의 어머니이자 아내며 누이이자 딸이기 때문에 남녀의 싸움은 모든 아테네 남성의 머릿속에서도 벌어지고 있었다."[12]

플라톤이 분류한 것으로 알려진 인간관계의 체계를 보면, 남자들의 정신적 사랑(여자들은 정신적 사랑을 할 수 없다)이 가장 높은 단계의 사랑이고 남자들의 육체적 사랑은 '플라토닉'한 사랑만큼 찬양받지는 못하지만 그래도 금방 식고 마는 이성 간의 열정(당연히 아내가 아닌 정부를 향한 열정이다)보다는 상위에 있었다. 이러한 문화에서는 남성성을 이상적인 것으로 생각했다. 사람들은 정부에 푹 빠져 있는 남성들을 보고 눈살을 찌푸렸다. 아무리 매력적인 여자라 할지라도 여자에게 집착하는 것은 남자의 지성과 이성을 낭비하는 것으로 간주되었다. 여자는 지성도 이성도 없다고 여겨졌고, 여자들에게 지성이나 이성이 없는 것이 아무런 문제도 안 된다는 게 아리스토텔레스의 견해였다.

아리스토텔레스가 말한 바로는, 남자를 남자로 만들고 여자와 구별되게 하는 지점은 정액을 생산하는 '특별한 능력'이라고 한다. 남자는 생명을 잉태해 '발생시키는generating' 부모다. 여자를 여자이게 하고 남자와 구별되게 하는 것은 정액을 생산하는 '특별한 능력이 없기' 때문이다. 여자는 받고 남자는 준다. 모든 것이 여기에서 비롯된다. 남자는 모든 동물 중에서 제일 뇌가 크고 사정하는 양이 많기 때문에 대머리가 된다. 여자는 사정하지 못하는 '아이와 비슷한 특성'이 있기 때문에 대머리가 되지 않는다. 거세한 남자는 남자에서 여자가 되는 과정을 거쳤기 때문에 머리가 벗겨지지 않는다. 여자는 '기형인 남자'만도 못하거나 '기형인 남자'와 다름없는 존재기 때문에 '여자라는 상태'는 본래 '기형'이다. 클리

토리스는 원래 가로막힌 페니스다. 생리혈은 임신이 일어나는 데 필요하다는 점에서 정액과 비슷하지만[13]—이 생각은 1651년에 와서야 사실이 아님이 밝혀졌다—본질적으로 '불결하고' 기력을 쇠하게 한다. 생리혈에는 새로운 생명을 창조시키는 활력인 '영혼의 성분'이 결여되어 있으며, 이러한 활력은 오로지 정액에만 존재한다. 여성은 생명이 발생될 때 사고가 일어난 것이다. [산모가] '받아들인 물질(아마도 쓸모없는 생리혈) 자체가 적합하지 못했거나' 아니면 습기가 많은 '남풍'처럼 무언가 일을 망치는 걸림돌이 개입하면서—이게 일리가 있는지 생각해보자—정액이 '방해를 받아'[14] 실수로 잉태된 것이다. 아들 못 낳고 딸 낳은 게 날씨 탓이라고?

아리스토텔레스는 인간 생리학에 대한 자신의 걸작인 『동물 발생론 *Generation of Animals*』에서 하나의 성별만 인정하는 이론을 펼친다. 아리스토텔레스의 명성에 버금가는 고대 로마시대의 의사 갈레노스Galenos는 600년 후 아리스토텔레스의 단일성별 이론을 전부 입증해 보인다. 질은 페니스가 되려다 만 것이고, 음순은 포피, 자궁은 음낭, 난소는 고환과 같다며 시체해부에서 수집한 해부학적 증거를 일일이 든다. 1800년 무렵이 되어서야 이들의 영향력이 저물고, 생물학적으로 완전히 구분되는 두 개의 다른 성별이 있다는 개념이 고개를 든다.[15]

아리스토텔레스의 이론은, 이미 허구 속에 나타난 전형적인 사고방식에 과학적 진실의 아우라를 드리운 것이다. 고대 훨씬 전부터 남자들은 자신의 생식능력을 꾸준히 과대평가하고 여성의 생식능력은 과소평가해왔다. 그리스 신화에도 이런 이야기가 나온다. 신 중의 신 제우스는 엄청난 생식능력을 선보인다. 제우스는 자신의 딸 아테나가 아직 태아일 때 아테나를 밴 메티스를 집어삼킨다(제우스는 태어날 아이가 왕좌를 빼

앗으리라는 대지의 신 가이아의 예언을 두려워했다 — 옮긴이). 그러나 나중에
아테나는 제우스의 머리를 뚫고 완전무장한 어른으로 탄생한다. 아테나
와 남매인 디오니소스는 제우스의 허벅지를 찢고 나온다. 우라노스의 거
세된 성기에서 아프로디테가 태어난다. 아프로디테는 바다거품에서 태
어나자마자 신들의 반열에 올라, 아름다움과 사랑의 여신이 된다.[16] 아테
네의 대표적 극작가인 아이스킬로스는 남성이 생명을 잉태시키고 여성
은 단지 품는incubate 역할만 한다는 생각을 구전口傳의 영역에서 문학
으로 끌어올렸다. 아리스토텔레스가 활동하기 100여 년 전, 아이스킬로
스는 희곡『에우메니데스Eumenides』에 이렇게 썼다. "네가 어머니라 부
르는 존재는 진정한 부모가 아니라, 단지 씨앗의 양육자일 뿐이다. 새로
뿌려진 생명의 씨가 그 여자의 속에서 자라나고 커가는 것뿐이다. 남자는
생명을 창조하기 위해 이방인 위에 올라 제 씨를 뿌리고, 여자는 이방인
으로 이방인을 길러내는 것뿐. 그 생명의 생사는 오직 신의 손에 달린 것
이니, 여자는 단지 심겨진 어린 싹들을 제 속에서 양육할 뿐이다."[17]

　　이 모두는 남성성을 찬양하는 사회이기에 가능한 일들이었다. 여성
성을 헐뜯을수록 남성성을 드높이는 일은 쉬워졌다. 남성의 성적 능력에
모든 초점이 맞춰졌다. 아테네만 그런 것이 아니라 고대 사회의 방식이
그러했다. 그렇다 하더라도 남자들은 자신이 남자라는 사실을 그림이나
글에서 너무나 끊임없이, 너무나 과시하듯이, 때로는 불필요하게 너무나
찬양하고 있어서 주장이 지나치게 과한 것은 아닌가 생각하게 된다. 남자
들 사이의 끈끈한 우정과 미소년과의 끝내주는 섹스, 엄청난 크기의 뇌
와 정액의 놀라운 능력에 대한 모든 허풍으로도 자신들의 우월성을 이해
시키는 게 부족했는지도 모른다. 그들은 증거를 봐야만 했고, 증거는 아
무리 많아도 결코 성에 차지 않았다. 그들은 자신들이 남자고 남자는 강

력하다는 사실을 생생하게 상기시켜줄 비주얼이 필요했다(또는 필요한 것
같다).

　　주로 중용의 미를 설파한 남자들이, 재미있거나 에로틱하다기보다
는 위협적으로 보이는, 지나치게 크게 발기한 페니스를 예술품으로 만드
는 데 극단적으로 집착했다. 모든 꽃병 그림에는 거대하고 단단한 성기가
그려져 있었다. 창녀와 정사를 나누는 장면에서 그 성기의 주인공은 성기
를 마치 무기처럼 휘두른다. 남전사와 여전사 아마존Amazon 사이의 상
상 속 전투를 그린 장면에서도 여전사는 창으로 남전사의 남근을 겨냥하
고 남전사는 여전사의 젖꼭지를 겨냥한다. 누가 전투에서 이겼는지는 중
요하지 않다. 남근은 대리석에 조각되거나 토기에 그려진 그림에서 언제
나 거대하고 늘 발기된 형태로 광장이나 개인저택에 전시되었다. 아테네
에서 남근은 마치 중세 유럽 도시의 십자가처럼 곳곳에 있었다. 아테네
남자들은 도시 어디를 가나 남성의 자랑이자 기쁨을 보면서 남자들의 할
일을 했다. 완전히 발기된 대리석 남근이 신상神像에 조각되어 있었기 때
문이다.

　　그러던 어느 날 남근이 사라졌다. 기원전 415년 어느 여름 아침, 아
테네 남자들은 자리에서 일어나 토가를 걸치고 동료들과 논쟁을 하려고
집을 나섰다. 거리에는 여느 때처럼 한 개, 두 개, 스무 개, 하여튼 수많은
조각상이 보였다. 그런데 조각상의 성기가 거세되어 있었다. 얼마나 오싹
했겠는가. 남자들은 평정심을 잃었다. 발기한 남근상만큼 남자들을 행복
하게 해주는 것은 없었다. 그런 남근상이 갑자기 사라진 것이다(아테네 사
람들은 말할 것도 없고 사학자들도 범인의 정체를 밝히려고 백방으로 노력했지
만 미제사건으로 남았다).[18]

어쩌면 데모스테네스가 생각한 것처럼 성격할을 세 부분으로 나눈 제도는 효과적이지 않았을 수도 있다. 데모스테네스는 기껏 해야 말을 잘하는 명연설가일 뿐이었다. 데모스테네스가 잘난 척하면서 설명해놓은 시스템을 보면 남자들의 판타지를 실현한 것 같지만, 속을 들여다보면 여자들을 궁지에 몰아넣으려고 만든 다른 시스템과 그리 다를 바 없었다. 남근상이 지나치게 많았다는 표면적인 현상만 놓고, 여자들이 아테네 남자들의 지배에 도전하지 않았을 것—정부, 첩, 특히 아내가 남자들이 시키는 대로 행동하고 시키는 대로 집에만 있었을 것—이라고 속단할 수는 없다. 하지만 그 시스템이 실패했으리라고 단정하기도 어렵다. 그저 아테네 남자들이 커다랗게 발기한 남근상을 보는 것을 즐겼으며 그걸 보면서 아마도 특정 유형의 여성들과 성교하는 판타지를 품었으리라는 사실 정도만 짐작할 수 있다. 아테네 남자들은 발기를 걱정하고, 자신이 충분히 남성다운지를 고민하고, 남성성을 확인받고 싶어했다는 사실도 알 수 있다. 남성성을 증명해 보이지 않으면 다른 남자들에게 경멸당하는 사회 분위기 속에서, 우리가 충분히 짐작할 수 있는 이유로 아내에게 남성성을 확인받지 못하고, 역시 똑같이 짐작할 수 있는 이유로 첩에게도 남성성을 확인받지 못하고, 정부한테마저도 잔뜩 주눅이 들어서 남근상이라도 세워야 했던 그들이 딱하다.

아테네 여자들이 그렇게 쉽게 분류되고 통제되었다면 왜 그리스 문학에는 흉악한 아마존, 불륜을 저지르는 여신(아프로디테)과 잔소리 심한 여신(헤라), 남편을 전쟁터에 내보내지 않으려고 남편과의 잠자리를 거부하는 아내들(리시스트라타Lysistrata), 그 외에도 그리스 신화판 이브인 판도라처럼 말썽을 일으키는 여자들이 그리도 많이 등장할까?(이브와 판도라는 거의 같은 시대에 창작된 인물이므로 같은 구전에서 비롯되었을 가능성이 크다).

　판도라는 인류에 고통과 괴로움을 안겨주었다. 애초에 제우스가 판도라를 창조한 목적이 인류로 하여금 고통을 맛보게 하기 위함이었기 때문이다. 그렇다고 해도 판도라는 지나치게 가혹한 비난을 받고 있다. 판도라는 이브에 이어 서양문화권에서 동네북 취급하는 허구의 여성이다. 판도라가 이렇게 자리매김하게 된 것은, 호메로스보다는 인지도가 떨어지는 그리스의 서사시인 헤시오도스 때문이다. 이 심술궂은 농부이자 시인은 기원전 8세기 무렵에 최초의 그리스 창조 서사시를 썼다. "이리하여 그녀로부터 여자와 여성의 종족이 생겨났다. 곧, 그녀로부터 인간에게 커다란 고통이자 아주 사악한 종족인 여자의 무리가 유래하는 것이다. (중략) 여자에게 빠지면 [남자는] 평생 마음과 정신에 그칠 줄 모르는 고통을 안고 살 것이며, 그 불행은 결코 치유될 수 없을 것이다. 그래서 아무도 제우스의 뜻을 기만하거나 속일 수는 없다."[19]

　판테온의 우두머리 제우스는 냉혹한 완벽주의자로, 어머니와 짜고 아버지 크로노스에게 쿠데타를 일으키고 권력을 잡았다(이 집안은 부전자전인지, 크로노스도 어머니의 도움을 받아 낫으로 아버지를 거세해 왕위를 잡는 데 방해가 되는 걸림돌을 제거한다. 아마도 신 중의 신은 페니스를 소유해야 했기 때문일 것이다).[20] 제우스는 불을 훔친 프로메테우스에게 벌을 주고자 악역을 담당할 판도라를 만들어낸다. 제우스는 판도라에게 항아리('상자'라고 잘못 알려져 있다)를 주면서, 어떤 남자와 결혼하게 될지는 알 수 없으나 그 항아리가 결혼선물이라고 말했다. 항아리 안에 무엇이 담겨 있는지도 말해주지 않았고 항아리를 열면 세상에 불행이 닥친다는 이야기도 해주지 않았다. 판도라는 미래의 남편을 찾았는데, 알고 보니 프로메테우스의 멍청한 동생이었다(당연히 제우스가 판도라를 자기 의도대로 유도한 것이다). 판도라는 항아리를 결혼할 남자에게 준다 그녀는 안에 무엇이 들었는지도 모르고 알아보려고 하지도 않는다. 지시를 어긴 것은 없었다. 굳이 비교하자면 판도라는 이브보다는 현명한 여자였다. 어쨌든 판도라가 항아리 뚜껑을 열었는지는 확실하지 않다. 세상에 재앙을 내보낸 사람은 신랑이었을지도 모른다.[21] 재앙은 한 사람에게서 다른 사람에게로, 제우스한테서 프로메테우스의 동생에게로 전해진다. 판도라는 불행을 운반한 사람에 지나지 않는다. 하지만 누가 심심한 이야기를 듣고 싶겠는가?

완벽한 아내라면 "문학사상 부부간의 사랑을 가장 아름답게 그린"[22] 에우리피데스Euripides가 쓴 희곡의 제목이 되기도 한 알케스티스를 들 수 있다. 문학사에 부부간의 사랑은 자주 등장하지 않는다. 문학에서 부부의 사랑을 찬미하는 경우는 드물다. 심지어 별로 아름답지 않은 부부애조차 찾기 어렵다. 아마도 부부애를 현실에서 경험하는 것보다 부부애에 관해 읽는 것(또는 쓰는 것)이 그다지 흥미롭지 않기 때문이리라. 17세기 후반 생 시몽 공작은 부인의 관을 사슬로 묶어서 사후에도 영원히 부부가 함께하게 해달라고 유언했다. 구약성서에서는 인간의 결혼을 하느님과 이스라엘의 신비스러운 결합으로 비유한다. 신약성서에서는 인간의 결혼을 예수님과 교회의 결합에 빗댄다. 후자는 밀턴과 스펜서Spenser의 서사시에서 지겹도록 자세히 전개된다. 셰익스피어의 작품에도 가끔 애틋한 장면이 등장하지만 자주 나오지는 않는다. 16세기 영국 국교회 목사의 설교에 달콤한 말(결혼이 '행복한 지상천국'이라고 말했다)[23]이 등장하고 청교도 주부인 앤 브래드스트리트가 쓴 시나 엘리자베스 브라우닝이 쓴 연애편지도 있지만, 일반적으로 말해서 부부애는 그렇게 사람들의 관심을 끄는 소재는 아니다.

어쨌든 에우리피데스의 희곡에는 부부애가 잘 묘사되어 있는데, 여기에서 부부애란 아내가 남편에게 바치는 사랑을 가리킨다(서로 사랑했을지도 모르지만 희곡에서는 부부가 서로 사랑했다는 이야기는 주요관심사가 아니다). 알케스티스는 아드메토스 왕의 아내다. 운명의 여신들은 아드메토스의 생명을 앗아가려고 한다. 아폴론이 중재자로 나서서 협상을 제안한다. 운명의 여신들은 아드메토스 대신 죽어줄 사람이 있으면 협상에 임하겠다고 말한다. 그러나 대신 죽어줄 사람이 쉽게 구해질 리 없다. 아폴론의 말로는 아드메토스 왕이 "모든 친척에게 가서 의견을 물어보았지만 그를 위해 기꺼이 죽겠다는 사람은 아내밖에 없었다"고 한다. 희곡의 첫 장면은 알케스티스가 죽는 날이다. 코러스는 '더할 나위 없이 훌륭한 아내'라고 알케스티스를 칭송한다. 하녀는 알케스티스가 '여자들의 모범'이라고 칭찬한다. 알케스티스는 창백하지만 침착한 모습으로 신들의 제단 앞에서 기도를 드리며 최후를 준비한다. 부부 침실에 들어가서야 그녀는 무너지고 만다. "내가 처녀의 순결을 그분께 바쳤던 침상이여, 잘 있어라, 내 이제 그분을 위하여 죽으려 한다. 나는 너를 원망하지 않는다. 너는 나에게만 죽음을 가져다주었지만, 그것은 내가 너와 남편을 배신할까 봐 죽음을 택했기 때문이다."[24]

그녀는 침대에 몸을 던져 입을 맞추고는 침대보를 눈물로 적신다. 몇 번이나 몸을 일으켜서 비틀거리며 침실을 나가려고 하다가는 다시 돌아와 침대에 몸을 던진다. 아이들이 나타나(아들 하나, 딸 하나) 울면서 엄마의 치맛자락을 잡고 매달린다. 이제 알케스티스는 마음을 차분히 가라앉힌다. 그녀는 아이들을 꼭 껴안고 엄마는 죽으러 가야 한다고 말하면서 아이들에게 차례로 작별인사를 한다.

이 가슴 아픈 장면이 나온 후 아드메토스는 아내에게 자신을 버리지 말라고 매달리지만 ─ 예전에는 아내에 대한 감정이 어땠는지 모르지만 아내가 자신을 위해서 목숨도 기꺼이 내놓겠다고 하자 아내에 대한 사랑이 배는 깊어졌다―알케스티스는 날개를 단 하데스가 그녀를 명부로 데려가려고 온 것을 눈치채고 이제 시간이 얼마 남지 않았다고 말한다. 남편에게 마지막 소원을 말할 차례가 되었는데, 이런 희생을 하면서도 그녀가 바라는 것은 겨우 이런 것이었다. "나보다 더 사악하여 질투심에서 그대와 나의 자식들에게 손을 대게 될 계모를 애들에게 데려다 주지 마세요. (중략) 계모는 전처소생의 자식들을 미워하게 마련이며, 독사보다 조금도 온화하지 않으니까요." 아드메토스는 당연히 아내의 말을 들어주기로 하고 다른 약속도 한다. 이미 살 만큼 살았으므로 며느리를 대신해서 기꺼이 목숨을 내놓을 수도 있었고 그랬어야 했는데도 죽음을 택하지 않은 부모님을 미워하겠다고, 궁궐에서 잔치는 일절 하지 않겠다고, 부부 침실에 큰대자로 눕힐 알케스티스의 조각상을 만들겠다고, 그리고 그 조각상을 "내 잠자리 앞에 세워놓고는 그 앞에 쓰러져 두 팔로 껴안고 이름을 부르며 사랑하는 아내를 품에 안고 있다고 생각할 것"이라고. 마지막으로 "내게 유일하게 신의를 지킨 그대에게서 나는 죽어서도 떨어지고 싶지 않기 때문에" 자기가 죽으면 아내의 관에 자신을 묻으라고 아이들에게 시키겠다고.

알케스티스가 죽고 그녀를 땅에 묻은 후 아드메토스는 슬픔에 잠긴다. 그는 자신의 소심함 때문에 괴로워한다. 죽음이 자신을 찾아왔을 때 자신이 죽고 아내를 살렸어야 했는데. 몹시 괴로워했지만 애도는 오래가지 않는다. 아드메토스 모르게 그의 친구 헤라클레스가 알케스티스의 무덤 가까이에서 죽음의 신을 덮쳐서 신의 항복을 받아냈고 알케스티스는 다시 살아난다. 아무튼 알케스티스는 아테네의 완벽한 아내 시험에서 아내로서 최고의 헌신을 보여주었기 때문에 A^{+++} 성적으로 합격한다. 완벽한 아내에 대한 생각이 바뀔 때까지 완벽한 아내 테스트는 이 책에 다시 등장할 것이다(현대가 나오려면 아직 멀었으니, 아직 기대는 금물이다). 알케스티스에 맞먹는 인물도 있을 테지만—예컨대 전설의 로마 열녀 루크레티아Lucretia나 중세의 그리셀다Griselda—알케스티스를 뛰어넘을 사람은 하나도 없다. 고대(그리고 중세와 르네상스 시대) 남자들에게 명예보다 가치 있는 것은 없었고 남편을 명예롭게 하도록 정숙하게 행동하는 여자보다 고결한 아내는 없었다. 알케스티스의 하녀는 이렇게 말한다. "한 여인이 남편을 그 무엇보다도 더 사랑한다는 것을 보여주려면, 남편을 위하여 죽기를 자원하는 것보다 더 좋은 방법이 또 어디 있겠어요?" 그래서 알케스티스는 고결한 아내 중 최고가 되는 것이다. 알케스티스는 같은 시기에 나온 플라톤의 『항연Symposium』에도 등장한다. 항연에 참가한 사람 중 한 명인 파이드로스는 "누구도 나서지 않을 때, [알케스티스가] 남편을 위해 기꺼이 목숨을 바치려 하지 않았느냐"며 그렇게 고귀한 행동은 인간뿐만 아니라 신에게도 감명을 주는데, 그녀의 고귀한 행동에 깊이 탄복한 신들이 그녀를 다시 살려준 것이라고 신나게 떠든다.

그런데 아내를 위해 기꺼이 죽는 남편이 고귀한 것은 아닌 모양이다. 전쟁터에서 다른 남자를 위해 자신의 목숨을 바친 남자는 명예롭다. 신을 위해서 목숨을 바친 남자(성서에서 아브라함은 하느님에 대한 사랑을 증명하고자 외아들을 기꺼이 제물로 바친다)는 명예롭지만 아내를 위해 목숨을 바치는 남자는 망신거리다. 사랑에 대한 담론인 『항연』에서 파이드로스는 다음과 같은 말로 연설의 포문을 연다. "실로 사랑하는 자들은 다른 누군가를 위해 기꺼이 죽으려 하네. 남자들만이 아니라 여인들까지도 말일세." 그는 적절한 예를 든다. 알케스티스의 예를 먼저 들고 다음으로 아킬레우스가 나온다. 아킬레우스는 누구를 위해서 목숨을 바쳤을까? 바로 다른 남자, '그의 애인인 파트로클로스'를 위해서다. "이것이 바로 신들이 알케스티스보다 아킬레우스에게 더 높은 존경을 표하고 그를 행복한 사람들의 섬으로 보내준 이유라네." 사람들이 남자가 여자보다 우월하다는 생각에 동의하는 한, 두말할 나위도 없이 남자들의 생명이 여자들의 생명보다 소중하다는 생각에 동의할 것이다. 남자다움에 대한 끊임없는 담론이 '여자와 아이들 먼저'로 바뀌는 시점에야 남존여비 사상도 변화한다. 기사도 시대와 타이타닉호가 침몰하던 시점 그 중간 어디쯤에서 이런 변화가 일어난다. 아테네의 사고방식은 에우리피데스의 다음 문장으로 요약할 수 있다. "남자 한 명이 빛을 못 보게 되는 것보다 여자 천 명이 사라지는 게 낫다네."[25]

태아를 품는 역할이나 하는 아내들이 알케스티스처럼 고귀하게 희생하는 모습은 쉬이 상상이 되지 않지만, 아테네 아내들이 남편이 바라는 것처럼 그렇게 고분고분하지만은 않았을 가능성이 크다. 플루타르코스 Plutarchos는 아테네 부인들이 그렇게 유순하지만은 않았다고 주장했다. 그는 자신의 주장을 뒷받침할 효과적인 일화를 들려주었다. 게다가 그는 아리스토텔레스나 플라톤 이후 몇 세기 이후 사람이었으므로 선대 우주의 지배자들을 두려워할 필요가 없었을뿐더러, 세월이 어느 정도 흐르고 난 후라서 사건을 뒤돌아볼 수 있는 여유도 있었다. 플루타르코스는 「화를 피하기 위하여On the Avoidance of Anger」에서 소크라테스와 그의 악명 높은 악처 크산티페를 등장시킨다. 크산티페는 남편이 자기에게 미리 말도 안 하고 저녁식사에 친구를 데려왔다며 화를 낸다. "크산티페는 그들에게 버럭 소리를 지르고 욕을 퍼부은 뒤 결국 식탁을 엎었다." 모욕을 당한 친구는 벌떡 일어나서 문밖으로 나간다. 소크라테스는 체면을 지키려고 재치 있는 발언을 한다. "일전에 자네 집에 갔을 때 말일세. 암탉이

날아와서 오늘과 똑같은 소란을 피웠지만 우리는 화를 내지 않았네. 안 그런가?" 비유는 적절하고 의미심장하다. 친구가 집을 바삐 나간 것이 크산티페의 수준―열등한 여자들 수준―으로 체면을 구기는 행동이었다고 말하는 것이다. 플루타르코스는 다음과 같은 해설을 붙인다. "약한 사람일수록 더 고통스러워한다. 더 약하기 때문에 더 화가 나는 것이다. 그래서 여자들이 남자들보다 화를 잘 내는 것이다."

플루타르코스는 식탁 엎는 일화가 재미있었던지 다른 에세이 「만족에 대해서On Contentment」에서도 소크라테스 부부와 비슷한 커플을 등장시킨다. 이번에 희생양이 된 남편은 피타쿠스Pittacus다. 그는 '용기와 지혜로움과 덕행으로 특출하게 유명한' 사람이다. 아내가 식탁을 엎자(피타쿠스도 소크라테스와 같은 잘못을 저질렀다), 피타쿠스는 충격을 받은 친구에게 이렇게 말한다. "누구의 인생도 완벽하지는 않네. 나 정도의 어려움이 있는 거라면 그래도 꽤 나은 편이지." 소크라테스와 같은 거물급에 관한 이야기가 아니므로 플루타르코스는 자유롭게 논평을 곁들인다. "피타쿠스는 사회적으로는 존경받는 인물이지만, 일단 집 문만 열고 들어가면 불쌍한 사람이 된다. 아내가 집안의 주도권을 꼭 잡고 있기 때문이다. 그녀는 남편에게 이래라저래라 항상 말대꾸를 한다. 피타쿠스는 참으로 비참한 사람이지만, 나는 하나도 비참할 게 없다."[26]

그의 글이 믿을 만하다면, 플루타르코스의 결혼생활은 평온하고 부부 사이에 믿음도 있었다. 그의 아내 티모세나Timoxena는 무식한 여자가 아니었다. 그녀는 정부처럼 교양 있고 세련된 여자였고, 플루타르코스가 아내에게 보내는 편지에 쓴 철학적인 표현법을 충분히 이해할 수 있는 지적인 여자였다. 두 살배기 사랑하는 딸이 죽자 플루타르코스는 아내에게 「아내를 위로하기 위하여In Consolation of His Wife」라는 제목의 편지를 보낸다. 이 편지를 보면 그는 아내를 자신과 동등한 위치로 대우하며—적어도 집 안에서는—아내를 사랑하고 존중하는 남편이었던 것 같다. 그는 아내를 "그렇게나 많은 아이를 우리 집어서 누구의 도움도 없이 키운 내 동반자"라고 부른다. 다른 부유한 아테네 사람들처럼 티모세나도 풀타임 보모를 고용할 수도 있었지만 혼자 힘으로 육아를 맡았나 보다. 플루타르코스는 아내의 그런 면을 분명한 어조로 칭찬하고 있다. 그는 그녀의 모범적인 자세, 가령 '신중하고 말없이' 딸의 장례식을 치른 면을 높이 평가한다. 다른 평범한 아내라면 '공연히 점잖지 못하게 비통해했을 텐데' 티모세나는 '슬픈 상황에서도 흔들리지 않고 마음을 다잡는' 모습을 보여주었다. 그녀는 전에도 이와 같은 일을 겪었기에—부부는 이 딸 전에도 아들 둘을 잃었다—쓸쓸해하거나 집에 틀어박히지 않고 '모성애에서 비롯되는 고귀한 행동'을 계속하면서 '이런 상황에서도 평정심을 잃지 않을 수 있다.' 티모세나는 어머니 역할을 훌륭히 해냈을 뿐만 아니라 '검소한 옷차림과 화장, 소박한 생활방식'으로 플루타르코스의 친구들에게도 좋은 인상을 주었다.

　　게다가 플루타르코스는 아내를 다루는 부분에도 서툴지 않았던 것 같다. 가부장적인 그의 조상보다 500여 년 정도 후에 태어난 인물인데도 이상적인 아내상은 전혀 변하지 않았던 것 같다. "아내란 감정을 가져서는 안 되고 남편의 감정을 따르면 된다. (중략) 아내는 친구가 있을 필요가 없고 남편의 친구만 있으면 된다." 플루타르코스는 젊은 부부의 결혼 선물로 적은 「결혼의 규칙Precepts of Marriage」에 이렇게 썼다. "당신은 그녀의 '아버지'이자 '어머니'이자 '오빠'입니다." 그는 신랑에게 말한다. "아내에게 '여보, 당신은 나의 길잡이며 철학자며 나에게 가장 고귀하고 거룩한 교훈을 가르쳐주는 스승이에요'라는 말을 듣는 것보다 영예로운 일은 없습니다." 이 자칭 결혼생활 전문가의 조언으로는 자기가 어떤 남편이 될 것이고 남편으로서 어떻게 해주겠다는 기대치를 신부에게 한껏 높이는 것인데, 이게 과연 신랑에게 진정으로 도움이 되는 조언일까? 플루타르코스에게 정부가 없었을지도 모르지만 이 젊은 신랑은 정부를 하나쯤 두는 게 나을 것 같다. 안 될 이유도 없다. 여기는 고대 아테네고, 사회적으로 명망 높은 남자가 잠자리 상대를 여러 명 두는 게 전혀 흉이 되지 않는 분위기니까. 프로이트가 빅토리아 시대 성생활에서 '가장 흔한 퇴보 형태'라고 말한 것이 이곳에서는 그야말로 흔했다. 하지만 퇴보라고는 생각되지 않았다.

"아내에게 나는 욕망하네. / 창녀에게서는 늘 찾을 수 있는 그것 / 바로, 욕망이 충족된 얼굴을." 프로이트 이전 세기에 살았던 윌리엄 블레이크는 한 번도 주목받지 못한 고전 시대의 유산을 노래했다. 결혼하고 싶은 여자 따로, 섹스하고 싶은 여자 따로 있다고.

제4장

로마의 아내들은
모든 것을
가졌을까?

기원전 218년 말 무렵 이베리아 반도 총독 한니발은 군대 역사상 가장 놀라운 전술을 구사했다. 적군인 갈리아군과 로마군을 피해 보병 3만 8,000명, 기병 8,000명, 코끼리 50~60마리를 끌고 알프스 산맥을—그것도 겨울에—넘어 북부 이탈리아로 진군해 로마 공화정의 뒤통수를 쳤다. 알프스 산맥을 넘으면서 막대한 인명피해가 났지만 한니발은 이후 2년간 제2차 포에니 전쟁의 연이은 전투에서 로마군을 격퇴했다. 215년, 공포에 질린 로마의 정치 지도자들은 군수물자를 조달하고자 근검절약을 위한 정책을 마련하기에 이른다. 그중 하나가 사람들에게—모든 사람을 대표해서 특정 부류의 사람들에게—내려진 엄격한 긴축정책이었다. 입안자 오피우스Oppius 호민관의 이름을 딴 오피아 법Oppian law에 따라 로마 여성은 금 15그램 이상 몸에 지닐 수 없고, 색깔 있는 옷을 입을 수 없으며(염료를 절약하려고), 종교적 임무를 수행하는 여사계를 제외하고는 거리에서 마차를 탈 수 없게 되었다.[1]

전쟁은 14년이나 계속되었지만 결국은 로마 쪽으로 승운이 기운다. 평화와 번영이 찾아왔지만 오피아 법은 폐지되지 않았다. 한니발이 패배하고 6년이 지난 195년이 되어서야 상원에서는 오피아 법 폐지문제를 거론했다. 폐지에 반대하는 보수진영과 찬성하는 진보진영 사이의 격렬한 논쟁은 장기전에 돌입했다. 보수파가 우세하다는 소문이 퍼지자 여성들은 역사상 최초로 여성권리 옹호시위에 나선다. 점점 더 많은 여성이 로마 거리로 뛰쳐나와 거리행진을 벌였다. 로마의 속주屬州 여성까지 시위에 가담하면서 시위대의 수는 크게 늘었다. 그들은 포럼을 에워쌌다. 심지어는 상원에 난입해 의원석을 차지하고 연좌농성을 벌이기까지 했다.

두말할 필요도 없이 그들의 행동은 정치가들의 신경을 거슬렀다. 안 그래도 여성들이 점점 더 적극적인 목소리를 내는 데 깜짝 놀라고 있던 보수파는 논의를 시작했다―그들은 이를 도덕적 타락상의 전조로 보았다. 여성들의 괴씸하기 짝이 없는 항의시위는 보수파의 우려에 힘을 실어주었다. 설상가상으로 시위는 보수파의 입지를 더욱더 견고하게 해주었다. 보수파는 안 그래도 비참한 남자들의 삶을 여자들이 더 비참하게 하지는 못하는 게 그나마 오피아 법이 있기 때문이라고 주장했다. 적어도 이 법이 있기 때문에 부인들이 쓸데없는 사치를 하지 못하고 남편에게 품위유지비를 달라고 귀찮게 하지 않는다는 것이다.

당시 공화정의 최고위직인 집정관은 카토Cato가 맡고 있었다. 그는 여성들이 감히 상원까지 쳐들어온 하극상을 참을 수 없었다(카토와 카토의 증손자를 구별하려고 사학자들은 카토를 대大카토Cato the Elder 또는 감찰관 카토Cato the Censor라고 부른다). 그는 가장의 권위가 이렇게 땅에 떨어진 것이 남자들 책임이라고 생각했다.

"기혼남들이 아내의 존경을 받고 남편으로서 정당한 지위를 존중받을 수 있게 잘 처신했다면, 지금처럼 여성들이 대거 일어나서 이런 사태를 일으키는 일은 일어나지도 않았을 겁니다." 카토는 상원에서 소리 높여 말했다. "여자들의 힘이 얼마나 커졌는지 우리는 집 안에서도 설 자리를 잃었고 이제는 공개적으로 짓밟히고 뭉개지고 있습니다. 우리는 여자들을 한 명, 한 명 개별적으로 단속하지 못했습니다. 그래서 그들이 힘을 합해 지금과 같은 끔찍한 사태로 우리를 내몰았습니다." 그는 한술 더 뜬다. "여자들이 자기들 관심사에나 신경 쓸 만큼 정숙했다면 상원에서 어떤 법이 통과되고 폐지되는지 관심을 둘 이유가 애초에 없었을 것입니다." 아테네 문화의 유산이라면 무엇이든 덥석 받아들인 로마인들이 왜 아테네의 결혼문화는 계승하지 않았던 것일까? 엄격한 시기에도 로마는 기혼 여성들이 집 밖을 자유롭게 돌아다닐 권리를 박탈하지 않았다. 이제 재고할 때가 왔다.

카토는 치명타를 날린다. "여자는 난폭하고 방종한 동물이라서 자유를 주어서는 안 됩니다. (중략) 고삐를 두 손에 단단히 쥐고 있어야 합니다.[2] (중략) 그들은 완전한 자유 — 아니, 솔직히 까놓고 말해 완전한 방종을 원합니다. 여자들이 이번 건을 밀어붙이고 나면 다음에는 또 무슨 일을 벌일까요?" 상원에서 오피아 법 폐지에 찬성하면 다른 권리도 도미노처럼 차례로 무너져서 결국은 모든 남자가 죽음보다 지독한 운명을 견디게 될 것이며 그 책임은 남자들에게 있다고 카토는 경고한다. "그들이 권리를 차례로 취득하게, 아니 강탈하게 놔둬서 결국은 남자와 완전하게 평등한 존재가 된다면 그 사태를 두고볼 수 있겠습니까? 말도 안 되죠. 일단 평등을 손에 얻으면 그들은 남자 위에 군림하려고 들 것입니다."

진보진영을 이끈 사람은 평민에게만 허락된 관직인 호민관을 맡고 있는 발레리우스Valerius였다. 평민 출신답게 발레리우스의 견해는 카토보다 여론을 더 가깝게 반영하고 있었다. 발레리우스는 보수파의 위선을 날카롭게 지적했다.

전쟁이 끝나고 평화가 찾아왔는데도 우리의 아내들만 아무런 혜택도 받지 못하고 있습니다. 남자들은 집정관이나 성직자와 같은 신분이라면 당연히 자줏빛 토가를 입을 수 있습니다. 우리 아들들도 마찬가지입니다. 시골의 지주들도 마찬가지고 이곳 로마에서는 지역 공무원도 입을 수 있습니다. (중략) 심지어 죽으면 자줏빛 옷을 입고 화장되기도 합니다. 여러분이 남자이기 때문에 말안장에 붙이는 천도 자줏빛으로 할 수 있습니다. 하지만 우리의 가정을 책임지는 여자들은 자줏빛 외투를 입을 수 없습니다. [발레리우스의 한 방이 나간다.] 말[馬]의 처지가 아내보다 나은 셈입니다.

'복장 규정은 보편적인 것이기 때문에', 다른 사람들에게는 허락되는 어떤 물건의 소유가 자기들에게 금지된다고 여자들이 '부끄러워하거나 화낼' 필요는 없다는 카토의 주장에, 발레리우스는 코웃음 친다.

누구도 금을 소유할 수 없는 상황이라면 여자들이 서로 샘내면서 경쟁하지 않을 것입니다. 그런데 현재 상황은 어떻습니까? 모든 여자가 괴로워하고 화가 나 있는 상태입니다. 그들이 이탈리아 동맹국Latin allies 부인들을 보면 무엇이 눈에 들어옵니까? 동맹국 여자들은 로마 여자들에게 금지된 장신구를 하고 있습니다. 동맹국 여자들은 금과 자줏빛 의상으로 치장한 아름다운 모습입니다. 우리 아내들은 터벅터벅 걸어야 하는데, 동맹국 여자들은, 로마제국을 지배하는 나라가 로마가 아니라 이탈리아 동맹국인 것처럼, 마차를 타고 로마 거리를 달립니다.

이는 여자들뿐만 아니라 남자들도 괴롭게 할 것이라고 발레리우스는 말한다. 게다가 여자들은 남자들이 누리는 특권을 누릴 수도 없다. 그녀들은 집정관이나 성직자가 될 수도 없고 '전리품이나 약탈품'을 얻을 수도 없다. 여자들에게는 '우아함과 보석과 미용술'이 위안이다. 자주색과 금은 여자들이 상중喪中에는 지닐 수 없는 것인데, 여자들이 앞으로 영원히 이런 상태여야 한단 말인가?[3]

결국에는, 남자들의 말[馬]이 여자들보다 나은 옷을 입는다는 주장이, 남자들이 아내들의 지배를 받게 된다는 위협보다 여론을 움직이는 데 한층 더 효과적이었다. 상원은 오피아 법을 폐지했고, 패배한 보수진영은 아내가 있는 집으로 살금살금 도망갔다.

카토를 위시한 보수진영이 여성들의 반항에 겁을 집어먹을 만했는지를 두고는 의견의 차이가 있겠지만 그들은 적어도 한 가지 이유에서는 옳았다. 오피아 법 폐지 논란으로 촉발된 여성들의 시위는 어쩌다 한 번 벌어진 예외적인 사건이 아니었다. 남성들의 숨 막히는 통제에서 벗어나려고 몸부림치는 여성들의 하나된 목소리가 점점 커지는 추세였다. 자주색 옷을 입고 금을 걸치게 해달라는 요구는 빙산의 일각에 불과했다. 여성들이 진정으로 원한 것은 로마 공화정 초기부터 시행된 혼인법의 가혹한 관습으로부터 해방되는 것이었다. 상원에서의 대결 즈음부터 그간의 노력은 이미 성과를 내기 시작했다. 혼인법은 남편에게 아내에 대한 절대적 권한을 부여했을 뿐만 아니라, 여자들이 결혼하면서 가져왔거나 앞으로 상속받게 될지도 모를 모든 재산에 대한 권한도 남편에게 주었다. 또 남편들은 잘못을 저지른 아내들의 처벌 여부, 시기, 방법에 대한 단독 결정권도 갖고 있었다. 아내가 불륜을 저지른 경우에는 국가에 물을 필요도

없이 살인도 할 수 있었다.[4]

처음 로마를 건설한 사람들(그들은 카토가 태어나기 대략 500년 전인 기원전 750년 무렵에 알바Alba에서 왔다)에게는 혼인법이 필요하지 않았다. 그들에게 필요한 것은 여자였다. 그들은 인구를 늘려 정착하기를 원했다.[5] 그러나 원래 로마에 살고 있던 부족인 사비니Sabine족은 야만인 같은 낯선 침입자에게 딸을 바로 넘겨주려고 하지 않았다. 침입자들은 꼼수를 썼다. 그들은 사비니족을 위한, 아니 더 정확히 말하자면 사비니족의 혼기 꽉 찬 딸들을 위한 축전을 열었다. 미리 정한 신호에 이주민들은 (이런저런 핑계를 대서 사비니 남자들은 축전이 열리는 현장 밖으로 미리 빼돌렸다) 옆에 있는 제일 예쁜 처녀를 납치했다. 실화로 여겨지는 이 사건이 바로 '사비니 여인의 약탈'이다. 이 이야기를 퍼뜨린 일등공신은 애국심 강한 로마 역사가 겸 신화 작가인 리비우스Livius였다. 그러나 그의 이야기를 보면 결코 겁탈처럼 보이지 않는다. 여자들을 납치한 사람들은 그날 밤 포로들을 극진히 대접했다. 그들은 처녀들의 몸에 손도 대지 않고 곱게 재웠다. 다음 날, 이주민의 지도자인 로물루스는 여자들에게 그녀들을 납치한 남자들과 결혼하면 찬란한 앞날이 펼쳐질 것이라고 설득했다. 설득은 주효했다. 이주민들은 여자들과 함께 밤을 보낸다. 이제는 사실상 이주민들의 부인이 되어 딸들이 고향에 돌아오자 사비니족 지도자들은 분노하고 전쟁이 일어난다.

양쪽이 서로에게 남자다움을 충분히 과시하고 난 어느 시점에서 휴전이 선언된다. 그 후 사비니족은 알바 남자들을 더는 미개인으로 보지 않고 사위로 인정한다. 알바 사람들도 사비니족을 동지로 인식한다. 알바인과 사비니족은 함께 도시를 건설하고 그 도시를 건설할 왕을 옹립하기로 한다. 초대 왕위에 로물루스가 오른다. 로마라는 이름도 그의 이름에

서 유래한다.[6]

　리비우스가 글을 남기지 않았다면 로마의 건국신화는 역사의 어둠에 묻힐 뻔했다. 그의 글은 상당한 성과를 거두었다. 고의였는지 아닌지는 확실하지 않지만, 사비니족 전설은 굉장히 원시적인 결혼풍습의 유래를 담고 있다―로마의 결혼제도가 훨씬 더 진보적인 형태로 발전했는데도 오랫동안 원시적인 결혼풍습의 잔재가 남아 있는 이유를 설명하려는 시도였는지도 모른다. 이러한 원시적인 결혼풍습은 고대 이문화異文化 간 관습인 이른바 약탈혼에서 유래한다. 사비니족 전설은 약탈혼을 비교적 정확하게 묘사하고 있다.[7]

　결혼식은 지참금과 신부 값을 비롯한 전반적인 문제에 관해 협상이 끝난 저녁때 거행된다. 커플은 증인들 앞에 함께 선다. 관습에 따라 신부가 처녀다운 두려운 표정을 지으며 친정어머니 팔을 붙들고 있을 때 친구나 친척이 모녀 사이를 갈라놓는다. 신부에게 불꽃 빛깔의 베일을 씌우고 사람들이 기다리는 바깥으로 데리고 간다. 청년 두 명이 신부의 양손을 각각 잡고, 또 다른 청년이 행렬을 이끈다. 군중은 음란한 노래를 부르면서 신부를 신랑 집으로 데려다준다. 행렬을 이끄는 사람은 횃불을 들고 가며 신랑 집에 다다르면 횃불을 군중에게 던져 소란을 일으킨다. 자기를 희생해야 한다는 공포와 상관없는 풍습이다―사람들은 횃불을 피하기는커녕 너도나도 잡으려고 한다(신부가 부케를 던지는 전통은 여기에서 비롯된다. 그러나 횃불을 잡는 사람이 남자든 여자든, 다음에 결혼하게 되는 게 아니라 장수를 누리게 된다). 신부가 문지방을 넘으면 가정의 수호신에게 예를 표하고 부부 침실로 들어간다. 그곳에서 '유니비레un virae'―단 한 번만 결혼한 로마 여성으로, 결혼을 한 번만 했기 때문에 그귀한 지위를 갖는다―가 신부의 옷을 벗기거나, 바로 신부의 처녀성을 빼앗는 초야 '겁탈'

을 함으로써 결혼이라는 거래가 성사된다.[8]

일단 거래가 성사되면 신부는 아내가 되며, 기왕이면 좋은 아내가 되어야 한다. 본보기가 필요하다면 루크레티아의 이야기를 참고하기 바란다. 루크레티아는 초서, 단테, 셰익스피어, 렘브란트, 보티첼리, 성 아우구스티누스, 알렉산더 포프, 벤저민 브리튼, BBC에 영감을 준 로마 전설 속 인물이다.

로마 왕정 몰락(기원전 510년 무렵)의 배경을 설명하는 동시에 좋은 아내를 입체적으로 조명하는 이야기의 출처도 리비우스가 제공한다.[9] 이야기는 군대 막사에서 시작된다. 고위급 장교들과 왕자 두 명이 섹스투스 타르퀴니우스Sextus Tarquinius 왕자의 막사에 모였다. 화제로 오른 것은 군사전략이 아니라 ─군사전략을 논하기에는 왕자들을 포함한 남자들의 취기가 과하게 오른 상태였다─여자들, 특히 그들의 아내들이었다. 그들은 돌아가면서 자기 아내의 미덕을 자랑했다. 술자리가 무르익으면서 자랑은 더 심해졌다. 마침내 그중 한 명이 누구 아내가 최고인지 알아보자고 제안했다. "말을 타고 가서 아내들이 어떻게 하고 있는지 직접 봅시다." 남자는 자신감에 넘쳤다. 그도 그럴 것이 그의 아내가 바로 정숙하기로 소문난 루크레티아였기 때문이다. '취기가 잔뜩 오른' 그들은, 남편이 그렇게 일찍 귀가하리라고는 예상치 못하고 있던 아내들을 급습했다.

아내들이 쓸데없는 일을 하는 모습을 본 남자들은 차례로 자신이 했던 말을 취소했다─왕의 며느리는 사치스러운 연회에서 바보 같은 친구들과 수다를 떨면서 빈둥거리고 있어서 왕자의 얼굴을 달아오르게 했다. 드디어 테스트를 제안했던 남자의 집에 오게 되었다. 그의 승리가 확실시되었다. 밤이 이슥하도록 루크레티아는 하녀와 함께 등불 밑에서 열심히 실을 잣고 있었다. 그녀는 자리에서 일어나 우아한 자태로 손님들에게 인

사했다. 승리감에 도취된 남편은 손님들을 저녁식사에 초대했다. 이때 섹스투스 타르퀴니우스는 '루크레티아를 강제로 능욕하겠다는 사악한 욕망에 사로잡혔지만' 때를 기다리기로 했다. 남자들이 막사로 돌아가고 나서 섹스투스는 몰래 로마로 돌아가 루크레티아에게 하룻밤 재워달라고 청한다. 루크레티아는 당연히 섹스투스를 손님용 침실로 모신다―그녀는 그의 속셈을 모르는데다가 그는 왕의 아들이다. 손님용 침실에서 섹스투스는 밤이 깊을 때까지 '욕정을 불태우면서' 기다린다.

이제 그가 움직일 시간이 되었다. 그는 검을 빼들고 루크레티아가 잠든 침실로 들어간다. 섹스투스는 '왼손으로 여자의 젖가슴을 잡고 누르며' 소리를 지르면 죽이겠다며 순순히 잠자리에 응하라고 살살 달래지만 그녀는 넘어가지 않는다. 그는 더 강하게 나간다. 반항하면 칼로 찔러 죽인 후 자기가 병영에서 데려온 하인도 찔러 죽이고 그 하인을 벌거벗겨 그녀의 침대에 들여놓겠다고 협박한다. 그녀는 이제 꼼짝 못하게 되었다―'천한 신분의 남자와 불륜을 저지르다가 죽어 있는' 아내의 모습을 발견하는 것보다 남편(과 그의 이름과 가문과 후손)에게 더 치욕적인 일이 어디 있겠는가? 그녀는 탐욕에 눈이 먼 섹스투스가 마음대로 그녀를 능멸하게 몸을 허락한다. 일이 끝나자 섹스투스는 '여자의 정절을 빼앗았다는 정복감에 들떠' 그녀의 집을 떠난다.

비통한 루크레티아는 로마에 있는 친정아버지와 근대에 있는 남편에게 심부름꾼을 보내서 믿을 수 있는 친구를 데리고 즉시 와달라고 요청한다. 아버지와 남편 일행이 도착하자 루크레티아는 자신의 마음은 결백하지만 몸이 더럽혀졌다며, 섹스투스에게 반드시 복수해달라고 말한다. 아버지, 남편, 믿을 만한 친구들이 그렇게 하겠다고 맹세하자 루크레티아는 드레스 안에 숨겨놓았던 단검을 꺼내서 가슴팍에 푹 꽂는다.

남자들은 루크레티아의 시신을 장터로 가져가 모여든 군중에게 어떤 일이 일어났는지 말한다. 사람들은 예전부터 폭력적인 섹스투스와, 섹스투스만큼이나 잔인한 그의 형제—왕자가 셋이었다—와, 왕위에 오른 후 25년간 백성에게 학정을 편 왕을 증오하고 있었다. 그러나 왕가의 남자들도 사악한 왕비 툴리아Tullia에 비하면 아무것도 아니었다. 툴리아는 친언니(왕의 전처였다)의 살해를 배후조종하고 형부였던 왕과 결혼해서 왕비가 된 인물이다. 루크레티아가 능욕당한 후 자살했다는 소식이 전해지면서 사악한 왕가의 운명에 먹구름이 드리워진다. 모두 로마에서 왕가 전체가 사라지기를 원했다. 음모는 재빨리 추진되었다. 왕과 왕자들—도망가기도 전에 살해된 섹스투스는 제외하고—과 매력적인 왕비는 추방된다. 왕정은 막을 내리고 공화정 시대가 열렸다.[10]

카토 사후 200년이 지난 시점에 역사를 쓴 리비우스는 역사적 정확도보다는 로마 사회에 도덕적 질서를 회복시키는 데 자신의 능력을 발휘하고 싶었다. 사실을 허구로 바꾸거나 허구를 사실로 바꿈으로써 메시지를 더 효과적으로 전달할 수 있다면 정확성은 얼마든지 희생했다.[11] 충분히 예측할 수 있듯, 리비우스의 글에 등장하는 여성들 대부분은 극단적으로 선하거나 극단적으로 악했다. 영감을 불어넣거나 타산지석으로 삼으려는, 전형적인 의도를 위해 활용되는 전형적으로 상징적인 인물이었기 때문이다. 루크레티아는 리비우스가 총애하는 인물이었다. 리비우스는 그녀를 문화 지도의 중심인물로 우뚝 세운다. 그는 그녀를 현실이라는 무대에 선 배우로, 실제 한 시대를 살았던 실제 인물로—판타지이자 흠잡을 데 없는 보석 같은 존재이자 완벽한 아내의 전형으로—그린다. 그러나 그녀가 실제로 존재했다면 그렇게 완벽했을 리 없고, 완벽했다면 실제로 존재했을 리 없다. 실존인물이면서 완벽할 수는 없다는 뜻이다. 그런데도 그녀는 로마왕정이 몰락하고 로마공화정이 최후를 맞이하고 로마제국이 사라져 잊히고 난 한참 후에도 계속 완벽했던 실존인물로 기억된다.

리비우스는 결혼생활에서 남자의 권위가 약해진 현상을 도덕적 타락으로 간주했고, 카토는 오피아 법 폐지론자들이 시위를 벌이게 된 배경이라고 올바르게 인식했다.[12] 기원전 3세기 무렵부터 결혼생활에서 남자의 권위가 떨어진 것은 문제가 아니라고 생각하는 사람들—그들은 이 현상이 오히려 사회적 진보라고 생각했다—이 늘어나기 시작해, 결국은 보수진영보다 수적 우세를 갖게 되었다. 그때까지 여성들에게 결혼은 주인이 달라지는 것일 뿐이었다. 신부를 아버지로부터 남편의 손으로 넘겨줘서 여자의 의존과 노예 상태라는 쇠사슬이 끊이지 않고 이어지는, 말 그대로 손에서 손으로 넘겨주는 것(이 관습을 '그의 손으로'라는 뜻의 '인 마눔 *in manum*'이라고 부른다)이었다—21세기 결혼식에서도 신부는 아버지의 팔짱을 끼고 입장하며 아버지는 자기 딸이 신랑 옆에 설 때까지 팔짱을 풀지 않는다. '인 마눔' 관습의 잔재가 상징적으로나마 남아 있는 것이다. 당시 결혼은 사회적으로 용납되는 두 가지 형태 중 하나로 치러졌다. 첫 번째이자 가장 오래된 형식은 코엠프티오*coemptio*(사실상의 매매혼—옮긴이)다. 코엠프티오는 비용도 많이 들지 않고 복잡하지도 않은, 간소한 민사상 절차다. 돈이 부족하거나 인내심이 부족하거나 돈과 인내심 둘 다 부족한 사람들이 선호한 결혼이다. 두 번째 형식인 콘파레아티오*confarreatio*('스펠트spelt를 나누다'는 뜻)는 귀족들이 선호했다. 코엠프티오가 간소한 의식이라면 콘파레아티오는 동물을 제물로 바치고 특별한 음식—스펠트밀로 만든 빵을 포함해서—을 먹고 정교하게 절차를 짠, 복잡한 의식이었다. 두 가지 형식에서 모두 '인 마눔'이 따른다.

그러던 어느 날 갑자기 결혼관습에 변화가 나타난다. 기원전 5세기에서 3세기 사이에 새롭고 '자유로운' 형식이 나타나 '인 마눔'을 대체한다. 언제 이러한 변화가 일어났는지—어떻게, 왜 이런 변화가 일어났는지 정확히 설명할 근거는 없다—에 관해서 역사적인 기록이 거의 남아 있지 않지만 아마도 대다수가 원했기 때문에 생긴 것 같다. 그렇지 않았으면 그렇게 갑작스럽게 바뀌지도 않았을 것이다.[13] 자유결혼인 우수스 *Usus*는 사실혼事實婚, 다시 말해 계약[시험]결혼과 비슷하다. 결혼식도 첫날밤도 없으며 신부에 대한 지배권도 넘겨주지 않는다. 권한을 넘겨주기 전까지 신부 아버지가 지참금으로 약속한 소유물이나 다른 재산에 대한 권리를 갖는다. 남자와 여자는 같은 집에 사는데, 1년 동안 '계속 같이 살면' 부부가 된다.[14]

우수스는 여성들에게(어린 딸을 중년 남자에게 시집보내는 관습이 있었으므로 '소녀들에게'라고 해야 할까?) 고대 사회에서는 누리기 어려웠던 엄청난 자유를 주었다. 결혼 첫해에 여자는 남자의 간섭에서 완전히 벗어날 수도 있었다. 여자를 통제할 권한을 가진 남자[아버지]가 함께 사는 남자[남편]가 아니기 때문이다. 머리회전이 빠른 여자라면 남편의 통제로부터 영원히 해방될 수도 있었다. '계속 같이 살아야 부부가 된다continuous association'는 원칙에 따라, 남녀가 같이 살기 시작한 첫해에 이틀 연속으로는 떨어져 있을 수 있지만 사흘 밤낮 이상을 떨어져 있으면 날짜를 처음부터 다시 계산했기 때문이다. 아버지가 딸에 대한 권한을 갖는 한, 딸의 지참금도 관리할 수 있기 때문에 이 결혼풍습으로 아버지도 딸만큼 혜택을 보았다. 결혼생활이 유지되다가 나중에 깨져도 아버지는 자기가 투자한 금액 중 큰 몫을 회수할 수 있었다. 우수스가 굳건한 관습으로 자리잡고 아버지에서 남편으로 권한이 넘겨지는 일이 점점 드물어짐에 따라 기혼녀에게 부과되던 법적 규제 가운데 일부가 완화되기 시작한다. 부인들은 경제적 독립을 어느 정도 누릴 수 있게 되었다―개정된 소유법에 따라 모든 재산을 자동으로 남편에게 양도하는 대신 유산을 그대로 소유하고 관리할 수 있게 되었기 때문이다. 마음대로 남편과 이혼할 수도 있었다. 우수스 제도하에서는 아내든 남편이든 부부가 되기도 쉽고 갈라서기도 쉬웠다. 둘 중 한 명이 같이 사는 집을 나가면 바로 이혼이 성립되었다. 아내든 남편이든 여러 번 결혼하는 것을 마다하지 않았기 때문에 예전보다 아내들의 성적 자유도 커졌다.

그러나 남성들의 지배는 굳건히 남아 있었다. 우수스는 여성이 법적 절차를 밟고, 배심원으로 참여하고, 법률을 제정하고, 투표를 하고, 공석에 출마할 자유를 허락하지는 않았다. 여자는 자녀를 위한 법적 보호자가 될 수도 없었다.[15] 여자는 공적인 역할을 수행할 수 없었다. 가정 내 영역에서도 상황은 그다지 많이 변하지 않았다. 로마 사회는 아내들을 가정에 가둬두는 정책은 쓰지 않았다. 심지어 '인 마눔' 기간에도 이동의 자유를 상당부분 허락했다. 이론상 이동의 자유가 허락되면 불륜을 저지를 여지를 열어두는 것이겠지만―그래서 아테네 사람들이 아내들을 집에 가둔 것이다―실제로는 로마에서 예전부터 시행하던, 정숙하지 않은 아내를 통제하는 제도가 강력한 억지효과를 발휘했다. 아내의 불륜현장을 잡은 남편은 아내를 마음대로 처분할 수 있었다. 이혼해도 되고, 추방해도 되고, 때려도 되고, 죽여도 되고, 용서하는 것도 가능했다. 카토의 다음 말을 보면 알 수 있듯, 우수스가 일반적인 결혼풍습으로 자리잡은 후에도 구식 법은 그대로 시행되었다. "아내의 불륜을 현장에서 잡으면, 재판을 거치지 않고 바로 아내를 죽여도 여러분은 아무런 처벌을 받지 않습니다. 그러나 여러분이 외도를 하거나 물의를 일으키더라도 아내는 감히 잘못을 지적할 수 없고 그럴 법적 권리도 없습니다."[16]

그러나 우수스가 불러온 혁명적인 변화는 보수진영을 심란하게 할 만큼 파급력이 있었다. 로마가 공화정에서 제정으로, 세 번째이자 마지막 정치적 구조조정을 겪으면서 보수진영에서 불만의 목소리는 더욱 거세졌다. 보수파가 수적 열세에 처한 것은 사실이었지만, 그들은 저명한 문인이나 정치인이기 때문에 소수임에도 발언권이 막강했다. 에세이나 시에서, 공적인 무대나 사적인 자리에서 이들은 남자가 군림하고 여자는 분수를 알았던 호시절을 그리워했다. "그때는 아내들이 지금 같지 않았지." 2세기에 활동했던 풍자시인 유베날리스Juvenalis는 이렇게 썼다. 그는 동시대 여성들을 비판하려고, 전설 속 아테네 여성에게 찬사를 보내면서 둘의 차이를 비교한다. "우리 아내들은 수수방관하는데 / 알케스티스는 남편 대신 죽음을 택하네 / 우리 아내들에게도 같은 일이 생긴다면 그들도 기꺼이 희생하리 / 애완견을 위해 남편의 생명을 기꺼이 내놓으리."[17]

로마의 끔찍한 사회문제가 모두 우수스에 깃든 자유방임적인 태도 때문이라고 생각하는 비판론자들의 의견은 지나친 감이 있지만, 그렇다고 그들의 병적인 흥분에 현실적인 근거가 전혀 없는 것은 아니다. 무엇보다도 이러한 자유가 부부 금실에 좋은 영향을 미치지는 못했다. 부부 금실이 좋지 않으면 부부관계 횟수도 줄어들고 부부관계가 없으면 인구 부족 문제가 악화될 수 있기 때문이다. 이런 추세가 지속되면 로마의 장래도 밝지 않았다—아이가 태어나지 않으면 신병도 공급할 수 없기 때문이다. 기원전 2세기부터 인구감소가 심각해지면서 성적으로 무능한 군대의 망령이 로마 지도층을 괴롭힌다. 고대 로마에서 부부관계 횟수에 관한 조사가 이루어졌는지는 모르지만, 그 기록은 아직 발견되지 않았다. 기원전 3세기에 우수스가 도입되었고, 그 100년 후—그 무렵 부부갈등이 사회적 이슈로 떠올랐다―출생률이 급감한 현상에는 연관관계가 있다고 보는 게 합당하다. 주로 부유층에서 부부갈등 문제가 불거졌고, 이는 시간이 갈수록 더 심해졌다.

잘 먹고 잘 자란 부부의 불화가 더 심할 수밖에 없는 이유가 있었다. 부유한 부인들은 경제적·시간적 여유가 있는데다가 이제 자유까지 갖게 되었다. 돈과 시간이 있으면 경박한 언행과 사치를 일삼게 되는데, 이는 로마가 멸망할 때까지 로마 남자들이 로마 여자에 대해 열을 내며 비난했던 부분이다. 서기 1세기에 활동한 어떤 작가는 잘못된 결정을 내린 남자들 때문에 재앙이 생겼다면서 200년 전에 오피아 법이 폐지됨으로써 모든 문제가 생겼다고 지적했다. "상원의원들의 생각이 짧았다. (중략) 법안 폐지에 성공하더니 여성들이 끝 간 데 없이 뻔뻔해졌다. 그 멍청이들이 미래에 이런 혼란이 일어날지 내다볼 수 있었다면, 사치와 방탕이 범람하기 전에 그 싹부터 잘랐을 것이다. 여자 탓하지 마라. 여자는 강한 정신력이 없고 심각한 문제를 고민해본 적이 없어서 쓸데없는 일에 정신을 쏟는 게 당연하다. 남자들은 대체 뭘 하고 있었단 말인가?"[18]

정말로 남자들은 뭘 하고 있었을까? 아내들이 정부情夫와 밀회를 즐기려고 치장하면서 빈둥빈둥 시간을 보내거나, 권태에 지쳐서 남편에게 싸움을 걸거나―우수스 이후 이혼이 쉬워짐에 따라―이혼을 고려하는 동안, 남편들의 행동 또한 그리 모범적이지는 않았다. 그들도 아내들만큼이나 할 일이 없어 보였다. 그들은, 지나치게 풀어주었더니 공격적이 된 아내에게 화가 나서 아내를 피하려고 밤낮으로 다른 남자들과 잡담을 하거나 도덕적으로 타락한 세태를 짐짓 거드름을 피우면서 논했다. 아내가 남편을 버리는 것만큼 쉽게, 남편도 허영심이 많다거나 날카롭게 소리를 지른다거나 주름살이 너무 많이 생겼다는 하찮은 이유로 아내를 버렸다.[19] 으르렁거리는 모습을 보며 도리어 에로틱한 감정이 살아나는 부부를 제외하면, 사이 안 좋은 부부가 부부관계를 많이 할 리 없었다. 특히 배우자 양쪽의 외도가 만연한 사회 분위기를 고려하면 더욱 그랬다.

아우구스투스가 로마제국의 초대 황제에 오른 기원전 27년, 인구감소는 커다란 사회문제가 되었다. 인구감소 추세를 뒤집고자 황제는 출산장려 2단계 계획을 세운다. 첫 번째 법안은 기원전 18년에, 두 번째 법안은 서기 9년에 통과되었다. 이 법안은 통칭 율리우스·파피아 법Lex Julia et Papia이라고 불린다. 이 법안에 따르면 미혼 남성은 속주 총독과 같은 고위 관직에 임명될 수 없으며, 25~60세 사이 독신남성과 20~50세 사이 독신여성의 유산상속은 제한된다. 자녀가 없고 배우자와 사별하거나 이혼한 사람은 각각 12개월과 6개월 내에 재혼하지 않으면 벌금형을 받는다(두 번째 법안이 통과된 서기 9년, 재혼하기까지의 기간은 배우자와 사별한 사람의 경우 2년, 이혼한 사람의 경우 18개월로 연장되었다).[20]

서구 전역에서 고대부터 현대에 이르기까지 부모들이 감내해야 했던 높은 유아사망률의 현실을 감안하여, 율리우스·파피아 법은 자녀를 낳았으나 자녀가 어렸을 때 죽은 부모에 한해서는 세 가지 조건 중 한 가지를 충족할 경우―첫돌까지 생존한 자녀가 셋인 경우, 세 살까지 생존한 자녀가 둘인 경우, 혼기(딸은 12세, 아들은 14세)까지 생존한 자녀가 하나인 경우―적용대상에서 면제해주었다. 한편, '유기exposure'와 같은 고의적 영유아 살해 풍습이 여전했다.[21]

율리우스·파피아 법은 자녀를 많이 낳는 사람에게는 상을 주고, 법을 따르지 않는 사람에게는 벌을 내렸다. 원래 노예였던 여자와 이미 같이 살고 있기 때문에 결혼하지 않는 남자―귀족이 아닌―가 드물지 않았다. 법적으로 가능하다면 당연히 정부情婦와 결혼해서 아이를 키우고 싶었지만, 로마법은 이런 관계를 한 번도 명확하게 다루지 않았다. 아우구스투스 황제가 만든 법안은 이 관계를 명백히 인정했다. 자녀를 최소 세 명 낳은 부인에게는 상이 내려졌다. 결혼하면서 가져온 재산과 완벽한 법적 자율권이 주어졌다. 또 남편이 공직에 있으면 승진되었다(로마 교외 지역에서는 자녀를 넷 낳아야 이러한 혜택이 주어졌고 로마의 속주에서는 다섯까지 낳아야 했다).[22]

출산장려책의 최대 수혜자는 부유층 부부였다. 아내와 남편 모두 유산을 상속받을 가능성이 있었고, 아내에게는 막대한 지참금이 있었으며, 남편은 공직자일 확률이 높았다. 그러나 애초에 이 법안이 공략하고자 했던 계층은 정작 별 관심을 보이지 않았다. 포상도 처벌도 부부의 출산장려에 효과가 없었다. 율리우스·파피아 법은 100년 넘게 시행되었다. 서기 116년, 타키투스Tacitus는 '대체로 자녀를 갖지 않는 추세'라고 이 법의 실효성을 평가했다.[23] 자녀를 낳지 않는 부부가 많아진 데는 여러 가지 요인이 있었고, 대부분 일상생활과 밀접하게 연관된 문제기 때문에 이러한 상황을 반전시키는 것은 쉽지 않았다. 부부 사이가 좋고 머일 밤 섹스를 하더라도 대체로 피임을 했다. 피임에 실패하더라도 낙태라는 방법도 있었다. 자녀가 많으면 결혼생활을 망친다는 통념이 부유층 사이에 퍼진 것도 상황을 개선하는 데 별 도움이 되지 않았다.

로마인의 생활방식에는 입법자들의 눈에는 보이지 않는 불임 유발 요인들이 넘쳐났다.[24] 먼저, 납 중독은 사실상 피하기 어려웠다. 로마인들이 이용하는 수도관에 납이 들어 있었고, 여자들이 얼굴을 하얗게 보이려고 바르는 분에도 납이 있었으며, 남녀 모두 엄청나게 다셔대는 와인을 달게 만들 때 쓰는 포도시럽을 끓이고 음식을 요리하는 냄비에도 납이 포함되어 있었다. 남자들은 목욕탕에서 와인을 엄청나게 마셔댔다. 그들은 거의 매일 목욕을 했고 다른 남자들과 술을 진탕 마시고는 늦은 오후에 귀가하거나 때로는 날이 샐 때까지 마셨다. 납 중독이 아니라고 하더라도 과음은 발기부전은 물론 불임을 유발할 수 있었다. 또 목욕은 거의 언제나 따뜻하거나 뜨거운 물에서 했는데(남자들은 목욕을 끝마칠 때만 아주 잠깐 냉탕에 몸을 담갔다), 목욕탕에 장시간 있으면 정자생산이 억제될 수 있었다. 당연히 문란한 성생활은 성병을 퍼뜨렸다. 로마인들이 부부관계를 많이 하지 않았다고 해서 금욕생활을 한 것은 결코 아니었다.

새롭게 건설된 강력한 로마제국의 초대 황제에 걸맞게 아우구스투스의 자만심은 하늘을 찔렀고 말솜씨는 훌륭했다. 그는 빈번한 공식행사에서 말솜씨를 대중에게 선보였다. 자만심과 말솜씨는 사생활에서도 드러났다. 황제에 즉위하기 10년 전―율리우스 카이사르Julius Caesar의 양자 겸 후계자라서 왕위를 물려받았다―아우구스투스는 첫 번째 부인이 첩에게 부정적인 태도를 보이는 등 '도덕적으로 괴팍하다'는 이유를 들어 이혼했다. 로마에서는 그 정도면 이혼사유가 되고도 남았지만 진짜 이유는 따로 있었다. 그는 리비아라는 10대 유부녀와 뜨거운 사랑에 빠졌는데, 리비아는 아우구스투스가 아닌 남편의 아이를 6개월째 임신 중이었다. 둘은 같이 살기로 했다. 리비아는 이혼했고 아이가 태어나고 사흘이 지나서 리비아와 아우구스투스는 결혼했다(결혼식에서 리비아의 전 남편은 신부를 새 남편에게 인도해주는 아량을 발휘한다). 두 사람의 결혼생활은 황제가 서거할 때까지 51년간 지속된다. 첫 번째 부인과 달리 리비아는 아우구스투스가 수없이 혼외관계를 가져도 비난하지 않았으며 처녀를 선호하는 남편의 취향을 채워주려고 직접 처녀들을 조달해오는 애정 어린 행동도 서슴지 않는다.[25] 마치 오늘날 미국 공화당 정치인처럼 아우구스투스는 지칠 줄 모르고 '가족의 가치'를 전도한다. 목표는 하나, 출산

장려다.[26]

아우구스투스 집권 동안 사창가, 축첩, 노예와의 성관계는 합법적이었다. 그러나 무엇보다도 아우구스투스는 로마 최초의 간통법을 만든 장본인이다—결혼제도를 보호함으로써 사회의 도덕성을 높인다는 게 표면상의 이유였다. 간통은 언제나 그렇듯 이 시기에도 아내만 저지를 수 있는 범죄였다. 이제 사법권이 가족에서 국가로 넘어감에 따라, 불륜을 저지른 아내를 살해하는 것은 공식적으로는 불법이 되었다.[27] 국가는 아내와 정부情夫를 추방하는 것을 선호했는데—당연히 각각 다른 섬으로—먼저 반드시 법원에서 재판을 받아야 했다. 유죄판결을 받으면 정부는 재산의 절반을 잃고, 기혼 여성은 재산의 3분의 1과 지참금의 절반을 몰수당했다. 남편은 남은 재산의 일부를 가졌는데, 자녀가 있으면 더 많이 받았다. 여자는 추방된 섬에서 재혼할 수 있었으나 재혼상대가 로마 자유인일 수는 없었다. 남편은 불륜을 저지른 아내와 이혼하고 60일 내에 기소해야 했다. 남편이 아내를 용서하고 죄를 덮어줄 용의가 있더라도, 법은 남편이 반드시 이혼과 기소라는 두 가지 수치를 감수하게 했다. 남자가 이혼은 했는데 기소하지 않으면, 25세 이상 누구든 대신 기소할 수 있었다. 아내가 바람이 났는데도 남편이 이혼하지 않으면 여자는 기소될 수 없고 죄를 면제 받았지만, 누구든 도덕적 타락을 이유로, 바람난 아내를 봐주는 남자를 기소할 수 있었다. 여기서 '누구든'이라는 말은 '어떤 남자든'이라는 뜻이다. 법적 조처를 취할 수 있는 것은 여전히 남성만의 독점적 영역이었기 때문이다.

1세기 후반, 플루타르코스는 로마를 보며 당혹한 표정을 짓고 있었다. 그는 특히 로마의 결혼풍습을 보고 입을 다물지 못했다. 그를 놀라게 한 로마문화 중 하나는, '인 마눔'이 혼인의 뼈대가 된 이래 로마에 뿌리 내린 일상의 한 부분이었다. 아직은 영원한 도시가 아니었던 도시('영원한 도시eternal city'는 로마의 별칭이다―옮긴이)의 어느 화려한 만찬회에서 플루타르코스는 낯선 문화를 접한다. 남녀가 어울려서가 아니다. 아테네에서도 남녀 교류는 흔했다. 그를 놀라게 한 것은, 남편과 아내가 어울리는 모습이었다.[28] 이곳 로마에서는 사회적 지위가 있는 부인도 남편을 대동하지 않고 도시를 돌아다니면서 남편이 아닌 남자들과 자유롭게 이야기를 나눌 수 있었고 심지어는 낯선 남자들과 이야기를 나누면서도 사회적으로 존경을 받았다. 로마의 여성들은 모든 것을 다 가진 것일까?

결혼풍습을 비롯하여 로마인들이 보인 생활방식의 많은 면이 플루타르코스를 당혹스럽게 했기에 그는 「로마에 대해 궁금한 것들Roman Questions」이라는 제목의 에세이에서 하나씩 차례로 질문을 던진다. 하지만 답은 제시하지 않는다(질문 자체가 모든 것을 말해주니까).[29] 왜 여자들은 남자 친척의 입에 키스를 하는가? 여자에게 음주가 허락되지 않던 시절에 남자들이 혹시 여자들이 법을 어기고 술을 마셨는지 알아보려고 했던 과거 관습의 잔재일까? 아내와 남편은 다른 사람에게 선물을 받을 수 있지만 부부끼리 선물을 주고받지 못하게 하는 이유는 무엇일까? 플루타르코스는 이러한 관습이 배우자 상속법 위반자를 가려내려고 했던 솔론Solon의 상속법과 관련이 있는지, 아니면 물질보다 부부애를 중시하는 잘못된 생각 때문에 부부가 선물을 주고받는 즐거움을 빼앗은 것은 아닌가 하고 생각한다. 여행 중인 남편이 예상 귀가시간보다 일찍 도착하게 되었을 때 아내에게 도착시각을 알리는 이유는 뭘까? 아내가 행실이 바르다는 사실을 확신하고 있어서, 아내를 놀라게 하거나, 올바르지 않은 행동을 하는 아내를 발견하게 되는 것이 쓸데없는 의심이라고 생각했던 걸까? 남자들은 여자들에게 복잡한 집 안을 정리할 시간을 줌으로써 '조용하고 기분 좋게' 귀가하고 싶었던 걸까? 아니면 남편들이―자신의 결혼생활에 만족한 플루타르코스 자신이 그렇게 생각한 것처럼―아내들이 자기들을 목 빠지게 기다리고 있으리라 생각하고, 이제 기다림이 끝났다는 소식을 들으면 아내들이 황홀해할 것으로 생각하기라도 한 걸까?

플루타르코스가 곰곰이 생각한 반면, 유베날리스는 로마의 결혼풍습에 독을 품고 로마 부인들을 공격했다. 21세기에 활동한 작가 게리 월스Garry Wills는 유베날리스의 「풍자시 6편Satire VI」을 "고대 여자혐오증의 표준 글귀"[30]라고 말했지만, 유베날리스는 남녀노소를 따지지 않고 로마의 모든 일상을 풍자대상으로 삼았다. 그 무엇도 그 누구도 무서울 게 없었던 유베날리스는 진정한 언어의 풍자만화가였다. 아내를 비판하는 기교 넘치는 시를 보면 그가 문학이라는 방법을 통해 개인적인 복수를 하면서 은근히 즐긴 게 아닌가 싶다. 그의 결혼 여부에 관해서는 기록이 남아 있지 않다. 그는 피커링 대령(조지 버나드 쇼의 희곡『피그말리온』에 등장하는 인물―옮긴이)처럼 훌륭한 신사의 예의범절은 갖추지 못했더라도, 확고한 독신주의자였을지도 모른다. 전형적인 공처가였을지도 모르고, 관찰력이 좋은 동성애자나 위트 넘치는 거세남이었을지도 모른다. 어쩌면 바가지 긁는 마누라 등쌀에 시달려서 시에라도 복수를 해야 했던 로마의 평범한 남편이었을지도 모른다.

「풍자시 6편」은 결혼을 앞둔 포스트무스Postumus라는 친구에게 바치는 산문시로, 사악한 여성의 행태를 장황하게 늘어놓았다. 유베날리스는 결혼이 미친 짓이라고 경고한다. 그는 '한때 잘나갔던 플레이보이' 포스트무스가 '결혼이라는 고삐에 어리석게 목을 매는' 평범한 남자가 된다는 사실에 경악을 금치 못한다. 유베날리스는 신붓감 히베리나Hiberina

가 시골 오지에서 자랐다는 이유만으로 '보수적이고 도덕적인 가치'를
지니고 있으리라 믿는 친구를 조롱한다. '정숙하고 겸손한 신부'는 멸종
되었다면서. "한번 말해보오, 히베리나. / 남자 한 명으로 족하겠소? 차라
리 한쪽 눈이 안 보이는 게 / 낫다고 그녀는 답하겠지."

포스트무스여, 자네 정말 아내를 맞이할 텐가?

정신이 멀쩡했던 자네를 어떤 표독스러운 여자가 사로잡았단 말인가?

어떤 뱀이 자네를 물었단 말인가?

왜 여우 같은 여자에게 잡혀 살려고 하는가?

기다란 밧줄이 바로 옆에 있는데도

현기증 나게 높은 맨 위층 창문이 자네를 위해 열렸는데도

바로 뛰어내릴 수 있는 다리[橋]가 옆에 있는데도?

돌파구가 자네의 마음에 들지 않는다면

차라리 미소년이랑 잠자리에 드는 게 낫지 않은가?

미소년은 밤새 말다툼을 걸지도 않고 선물을 사달라고 조르지도 않고

자네 밤일이 성에 차지 않는다고 악담을 퍼붓지도 않고

더 사랑해달라고 집착하지도 않을 텐데.[31]

불쌍한 포스트무스는 히베리나에게 나타날지도 모를 다음과 같은
특징 중 일부 또는 모든 특징을 참아야 한다. 조절이 안 되는 방광, 색정
증, 서방질 하는 능력(이제 곧 태어날 아기를 생각하며 포스트무스는 현관에
월계관을 걸어놓는데, 막상 태어난 아이 얼굴은 '어떤 험상궂은 폭력배'를 닮았
을지도 모른다), 잘난 체하는 태도, '남자 돈을 뜯어먹고 싶은 갈망', '가학
적 충동' 등. 그녀는 신랑의 어린 시절 친구들 사이를 멀어지게 하고, 그

의 유언장에 자신의 정부情夫 이름을 올리게 하고, 장모가 신랑을 공격하게 하고, 자신의 하녀에게 뇌물을 줘서 입을 막고, 의사이자 정부인 남자와 한 침대에서 뒹굴려고 아픈 척하고, 딸들을 타락시키고, 원하는 것을 얻으려고 거짓 눈물을 흘릴 것이다. 포스트무스가 그래도 그녀를 원한다면 "아내와 함께 든 침대는 언제나 말싸움이 끊일 날이 없고 / 말다툼이 오가다 보면 숙면은 물 건너간 것이며, 잠자리야말로 아내의 싸움터이며 남편을 공격하는 기지"라는 사실을 잊지 말아야 한다나.

유베날리스는 엔터테이너이자 관찰자이자 작가이지, 자칭 공중도덕의 수호자나 로마의 상원의원은 아니었다(상원의원과 공중도덕의 수호자는 일치할 경우가 빈번했는데, 둘 다 유베날리스의 날카로운 펜대 앞에서 벗어나지 못했다). 유베날리스는 확실히 옛날 부인네들을 그리워하면서, 자유롭게 살던 동시대 여성들은 좋아하지 않았던 것 같다.

> 옛날에 라틴 여성들이 정숙할 수 있었던 것은
> 가난과 힘든 노동과 수면부족 때문이었네.
> 보들보들한 옷감에 손은 호강하고
> 눈앞에 닥친 적敵에 남자들은 전투에 나섰지만
> 이제 우리는 너무 긴 평화라는 악에 시달리네.
> 무장한 침입자보다 치명적인 사치가 몽마incubus처럼
> 지금 우리를 덮치네.[32]

하지만 사치와 방종은 영원하지 않았다. 유베날리스는 예수가 세상을 떠나고 30여 년 후에 태어난다. 나사렛의 랍비 예수로부터 촉발된 움직임[기독교]은 거의 300년 이상 불법으로 규정된다. 기독교가 공인되면

서 유베날리스의 마음을 불안하게 했던, 사회에 만연한 정신은 자취를 감춘다.

완벽한 사회는 자유와 구속의 완벽한 균형 속에서 유지되지만, 현실 사회는 어떤 방향으로든 변동의 폭이 지나치지만 않다면 양 극단 사이를 계속 오르내리면서도 안정을 유지할 수 있고 실제로 유지한다. 그런데 변동 폭이 너무 커서 역반응, 또는 그보다 더 커다란 힘을 유발할 때도 있다. 로마가 그런 예였다. 로마가 서구사회를 지배했기 때문에 로마에서 일어난 일은—결국은—다른 모든 곳에서 일어났다. 과식하면 구토가 나는 법이다.

흥청망청하는 로마를 구원하려면 어떤 처방을 내려야 할까? 9세기 독일 철학자 하인리히 하이네의 적확한 표현을 빌리자면, '기독교를 통한 금식starvation diet of Christianity'이 필요했다.

제5장

성욕
해결책으로서의
결혼

예수. 그는 서른세 살에 세상을 떠나기 전 단 3년 동안만 역사라는 무대에 섰고, 아무런 기록도 남기지 않았지만 역사상 가장 강렬한 인물로 남아 있다. 공식적으로 누구도 그의 기록을 남기지 않았다. 예수의 복음은 그의 생전과 사후 20~30년 동안 구전으로 퍼진다. 그러다 바울이 경전화 작업을 시작한다. 이 작업을 통해 예수의 생애에 관한 정보 가운데 가장 직접적이고, 4세기 이후에는 교회가 인정한 유일한 출처인 신약성서가 탄생한다. 이 정보가 믿을 만한 것인지는 누구도 알 수 없지만, 어쨌든 지금은 그 정보가 믿을 만하다고, 나사렛의 랍비가 역사 속 실존인물이라고 가정하자.

그가 대중 앞에 나서기 전의 배경에 대해서는 알려진 사실이 별로 없다. 요셉은 지위가 낮은 목수지만 '다윗의 후손'이라는 사실은 알 수 있다. 자연히 예수도 다윗의 후손인 것이다. 복음서 저자들은 이 사실을 명확하게 알고 있다. 그들은 화려한 부계혈통을 열심히 추적한다. 다윗 왕을 넘어서 성서 속 가장家長―야곱, 이삭, 아브라함―까지 연장되고 아브라함에서 저 위 '하느님의 아들' 아담까지 거슬러 올라간다[1] (이들 작가들은 예수의 족보를 예수 어머니의 처녀성만큼이나 중요하게 다루면서도, 예수가 요셉의 정자로 잉태되지 않았는데 어떻게 요셉의 혈통을 이어받았다고 할 수 있는지는 설명하지 않는다). 예수는 유대인 삶의 중심지인 예루살렘에서 북쪽으로 한참이나 떨어진 나사렛이라는 시골 마을에서 성장한다. 1세기, 예수와 같은 서민층으로서는 갈릴리 지방에서 예루살렘까지 여행하기가 무척 어려웠다. 꼬박 사나흘은 걸어야 갈 수 있었다. 종교의식(과 아들의 종교교육)을 중요하게 생각한 독실한 유대교도인 요셉과 마리아는 매년 유월절이면 아들을 데리고 예루살렘으로 갔다. 누가복음에는 어느 해 유월절에 예루살렘에서 있었던 일이 기록되어 있다. 굳이 그해를 기록으로 남긴 것은 우연이 아니다. 그해에 예수는 유대교 성인식, 바르 미츠바*bar mitzvah*를 앞둔 열두 살이었다.

축전이 끝나고 가족들은 짐을 챙겼다. 요셉과 마리아는 고향 나사렛까지 먼 여행을 떠날 채비를 끝냈는데 아들이 보이지 않았다. 부부는 친지들에게 아들을 혹시 못 보았느냐고 물었다. 사흘간 여기저기 아들을 찾아다니지만, 아들은 보이지 않고 불안감만 커졌다. 결국 아이가 발견된 곳은 바로, 유대교의 총본산인 성전聖殿이었다. 예수는 사흘 동안 랍비들과 이야기를 나누었고, 랍비들은 '아이의 총명한 대답'에 감탄했다. 마리아는 아들이 무사히 잘 있는 것을 보고 아들을 찾은 평범한 어머니다운 반응을 보인다. 그녀는 화를 내면서 소리쳤다. "얘야, 이게 무슨 짓이냐? 네 아버지와 내가 너를 찾느라고 얼마나 고생했는지 아느냐." 놀란 예수는 왜 자기를 못 찾았느냐고 반문한다. "제가 제 아버지의 집에 있어야 한다는 것을 모르셨습니까?" 똑똑한 지적이다. 처녀인 마리아가 어떻게 임신할 수 있는지 이해하지 못하고 혼란스러워하는 요셉과 마리아에게는 이미 예수가 태어나기 훨씬 전부터 출생의 비밀을 이미 잘 설명하고 넘어갔으므로. 이상하게도 부모는 아들의 말을 알아듣지 못한다. 어쨌든 가족은 나사렛으로 돌아간다. 예수 이야기는 열두 살 이흐로는 등장하지 않다가 서른 살 이후부터 다시 나온다.[2]

이 짤막한 전기, 아니 소품에 가까운 기록을 보면 두 가지 인상적인 정보를 얻을 수 있다. 첫째는 요셉과 마리아가 아들을 전통 유대교 방식으로 양육했고, 예수는 가르침을 훌륭하게 흡수했다는 사실이다. 그는 성서의 613가지 율법 중의 제1율법이자 가장 기본이 되는 "번식하고 번성하여 가득 채우라"를 알았고, "사람이 혼자 사는 것이 좋지 않구나"도 알았다. 다시 말해, 그는 젊은 유대인 남자는 결혼해서 자녀를 낳는 것이 당연하다―마땅하다―는 사실을 잘 알고 있었다. 둘째는 우리가 이미 아는 바와 같이 유대인들에게는 혈통이 매우 중요하며 예수는 특히 고귀한 혈통을 물려받았다는 사실이다. 그 혈통을 고의로 끊는 것은 그의 배경을 생각할 때 이단에 가까운 행위였다. 그런데 그런 예수가 대를 끊는다. 예수는 랍비로서 짧지만 눈부신 커리어를 시작한다. 그는 급진적인 랍비로서 엄격한 금욕생활을 하는 공공연한 독신주의자였으며 사후에는 그의 추종자들에 의해, 오랫동안 기다려온 메시아로 받아들여진다(구약에서 예언한 구세주를 뜻하는 단어 '그리스도Christ'는 그리스어 '크리스토스*Khristos*' 에서 유래했다).

예수의 고향뿐만 아니라 지중해 이방인 사회까지 그를 추종하는 세력이 생겼다. 그들은 이교도 로마제국의 악랄한 박해에도 굴하지 않고 그리스도가 승천했다는 복음Gospel(기쁜 소식good news)을 전하고 교회를 세웠다. 로마제국이 아무리 많은 신도를 체포, 고문, 처형해도 개종의 물결을 막을 수는 없었다. 순교자가 한 명 늘어날 때마다 수천 명이 기독교로 개종했다. 로마가 피할 수 없는 결과에 승복하는 것은 시간문제였다. 313년, 콘스탄티누스 대제가 기독교를 공인한 이후 거의 300년 동안 예수가 모범을 보인 독신주의는 로마제국 전역에 침투해 영향을 미친다. 그 300년 동안, 구약성서에서 성스러운 율법으로 생각했던 결혼은 신약성서에서는 간음fornication을 예방하기 위한 필요악으로 그 지위가 추락했다. 신약성서에서 결혼을 필요악으로 보는 견해는 결혼이 겪을 시련의 시작에 불과했다.

신약성서 집필은 80년쯤 걸렸다. 『토라』 집필에 1,200~1,500년 걸렸던 것에 비하면 눈 깜빡할 사이였다. 신약에는 예수의 삶과 업적을 바탕으로(중복되는 내용이 많다) 익명의 작가가 쓴 네 개의 「복음서」가 있고, 이후에 초대 교회의 역사와 업적에 관한 기록이 뒤따른다. 역사적인 내용과 신학적인 내용과 재미있는 서사가 혼합된 「사도행전」, 대표적으로 바울의 글이 담긴, 사도들의 편지인 「사도서간」, 마지막으로 괴상하고 불안한 내용이 담긴 「요한계시록」이다. 그리스어로 계시가 ‘*apokalypisis*’(대참사, 대재앙이라는 뜻─옮긴이)이니, 계시록의 내용이 무엇인지 제목만 봐도 짐작할 수 있으리라.

‘대재앙이 머지않았다Apocalypse nigh’는 생각이 1세기를 지배한 테마였다. 예수가 계시를 내리기 전부터 유대교 극단론자들 사이에는 종말론을 바탕으로 신흥종파가 생긴다. 성서는 세상에 종말을 가져올 구세주가 나타날 것이라고 예언했는데,[3] 예수의 열렬한 추종자는 예수가 그토록 오래 기다려온 구세주라고 보고 예언이 실현되었다는 소문을 퍼뜨린다. 신약성서 저자들이 경전화 작업에 착수한 시기에 소문은 광범위하게 퍼져나간다. 신약성서 저자 가운데 일부, 특히 바울은 전도의 선두에 나선다. 예수를 구세주라고 확신한 사람들은 앞으로 5분, 5시간, 5일, 5주 후에(아무튼 곧) 지구상 모든 생물은 멸망한다고 믿었다. 사람들에게 더 많은 생명을 낳으라고 주장하는 것은 그들의 행동방침이 아니었다. 종말론적인 사고방식에서 결혼과 자녀의 가치는 거의 무無에 가까웠다.[4]

1세기에 이교도 금욕주의자들이 만든 사고체계인 스토아 철학Stoicism은 종말론의 열기를 부채질했다.[5] 욕정(구역질나는 것이므로 자제할 것), 성적 쾌락(비이성적인 것이므로 피할 것), 결혼생활의 열정(의심스러움), 아내에 대한 남편의 열정(간통과 맞먹는 부끄러운 것), 결혼생활에서의 섹스(출산을 위한 목적으로만), 결혼생활에서의 사랑(불쾌하며 신뢰할 게 못됨), 사랑의 표현으로서의 섹스(뭐라고?)에 대한 스토아학파의 생각은 신약성서부터 시작해서 400년 동안 기독교의 토대가 된 텍스트의 뼛속까지 침투했다. 콘스탄티누스 대제―초기에 기독교를 옹호했고 결국은 기독교로 개종함―는 아우구스투스가 출산을 장려하려고 시행한 율리우스·파피아 법의 일부를 폐지하기까지 했다. 그는 결혼이 전통적인 방식으로 초야를 치름으로써 완성되는 게 아니라 기독교적 방식인 동의에 의해 완성된다고 보았다. 그는 로마 인구가 급격히 감소할 때도 이 견해를 굽히지 않았다.[6] 스토아 철학의 영향에 종말론적인 견해까지 가미하면 섹스의 무덤인 '새로운 결혼'이 탄생한다. 예수의 생각은 어땠을까?

복음서 작가들은 예수가 성관계를 통해 아이를 낳는 것을 반대하는 사람으로 그리지 않았다. 그는 사도들에게 아내와 자식과 가축을 버리고 돈이나 섹스나, 집이라 부르는 공간에 대한 욕망을 버리라고 말했다. 그의 측근이 되고 싶다면 자기처럼 하라고 사도들에게 말했다. 그러나 금욕이나 독신주의나 동정을 청중에게 설파하지는 않았다. 예수도 개인적으로는 결혼을 경멸하지 않았고 특히 결혼에 포함되는 육체관계를 싫어하지도 않았다. 그런 생각으로 발전되는 것은 좀더 먼 미래의 이야기다. 그리스도의 이름으로 교회를 지은 이른바 '교부father'들에 의해서.

바울은 초기 사도로, 그리스도가 십자가에 못 박히고 20~30년이 흐른 뒤에 신약성서를 썼다. 그는 "정욕이 불같이 타는 것보다 혼인하는 것이 나으니라It is better to marry than burn"라는, 교부들이 오랜 세월 동안 좋아한 구절을 비롯해, 신학이라는 둥지에 유용한 구절을 수북하게 덮었다. 원래 사울Saul이었던 바울은 타르수스Tarsus(소아시아에 있는 로마의 속주, 킬리키아Cilicia 지역의 수도) 출신 유대인으로, 로마인들을 위해 죄인을 잡아들이는 일을 하고 있었다. 그는 유대인 동족 가운데에서 기독교—당시는 '길the Way'로 불렸다—로 몰래 개종한 사람들을 추적해서 체포했다. 누구의 말을 들어보아도 그는 자신의 일을 열심히 그리고 효과적으로 수행했다.[7] 신약성서는 사울이 "교회를 파괴하면서 미친 듯이 집집이 돌아다니며 남녀를 가리지 않고 믿는 사람들을 끌어내어" 그들을 감옥으로 집어넣어 순교하게 했다고 비난하고 있다. 그는 예루살렘 대제사장의 권력을 방패 삼아 이러한 일을 했다고 한다. 사악한 사울은 다마스쿠스로 가는 길에 착한 바울이 되었다. 그는 다마스쿠스 회당에서 몰래 '길'을 믿는 신도를 색출할 계획이었다. 사울 일행이 길을 떠났을 때 그는 '위협하고 죽일 기세로' 흥분한 상태였다. 그러나 그들이 다마스쿠스 가까이 갔을 때 '하늘에서 빛'이 비추자 그는 땅에 쓰러졌고 갑자기 눈앞이 보이지 않게 되었다. 그때 그는, 시내로 들어가서 다음에 해야 할 일을 일러줄 때까지 기다리라는 예수의 음성을 들었다. 일행은 시력을 잃은 사울을 시내로 데려갔다. 눈앞이 보이지 않는 사울은 사흘 동안 식음을 전폐했다. 그러나 그 후 그는 순교자의 운명을 지고 결국은 성자 바울로 거듭났다.[8]

사울은 유대교에서 가장 엄격한 정통파 출신이다. 그는 성서 율법을 고수하는 '순수 바리새파'[9]다. 바울이라는 인물로 거듭나기 전에 이미 성인이었다는 점과 그가 바리새파라는 사실을 감안한다면, 사울은 분명히 유부남이었을 것이다. 바울은 독신·금욕 생활을 했을 쁜 아니라 "모든 사람이 모두 나처럼 되기를 바란다"고 회중에게 말한다. "남자는 여자를 가까이하지[여자와 섹스하지] 않는 것이 좋습니다."[10] 그가 현실을 파악하지 못했던 것은 아니다. 성적 충동은, 안타깝게도, 현실세계에 존재했고 바울은 자기와 같이 '스스로 절제할 수 있는' 운 좋은 사람이 소수라는 사실을 알았다. 바울은 스스로 절제할 수 없는 사람은 결혼해야 한다면서 "정욕으로 불타는 것보다 결혼하는 편이 낫습니다for it is better to marry than to be aflame with passion"("정욕이 불같이 타는 것보다 혼인하는 것이 나으니라it is better to marry than burn"라는 예전 번역이 더 낫지 않은가?)라고 말한다.[11] 이때 바울은 성생활의 위계질서를 만들었는데, 1,500년이 지난 후 루터가 이 질서를 깨뜨릴 때까지 지속된다. 이후 싱글이자 섹스리스인 상태, 독신이자 금욕인 상태가 이상적인 인간 상태의 전형으로 자리잡는다. 결혼은 독신에 비해 확실히 열등한 것이며 간음보다는 우월한 것으로 여겨진다. 혼외 성관계는 어떤 형태든 간음으로 정의되며, 사람들 대부분은 리비도를 다스릴 수 없기 때문에 결혼은 "해도 무방하다는 뜻이지, 하지 말라고 명령하는 것이 아니다."[12] 바울은 결혼이 죄악이 아니라 성욕을 잠재울 수단이라고 생각했다. 수단이 제 기능을 하려면 부부가 서로 성적 서비스를 제공해야 했다.

기독교의 관점에서 부부는 침대 밖에서는 평등하지 않아도 잠자리에서는 평등하다. "남편은 아내에게 그의 의무를 다하고 아내도 남편에게 자기 의무를 다하십시오." 바울은 회중에게 이렇게 설명한다. "아내의 몸을 다스릴 권리는 남편에게 있고 남편의 몸을 다스릴 권리는 아내에게 있습니다." 바울은 각각의 배우자가 서로에게 지는—부부간 상호 권리의 이면裏面인—이른바 결혼의 의무conjugal debt에 대해 역설한다. 그 빚을 갚지 않고(빚을 갚으라고 얼마나 자주 요구할 수 있는지는 밝히지 않았다) 불타는 정욕이 해결되지 않을 때 간음하게 되는 것이다. 바울은 누구도 간음에 이르게 되지 않기를 바랐다. "여러분은 서로 몸을 거절하지 마십시오. 다만 기도에 전념하고자 서로 합의하여 얼마 동안은 그렇게 하더라도 다시 정상적인 부부생활을 하십시오. 이것은 여러분이 절제하지 못할 때 사탄이 시험하지 못하게 하려는 것입니다."13) 이 부분은 바울이 결혼생활에서 육체적인 친밀감(간통으로부터 보호해주는 장치)과 서로 정절을 지킬 것(고대의 이중 잣대와는 크게 차별되는 지점)의 중요성을 확인한 중요한 구절이다. 중세 교회 지도자들은 편리하게도 결혼생활에서 육체적인 친밀감이 중요하다는 구절을 무시하고, 상류층은 부부가 서로 정절을 지켜야 한다는 부분을 무시한다. 하지만 바울의 결혼원칙은 프로테스탄트 개혁가들에 의해 부활한다. 프로테스탄트 개혁가들은 바울의 결혼원칙을 큰 목소리로 다시 주장한다.

바울의 도덕관을 따르면, 성욕은 참아야 하며 결혼이라는 한도 내에서 충족해야 할 불행한 현실이다. 다음 시대[중세]에는 결혼(과 섹스)을 두려워하며 악의에 가득 찬 눈초리로 바라보지만, 다행히도 바울의 태도는 약간 경멸이 어려 있기는 하지만 제정신이었다. 버트런드 러셀은 바울의 생각을 다음과 같이 잘 표현했다. "언젠가 의사가 금연을 권하면서 강렬한 흡연욕구가 생길 때 시디신 사탕을 먹으면 도움이 될 것이라고 일러준 적이 있다. 사도 바울이 결혼을 권하는 것도 이런 의미가 아닐까."14)

그러나 바울은 한 손으로는 주는 것 같더니 다른 한 손으로는 빼앗는다. 그는 정욕에 불타느니 결혼하는 것이 낫다고 사람들에게 말하면서도 사실은 섹스도 결혼도 하지 말라고 설득하는 작업을 멈추지 않는다. 바울의 후임자들도 이런 패턴을 따른다. "결혼한 사람들은 세상살이가 고달프게 마련입니다." 그는 미혼 청중에게 말한다. "여러분을 아끼는 마음에서 하는 말입니다." 그가 말한 '고달픔'은 말다툼을 뜻하는 게 아니다. "이제 때가 얼마 남지 않았습니다. 이제부터 아내 있는 사람은 없는 사람같이 사십시오. 이 세상의 유행은 지나가 버립니다." 세상의 종말이 오면 독신인 사람들이 하느님께 모든 관심을 쏟았을 것이므로(그들이 금욕생활을 하고 있다고 가정할 때), 들어가기 어렵다는 구원자 후보 명단에 오를 확률이 제일 높다. 결혼한 사람들은 서로 짐이 되어 지상에 남을 공산이 크지만, 독신자들은 홀몸이므로 홀가분하게 하늘로 슝 올라가는 혜택을 누릴 것이다.

"저는 여러분이 아무 걱정 없이 지내기를 바랍니다." 바울은 걱정을 하더라도 더 도움이 되는 걱정이 있다고 지적하면서 이야기를 이어간다. "결혼하지 않은 남자는 어떻게 하면 주님의 마음에 들까 하고 주님의 일을 걱정합니다. 그러나 결혼한 남자는 어떻게 하면 아내의 마음에 들까 하고 세상일을 걱정합니다. 그의 마음은 갈라져 있습니다." 아내도 마찬가지 상황에 부닥쳐 있다. 하지만 심판의 날이라는 '임박한 재난'이 왔다고 배우자를 서로 버리라는 뜻은 아니다. 단지 아직 결혼하지 않은 사람은 결혼하지 말라는 뜻이다. "아내가 있는 사람은 헤어지려고 하지 말고 아내가 없는 사람은 아내를 구하지 마십시오."[15] 스스로 절제하는 법을 익히면—섹스하지 않으면—되는데, 다행히도 종말이 얼마 남지 않았다는 얘기다.

부부가 침대 안에서 실제로 하는 일은 침대 밖에서 서로 어떻게 지내느나에 비하면 바울에게는 전혀 관심사가 아니었다. 그는 창세기 3장 16절의 원칙을 기독교화하는 데 놀라운 능력을 발휘했다. 그의 후임자들은 그의 말을 다음에 올 수많은 세기 동안 토씨 하나 빼지 않고 그대로 읊고 또 읊는다. "아내는 주님께 순종하듯 남편에게 순종하십시오. 이것은 그리스도께서 교회의 머리가 되시는 것처럼 남편은 아내의 머리가 되기 때문입니다. (중략) 교회가 그리스도께 순종하듯 아내도 모든 일에 남편에게 순종해야 합니다."[16] 바울은 남편들에게 자기 아내를 다음과 같이 사랑하라고 가르친다. "제 몸과 같이 사랑해야 합니다. (중략) 자기 몸을 미워하는 사람은 아무도 없습니다. 그리스도께서 교회를 양육하고 보살피듯이 모두 자기 몸을 양육하고 보살핍니다." 그가 아내들에게 던지는 메시지는 간결하다. "아내도 자기 남편을 존경하십시오."[17] 그 반대는 적용되지 않거나 중요하지 않은 듯하다. 그는 아내에게 남편을 사랑하라거나 남편이 아내를 존경하라는 말을 하지 않는다.

　미래에 이슈로 등장할 또 다른 주제를 위한 초석을 다지면서, 바울은 결혼한 여자들이 남편에 대한 존경심 말고는 다른 어느 것도 드러내서는 안 되므로 행동거지가 나무랄 데 없어야 한다는 점을 상기시킨다. 예를 들어 다음과 같은 구절이 있다. "여자들은 교회에서 말하는 것이 허락되지 않았으니 조용히 하십시오. (중략) 만일 알고 싶은 것이 있으면 집에서 자기 남편에게 물어보십시오."[18] 부인들은 교회 안에서나 밖에서나 머리에 베일을 써야 한다. 베일을 쓰지 않고 머리카락을 드러내는 것은 이교도 여사제나 창녀를 흉내 내는 것일뿐더러 더 나쁘게는 남편을 욕되게 하는 것이다.[19] "남자는 하느님의 모습과 영광을 지녔기 때문에 머리에 아무것도 쓸 필요가 없습니다. 그러나 여자는 남자의 영광입니다. 남자가 여자에게서 난 것이 아니라 여자가 남자에게서 났으며 남자가 여자를 위해 창조된 것이 아니라 여자가 남자를 위해 창조되었습니다."[20]

창세기 2장의 내용이 벌써부터 창세기 1장을 밀어버린 것 같지만, 창세기 1장은 그저 성서의 첫 구절에 불과하다. 「디모데서」(디모데Timothy도 필명이다)를 보자. "여자는 일체 순종하며 조용히 배우도록 하십시오. 나는 여자가 가르치거나 남자를 지배하는 것을 허락하지 않습니다. 다만 여자는 조용히 해야 합니다." 그런데 디모데가 이 명령의 근거로 삼은 것이 무엇인 줄 아는가? "이것은 아담이 먼저 창조된 다음에 이브가 창조되었으며 아담이 속은 것이 아니라 여자가 속아서 죄에 빠졌기 때문입니다."[21] 또 다른 사도서간인 「베드로서」도, 여자들은 머리를 땋아서도 안 되고 '금 장신구나 화려한 옷'을 입지도 말라면서 아내의 순종을 강조한다. 여자들은 '남편에게 복종함으로써 자기를 꾸며야' 한다. 베드로는 남편들에게 다음과 같이 말하면서, 어쩌면 가장 널리 알려지고—현대에 적용하기에 제일 쓸모 있는—구절 중 하나를 만들어냈다. "남편 된 여러분은 아내를 잘 이해하며 함께 살아가십시오. (중략) 아내는 더 연약한 성weaker sex이므로 소중하게 여기십시오."[22] '연약한 그릇weaker vessel' 이라는 표현을 선호하는 이들도 있다. 어떤 표현으로 쓰든 이 구절은 기억해둘 만한 가치가 있다.

복음서는 아내가 남편에게 복종하라는 메시지가 아니라 예수의 가르침을 담고 있다. 예수의 가르침을 교회의 가르침과 혼동해서는 안 된다. 예수는 어떤 형태든 계층을 두는 것에 반대한다. 그는 남녀를 무조건 평등하게 간주한다—남녀 모두 똑같이 죄를 지을 수 있고 똑같이 구원받을 가치가 있다. 바울을 비롯한 익명의 사도서간 작가들은 타협안을 제시한다. 그들은 아내뿐만 아니라 남편에게도 엄격하게 동일한 성별기준을 부과하고, 부부는 침대 안에서 상호 권리가 있다고 허락하며 남녀 모두 똑같이 죄를 지을 수 있고 구원받을 수 있다는 가르침도 그대로 받아들인다. 남녀는 영적인 면에서 평등하다—미혼이면 똑같이 우월하고, 기혼이면 똑같이 열등하다—는 생각은 그 자체로 기존 사회규범에서 벗어난 급진적인 것이다. 당시로써는 그 정도로만으로도 충분히 급진적이었다. 이교도 가정과 마찬가지로 기독교 가정에서 남편은 여전히 아내를 지배해야 했다. 신약성서 시대 이후 전문가 집단을 형성한 남자들, 다시 말해 중세 이전의 신학자들—교회의 교부들—의 의견도 다를 리 없었다.

테르툴리아누스Tertullianus도 그중 한 명이었다. 2세기 중반에 태어난 테르툴리아누스는 신학에 지대한 공헌을 한 선각자로, 가톨릭 역사학자들은 그를 '라틴 신학의 창시자Founder of Latin Christianity'라고 부른다.[23] 테르툴리아누스는 또 이브와 이브의 자매들을 뜻하는 기발한 관용구인 '악마의 통로devil's gateway'라는 표현도 만들어낸 사람이다. 이 축약된 형태로는 본래의 말맛을 충분히 느낄 수 없다. "여자는 그녀를 통해 악마가 들어올 수 있는 통로다Woman is the gateway through which the devil comes"라는 긴 버전은, 뇌쇄적이며 성적인 의미를 포함해 두 가지 뜻으로 해석할 수 있는 핵심적인 이미지가 담겨 있다.

그는 로마 총독관저 백부장의 아들로, 이교도 가정에서 태어났으나 성인이 되어 기독교로 개종한다. 북아프리카 카르타고에서 기독교도 아내와 함께 산 테르툴리아누스는 유부남이었는데 그의 긴 생애에 걸쳐 그의 결혼관—결혼이란 사악한 힘을 가두려고 생겨난 것이라고 보았다—은 점점 더 어두워졌고 그에 따라 금욕과 독신을 경외하는 마음도 깊어졌다(테르툴리아누스는 대략 80세에 사망했다고 한다). 그는 성인이 되어 기독교로 개종했으나, 기독교를 믿는 것은 당시로써는 불법이었다. 기독교의 금욕주의적 성향이 점점 더 커지고 있었다. 그의 결혼관도 기독교의 영향을 받아 금욕주의 성향이 반영되었다. 그는 논객으로서의 탁월한 재능을 살려 미래 결혼관에 금욕주의의 그림자를 드리운다.

테르툴리아누스는 로마 이교도 상류층의 타락한 성활을 보면서 금욕주의를 더욱더 불태운다. 로마 상류층─남녀를 불문하고─은 과시욕 탓에 무절제한 쾌락을 추구했다. 한때 로마 상원에서 여성의 사치 문제가 뜨겁게 논의된 적이 있었다는 과거는 이미 잊힌 지 오래였다. 아내가 굳이 그렇게 하자고 주장하지 않는 한, 남자의 말[馬]은 그의 아내보다 더 좋은 옷을 입을 수 없었다. 그런 아내가 있다면 테르툴리아누스는 높이 평가했을 것이다. 그는 여자가 머리에 베일을 써야 한다는 바울의 권고를 「여성의 복장에 관하여」라는 논문으로 확장시켰다. 바로 이 논문에 '악마의 통로'라는 구절이 나온다.

이 논문에서 그는 기독교를 믿는 부인이라면, 그가 통탄해 마지않는 이교도 부인들과 달라야 한다고 타이른다. 이교도 부인들은 보석으로 치장하고 얼굴에 화장을 하고 경박하게 정부情夫를 과시한다. 그것도 공적인 자리에서까지. 그의 견해를 따르면 기독교도 여성은 병문안이나 전도와 같은 '중대한' 이유를 제외하고는 공적인 자리에는 나서지 않는다. "무슨 큰일을 하겠다고 당신[여자]들이 과도하게 치장하고 공적인 자리에 나타나는가?" 그는 시아버지를 속이려고 창녀처럼 차려입었던 성서 속 다말의 예를 들면서 거만하게 말한다. "눈은 수줍어하는 표정으로 화장하고, 입은 침묵으로 치장하라. 머리는 남편에게 조아리기만 해도 충분히 아름다울 것이다. 손은 실을 자으면서 바쁘게 하고, 발은 항상 집에 머물도록 하라." 600여 년 전 아테네 남성들도 똑같은 말을 했다. 그러나 아테네 남성들과 달리, 테르툴리아누스는 기독교로 개종한 독실한 신자이자 신학자였기에 유효성이 입증된 생각을 새로운 종교적 언어로 옮겼다.

테르툴리아누스는 가족 장례식, 전도, 자선활동으로 공적인 자리에 모습을 드러낼 일이 아니면 집에만 머물면서 남자들의 눈에 띄지 말라고 여성들에게 권고한다. 몇 번 안 되는 공식석상에 나올 수 있는 날에도 여자들은 베일을 쓰고 '얌전하게' 옷을 입고 '치장'을 경멸하며 입은 꼭 다물고 있어야 한다. 왜 그래야 하느냐고? 남자들 마음속에 욕정을 불러일으켜 남편을 욕되게 하지 않으려고! 테르툴리아누스는 여성들의 얼굴이 '위험하며' 그렇기 때문에 '얼굴을 가려야 한다'고 훈계한다. "어쩔 수 없이 결혼하게 된 사람 ─기혼남으로서 참 올바른 태도다 ─ 은 단 한 시간이라도 베일의 규율을 무시해서는 안 되며, 머리를 보여주는 것은 여자의 몸 전체를 보여주는 것과 다름없다는 사실을 명심해야 한다." 결혼한 여자들 가운데 어디까지가 머리고 어디서부터가 몸이냐고 묻는다면 그는 이렇게 설명한다. '옷이 시작하는 부분'이 머리라고. 다시 말해 '베일이 그들의 멍에이므로' 목도 한 치도 보이지 않게 가리라는 뜻이다. 테르툴리아누스는 여성이 따라야 할 귀감으로서, 가까이에 있는 매춘부 같은 이교도 여자들은 무시하고 그 여자들을 넘어 저 멀리 '아라비아의 이교도 여자들'을 본받으라고 한다. 그들은 "머리만 가리는 게 아니라 얼굴까지 전부 가려서 눈 하나만 내놓고 햇빛을 절반만 즐기면서도 충분히 만족한다"고 하면서.

「아내에게*Ad Uxorem*」라는 에세이 제목이 말해주듯, 테르툴리아누스의 부인(그녀의 이름 같은 것은 언급도 되어 있지 않다)에게는 그녀 앞으로 바쳐진 에세이가 있다. 테르툴리아누스는 자기 아내와 잠재적 여성독자들이 혹시라도 남편과 사별하게 된다면 재혼하지 말라고 설득하고자 이 글을 썼다(기독교도와 이교도 간의 결혼을 반대하는 견해도 실려 있다). 그가 재혼에 반대하는 이유는, 부인에게 정절을 지켜달라는 ─하늘나라에서 그들이 다시 부부의 연을 맺을 때 그녀가 처녀처럼 있어달라는—속 좁은 생각 때문은 아니다. 다행히도 다음 생은 없다. "다른 생이 오면 우리는 꼴사나운 열정을 채우지는 않을 것입니다." 그는 부인을 안심시킨다. 오직 지상에서만 "그처럼 가치 없고 추악한 일들이 벌어집니다." 그들과 같은 훌륭한 기독교도는 '육욕적인 질투의 감정에 동요되지 않는 (중략) 성스러운 천사'로 부활할 것이므로 테르툴리아누스는 죽음을 고대한다.

테르툴리아누스는 결혼을 하느님이 만들어냈으므로 자신은 결혼에 '반대'하지는 않는다고 아내에게 말한다. 하지만 그는 100년도 더 전에 바울이 그랬던 것보다도 더 마지못해 결혼을 받아들인다(아니면 그가 속내를 잘 감추지 못하고 직설적으로 말하는 타입이어서 그럴지도 모른다). 테르툴리아누스는 이렇게 말한다. "좋을 게 뭐가 있겠습니까?" 마치 아직 결단을 내리지 못한 듯하다. "나쁜 것에 비하면 그나마 낫다는 점뿐이랄까요? 결혼이 (중략) 나은 것은 정욕에 불타는 게 나쁘기 대문입니다! 결혼도 하지 않고 정욕에 불타지도 않을 수 있다면 얼마나 좋을까요?"

테르툴리아누스는 재혼 비판론을 계속 펴나간다. 자혼은 딱 두 가지 경우에만 허용될 수 있는데, 두 경우 다 좋지 않다고 지적한다. 첫 번째는 노골적인 이유로, 바로 성욕 때문이다. 두 번째는 성욕을 제외한 모든 욕망 때문이다. 여자들은 "다른 남자의 집안에서 여왕처럼 군림하고, 다른 남자의 재산을 침 흘리며 바라보며, 다른 남자를 구슬려서 돈을 받아내 옷을 사달라고 하기를 원한다." 테르툴리아누스 부인은 자신을 위해 이처럼 비루한 욕망을 누르고 심판의 날에 '결혼이라는 무거운 짐' 없이 '가볍게 하늘로 올라갈 수 있다는 바로 그 이유를 위해 자저할 줄 아는 능력이 있으니' 얼마나 나은, 얼마나 훨씬 더 나은 존재인가? 경멸스러운 재혼 여성에게 테르툴리아누스는 말한다. "그들이 재혼의 열머를 거두게 놔두십시오. 현세 덕분에 얻는 적절한 열매는 바로, 부풀어 오른 젖가슴과 욕지기 나오는 자궁과 훌쩍거리는 아기입니다." 테르툴리아누스는 결국 아내보다 오래 살았으니 아내가 재혼할까 봐 괜한 걱정을 한 셈이었다.

「아내에게」는 결혼(과 섹스와 성욕)에 대해 그가 처음으로 쓴 가벼운 에세이다. 그 후 10년 뒤에 쓴 「일부일처제에 관하여On Monogamy」에서 테르툴리아누스의 태도는 눈에 띄게 강경해진다. 이제 그는 과부―여자에 대해 쓰고 있지만 그의 발언은 남자에게도 해당한다―가 재혼하면 '육신이 살아 있는 남편 한 명과 영혼이 살아 있는 또 한 명의 남편'이 있는 셈이므로 '무거운 죄'를 짓는 것이라고 생각한다. 이는 '한 여자가 두 명의 남자와 성교하는 것이므로 간통'이라는 주장이다. "두 남자 중 누구에게 간통을 저지르는 것인가?" 테르툴리아누스는 자신의 견해가 바울에게서 비롯된 것이라고 주장한다. 바울은 이런 말을 했다. "아내는 남편이 살아 있는 동안은 그에게 매인 몸이지만 남편이 죽으면 자기가 원하는 남자와 마음대로 결혼할 수 있습니다. 그러나 반드시 믿는 사람과 결혼해야 합니다."[24]

바울은 재혼을 무거운 죄든 가벼운 죄든 죄로 보지 않는다. 테르툴리아누스 혼자 오버한 셈이다. 그런데 테르툴리아누스는 아마도 보통 사람보다 분별력이 있었나 보다. 그는 바울의 말을 액면 그대로 받아들이면 안 된다고 우긴다. "반드시 믿는 사람과 결혼해야 한다"는 바울의 말은, (이교도인 부인과) 사별한 후 기독교로 개종한 이교도 남자와 결혼해야 한다는 뜻이라는 것이다. 테르툴리아누스가 말한 바로는, 기독교로 개종한 사람이 '반드시 믿는 사람'인 기독교도와 결혼한다고 가정할 때가 바울이 재혼을 허락하는 상황 가운데 하나라는 거다. 그렇다면 이교도와 결혼했던 것은 결혼으로 치지 않는다는 말인가? 테르툴리아누스는 다른 증거들을 구약·신약성서 찾는다. 그런데 이 증거들도 의심스럽기는 마찬가지다. 예수는 '그가 [결혼을] 축하하고 싶은 횟수만큼' 단 한 번 결혼식에 참석했다. 그리스도에게는 배우자가 단 한 명인데, 바로 교회다. 기독교도는 단 하나의 신만 인정한다. 하느님은 아담에게서 갈빗대를 하나만 뺐다. 하느님은 노아에게 각 종種 가운데 암수 한 쌍만 방즈에 태우라고 했다. 테르툴리아누스는 자기주장에 맞아떨어지는 구절을 찾아서 마음대로 구부리고 비틀고 주물러서 왜곡하고 나머지 구절은 무시하거나 부인하는 '성서 구절 짜맞추기'의 선례를 보여준 초기 교부다.

그의 후임자들은 한 술 더 뜬다. 그들은 테르툴리아누스가 쓴 문장 하나 때문에 테르툴리아누스에 대항하는 게임을 벌인다. 그것도 그 문장이 쓰인 지 거의 200년이나 지나서. 이 언쟁이 벌어진 시점이 금욕·독신 이슈가 심각하게 부각되는 중세가 도래하기 수백 년 전이었다는 사실을 생각하면, 교회가 금욕·독신이라는 메시지에 얼마나 오래전부터 집착했는지 알 수 있다. 테르툴리아누스는 커다란 주제를 놓고 글을 쓰던 중에 까다로운 문제를 언급한다. 그는 예수의 어머니인 마리아의 이른바 처녀성 문제를 거론한다. 이번에는 무책임한 말장난을 하지 않는다. 그의 주장은 신약성서에 확고하게 기반을 둔 것이었다. 2세기 초반에는 그의 주장이 논리적이며 논쟁의 여지가 없는 것으로 받아들여졌다. 그런데 4세기 후반에 헬비디우스라는 로마의 성직자 겸 신학자는 마리아가 과연 평생 처녀성을 지켰을까 의심한다. 이 문제를 제기하지 않았다면, 그는 그저 역사 속에 묻히고 말 평범한 인물이다. 그는 자신의 주장의 근거로 테르툴리아누스를 인용한다. 헬비디우스가 인용하지 않았더라면 테르툴리아누스의 문장은 역사에 기억되지 않고 묻혔을 것이다. 헬비디우스의 글은 커다란 파장을 불러온다. 한때는 신학자들 사이에서도 합당하고 논쟁의 여지가 없었던 마리아의 평생 동정성이 이제는 위태롭고도 도발적인 문제로 떠오른다.

테르툴리아누스는 정확히 뭐라고 했을까? 여러 신학자를 불쾌하게 만든 문장은 재혼을 반대하는 그의 에세이 「일부일처제에 대하여」에 나온다. "그리스도를 낳은 사람은 처녀였으며 그녀는 그리스도를 낳은 이후에 단 한 번 결혼했다." 여기에서 키워드는 섹스를 한다는 뜻과 상통하는 '결혼'과 '이후'다. 테르툴리아누스는 마리아는 예수를 잉태했을 때 처녀였으며(이 부분에 대해서는 누구도 이의를 제기하지 않는다), 예수가 태어난 후에 마리아와 요셉은 정상적인 부부관계를 했다고 말하는 것이다. 그는 자신의 주장을 뒷받침하려고 증거를 댔다. "마리아가 [성모로서] 찬양받는 이유는 예수를 낳을 때 처녀였을 뿐만 아니라 일부종사했다는 두 가지 정숙함을 실현했기 때문이다." 그리스도가 태어난 후 그의 어머니는 일부일처제 결혼생활을 한다. 그녀는 이제 처녀가 아니다. 테르툴리아누스의 문체를 보면, 1차 자료인 신약성서를 바탕으로 단순히 사실을 전달하려는 것일 뿐, 도발적 · 충격적 · 이단적 주장을 펼치려는 의도로 글을 쓴 게 아님을 알 수 있다. 신약성서는 예수 사후 몇백 년이 아니라—합법적인 교회가 공회를 소집해서 지도자로 하여금 신약성서 등장인물의 상대적 신성과 동정에 대한 투표를 하라고 하기 전인—단지 몇 세대가 지난 후에 집필되었기 때문에 신약성서는 믿을 만한 자료다. 복음서 네 권뿐만 아니라 사도행전과 사도서간에 나타난 여러 언급을 볼 때, 예수가 태어난 후 마리아와 요셉이 부부관계를 맺었다는 테르툴리아누스의 주장은 논리적이고 당연해 보인다. 그러나 4세기 교부들은 이 주장에 기겁을 하고, 테르툴리아누스의 평판을 떨어뜨리고, 헬비디우스를 헐뜯고, 증거를 깨끗이 버린다.

예컨대 마태복음은 원죄 없는immaculate 커플이 예수를 낳기 전의 상황을 자세하게 설명하고 있다. '그녀가 성령으로 임신한 사실을 알게 되었을 때' 그들은 약혼한 상태였다. 요셉은 성령이 뭔지는 몰랐지만 약혼녀가 처녀가 아니라는 사실은 알아듣고 "그녀를 부끄럽게 하고 싶지 않아서 남몰래 파혼하려고 마음먹었다." 그런데 꿈에 천사가 나타나서 요셉에게 자초지종을 말하고 대처법을 일러준다. 요셉은 지시를 따라서 "그녀를 아내로 맞아들이지만 그녀가 예수라는 이름의 아들을 낳을 때까지 그녀와 잠자리를 같이하지 않았다."[25] 때는 2세기 말이고 여러분이 테르툴리아누스였더라도 이단으로 몰릴 것이라는 두려움 없이 같은 추정을 하지 않았겠는가? 2세기 말이라면 성서에 기록된 사건이 실제로 일어난 후 시간이 얼마 지나지 않은 시점이었을뿐더러 마리아가 평생 동정을 지켰다는 교리가 생기기 훨씬 전이었다는 사실을 생각하건 말이다.

더욱이 복음서뿐만 아니라 사도행전과 사도서간에도 예수에게 형제가 있었다고 언급하고 있다.[26] 일부 교부들은(헬비디우스 반박의 선봉에 나선 제롬을 비롯해) 이 단어가 영적인 형제spiritual brethren라는 뜻이라고 일축한다. 그러나 문맥을 따져볼 때, 또 형제라는 표현이 얼마나 빈번하게 나오는지를 볼 때, '형제brother'가 '사도disciple'(영적인 형제라는 뜻의)와 구분되어 쓰인 점을 볼 때, 예수와 그의 형제들은 어떻게 같은 부모 밑에서 태어나고 마리아의 자궁에서 잉태되었는지는 모르지만(모두 다 처녀 잉태일 리는 없을 테니까), 같은 자궁 안에서 자랐을 가능성이 높다는 데 압도적인 한 표를 던질 수 있다. 몇 가지 구절만 예로 들면 다음과 같다. "예수님의 어머니와 형제들이 예수님을 만나러 왔으나 군중들 때문에 만날 수가 없었다." "그 후 예수님은 어머니와 형제들과 제자들과 함께 가버나움으로 내려갔다." 예수가 처음으로 나사렛—예수의 가족을 잘 아는, 예수의 고향―회당에서 설교할 때 사람들은 꼬마가 언제 저렇게 커서 지혜로워졌느냐며 놀란다. "저 사람은 목수의 아들이 아니냐? 그의 어머니는 마리아 아니냐? 그는 야고보와 요셉과 시몬과 유다Judas의 형제가 아니냐?27) 야고보는 예루살렘 교회 지도자로 성장한 후 순교한다. 사도서간 중 야고보서는 그가 쓴 것이며, 또 하나의 사도서간인 유다서는 유다Judas라는 이름의 변형인 'Jude'의 편지다(예수를 배반하는 그 유다가 아니다).

마리아가 평생 순결을 지켰다는 주장을 끊임없이 옹호한 대표주자로 성 제롬 교부를 들 수 있다. 성서를 라틴어로 번역한(그가 번역한 '불가타 성서Vulgate'는 종교개혁 전까지 서구에서 표준 성서였다) 제롬은 결혼이라는 부담과 섹스에서 시작해서 육아까지, 결혼과 연결된 '육신flesh'을 끔찍이도 혐오하는 논쟁적 에세이와 산더미같이 많은 편지를 써서 동정과 독신의 교리를 유럽에 전파한다. '육신'을 경멸하고 병적으로 혐오하며, 수도원생활을 몹시 즐기는 제롬의 정신세계를 들여다보면 그가 중세 교회의 왜곡된 결혼관을 예견한 것은 아닌가 하는 생각이 들 정도다. 제롬 자신은 동정을 지키지 않았으면서 "결혼이 정당화되는 유일한 경우는 처녀를 낳음으로써 하늘나라에서 다시 살게 할 때"라고 믿는다. 그는 평생 동정을 택한(마리아와 같이!) 젊은 여자들을 칭찬한다. 평생 순결을 지킴으로서 처녀들이 다행히도 겪지 않게 된 것―임신, 빽빽 울어대는 아기, 남편의 외도로 말미암은 고통, 집안일, 결혼이 축복인 것 같지만 죽음이 부부 사이를 갈라놓을 것이란 사실 등등 아내로서 불리한 점―등을 일일이 열거하는 편지를 여러 통 썼다. 제롬은 아내들만 괴롭히지 않았다. 남편들도 그의 분노를 피하지는 못했다. "다른 남자의 아내를 사랑하는 것은 수치스러운 일이지만 자신의 아내를 깊이 사랑하는 것도 부끄러운 일이다. (중략) 아내를 정부情婦처럼 사랑하는 것보다 불명예스러운 일은 없다."[28] 그렇게 함으로써 남편도 정부情夫가 되기 때문이라는 논리다. '아내를 열렬히 사랑하는' 남자는 누구나 이 부류에 들어간다. 이는 금욕주의적인 사고방식이며 제롬도 금욕주의를 신봉한다. 이후, 아내를 지나치게 사랑하는 것이 부끄러운 일이라는 주장에는 언제나 제롬의 이름이 거론된다.[29]

다시 마리아 평생 동정론 이야기로 돌아오자. 제롬은 "성교를 했을 거라는 모든 의심으로부터 열 달 동안 성스럽게 [어머니의] 자궁을 차지하고 보호한" 예수를 찬양하고는, 헬비디우스를 "대단히 미쳤고 무식한 놈에다가 뱀과 같다"면서 모욕의 산사태에 파묻는다.[30] 초대 교회를 배경으로 제작된 영화로 치면 엑스트라에 불과한 헬비디우스가 제롬에게 이렇게 지대한 관심을 받게 된 이유는, 그가 신약성서에서 예수의 형제들에 관한 구절을 뽑아냈기 때문만이 아니라, 결혼생활이 독신생활보다 낫다는 말을 감히 입 밖에 냈기 때문이다. 기독교 인구가 급격하게 늘어남에 따라, 교부들은 새로운 결혼관을 선전하는 데 이상적인 모델이 필요했다. 마리아와 요셉은 완벽한 모델이었다. 교회가 주장하는 이상적인 결혼은 '영적인 결혼spiritual marriage', 직설적으로 말해 섹스 없는 결혼이었다. 평생 순결을 지키는 남녀가 부부로서 함께 사는 모습이야말로 교회가 바라는 이상적인 부부상이었다. 평생 동정론에 의문을 품고 반론을 제기하는 사람만 없다면.

제6장

원죄 때문에
성욕이 생겼다는
궤변

바울이 성욕의 치료제로 결혼을 처방한 지 300년이 흘렀다. 교부들이 치료제의 효능에 대해 합의를 보기에 충분한 시간이다. 그들은 더 강한 약이 필요하고, 그것도 되도록 빨리 필요하다는 데 의견을 같이했다. 그들은 결혼을 혐오스럽게 생각했고 결혼에 대한 의심도 깊어졌지만 결혼을 없애버릴 작정은 아니었다. 그들은 평생 동정과 순결과 독신을 계속 장려하고, 재혼에 반대하며 부부에게 성적인 결합을 영적인 결합으로 바꾸라고 설득했다. 결혼할 권리를 주장하는 사람들—불행히도 사람들 대부분이 그랬다—에게 두 가지 어려움이 있었다. 첫째, 욕구가 행위로 이어지지 않게 하는 것. 둘째, 행위를 하더라도 최대한 쾌락 없이 하는 것. 문제를 해결할 전략을 세울 전문가가 필요했다. 대중이 전략을 받아들일 수 있게 계획을 세우고 그 계획에 무게를 실어줄 영적인 틀을 만들기 위한 비전—하느님의 말씀을 연상시켜야 하므로—과 지적 능력과 심리적 기민함이 있는 사람이라야 했다. 동시에 그 주장은 대중의 관심을 끌 만큼 단순해야 했고, 영원한 구원이 걸린 문제라는 사실을 확신시킬 만큼 설득력이 있어야 했다. 요컨대 사람들에게 확신을 심는 일이 중요했다. 교부들 가운데 누가 이러한 일에 적임자일까?

이때 등장하는 사람이 아우구스티누스Augustinus다. 한때 여자를 죽도록 사랑하는 아픔을 겪었고, 사생아의 아버지며, "주님, 순결을 주소서, 그러나 아직은 마소서Lord, give me chastity, but not yet'라고 기도했던 주인공이다. 아우구스티누스는 서른세 살 때 마침내 하느님께 귀의함으로써, 당시 유행했던 수사학 분야에서 세속적으로 얻었던 인기를 교회라는 종교적 인기—그것도 영원한 종교적 인기—로 바꾼다. 설득의 기술은 말할 것도 없고, 신학에서 아우구스티누스의 위치는 독보적이다. 문학의 천재가 셰익스피어라면 신학에는 아우구스티누스가 있다. 무엇보다도 아우구스티누스에게는 당시로써는 과소평가되던 또 하나의 커다란 이점이 있었으니, 바로 적을 안다는 것이다, 그것도 아주 깊이. 그 자신이 한때 기꺼이 성욕의 노예가 되어 관능적인 환희라는 지하 감옥에 갇혀 있었다. 그곳에서 그의 영혼은 이루 말할 수 없는 고통에 시달렸그, 그의 육체는 쾌락을 더 달라고 아우성쳤다. 사춘기부터 삼십대 초반까지 아우구스티누스는 영혼과 육체 사이의 미칠 것 같은 내적 갈등에 시달렸다. 이제 갈등은 막을 내렸다. 성욕을 누르고 세상을 승리로 이끌 사람이 있다면, 경험자를 따라올 사람이 없을 것이다.[1]

아우구스티누스는 개인적인 사투를 끝내고 10년이 흐른 후, 인생 경험을 디테일 하나도 남기지 않고 자세하게—고통스러울 만큼 자세하게—『고백록*The Confessions*』에 담았다. 이 책에 드러난 그의 강박적인 자기노출에 비하면 브리트니 스피어스는 토머스 핀천과 같은 은둔자로 보일 정도다. 아우구스티누스가 북아프리카 히포의 금욕적인 주교로 변신한 397년에 쓰기 시작한 이 책은 하느님께 바치는 찬미가인 동시에 잔인한 내적 독백이다. 아우구스티누스가 말한 바로는 "내가 한 역겨운 짓과, 내 영혼이 내 육체에 의해 더럽혀진 방식"[2]을 담은 독백이다.

자기고뇌를 회고한 장황한 서사는 유아기부터 시작되어("내가 울 때 내 입이 젖꼭지를 찾은 것은 죄악일까?") 유년기로 이어진다. 아우구스티누스는 선생님의 칭찬을 듣고 기뻐한 것, "내 욕망을 채우거나 남에게 주려고" 집에서 음식을 슬쩍 훔친 것, 게임에서 이기려고 한 것, 사실은 농땡이를 부렸으면서도 부모님께 숙제를 다 했다고 거짓말한 것, 친구들의 환심을 사려고 배를 훔친 것과 같은 가증스러운 죄악을 저질렀다며 자신을 꾸짖는다. 소년이 이런 일을 하는 것은 당연한 일인데도.

이것은 서막에 불과하다. 진정한 고통은 그가 갓 성인의 나이가 된 16세에 시작된다. 그는 '불결한 욕망에 탐욕스럽게' 불탄다. 더 끔찍한 것은, 아우구스티누스의 표현으로는 "나의 분출한 성욕"이었다. 그는 자신이 "부패하고, 성욕에 몰두하고, 어두운 충동에 이끌렸다"고 말했는데, 이 표현은 과장이 아니다. 그는 성적인 혼란이 결혼이라는 제약으로 누그러질 수 있지 않았을까 돌이켜 생각해본다. "그러나 내가 주님의 율법이 명하는 대로 자녀를 낳기 위해서만 할 수 있는 섹스에 만족할 수 있었을까?" 그럴 수 있었다 하더라도 그런 결혼은, 욕망의 혼란에서 벗어나려고 이제 그가 택한 기회를 희생하는 셈이었을 것이라고 회상한다. [욕망을] 완전히 초월할 수 있는데 그저 진정시킬 필요가 뭐가 있겠는가? 바울이 부부에 관해 "그들은 육체와 관련된 근심이 많습니다. (중략) 남자는 여자를 가까이하지 않는 게 좋습니다"라고 한 말이 그의 머릿속을 맴돈다. 또 다음 구절도 그의 마음에 걸린다. "결혼하지 않은 남자는 어떻게 하면 주님의 마음에 들까 하고 주님의 일을 걱정합니다. 그러나 결혼한 남자는 어떻게 하면 아내의 마음에 들까 하고 세상일을 걱정합니다.” 아우구스티누스는 독신을 택하게 도와준 하느님께 한없이 감사한다. 그는 그 후로도 여러 번 감사기도를 드린다.

지금의 알제리 땅인 타카스테Thagaste에서 살았던 젊은 아우구스티누스 이야기로 돌아오자. 그의 분출된 성욕은—달리 주의를 돌릴 곳이 없어서—악화되고 있었다. 결코 부유하지 않았던 그의 부모는 고향 근처에 있는 학교에 다니던 그에게 집으로 돌아오라고 했다. 멀리 떨어진 카르타고Carthage로 아들을 유학 보낼 생각이었지만 비용이 만만치 않았다. 아들이 다닐 학교에 들어갈 학비를 모아야 했다. 그렇지 않으면 유학은 불가능했다. 소년에게는 수사학의 대가가 될 소질이 있었고 부모는 아들의 장래가 밝으리라고 생각했다. 아우구스티누스는 부모가 학업성적보다는 영적인—성적인—순결에 더 관심을 쏟았으면 좋았으리라고 회고한다. 하지만 이교도인 아버지 파트리키우스는 순결 따위에는 별 관심이 없었다. 독실한 기독교도 어머니 모니카는 걱정이 많았지만(그녀는 아들의 영혼을 구하려고 로마제국의 환락가로 아들을 잡으러 간다) 그녀도 아들의 장래 직업에만 관심을 기울였다. 젊은 아우구스티누스는 ‘언변의 달인’이 되기를 바라는 부모의 희망을 잘 알고 있었다. “부모님은 내가 수사학을 익혀서 말로써 사람들에게 영향을 끼치는 데만 관심이 있으셨다.”

학업을 중단하고 아무 할 일 없이 집에 처박혀 있으니 “내 욕망의 가시가, 주변에 아무도 그 가시를 잘라줄 사람이 없으니, 머릿속을 뚫고 나왔다. (중략) 나는 그 욕망이 기꺼이 나 자신을 지배하게 놔두었고, 타락한 인간에게는 용서받을 수 있지만 [하느님의] 명령으로는 비난받을, 미칠 듯한 갈망에 사로잡혔다.” 나태하고 혼란스러웠던 나날을 보내던 어느 날, 아버지가 아들을 데리고 목욕탕에 갔다가 아들의 성기가 성숙한 것을 보았다. '곧 손자를 보겠다는 기대에 부푼' 파트리키우스는 아내에게 놀라운 소식을 전했다. 아내는 조금도 기쁘지 않았다. 그녀는 도덕적으로 인정받지 못하는 섹스에 빠지지 말라고, 특히 유부녀와 관계를 갖지 말라고 아우구스티누스에게 은밀히, 다급하게 말했다. 그는 어머니의 충고를 '나이 든 여자의 걱정'으로 치부한다. "진지하게 받아들이기에는 너무 당황스럽다"고. 모니카는 기독교도로서 성욕을 다스리려는 목적으로 결혼을 생각해볼 수도 있었지만 "나에 대한 당신의 야망이 아내가 생기면 방해받지 않을까 두려운 나머지" 결혼을 제안하지는 않는다. 걱정 붙들어 매셔요, 어머니. 결혼은 하지 않을 테니까요. 그저 부정한 섹스, 부정한 쾌락, 엄청난 죄의식만 있을 테니까요.

몇 개월 후 젊은 아우구스티누스는 카르타고로 유학길에 오른다. 그 시절을 회상하며 중년이 된 아우구스티누스는 채찍으로 제 몸을 내리친다. 그의 영혼은 얼마나 "병들고 곪아 터져 밖으로 튀어나와 있었고 육체의 기분전환을 위해 제 몸을 할퀴어 흠집 내려는 미친 열망에 빠져 있었던가." 젊은 아우구스티누스는 극장에 가서 기분전환을 했다. "연극은 나를 황홀경에 빠뜨렸고 (중략) 내 욕망에 불을 댕겼기 때문에" 수치스러운 취미였다. 그는 친구들과 어울리면서 여가를 즐기기도 했다. 그는 '진리'와 같은, 대학생다운 진지한 주제에 관해 친구들과 이야기했다. 그러나 중년의 아우구스티누스는 친구들과의 교류를 이렇게 표현한다. "악마의 함정에 걸려들 말을 지껄이는 자만심에 빠져 거들먹거리는 사람, 호색가, 수다쟁이와 친구를 맺는 타락을 저질렀다." 그가 섹스를 통해 기분전환을 추구했다는 것은 두말할 나위도 없다. 그가 관계를 맺은 여자는 이듬해 그에게 아들을 낳아주었다. 그 여자는 그와 서로 정절을 지키고 사랑하면서 10년 넘게 그와 동거했다. 그러나 "내가 아무리 사랑받고, 그 관계 속에서 남몰래 아무리 행복하고, 나를 속박하는 성교이 얼마나 만족했든 나는 고통받고 있었다.” 그에게는 배울 게 남아 있었던 모양이다. “그녀와 함께 살면서 나는 자식을 낳으려고 맺은 혼인서약이라는 구속과 탐욕스러운 성적 결합의 차이를 알게 되었다. 후자의 경우, [일단 자식이 태어나면 애정이 생긴다고는 하지만] 그 아이는 남녀의 의사에 반해서 태어난 것이기 때문이다.” (왜 동거녀와 결혼해서 고통을 끝내지 않았을까?) 아우구스티누스는 “나의 길들이지 않은 욕망으로 미래를 내다보지 못한 상태에서 그녀를 만났으므로 [그녀는] 나의 합법적인 아내라고 부를 수 없다”고 한다. 풀어서 말하자면 그녀는 장래 남편이 될 사람과 이미 섹스를 했기 때문에 배우자로 적합하지 않다는 것이다.

아우구스티누스는 학업을 마치고 수사학을 가르치기 시작하면서 부모의 바람대로 전도유망한 커리어의 봇물을 튼다. 영리하고 총명하며―교사로서뿐만 아니라 언어학자·연설가·작가·논리학자로서도―비범한 재능을 보인 덕택에 그는 동거녀, 아들과 함께 카르타고를 넘어서 더 큰 도시인 로마, 나중에는 밀라노에서 누구나 탐내는 자리에 오른다. 그러나 아우구스티누스는 여전히 마음의 안정을 찾지 못한다. 직업적으로 높은 자리에 오를수록 그의 내면은 가라앉기만 한다. 그는 하느님을 향해 조금씩 다가간다. 밀라노에서 아우구스티누스는 밀라노의 주교인 암브로시우스Ambrosius를 만난다. 그는 아우구스티누스의 영적 스승이 된다. 밀라노에는 또 아우구스티누스의 어머니인 모니카도 있었다. 그녀는 독실한 종교인이 되었고 아들의 영혼을 그 어느 때보다도 걱정한다. 모니카와 암브로시우스는, 아우구스티누스의 영적 건강을 설교하고 구슬리고 인도하는 싸움에서 공모자가 되지만 그 이상은 하지 못한다. 아우구스티누스는 구원의 손길에 처음 이끌렸을 때 두려움에 떨면서 도망친다. 그러면서 "순결을 주소서, 그러나 아직은 마소서"라고 중얼거린다. 그 상황에서 보자면 이 기도는 조금도 우스꽝스러운 것이 아니었다.

공포와 절망과 성욕이 얼마나 컸던지 마침내 아우구스티누스는 아내를 맞이하기로 결심한다. 그는 "성욕의 노예가 되고 싶지 않은 것만큼이나 결혼에 그다지 열성적이지 않았지만" 순결을 지킬 수 없다면—종교에 귀의한 후에도 순결을 지키는 것은 여전히 힘들다고 생각한다—마지막 희망은 결혼뿐이었다. 아우구스티누스의 나이는 이제 서른 남짓 되었고 동거녀와 함께 산 지도 벌써 10여 년이 되었다. 이때 그는 "여자와 성교를 하지 못하게 되면 비참해질 것"이라고 생각한다. 아내를 맞는다고 그가 노예상태에서 벗어나게 되는 것은 아니지만 자기혐오는 줄어들지도 모르리라 생각한다. 슬프게도 결혼은 무슨 이유인지는 몰라도 그의 아내가 될 수 없었던 동거녀와의 이별을 뜻했다. "그녀는 나의 결혼에 방해가 된다고 하여, 함께 오랫동안 살았던 여자를 내 곁에서 떼어놓았다. 그녀를 못 잊는 내 마음은 찢기어 상처입고 피 흘렀다."

동거녀도 마음의 상처가 컸다. 그녀는 정절을 지키겠다고 맹세하고 고향으로 돌아갔다. 이제 10대 초반인 아들 아데오다투스는—가부장제 관습에 따라—아버지 곁에 남았다. 이별 후 결연한 마음으로 아우구스티누스는 어린 신부를 고른다. 신부가 얼마나 어렸던지, 불길하게도, 그녀는 바로 신부가 될 수 없다. 그녀는 '혼기보다 두 살 어렸다.' 몇 살인지는 모르지만 결혼은 혼기가 찰 때까지 미루어진다. '그녀가 마음에 들었던' 아우구스티누스는 기다리기로 한다. 그의 리비도는 다른 계획이 있었다.

헤어진 동거녀 때문에 슬펐고, 동거녀가 여생 동안 섹스를 하지 않겠다고 맹세했는데도 겨우 2년을 참지 못하는 자신에게 역겨움과 깊은 수치심을 느끼면서, 아우구스티누스는 다른 여자와 잠자리에 든다. 그는

'여자와 성교를 하면—어떤 여자와 성교를 하든' 실연의 상처가 달래질 수 있기를 바랐지만, 밀회로도 "내게서 빼앗아버린 그녀를 잃은 상처를 치료할 수 없다"는 사실만 알게 되었다. 그러나 이 경험은 줄곧 그의 곁에 있던 모니카나 암브로시우스가 했던 그 어떤 충고보다도 아우구스티누스가 성욕의 혼란에서 벗어나 하느님의 찬란한 빛으로 들어가는 속도를 높이는 데 도움이 되었다. 얼마 되지 않아서 아직 혼기가 차지 않은 신부는 동거녀와 같은 길을 걷게 되었다. 387년, 암브로시우스가 주재하는 가운데 아우구스티누스는 밀라노에서 세례를 받았고, 어머니도 그 자리에 참석했다(그해에 세상을 뜬 모니카는 성 암브로시우스와 성 아우구스티누스와 마찬가지로 성녀의 자리에 오른다). 영혼의 속박에서 벗어나고 고통을 이겨낸 아우구스티누스는 다른 사람들도 구해야겠다는 결연한 의지를 다진다. 영적 군사, 앞으로! 아우구스티누스가 이끄는 원죄 교리의 진격이 시작되었다.

원죄론은 아우구스티누스의 독창적인 생각이 아니다. 사실, 기독교만의 독창적인 생각도 아니다. 창세기 작가들이 원죄와 원죄를 저지른 인물들을 생각해냈다. 행동통제behavioral control를 지적 담론으로 삼은 것도 이교도—스토아학파와 플라톤학파—가 먼저였다. 바울은 로마서에서 기독교도 청중에게 기본원리를 이렇게 설명한다. "한 사람을 통해 죄가 이 세상에 들어왔고 죄를 통해 죽음이 온 것처럼 모든 사람이 죄를 지었으므로 온 인류에게 죽음이 퍼지게 되었습니다." 교부들은 여기에서 힌트를 얻었다(아우구스티누스 자신도 이 주제에 관해 암브로시우스가 쓴 글을 자주 인용했고, 자신 이전에 성욕을 '삐뚤어진 요소'라고 규명한 '플라톤학파'의 영향을 받았다는 사실도 인정한다). 기본개념은 차용한 것일지 몰라도 개념을 확립한 것은—이러한 개념이 확립됨으로써, 이후에는 원죄가 기독교만의 생각이라고 영원히 자리잡는다―아우구스티누스의 업적이다. 그는 원죄 개념을 성욕의 문제와 결혼의 목적과 연관지어, 신학적 문제를 겪은 경험(당연히 직접체험)에서 얻은 감정적 진실을 통해 매우 효과적으로 풀어냈다. 그의 이러한 방식은 결혼과 성욕해소에 관한 그의 저작에서 힘을 발휘한다. 아우구스티누스의 이론이 훌륭했던지 꽤 오랜 시간 동안 이 문제에 관해 진척된 이론은 필요하지 않게 된다. 생식 목적 이외의 섹스에 대해 [아우구스티누스의 이론보다] 더 효과적인 반론이 제기되었더라면―동시에 피임에 관한 반론도 존재했다면 효과가 두 배일 것이다―오늘날 가톨릭교회가 귀를 기울였으리라.

원죄를 통해 세상에 죽음이 생겨났다는 것이 바울의 생각이라면, 원죄로 말미암아 세상에 성욕이 생겨났다는 것은 아우구스티누스의 생각이다. 그는 성욕이 미치는 영향이 죽음보다도 인류에게 심각한 문제라고 보았다. 성욕은 아우구스티누스에게 중요한 결과였다. 그는 이 문제에 관해 여러 편의 논문을 썼다. 그런데 성욕이 원죄의 결과라고 누가 말했는가? 출처가 된 창세기 3장의 원죄로 말미암은 처벌 항목에는 성욕이 포함되어 있지 않다. 남자에게는 고된 노동, 여자에게는 분만의 고통, 남편에게 복종하기, 낙원으로부터의 추방, 죽음을 면할 수 없는 운명이 언급되어 있지만 성욕은 나와 있지 않다.

아우구스티누스는 성욕이 원죄의 결과라고 말한다. 그에게 성욕은 어쩌면 원죄 때문에 생겨난 가장 중요한 결과다. 그가 이러한 주장을 펼치게 된 이유는, 다름 아닌 창세기 3장을 읽었기 때문이다. 다시 말해 그는 성서 구절을 마음대로 해석한 것이다. 성서 독자의 오랜 전통처럼 그도 성서에 나와 있지 않은 빈 부분을 채우면서, 자신이 보고 싶거나 봐야 하는 부분만 보았다. 그런데 그가 아우구스티누스이기 때문에 그의 눈

에 들어온 것은―'인류의 타락' 이전 구절부터 그의 눈에 들어온 모든 것
은―섹슈얼리티였다. 그는 원죄를 지은 후 따르는 처벌 부분에서만 섹슈
얼리티가 분출하는 것을 보지만.

그는 해석에 불과한 것을 엄청나게 권위적으로 주장한다. 다소 진보
적인 해석은 거룩한 진실처럼 들린다. 아우구스티누스는 혼인기록을 진
술하는 정신과 의사처럼 냉정하게 확신에 찬 목소리로 다직 순결한 아담
과 이브의 관계와, 더 나아가서 그들의 감정까지 묘사했다(걸작『신국론
City of God』에서 그는 이 부분에「첫 인류가 죄를 짓기 전에 느낀 감정」이라는
소제목을 붙였다). 그의 글을 다 읽고 나면 아마도 그가 어떤 방식으로 문
제를 바라보는지 알 수 있을 것이다.[3]

먼저, 남자와 여자를 창조함으로써(남자와 남자가 아니라) 하느님이
결혼을 만들었을 것이라고 가정한다. 결혼은 남녀창조어 함축되어 있으
므로. 하느님은 남편과 아내로서 남자와 여자를 만들어낸다. 증거가 필
요하다고? 간단히 말하면 하느님은 남녀를 창조한 직후 "번식하고 번성
하여 가득 채우라"는 혼인의 축복을 선언하기 때문이다(아우구스티누스
는 더 단순한 창세기 1장을 따랐다). 그 축복―그게 혼인을 위한 축복이라
니―이 부부로서의 결합을 확인하며 성교가 암시된다는 것이다. 남녀의
생식기가 뚜렷하게 다르다는 '두드러진 증거'를 놓고 볼 때 "남자와 여자
가 자녀를 낳는 목적으로 창조되었다는 사실을 부인하는 것은 명백한 모
순"이라고 아우구스티누스는 설명한다. 생식기라는 증거와 혼인축복이
라는 증거를 합하면 섹스를 하는 남편과 아내라는 답이 충분히 나온다.
그런데 그들이 이때 하는 섹스는 나중에 하는 섹스와 콜질적으로 완전
히 다르다고 아우구스티누스는 말한다. 이때의 섹스는 성욕이 아직 존재
하지 않기 때문에, 역겹거나 수치스럽지 않고 건전하고 순수하다. 그들

은 하고 싶어서 하는 게 아니라 하느님이 하라고 명령했기 때문에 관계를 맺는다. '하느님의 명령대로' 따르는 한 그들의 정신은 동요하지도 않고 그들의 육체는 '질병으로 고통받거나' 상해, 병, 붕괴, 부패에 시달리지도 않는다. 너무 뜨겁거나 너무 차갑다고 느끼지 않으며 배고프거나 목이 마르다고 느끼지 않는다(오직 배가 고파서 먹고 목이 말라 마신다). 결코 슬픔이나 두려움이나 피로나 스트레스를 알지 못하며 '사소한 즐거움'이나―웩! 즐거움처럼 불경한 것을 느낄 리 없지―다른 기분장애에 시달리지 않는다. 모든 것은 평온하고 아무것도 욕망하지 않는다(아무것도 욕망하지 않으므로 모든 것이 평온하다). 부부 결합의 상태로 말할 것 같으면 이 결합은 '사랑과 상호 존중을 바탕으로 하며'―성욕이 없는데 어떻게 섹스는 하는지 궁금하다면 다음 부분에 귀를 기울여보라 ―"몸과 마음의 조화와 생동감이 있고 특별히 노력하지 않아도 하느님의 명령을 따르기 때문이다."

잘 알다시피, 인류가 타락하기 전에 (특히) 남자의 성기는 '평온한 의지력으로' 상황에 훌륭히 대처한다. '탐욕스러운 갈망'이 없는 상태에서 이러한 상황은 단 한 번 있을 수 있는데, 바로 번식을 위한 상황이다. 그런 상황이 오면 남녀는 "열정에 방해를 받지 않고, 고의적인 행위로서 협동하여 번식의 소임을 다한다."(부부관계를 가능한 한 최고로 따분하게 표현할 광고를 만들고 싶다면 '번식의 소임'을 슬로건으로 써보는 건 어떨까?) 아우구스티누스는 "마치 처녀의 처녀성이 없어지지 않고도 생리혈이 처녀의 자궁에서 나오는 것처럼, 아내의 고결함이 없어지지 않고도 남자의 씨가 자궁 안으로 전달된다"고 그림처럼 생생한 비유법을 구사한다. 그런데 이러한 이점은 자궁이 있는 여자에게만 생기는 것은 아니라고 한다. "열정에 매혹되어 시달리지 않고 몸의 고결함이 손상되지 않고도 남편은 평온한 마음으로 아내의 젖가슴에서 편히 쉴 것이다."

아우구스티누스는 이 모든 정보를 창세기 2장 25절("아담과 그의 아내는 다 같이 벌거벗었으나 그들은 부끄러워하지 않았다")과 금단의 열매를 맛본 후의 장면인 창세기 3장 7절("그러자 갑자기 그들의 눈이 밝아져서 자기들이 벌거벗은 것을 알게 되었다. 그래서 그들은 무화과나무 잎을 엮어서 치마를 만들어 몸을 가렸다")을 읽고 얻었다. 이 두 구절을 통해 아우구스티누스는 원죄를 저지르기 전에 이 커플의 움직일 수 있는 신체부위(손, 발, 눈, 성대, 성기 등)가 몸 주인의 '말을 잘 듣는 하인'처럼 움직였다는 결론을 내린다. 원죄를 저지르고 나서 오로지 성기만 주인의 말을 듣지 않는다. 그래서 벌거벗었다는 사실을 깨닫자마자(아우구스티누스는 '눈이 밝아졌다'는 부분을 문자 그대로 해석하는 사람을 조롱한다), 아담과 이브는 무화과나무 잎을 구해 허리에 두를 간단한 옷을 만든다. 눈가리개도 신발도 아닌 주요부위를 가릴 옷이다. 구약성서 스타일의 '눈에는 눈' 방식인데, 아우구스티누스는 그렇게 생각하는 게 문맥상 맞는 해석이라고 본다. "인류 최초의 남자가 하느님의 법을 어기자, 그의 몸이 마음의 법을 어기기 시작했다. 그는 몸이 마음의 명령을 듣지 않는 사악한 불복종을 경험했다." 불복종이라는 죄에 내려진 처벌도 불복종인 것이다. 이저 앞으로 영원히 성기는 [정신이 아닌] 성욕이라는 다른 주인을 섬기게 된다. 육체적인 증거가 뚜렷하므로 누구도 부인하거나 수치를 벗어날 수 없다. 할 수 있는 것이라곤 '육체의 반항에 당황하고 육욕의 자극을 느낀' 아담과 이브가 '성가신 신체부위'를 가린 것처럼 몸을 가리는 것뿐이다. 아우구스티누스는 인류가 타락하고 나서야 사타구니를 외음부pudenda라고 불렀다고 한다. '수치스러운 부위parts of shame'라는 뜻이므로 적당한 이름 붙이기였다는 것이다.

그러나 아담과 이브는 이미 손상을 입어 돌이킬 수 없는 상태가 되었다. 무화과나무 잎을 아무리 많이 뜯어서 엮든, 명품 속옷을 입든 원상태로 돌아갈 수는 없었다. "주인의 의지와 상관없이 움직이는 것에 최소한 덮개라도 씌우고 싶게 마련이므로" 아우구스티누스는 '수치스러운 부위'라는 단어를 인정하는 것만큼이나 그 부위를 가리려는 충동을 인정한다. 그런데 '그 움직이는 것'이 정확히 움직이기를 원할 때 움직이지 않을 수도 있다. 이런 일도 움직이지 않았으면 할 때 움직이는 것만큼이나 심각한 문제라고 아우구스티누스는 이어서 말한다. 그는 여기서 뜨거운 데이트의 순간에 누가 섹스를 잘하고 못하고를 걱정하는 게 아니다. 결혼의 명령이 파기되고 그 때문에 남자의 탁월한 기능인, 자녀를 생산하는 능력도 수포로 돌아갈까 봐 걱정하는 것이다.

성욕은 원죄의 화신이므로 누구도 성욕이라는 천벌을 피할 수 없다, 누구도. 성교를 통해 임신하면 수태의 순간 원죄에 오염되는 것이다(마리아는 놀라운 예외다. '처녀 잉태'로 태어난 예수는 분명히 더럽혀지지 않았겠지만 니케아 신조Nicene Creed에서 인간이 아니라고 결론 내려진다).[4] 여기까지 이야기를 살펴보면 어느 것도 결혼이나 혼인 축복을 위해 좋은 징조가 아니다. 지금부터 이야기는 교묘해지고 교리의 성격을 띤다. 모순된 논리를 해결하는 아우구스티누스의 능력을 믿어도 좋다.

정리해보자. 성욕은 결혼이 아니라 원죄로부터 비롯되었고 결혼은 성욕과 함께 싸잡아 비난받아서는 안 된다는 논리다. 성욕은 사악한 것이며 그 어떤 것으로도 성욕을 좋은 것으로 만들 수 없지만, 결혼을 해서 출산으로 방향을 틀면—사악한 성욕을 '잘만 활용하면'—성욕도 덜 사악해진다. 하지만 다른 용도로 이용하면, 다시 말해 자녀를 낳는 대신 욕망을 채우려는 '야만적인' 용도로 분출하면 부부관계도 간음으로 변질하며,

간음은 사악한 것이다. 아우구스티누스는 「결혼과 욕정에 대하여On Marriage and Concupiscence」라는 에세이에서 논점을 확장한다. "아이를 낳을 의도로 했다면 부부관계 자체는 죄가 아니다. 몸이 마음을 이끄는 게 아니라, 마음의 선의善意가 몸의 쾌락을 이끌기 때문이다. 인간은 [마음을] 짓누르는 죄악의 굴레 때문에 혼란스러워하지 않는다. (중략) 출산이라는 목적 때문에 죄악은 상쇄된다." 여기에는 모든 형태의 피임뿐만 아니라 입, 항문, 손으로 하는 것을 포함해 생식과 무관한 성행위에 관한 언급도 빠져 있다. 아우구스티누스는 또다시 스토아학파의 신념에 기대어 이 부분도 가차없이 인정하지 않는다. "어떤 남자가 생식을 위한 용도와 무관하게 아내의 신체부위를 만지려고 할 때, 아내가 이러한 일을 다른 여자가 아닌 자기 자신에게 일어나도록 허용하는 것이 더 치욕스러운 것이다."5) 아우구스티누스가 출산과 관계없는 섹스를 얼마나 소름끼치게 싫어했으면 "남편의 하녀가 되고, 남편의 뜻을 따르는 종이 되며, (중략) 하인처럼 시키는 대로 순종하라"6)는 기존의 아내에게 내린 지침과는 어긋나게 이 부분만큼은 배우자에게 반항해도 된다고 인정하겠는가.

아우구스티누스의 사고구조를 보면 결혼은 완전히 좋은 것은 아니지만 '좋은 점'도 있다. 그가 주장하는 혼인의 '미덕'은 세 가지다. 혼인의 미덕 세 가지는 혼인의 목적 세 가지와 일치한다. 바로, 자녀 출산proles, 신의fides, 성례sacramentum7)인데, 로마 가톨릭의 결혼관으로 현재까지 남아 있다. 풀어서 설명하면 다음과 같다. 첫째, 죄를 짓기 전 아담과 이브가 그랬던 것처럼 부부가 임신을 위해, 오직 임신을 염두에 두고 계획적으로 '차분하게'(절대로 충동적인 것이 아니다) 성교를 맺기로 할 때. 둘째, 상호 정절 또는 부부 순결을 언제나 지킬 때(단순히 부부가 바람을 피우지 말라는 뜻이 아니다. 막연하게 상상으로 외도를 해도 안 된다. 아내는 조지 클루니를 떠올려서는 안 되고, 남편은 안젤리나 졸리를 떠올려서도 안 된다. 두 사람이 서로를 떠올려도 안 된다). 셋째, 부부가 별거나 이혼을 하지 않고 어떤 방식으로든 신성한 결합—죽음이 갈라놓는 것은 하느님의 몫이므로—을 깨지 않을 때. 이 세 가지를 만족할 때 부부는 성욕을 이기는 것이다. 두 사람은 성욕을 이겨내고 성욕이 병든 육신보다는, 자녀를 출산하기 위한 의지에 복종하게 한다. 그들에게 섹스는 죄악이 아니며 그들의 결혼은 (꽤) 좋다고 말할 수 있다. 이 정도의 평가를 받는 것은 사실 이보다 더 좋을 수 없다는 뜻이다. 그들은 여전히 원죄로 더럽혀져 있고, 아무리 사려 깊고 냉정하게 출산을 위한 섹스를 하더라도 두 사람의 자녀도 부모처럼 오염되는 것이다. 그러나 어쩌랴, 그것이 인간의 조건인데.

자신도 똑같은 경험을 해본 아우구스티누스는 실수를 대비한다. 그는 자신의 경험으로 말미암아 성욕이라는 악마가 어떻게 움직이며, 그 악마를 무력하게 하려고 애쓰는 사람을 지배할 만큼 그 악마의 의지가 얼마나 '위압적'인지도 잘 알았다. 그는 성적 자제심이 무척 강한 부부도 가끔은 긴장감이 풀려서—헉!—단지 흥분해서 부부관계를 하기도 한다는 사실도 알았다. 성욕에 이끌린 섹스는 어쩌다 한 번이고 보통 때는 그러지 않는다면, '죄가 없지는 않지만', 저주받을 만한 간통죄는 아니고 부부 사이의 결합이라는 이유로 죄의 정도가 경감된다고 아우구스티누스는 판결을 내린다. 아우구스티누스는 대안으로서 "결혼생활에서 어느 정도의 무절제는 허용된다"고—흔쾌하지만은 않은 어조로—권고한다.

성욕을 억누르기 위한 시도에서, 중세 교회 신학자들은 '어느 정도의 무절제를 인정한다'에서 '그게 웬 말이냐'로 말을 바꾸면서 아우구스티누스를 능가한다. 그들은 언제, 어디에서, 어떻게, 어떤 체위로 성교가 이루어질 수 있는지 명시하고, 성교 당시 남편이 얼마나 취했는지 같은 요인도 고려해가면서 각 규칙위반에 합당한 속죄방법을 가르쳐준다. 한편 갈레노스의 '여성도 씨를 배출한다female seed'는 이론은 19세기까지 의학적 정설이었다. 다른 사람들과 마찬가지로 신학자들도 남자와 여자가 모두 절정에 다다라야 각각 생명물질을 내보내 임신이 된다고 믿었다.[8]

자, 정리해보자. 아이를 만들겠다는 욕망 이외의 어떤 것도 '부부의 성교'를 정당화할 수 없다. 남자와 여자가 오르가슴을 느끼지 못하면 임신이 안 된다. 그런데 절정에 다다른다는 것은 (보통) 쾌락을 경험한다는 뜻이다. 그리고 쾌락을 경험하는 것은 가증스러운 일이다 지금까지 살펴본 바와 같이 부부관계를 꼼꼼하게 따져보는 것은 생각보다 어려운 일이다. 그래도 어쨌든 누군가는 해야 할 일이지 않은가.

제7장

일요일에는
절대로 하면 안 된다
(수요일에도 금요일에도 토요일에도!)

로마제국은 붕괴하고 서구사회는 정치적 방향성을 잃었다. 지배자가 없으니 미개인들은 예전 로마제국 속주인 유럽 땅을 활개치고 다니며, 권력다툼을 하는 지역 군벌에 질릴 대로 질린 주민들의 마을을 황폐하게 했다. 계층을 막론하고 문맹률이 높았다. 학식이 있는 사람들은 대부분 수사 계층이었다. 예술 추구는 이미 과거지사였다. 예의범절은 왕족들에게서도 찾을 수 없었다. 문명이 애초에 발생하지도 않았던 것처럼 일반서민들은 농민계층으로 회귀했다. 이것이 '암흑시대'라는 적절한 명칭으로 알려진, 초기 중세의 상황이다. 이 시기는 6세기부터 시작해서—800년경에는 카롤루스(샤를마뉴) 대제의 활약으로, 잠시 암흑에 서광이 비치지만—11세기까지 이어진다.

교회로서는 성윤리를 선전할 절호의 시기였다. 세속문화는 깊은 잠에 빠져들었고 교양은 고전시대의 유물로 남은 지 오래인 상태에서, 기독교도들은 생존 이외에는 별 관심이 없었다. 많은 기독교도가 개종한

지 얼마 안 됐기 때문에 사고방식과 생활방식은 원시적이었고 기적을 굳게 믿으며 잘 속고 미신에 사로잡혀 있었다. 처녀가 성령으로 잉태했다는 사실이나, 지옥이 무시무시한 종교화宗敎畫에서 묘사하는 것처럼 실재하는 장소라는 사실을 믿어 의심치 않았다. [기독교 외에는] 정신세계를 지배하는 다른 경쟁자가 없었기 때문에 교회 지도자들은 아무런 수고 없이 영향력을 발휘할 수 있었다.[1] 교회 지도자들은 정보의 형식과 내용과 흐름을 통제했다. 그런데 가장 중요한 정보는 아이러니하게도 성욕에 관한 것이었다.

공정하게 말하면 대중도 이 부분에 도움이 필요한 것처럼 보였다. 18세기 역사가 에드워드 기번은 중세에 대해 "이보다 더 악이 많고 덕이 적은 시기는 찾기 어려울 것"이라고 말했다. 중세 교회는 성욕 제어에 관한 교훈을 아우구스티누스에게 바로 물려받았다. 교훈은 더 확실해졌고 세부사항은 더 면밀해졌다. 목표는 단순히 가르치는 것이 아니라 처벌하기 위한 것이었다.

6세기에 시작된 성윤리 교육은 참회고행 지침서penitential라고 알려진 법령집을 보면 확실히 알 수 있다. 이것은 주임사제에게 전달된 징벌 방식이었다. 참회고행 지침서에는 죄의 목록이 열거되어 있는데, 대다수 죄는 성과 관련된 것이며 죄목마다 상응하는 처벌이 적혀 있다. 고해자가 고해를 하면 사제는 명시된 행위나 생각을 찾아서—목록은 엄청나게 방대하다—죄마다 해당하는 처벌을 따로따로 처방한다. 처방될 수 있는 처벌, 특히 부부관계에 관한 처벌 가운데는 믿기 어려울 만큼 황당해 보이는 것도 있지만, 참회고행 지침서에 오른 목록은 고하를 통해 수집한 실제 정보를 바탕으로 한 것이다. 이 목록은 지역주민들의 행동을 반영한다. 서민들의 도덕적 관심사가 될 만큼 흔한 행동이라는 뜻이다.

아일랜드에서 유래된 참회고행 지침서는 금세 유럽 전역으로 확산되었다. 사제, 주교, 수사가 함께 라틴어로 쓰고 아일랜드, 영국, 프랑스, 스페인, 독일에서 만들어진 참회고행 지침서는 11세기 내내 규율의 기준이었다. 지침서 내용은 종교법이라는 공식적인 제도로 편입되었다.[2] 교회는 참회고행 지침서를 통해 교회의 성규범을 여러 사람의 머릿속에 각인시켰다. 사람들은 고백성사를 하면 죄를 씻어낼 수 있고 쌓인 죄를 씻어내면 영원한 고통 대신 영원한 구원을 얻을 수 있다는 생각을 받아들였다. 그러나 죄를 씻어내고 새로워진 상태에서 다시 죄를 저지르는 과정이 반복되었다. 참회고행 지침서로 사람들의 도덕지수가 높아졌는지 낮아졌는지는 모르겠지만, 500여 년 동안 성적으로 허용되는 것과 허용되지 않는 것을 지시함으로써 그 이후에 이어진 수 세기 동안 결혼에 정신적인 영향을 미쳤다.

참회고행 지침서는 죄목별로 해당하는 벌을 내리는 1차적 기능을 갖고 있었다. 참회고행 지침서 덕분에 사제가 교구민을 심문하는 일도 쉬워졌다. 심문 자체가 하나의 처벌방식이었다. 사제는 목록에서 항목을 선정해 질문을 던져서, 고해자가 숨기고 있거나 잊고 있을지도 모르는 세부사항을 뽑아냈다. 심문을 하지 않았더라면 고해자가 원래 몰랐을, 구미가 당기는 새로운 아이디어나 주지 않으면 다행이지만. 11세기 초 독일 신학자 부르크하르트Burchard가 쓴 법령집은 잘 알려진 참회고행 지침서의 하나다. 그는 수간獸姦, 근친상간, 동성애, 낙태, 피임, 이물질로 질을 자극하는 따위의 죄를 지은 것으로 의심되는 사람들, 특히 여성들에게 사제가 여러 질문을 '조심스럽고 온화하게' 던지라고 권고했다.[3]

성과 관련된 죄악은 지침서를 작성한 사람과 적용대상에 따라 지침서마다 달랐다. 콘월Cornwall 어부의 아내는 피렌체 상인의 아내와 다른 죄를 지으므로 콘월의 사제와 피렌체의 사제에게는 저마다 다른 목록이 필요할 터였다. 그러나 사실상 대다수 처벌은 같았다. 빵과 물만 먹고 금식하는 것이었다(교황 그레고리우스 1세는 6세기 후반에 "배가 부르면 성욕이 생긴다"고 말했다. 육욕과 탐식은 육체의 욕망을 충족한다는 면에서 한 가지의 죄악의 두 가지 양상이므로 하나를 굶기면 또 다른 하나도 굶기는 셈이다).[4] 금식 기간만 달랐다. 그 죄를 어떤 상황에서 저질렀는가, 고해자가 전에 얼마나 자주 그 죄를 지었는가, 죄인이 평신도인가 성직자인가와 같이 여러 요인에 따라 금식 기간이 결정된다.

아아, 슬프도다! 참회고행 지침서는 성욕을 치료해줄 책임을 맡고 있는 사람도 악마의 공격을 피할 수 없다는 사실을 보여준다. 성직자는 순결(섹스 금지)과 독신(결혼 금지)을 지켜야 할 사람들이지간, 교회사를 보면 순결과 독신을 지키지 않는 성직자들이 많았다. 이 시기 비밀회의에서 통과된 내부법령을 보면(『캔터베리 이야기』로 대표되는 중세 대중문학에 간음하는 사제가 자주 등장한다), 성직자들도 문란한 호색가, 노름꾼, 술주정뱅이가 될 경향이 다른 사람들 못지않았다.

참회고행 지침서는 성직자의 계급에 따라 처벌수위를 명시하고 있다. 지위의 높고 낮음에 상관없이 성직자는 같은 죄를 짓더라도 평신도보다 가혹한 처벌을 받는다.[5] 가령, 여성을 유혹하면서 최음제를 몰래 먹이면 평신도는 두 달간 빵과 물만 먹으면서 금식해야 하지만, 집사는 2년, 신부는 3년간 금식해야 한다. 여자가 모르고 최음제를 먹었는데 하필 임신 중이어서 사산했다면 240일씩 더 금식해야 한다. 여자가 알고 먹었으면 여자도 공범이 되어 벌을 받는데, 보통 유혹한 사람과 똑같은 벌을 받는다.

대다수가 초자연적 현상이나 마법을 믿던 시기라서 그랬는지, 약초로 약을 만드는 것에 관한 내용이 목록에서 큰 부분을 차지한다(위에 예로 든 경우를 포함해서). 몇 가지 예외적인 사례를 빼면, 참회고행 지침서를 쓴 사람들은 이러한 죄를 짓는 사람이 주로 여성이며 자기 자신을 위해 그 죄를 짓는다고 가정한다.[6] 처벌의 경중은 여자가 죄를 지은 동기에 따라 달라진다. 피임이나 낙태를 유도하려고 약을 만들었다면, 참회고행 지침서 작가들은 여자가 간통의 증거를 없애려고 그랬다고 추가로 가정한다. 이와 같은 죄를 지은 여자는, 너무 가난해서 아이를 먹여 살릴 수 없는 사람이 아니라면 10년간 빵과 물만 먹으면서 금식해야 한다(10년 금식이라니!). 너무 가난하다면 죄를 지은 동기가 간통 때문이 아니라 가난 때문이므로 형량이 반으로 줄어든다. 피임과 낙태는 살인의 형태로 명백하게 힐난을 받으며 하느님이 여성에게 내려준(선천적인) 역할을 전복하는 것으로 암묵적으로 비난받는다. 피임이나 낙태보다 더 나쁜 것은 성욕을 채우는 것이다. 간통을 저지른 것으로 간주되는 약물을 만들어 마신 사람은 애초에 간통을 저지름으로써 성욕을 채웠기 때문에 죄가 된다.[7]

다음에 나오는 두 가지 경우 중 어떤 게 더 큰 죄인지 맞혀보라. 남편의 마음을 녹이려고 자신의 몸에 꿀을 펴 바른 아내 대對 남편을 흥분시키려고 남편에게 줄 음식에 자신의 생리혈을 넣은 아내. 살인한 남자 대 부부관계 중 질외사정을 한 남편. 어머니와 성교한 남자 대 남편에게 구강성교를 한 여자. 모두 후자가 더 큰 죄다. 어떻게든 성욕을 줄이는 게 성욕을 늘리는 것보다 언제나 낫다는 아우구스티누스의 주장을 떠올리면 힌트가 될까? 부부관계는 자녀를 낳기 위해서만 해야 하므로 신의 뜻을 거슬러 질외사정을 하면 안 된다. 근친상간도 나쁘지만 입 안에 사정하는 것*seminum in os*처럼 나쁜 것은 없다.[8]

1140년에 만들어진 『교령집*Decretum*』에서 고해규정을 교회법으로 만든 그라티아누스Gratianus는 성 관련 죄악의 순서를 매겼다. 오름차순으로 간음, 간통, 근친상간, 마지막으로 아우구스티누스로 돌아가 "예컨대 남편이 [자녀를 출산하는 것과] 관련 없는 아내의 신체부위[구멍]를 이용하고자 하는 것처럼, 자연의 섭리를 거스르는 행동"이다(근친상간은 자연의 섭리를 거스르지 않는 모양이다). 참회고행 지침서를 보면 구강성교나 항문성교(뒤로 삽입하는in tergo)에 따르는 처벌은 일반적으로 살인죄와 마찬가지로 7년형이었지만 배로 늘어나기도 해서 15년형에서 종신형까지 다양했다. 그럼에도 아내의 항문에 남편이 사정하는 것은 입 안에 사정하는 것에 비하면 처벌을 내리는 사람들에게 그다지 충격적인 것도 아니었다. 7세기 후반에 참회고행 지침서를 쓴 한 작가는 입 안에 사정하는 것처럼 부도덕한 것이 없다는 당대에 널리 퍼진 의견을 보여주었다.

그 주인공은 캔터베리 대주교 테오도르Theodore다. 그가 열거한 결혼생활에서 범할 수 있는 죄는 참으로 길다. 가벼운 죄목으로는 아내의 알몸을 보는 것(이 죄에 대한 벌은 명시되어 있지 않다)이 있다. 남자가 간통한 아내를 버리고 재혼하면 벌을 받지 않지만 그가 간통한 부인과 계속 살면 2년간 일주일에 두 번 금식하라는 벌을 받는다—용서하라는 예수의 가르침을 실천하기에는 죄가 큰 모양이다. 여자는 남편이 불륜을 저질러도 '수녀가 되기로 결심하지 않는 한' 남편과 헤어질 수 없다. 의학적인 '응급처치'를 하려고 남편의 피를 빤 아내는 40일간 빵과 물만 먹으면서 금식해야 한다. 성적 흥분을 유도할 목적으로 '남편의 정액을 음식에 넣은' 아내는 3년간 금식해야 한다.[9]

위대하고도 확실히 재미있는 마지막 사제는 보름스 주교 부르크하르트다. 그는 최음제 남용의 정도를 판단하는 복잡한 공식을 만들어, 남편의 리비도를 자극하려는 하나의 목적을 위해서 부단히 노력한 유부녀의 네 가지 유형에 대해 네 가지 처벌방법을 제시했다. 부르크하르트는 목적 자체도 나쁘다고 생각했지만 그보다는 수단에 초점을 맞추었다. 첫째, 조금도 의심하지 않는 남편의 음식에 생리혈을 넣은 아내. 둘째, 생선을 질 안에 넣어 질식시킨 뒤 구워서 별미요리를 내놓은 아내. 셋째, 하녀에게 그날 먹을 빵을 굽기 전에 반죽을 자신의 엉덩이 위에서 치대게 한 아내. 넷째, 남편의 정액을 음식에 넣은 아내. 처벌은 다음과 같다. 생리혈을 넣으면 5년형, 생선을 질식시키면 2년형, 엉덩이 빵 반죽도 2년형, 정액을 넣으면 7년형이다—테오도르 대주교는 남편의 음식에 정액을 넣은 같은 죄목에 대해 3년형을 내렸는데, 부르크하르트는 그보다 엄중한 벌을 내린 셈이다. 애인이 다른 여자와 결혼한다는 말에 격분해서 애인을 성 불능으로 만들 독약을 제조하여(약에 들어간 재료는 언급되어 있지 않다) 복수를 시도한 부정한 아내와 앞에 언급된 아내 네 명을 비교해보자. 간통을 했는데도 이 경우에는 겨우 40일형을 받는다. 성욕을 두려워하는 부르크하르트 주교의 관점에서, 이 경우에는 한 가지 커다란 장점이 있기 때문에 경미한 처벌이 적당했다. 사건에 관련된 당사자 세 명 모두—아내, 아내의 전 애인, 전 애인의 신부—가 한동안 섹스를 하지 못하는 고통을 감내해야 하는데, 성직자의 관점에서 누군가가 섹스하지 못한다는 것은 언제나 좋은 결과이기 때문이다.[10]

아우구스티누스의 지침보다 세분화된 참회고행 지침서는—당연히 질 삽입 성교만 한다고 가정할 때—불임이거나 폐경이 왔거나 이미 임신한 아내와 남편이 하는 성교에 대해서는 비교적 경미한 처벌을 내렸다. 이에 대한 어색한 논리는 다음과 같다. 이런 섹스는 임신이 될 리는 없지만 임신이 될 수도 있기 때문이라는 것이다. 바로 그 임신 가능성이 벌이 가벼워지는 이유다. 당연히 금욕이 최상의 선택이겠지만 질 안에*inter vas*

삽입하고 사정하는 한, 처벌은 가볍거나 — 40일형이며, 상습범의 형량은 올라간다 — 아예 처벌이 면제된다.

그러면 합법적으로 결혼했고 임신할 수 있으며 현저 임신하지 않은 부부가 오로지 아이만 바라고 서로 욕망하지 않으면, 그들이 원하는 어떤 체위로든 질 삽입 성교를 할 수 있다는 이야기인가? 아니다. '자연의 섭리를 거스르는 죄'로 여겨지지 않는 유일한 체위는 정상우다. 참회고행 지침서는 후배위 질 삽입 성교를 '짐승과 같다'고 표현했다. 여성상위도 금지되어 있다.[11] 금지 사유는 밝히지 않았지만 하느님과 다른 모든 사람이 명령한, 남성이 우월하고 여성이 열등하다는 질서를 뒤집어 권위를 전복했기 때문이 아닐까.

11세기 초반 여성상위 체위를 금지하는 교회의 견해는, 의심할 여지없는 권위자의 의학적 논리를 등에 업고 힘을 얻는다. 권위자의 이름은 르네상스 시대 이전에 르네상스의 꽃을 피운 페르시다의 이븐시나(아비세나) — 신학자, 수학자, 정치가, 전사, 철학자, 과학자, 의사, (아로마테라피와) 약리학의 창시자 — 다. 그가 집필한 『의학전범*Caron of Medicine*』은 무려 600여 년간 유럽 의학의 기초교재가 되었다. 이븐시나는 여성상위 체위로 사정하면 남성의 음경이 손상을 입을 수도 있어서 생식기능이 위태로워질 수 있고, 자궁경부가 거꾸로 놓여 "그 안에 있는 것이 쏟아져 나올 수 있다"고 주장했다.[12] 교회로서는 반가운 주장이 아닐 수 없다.

아무리 사소한 것이라 할지라도 성생활과 관련된 것이라면 참회고행 지침서에서는 소홀하게 다루는 법이 없다. 하루 중 어느 때, 한 달 중 어느 날, 일 년 중 어떤 계절에 관계를 가지면 안 된다는 제약이 있었다. 이 제약사항 중 일부는 초기 교부들의 영향을 받은 것이다. 3세기 알렉산드리아파 그리스도교 신학자 클레멘스Clement of Alexandria는 낮이나 시장에서 돌아온 후나 기도에 정진해야 할 시간에 섹스해서는 안 된다고 선언했다. 하지만 저녁식사를 마치고는 '혼인의 빚'을 갚기 위해 섹스해도 된다는 자비를 내렸다. 참회고행 지침서에서 섹스를 제약하는 요인은 900만여 개나 된다. 부부관계는 월요일, 화요일, 목요일에만 할 수 있다. 수요일과 금요일에는 초대 교회의 전통에 따라 단식과 기도를 해야 한다. 신성한 날인 일요일에는 절대로 하면 안 된다. 토요일은 일요일과 너무 가까우므로 안 된다. 섹스가 허락되지 않는 또 다른 경우는 다음과 같다. 생리 중, 임신 중, (남아 출산 시) 산후 33일간, (여아 출산 시) 산후 56일간, 크리스마스와 부활절 전 40일.[13] 역사학자들이 참회고행 지침서 곳곳에 명시된 섹스가 금지되는 경우를 따져보니, 섹스가 허락되는 날은 일 년 중에 175일이라는 추산치가 나왔다. 365일 가운데 절반도 안 된다.[14]

이 가운데 일부 말도 안 되는 규정을(어쩌면 전부 다 그럴지도 모르지만) 시행한다는 게 불가능하다는 것을 인정이라도 하듯, 규정에 불복종한 데 대한 처벌은 미미하다(이 경우, 형량을 계산하기도 어렵다. 어떤 교령집을 보면 임신 중 섹스하면 10일, 임신부가 태동을 느끼면 20일, 금지된 날 하면 40일형이라고 나온다—남편이 취중에 섹스한 것이면 형량이 반감된다).[15] 그러나 결혼생활에서 육체의 쾌락과 친밀감을 없앨 다른 방법들이 존재한다. 중세시대의 남녀는 행실이 어떻든 종교에 대한 믿음이 있었다. 관계가 금지된 날 잉태된 아이는 흉측한 기형아로 태어난다고 교황 같은 권위자가 말하면 그들은 곧이들었다. 정액과 생리혈의 마법과 같은 특징을 믿는 사람들은 더 잘 속았다. 권위자의 말 따위에 신경 쓰지 않고 금지된 날에 섹스하는 사람들도 일부 있었지만, 대다수는 꺼림칙하게 생각했다.[16]

기형아 출산설을 퍼뜨린 장본인은 그레고리우스 1세(이름 앞에 '대大'가 붙는)다. 그는 육체를 경멸하고 아우구스티누스를 경배한 전직 수사였다. 마지막 교부이자 초대 교황인 그레고리우스 1세는 금욕적이고 우울하며 더할 나위 없이 독실했다. 그는 이미 꼬일 대로 꼬인 성 관련 지침을 한 겹 더 꼬아 복잡하게 만들었다. 그는 과도한 웃음이나 무해한 뒷공론도 죄로 간주한다. 심지어는 부부의 도덕성을 회복하고자, 젊은 여자가 전날 남편과 섹스를 즐겼기 때문에 악마에게 홀렸다는 터무니없는 이야기를 퍼뜨리기도 했다.[17]

그런데 그는 특히 성적 쾌락에 반감을 품고 있었다. 신도를 돌봐야 하는 성직자를 위해 쓴『목회율*The Book of Pastoral Rule*』에서 그는 다음과 같은 강연을 한다. "부부는 아이를 생산하기 위해 결합해야 한다는 사실을 명심해야 하며—너무 많이 나와서 이제 외우겠다—무절제하게 성교를 하는 경우는 생식의 의무를 넘어 쾌락에 빠져든 것이다. 결혼생활에서 결혼의 의무를 넘어선 것이기 때문이다." 이처럼 타락한 부부는 기도와 '간구懇求'에 전념해야만 '올발라야 할 부부관계에 쾌락을 섞은 죄'를 용서받을 수 있다. 그레고리우스 1세는 '동정성이 결혼보다 우월하다'는 원칙을 반복하면서 사도 바울의 말을 빌린다. "결혼한 기독교도는 세속의 일을 완전히 무시할 수 없다는 점에서 약하고 확고부동하기 때문에 (중략) 육체의 즐거움에 웅크리고 있다." 기독교도 남편은 '여로의 끝에 얻을 결실the fruit of the journey's end'인 하느님과 죽음에 모든 초점을 맞추고, 아내와의 섹스는 '필요에 의해 참아야 할' 것으로 생각해야 한다.

아우구스티누스 사후 300년간 교회의 결혼관은 점차 부정적으로 변했고, 섹스에 대한 설교도 훨씬 더 복잡하고 날카로워졌다. 이제 그레고리우스 1세는 대놓고 쾌락을 공격한다. 그는 영국 국교회 대주교에게 보내는 서한에서 자신의 견해를 다음과 같이 분명히 하고 있다. "교회는 결혼을 죄로 보지 않는다. 그러나—'그러나' 다음에는 항상 핵심이 나온다—부부의 합법적인 성교에도 육체의 쾌락이 따르며 쾌락 자체는 반드시 죄가 따르므로 성전 출입은 금해야 한다." 성교 후 목욕하지 않고 교회에 들어갈 수 있느냐는 대주교의 질문에 그레고리우스 1세는 이렇게 답한다. "쾌락의 욕망에 사로잡히지 않고 오로지 아이를 낳으려고 아내와 관계를 가진" 남자는 목욕 후 교회에 들어갈 수도 있다. 그러나 "출산을 위해서가 아니라 쾌락 때문에 성교했다면 기혼자들은 애도해야 할 것이다." 이와 같은 부부는 교회가 아닌 다른 곳에서 애도해야 한다고 그레고리우스 1세는 말한다.

아우구스티누스는 부부의 섹스를 없애려고 온 정성을 쏟았다. 참회고행 지침서 작가들은 부부관계의 모든 세부사항에서 행동 자체를 관리하려고 시도했다. 그레고리우스 1세는 위협을 주는 전략과 현실을 인정하지 않는 정신으로 광기를 한층 더 올려놓았다. 그들은 모순된 말을 늘어놓고 있다. 간음 예방 차원에서 보면 결혼에도 미덕이 있긴 하지만, 평생 독신을 지키며 섹스하지 않는 것이야말로 최선이라는 것이다. 부부관계에서 최선은(이런 관계가 존재할지 모르겠지만) 두 배우자가 섹스하지 않겠다고 맹세하는 것이다. (사도 바울이 신약성서에서 권고하는 것처럼) 기도에 전념하고자 잠시 참는 것이 아니라 '영적인 결혼'을 통해 영원히 관계를 갖지 않는 것이다. 세상에나, 그들이 바라는 최고의 부부관계란 대다수 사람이 원하지도 않고 그렇게 할 수도 없는 것이다.

교회 지도자들도 어느 정도는 그 사실을 알았던 게 틀림없지만 이 시기에 그들은 물러날 수도, 물러날 생각도 없었다. 성생활을 소름끼치고 따분하고 부자연스럽게 만들어서 사람들이 알아서 그만두게 하려는 전략이었는지도 모른다. 기독교 결혼관에 나타난 모순이 독신의 보편화로 이어지지 않은 게 놀랍다. 하지만 다시 생각해보면 교회가 정의내리고 묘

사한 모든 금단의 열매, 고상한 것부터 말도 안 되는 것까지 많은 교회의
규정과 그 규정을 어길 수 있는 많은 방식이 있었으니 부부관계는 그 어
느 때보다도 뜨거울 수 있었다.

제8장

섹스리스
부부의
탄생

순결을 찬성하는 교회의 선전활동, 특히 요셉과 마리아로 대표되는 '영적 결혼' 교리가 일반인들의 삶에 얼마나 깊게, 얼마나 오래 영향을 미쳤는지 이해하고 싶다면 마저리 켐프의 사례를 보자. 아우구스티누스와 제롬 사후 1,000년, 테르툴리아누스 사후 1,200년, 사도 바울 사후 거의 1,400년이 지나서 태어난 이 영국 부인은 원래 남편과의 잠자리를 즐겼으나 하느님을 위해 금욕을 결심한다.

1413년 6월 23일은 세례 요한 축일 전야였다. 그 금요일 정오까지 요크 마을은 작열하는 태양 아래 가물거렸고 사람들은 더위에 지쳐 꼼짝도 하지 않았다. 그러나 마저리와 존 켐프는 성지순례를 강행했다. 그들은 최소한의 짐만 챙겨서 한낮 무렵 요크에서 출발해 지방으로 떠났다. 존은 가슴팍에 케이크를 안고 마저리는 맥주를 들었다.

성지순례자는 정신을 집중해 명상해야 한다. 자신이 저지른 죄와 구원받을 방법에 정신을 집중하면서 자신을 낮추고 육욕을 억제하며 신부에게 고해를 해야 한다. 그러나 존 켐프의 머릿속에는 이런 것들이 들어 있지 않았다. 존 켐프의 머릿속은 온통 섹스로 가득했다. 그는 부끄러워하지도 뉘우치지도 않았다. 열망만 간절했다. 그는 철저하게 금욕하는 것이 얼마나 끔찍한가 생각하고 있었다.

쉽게 잊히지 않을, 부활 주간의 4월 어느 수요일 아침 이후 그는 다른 생각은 할 수도 없었다. 결혼 20여 년 만에 처음으로, 왜 그런 일이 일어났는지 설명도 안 되게, 아내와 사랑을 나누지 못하게 되었기 때문이다. 벌써 6월 말이 되어가는데도 그는 여전히 힘을 쓸 수 없었고, 왜 그런지 알 수도 없었다. 그의 걱정은 이만저만이 아니었다. 이상하게도 마저리는 괴로워하지 않았다. 존만 힘들어하고 있었다.

성기능 장애가 존에게 생소한 것처럼, 부부가 한마음으로 욕망을 느끼지 않는 것도 켐프 부부의 결혼생활에서는 낯설었다(존과 마저리 둘 다 이러한 현상이 동시에 발생한 것이 우연의 일치가 아닐지도 모른다는 생각은 하지 않는 것 같다). 결혼생활 20년 중 18년 동안 둘은 함께 쾌락을 즐겼다. 자녀 열네 명을 키우는 수고에다 가정생활도 권태로웠지만 그렇게 오랫동안 서로에 대한 열정이 유지된 것은 어떤 시대, 어떤 부부라고 해도 누구나 부러워할 만한 위업일 것이다. 그런데 결혼 19년째가 되던 어느 날 밤, 둘 다 만족스러워했던 켐프 부부의 즐거운 성생활 — 아직 성교를 그만두지는 않았지만 — 은 갑작스럽게 끝났다. 불볕더위가 내리쬐는 세례 요한 축일 전야에 존이 이처럼 강박적으로 섹스 생각만 하게 된 것은 그날 밤에 일어난 일 때문이다.

켐프 부부는 평범한 부부가 평범한 밤에 그렇게 하듯 침대에 같이 누워 잠이 들려던 찰나였다. 그때 마저리는 신비한 경험을 한다. 나중에 그녀는 자신의 삶을 바꿔놓은 경험을 삼인칭 시점으로 이렇게 기술한다.

“그녀는 너무나 감미롭고 즐거우며 아름다운 선율을 들어서 자기가 천국에 와 있는 줄 알았다.” 그녀는 하느님이 자신을 가까이 불러서 천국의 소리를 맛보는 축복을 내렸다고 확신한다. 그녀가 들은 멜로디는 말로는 표현할 수 없을 만큼 더없이 아름답고 지상에 존재하는 모든 멜로디와는 비할 바 없이 기쁨에 차 있었다(단지 멜로디뿐만 아니라 지상에 존재하는 모든 것이 기쁨에 차 있다는 사실이 나중에 밝혀진다). 찬란한 음악이 머릿속에 울려 퍼지는 가운데 마저리는 침대에서 벌떡 일어나 소리친다. “아아, 내가 지은 모든 죄악이여!” 불쑥 잠에서 깬 존이 아내가 왜 이러나 놀라서 쳐다봤을 거라는 건 쉽게 상상할 수 있다. 그는 아마도 중세 영어 버전으로 “이게 무슨 자다가 봉창 두드리는 소리야?”라고 중얼거렸을 것이다. 마저리 켐프의 입에서 나온 말은 기이한 게 사실이다.

함께 살아온 세월 동안 존이 알던 아내는 명랑하고 성품 좋고 솔직한 여자였다. 에일 맥주를 좋아하는 것도, 식성도, 섹스 취향도 자신과 같아서 섹스를 통해 느낄 수 있는 만족스러운 느낌을 꿈에라도 죄악으로 생각할 여자가 아니었다. 하지만 그녀는 이제 예전의 그녀가 아니었다. 잘못을 깊이 뉘우치는 아내의 모습은 남편에게 영 낯설기만 했다. 그녀가 느끼는 삶의 기쁨은 존으로서는 공유할 수도, 이해할 수도 없는 엄격한 금욕주의로 탈바꿈되었다.

마저리는 문맹이었다. 그녀는 자신이 겪은 변화의 과정을 친절한 신부에게 삼인칭 시점으로 털어놓았다. 둘의 합작품이 『마저리 켐프의 책 *The Book of Margery Kempe*』이다. 그들은 마저리가 처음으로 신과 만난 후 어떤 일이 일어났는지 이렇게 쓰고 있다. “그날 이후 그녀는 남편과 성교하고 싶다는 욕망이 일지 않았다. 부부로서 의무를 다해야 한다는 생각이 혐오스러워서, 성교에 응하느니—요구하면 어쩔 수 없었지만—차

라리 시궁창의 분비물이나 오물을 먹는 게 낫겠다고 생각했다." 그녀는
남편이 부부로서의 권리를 행사하겠다고 하면 막을 수는 없었지만, 마리
아와 요셉처럼 영적인—풀어서 말하면 섹스하지 않는—결혼을 쟁취하
고자, 섹스를 요구할 권리를 남편이 자발적으로 포기하도록 설득할 수 있
었다(실제로 설득했다). 15세기 교회 관점에서 볼 때도 감탄할 만한 성과
였다.[1) 자신의 경험이 신성한 권위를 바탕으로 한 것이라고 확신한 마저
리는 열정적으로 주장을 펼쳤다. 그들이 얼마나 자주 "서르의 몸을 통해
얻은 커다란 기쁨과 지나친 사랑 때문에 하느님을 성나게 했는지" 남편
을 끊임없이 설득했다. 마저리의 눈에는 속죄하고 궁극적으로 구원되는
길이 명확하게 보였다. 그녀는 "그들이 서로 합의해서 육욕을 자제함으
로써 자신을 벌하고 정화한다면 좋을 것"이라고 존에게 말했다.

그러나 존은 아내처럼 확신할 수 없었다. 그는 아내의 주장과 부탁
을 인내심을 갖고 들어주긴 했다. 그는 아우구스티누스처럼 순결이 좋은
건 알겠는데 아직은 못 지키겠다는 생각을 하지만, 마저리의 말만 듣고서
두 사람이 섹스를 포기하는 것을 하느님이 원한다고 확신하기에는 어딘
가 미심쩍었다. 그에게는 독자적인 증거가 필요했다. 그러는 한편으로 그
는 남편으로서의 권리를 요구했다. 마저리의 표현에 따르면 "그는 자신
의 뜻대로 그녀와 잠자리를 가졌고 그녀는 크게 슬퍼하고 눈물을 흘리면
서 응했다"고 한다. 억지로 혼인서약을 지켜야 했던 불쌍한 마저리. 한때
는 침대에서 열정적인 모습을 보여주더니 이제는 끔찍하게 싫어도 단지
의무라서 섹스를 참아내는 아내에게 강제로 해야 하는 불쌍한 존.

마저리는 침대 밖에서도 180도 달라진 모습이었다. 그녀는 새벽 두
시나 세 시에 일어나 교회에 가서 다음 날 오후까지 줄곧 기도를 했다. 그
녀는 철야기도도 했고 금식도 했다. 하루에 세 번이나 고해소에 들어가는

날도 있었다. 고행하는 사람의 의복인 '엿기름을 처리해 화덕에서 말린 털옷'을 구해 남편에게 들키지 않고 잠옷 밑에 몰래 입었다. 다른 문제에 관해서는 그녀는 훨씬 더 준비가 되어 있었다. 그녀는 "당신에게 내 몸을 허락하기를 거절하지는 않겠지만, 내 마음의 모든 사랑과 애정은 지상에 존재하는 모든 생물에게서 거두어 오로지 하느님께 바치겠다"는 말을 남편에게 자주 했다. 그래도 존은 아예 안 하는 것보다는 목석이라도 안고 싶었던 모양이다. "그는 예전처럼 그녀와 잤고, [섹스를] 그만두지 않았다." 아마도 그는 그녀가 정신을 차리기를 바랐는지도 모른다. 4월에—불과 두 달 전, 부활 주간이 시작하던 때—하느님이 대신 그녀에게 구원의 손길을 뻗쳤다.

마저리가 무릎을 꿇고 순결을 지키게 해달라고 몇 번이고 기도를 올리는데 하느님이 그녀의 머릿속에 나타났다. 하느님이 부부갈등의 중재에 나서기로 약속했고—"네 남편의 마음속 모든 성적 욕망을 한 번에 없애버리겠노라"—그 주 수요일에 존이 아내와 다시 성교를 하려고 할 때 하느님이 그 약속을 지켰다. 마저리는 어떻게 그런 일이 가능한지 정확하게 밝히지 않았다. 책 속에서 그 부분의 묘사는 얼렁뚱땅 넘어간다. 그녀의 이야기를 받아 적는 신부의 얼굴을 붉히고 싶지 않아서 자세히 말하지 않은 것인지도 모른다. 어쨌든 중요한 전환점이 된 이 부분은 선정적인 단어 몇 개만으로 끝까지 이야기를 이어간다. 존은 '성교할 때 그녀를 만질 수 있는 힘'을 잃는다.

이것이 1413년 세례 요한 축일 전야에 켐프 부부에게 생긴 일이다.

땀을 뻘뻘 흘리며 시골로 가는 길에 존은 아내에게 한 가지 가정에 입각한 질문을 던진다. "마저리, 어떤 남자가 칼을 들고 나타나서 내가 예전에 하던 것처럼 당신과 사랑을 나누지 않으면 내 목을 베어버리겠다고 하면, 내 목이 잘리게 내버려둘 거요, 아니면 예전에 그랬던 것처럼 내가 당신과 사랑을 나누도록 허락할지—당신은 앞으로 거짓말을 안 한다고 했으니—양심을 걸고 대답해보오."

"아아, 여보." 마저리가 저항한다. "지난 8주 동안 금욕했는데 왜 이 문제를 또 꺼내시나요?"

그러나 존은 그냥 넘어가지 않는다. 그는 '당신의 솔직한 마음'을 알아야겠다고 물고 늘어진다.

"솔직히", 그녀는 진심을 말한다. "다시 불결한 상태로 돌아가느니 차라리 당신이 죽게 내버려두겠어요."

이것이 존이 원하던 진실이지만, 그가 듣고 싶던 대답은 아니었던 게 확실하다. "당신은 좋은 아내가 아니구려." 그는 소리친다.

마저리는 남편의 반응이 부당하다고 느꼈다. 지난 두 달 동안 그녀는 매일 밤 남편 옆에 누웠고, 남편은 원한다면 그녀의 몸을 가질 수도 있지 않았을까? 존이 섹스를 하고 싶었다면 아무도 그를 막을 수는 없었을 것이다. 존은 "그녀를 만지려고 했는데 커다란 두려움을 느껴서 감히 더 할 수가 없었다"고 부활 주간에 일어난 일을—굳이 설명해줄 필요도 없는데—그녀에게 상기시켜주었다. 마저리는 좋은 기회가 왔다고 생각하고, 그 기회를 잡았다. 그의 두려움은 그가 "개과천선해서 하느님께 자비를 구하고 순결을 지키겠다는 서약을 해야 한다"는 하늘의 계시를 기다렸다는 확증이라고 그녀는 말한다.

그렇게 빨리는 아니라고, 아직은 아니라고 존은 말한다. "용서받지 못할 죄를 짓지 않고도 지금은 당신과 사랑을 나눌 수 있지만 [일단 순결 서약을 하면] 할 수 없을 것 아니오." 마저리는 힘겹게 성취한 순결이 한낮의 불볕더위를 이기지 못하고 끝나버릴까 두려워하며, 남편의 말을 듣는다. 그녀는 하느님께 순결을 지킬 수 있게 도와달라고 기도한다. 침묵 속에서 켐프 부부는 순례를 계속한다. 브리들링턴에 다다랐을 때, 존은 길가에 세운 십자 표지를 보고 그 옆에 앉아서 아내를 손짓해서 부른다. "마저리, 내 욕망을 채워주면 나도 당신의 욕망을 채워주겠소." 그는 그 녀에게 셋 중 하나를 선택하라고 한다. "우리가 한때 그랬던 것처럼 여전히 한 침대에 눕는 것[다시 성관계를 시작하자는 뜻]. 남편에게 아내로서의 의무를 다할 것. 예전처럼 금요일에 나와 함께 먹고 마실 것."

"안 돼요." 금욕과 달리 금식은 하느님의 특별한 요구로 시작한 것이라며 그녀는 마지막 조건을 들어줄 수 없다고 말한다. "살아 있는 한, 금요일 단식은 절대로 그만둘 수 없어요."

"그렇다면", 존은 쏘아붙인다. "당신과 다시 섹스를 해야겠소." 바로 지금, 여기에서 하겠다는 뜻이다.

마저리는 흐느끼면서 기도를 하게 몇 분만 달라고 남편에게 부탁한다. 그녀는 길가의 십자 표지 밑에 무릎을 꿇고 순결을 지키려고 금요일 금식을 관두는 게 나을지, 아니면 금식을 위해 순결은 포기해야 하는지 하느님께 묻는다. 하느님은 바로 대답한다. "더는 단식하지 않아도 좋으니 남편과 함께 먹고 마시라고 예수의 이름으로 명하노라."

하느님의 명령을 들은 마저리는 냉정하게 자신감을 회복하고 협상을 마무리한다. "내 침대에 들어오지 않겠다고 약속해주세요." 그녀는 남편에게 말했다. "제 몸은 하느님께 바친 것이니 이날 이후로 당신이 세상을 뜰 때까지 제게 부부로서의 어떠한 의무를 요구하는 주장도 절대로 하지 마세요." 대신 그녀는 금요일에 남편을 내버려두고 혼자 단식하지 않고 함께 성찬을 들겠다고 약속했다. 켐프 부부는 드디어 합의에 이르렀고, 이 합의에 대해 존은 감사기도를 드렸다. "한때 나에게 그랬던 것처럼 당신의 몸을 하느님께 얼마든지 자유롭게 바치소서."

둘은 끝까지 '영적인 결혼'을 유지하며 함께 살았지만, 불쾌한 소문이 부부를 괴롭혔다. 이웃들은 존과 마저리가 "예전처럼 육욕과 쾌락을 즐긴다"고 공공연하게 떠들었다. 부부의 순결서약은 사기라는 소문이 파다했다. 소문이 퍼지자 켐프 부부는 별거에 들어간다. 몇 년 동안 이야기 속에 존은 등장하지 않는다. 그러나 '남편'에 대한 언급이 완전히 빠진 것은 아니다. 하느님이 그 역할을 넘겨받았다. 마저리는 하느님이 자신에게 이렇게 말했다고 썼다. "나는 너와 친밀감을 느끼게 너와 함께 침대에 누울 것이며 너는 침대에서 나를 네 남편으로 대담하게 맞이해 네 영혼의 품에 나를 안고 나의 입과 머리와 발에 달콤하게 입을 맞춰야 할지니."

마저리에 비해 존이 얼마나 편안하게 살았는지는 아무도 알 수 없다. 그가 이야기에 다시 등장할 때 그의 나이는 예순이 넘었고 심하게 넘어져서 중태에 빠져 있었다. 그는 "목이 몸 밑에 꺾여서 온몸이 피로 뒤덮인 채 숨만 겨우 쉬면서 누워 있는" 모습으로 발견되었다. 여전히 그의 아내며 그와 가장 가까운 가족인 마저리에게 그 사실이 알려졌다. 그녀는 당장 남편 곁으로 달려갔고 그곳에서 또 한 번 적대적인 이웃들을 마주해야 했다. 그녀에게는 늘 아이러니한 상황이 닥치는지, 이웃들은 그녀가 남편과 별거했기 때문에 존이 이런 불행한 일을 겪었다며 그녀를 탓했다. 마저리는 이런 비난을 들었다. "그녀가 그를 돌볼 수 있었는데도 그러지 않았다." 존이 부상으로 죽고 만다면 마을 사람들은 그녀를 살인죄로 목 매달겠다고 위협했다.

절망에 빠진 마저리는 늘 그러하듯 하느님을 찾았다 하느님은 존을 1년이라도 살려서 그녀를 '중상모략'으로부터 구할 것인가? 마저리가 존을 집으로 데려가서 여생 동안 그를 돌보겠다고 약속하면 존을 살리겠다고 하느님은 답한다. "그가 네 몸을 나에게 자유롭게 허락해서 네가 나를 섬기고 순결을 지키며 깨끗하게 살 수 있었으니 나의 이름으로 네 도움이 필요한 그를 돕기 바란다." 하느님은 마저리의 집에서 존이 1년이 아니라 몇 년 동안이나 더 살게 했다. 모든 일이 순조롭게 흘러가던(마저리는 부정적인 언급을 하나도 하지 않는다) 어느 날, 존은 갑자기 어린아이로 돌아갔다. "그는 치매에 걸려서 정신이 온전치 않았다." 마저리는 이렇게 말한다. "그는 볼일을 보려고 변기에 앉지 못해 아이처럼 난롯가나 테이블에 앉아서—장소를 가리지 않고—천 기저귀에 변을 보았다."

세탁, 가사 노동, 침실 청소, 요리, 24시간 간병이라는 신체적으로 고된 일에 지친 마저리는 별거기간 동안 몰두했던 명상을 할 짬을 오랫동안 낼 수 없게 되었다. 화가 날 법도 한데 그녀는 오히려 감사하는 마음이었다. 병든 남편을 돌보면서 혼자 있을 때보다도 더 가치 있고, 기도보다 더 중요한 경험을 했다. 그녀는 더러운 기저귀를 한 개 빨 때마다 하느님께 특별한 선물을 받는다고 느꼈다. 그녀가 지은 특별한 죄악에 맞춘 참회방식이라고 느꼈다. "젊은 시절 얼마나 많이 남편의 몸에 대해 야한 상상을 하고, 육욕을 채우고, 지나친 사랑을 했던가? 그래서 그녀는 그와 똑같은 남편의 몸이라는 수단을 통해 벌을 받는 게 기뻤다."

문맹인 마저리 켐프는 위의 두 문장 속에, 종교 지도자들이 기독교가 지배하는 유럽 사회에 1,000여 년에 걸쳐 반복적으로 불어넣으려고 했던, 성적 쾌락에 대한 경고를 깔끔하게 압축해놓고 있다. 그녀의 이야기는 그녀가 살던 시대에 걸맞지 않게—기혼 여성의 내적·외적 갈등을 여성 자신의 입으로 밝히는 일이 매우 이례적이던 시대에—믿음이라는 미명하에 인간의 기본적인 본능(과 그녀에게 큰 기쁨을 가져다준 부부관계라는 결혼생활의 기본적인 활동)을 억누르려는 기혼 여성의 내적 갈등을 독특하고도 상세하게 잘 그리고 있다. 마저리 켐프만 그런 갈등을 겪은 것은 아니다. 한때 인생의 쾌락을 알았던 또 다른 부인은 15세기에 이렇게 썼다. "나는 예전에 입었던 실크 속옷과 값비싼 장신구 때문에 고행자의 의복인 마모직馬毛織 셔츠를 입는다." 이 여성도 '자기개조conversion'를 경험한다. 그녀는 자진해서 고행의 길을 걷는다. 실크를 마모로 바꿨을 뿐만 아니라 "껑충껑충 뛰고 춤을 추면서 하느님을 자주 모독했기 때문에 구두 밑창에 돌멩이 33개도 넣는다." 이 여성이 보기에 껑충껑충 뛰고 춤을 추는 것보다 더 나쁜 것은 남편에게 욕망을 품은 일이었다. "나는 결혼생활을 하면서 불경한 육체적 쾌락에 탐닉한 내 몸을 채찍으로 내리쳤다."[2]

요즘은 행복한 결혼생활을 판단하는 하나의 잣대로서 육체적 쾌락을 널리 인정하는 분위기다. 사랑, 특히 부부의 사랑을 수식하는 데 '지나친inordinate'이라는 경멸 섞인 단어를 쓰는 것은 도저히 상상할 수도 없다. 현대의 세속적인 관점에서 켐프 부부—보통 육아에 지치면 열정이 시들게 마련인데도 20년 동안 만족스러운 성생활을 즐긴 부부—는 자신을 채찍질해야 하기는커녕 남몰래 우월감을 느낄 만하다. 이런 인식의 전환이 이루어지려면 아직 많은 세월이 흘러야 한다. 이런 시기가 오래가지는 않지만, 이 시대를 살던 켐프 부부와 같은 사람들은, 부부가 침대에서 하는 일에 비정상적인 관심을 계속 보이는 교회의 독신 남성들이 내리는 명령을 여전히 듣고 있었다.

제9장

오쟁이 진
남편의
탄식

바람난 아내를 둔 남편의 캐리커처, [성적 욕구에서] 만족을 모르는 아내에 관한 우화, 파탄이 난 결혼. 중세 세속문화에 주로 등장한 주제다. 문화가 현실을 반영한다고 볼 때, 섹스에 온통 정신이 팔려 있는, 그것도 좋지 않은 쪽으로 정신이 팔려 있는 남자들(주제와 논조를 정하고 내용을 전달하는 주체는 여전히 남자들이었다)이 한두 명이 아니었다고 짐작할 수 있다. 여성의 육욕은 아무리 채워도 채워지지 않는다는 오래된 믿음이 중세에 만연했다. 이러한 현상에는 여러 요인이 있었겠지만, 그중 하나가 남성의 성기능, 특히 부부관계에서 성기능에 대한 불안감이 극도로 높아졌기 때문이다.

성기능 장애에 대한 두려움—더 끔찍한 것은 성불능이라는 사실이 세상에 알려지는 일—은 노골적인 픽션 속에 자주 등장하는 주제였다.[1] 당시 비아그라는 없었지만 마법은 있었다. 참회고행 지침서 작가들(그 이전에는 고대 로마인들)이 교회 안팎에서 이미 밝힌 것처럼, 남성들은 아내가 마법을 쓴다고 믿었다. 여자가 남자의 성기능을 마음대로 조종할 수 있다는 [남자들의] 생각은 점점 더 확고해졌고, 종교재판의 광풍이 몰아치던 마녀사냥 때 절정에 다다랐다. 어떤 치료법을 찾았는지는 알 수 없지만, 남자들도 성기능 장애를 치료하는 마법에 관심을 보였다. 치료법을 하나 예로 들면—1세기 로마 과학자 플리니우스Plinius에게 힌트를 얻은 것으로 보인다—수탉(깃털이 있는 종)의 고환을 떼어내서, 어떻게 하는 건지는 모르겠지만 어쨌든, 거위기름 약간과 숫양 가죽으로 싸서 팔에 매다는 요법이 있다. 부작용이 있으니, 이 부적이 침대 밑이 떨어지면 그날 밤 발기는 물 건너간다는 점이다.[2]

　　여자가 색을 밝힌다는 억측은 이 시기에 새롭게 등장한 것이 아니었지만, 중세 유럽의 대중문학은 이 주제에 비정상적으로 집착하는 양상을 보였다.[3] 그 전형적인 우화가 「센 강 다리의 어부The Fisherman from Bridge-upon-Seine」다. 새 신부가 자신을 좋아하는 이유가 오로지 섹스를 잘하기 때문이라고 확신한 남자의 이야기다.[4] 신부는 결혼하면서 지참금—와인, 밀, 소 다섯 마리, 양 열 마리—을 남부럽지 않게 가지고 왔고, 충만한 성욕도 빠뜨리지 않고 챙겨왔다. 그는 신부에게 맛있는 음식을 먹이고 좋은 신발과 예쁜 옷도 사주고 "온 힘을 다해 섹스에 임했다." 그런데 그는 자기가 아무리 열심히 해도 아내가 만족하지 못하는 것은 아닐까 불안했다. 그는 "젊고 영양상태가 좋은 아내는 / 섹스를 자주 하고 싶어하는데" 자신이 신부의 기대치에 못 미치면 신부가 자신을 떠날까 봐 걱정이 되었다.

　　어느 날 밤 그는 침대에서 신부에게 자기를 왜 사랑하느냐고 물어보았다. 그녀는 부끄러운 척하면서 신랑에게서 가장 좋아하는 부분—그녀가 손에 쥐고 있는 발기한 성기—에 대해서는 일언반구도 하지 않았다.

차마 솔직하게 대답할 수 없었다. 신부는 자신을 사랑해주고 잘 챙겨주고 좋은 음식을 먹이고 좋은 옷을 입혀줘서 신랑을 사랑한다고 대답했다. 신랑은 순순히 넘어가지 않았다. "내가 섹스를 못하면 / 당신은 나를 개보다도 싫어할 거면서." 그녀는 신랑의 성기를 '바깥기관outhouse organ'이라고 부르면서, 아니라고 맹세했다. "[성기 따위는] 암퇘지가 물어갔으면 좋겠어요. / 그렇게 해서 당신이 목숨을 잃는 게 아니라면." 신랑은 이렇게 응수했다. "내 성기가 잘리면 / 당신은 나를 조금도 사랑하지 않을걸." 그녀는 발끈했다. "개 목구멍에 성기가 걸려서 / 하느님이 진정 기뻐하시기를 바라요."

그녀가 남편의 마음에 의심의 씨앗을 뿌릴 정도로 완강하게 부인하자 어부는 진실을 캐내리라 결의를 다진다. 절호의 기회가 곧 찾아온다. 어부가 센 강에 배를 띄우고 물고기를 잡고 있는데 사제의 시체가 배 곁을 둥둥 떠갔다(해설자는 어찌 된 사정인지 그 이야기를 들려준다. 어느 기사의 아내가 사제와 '맨살을 맞대고 여성상위 체위로' 성관계를 맺고 기사는 그 현장을 포착한다. 중세문학의 전형적인 서사가 그렇듯, 사제는 받아 마땅한 최후를 맞이한다. 그는 강에 몸을 던졌고 '성기를 삐죽하게 늘어뜨린 채' 익사한다).

어부는 물에 불은 사제의 시체를 보고 "이 세상 모든 것 중에서 / 그의 성기보다 더 / 그녀가 싫어하는 것은 없다"던 아내의 말을 떠올린다. 그는 칼로 사제의 성기를 잘라서 깨끗이 씻어 말린 후 무릎 위에 올려놓고 노를 저어서 강기슭으로 간다. 집에 돌아온 그는 "그 자리에서 죽을 것처럼 / 무척 침통한 표정을 짓는다." 그는 사악한 기사 세 명에게 꼼짝없이 잡혀서 몸을 절단당할 뻔했는데 기사들이 그나마 자비를 베풀어 어느 부위를 잘릴 것인지 고르라고 했다는 이야기를 아내에게 들려주었다. 그는 "당신이 내 성기에 관심이 조금도 없다고 / 말한 게 생각나서 / 성기를 자르라고 했다"고 말했다. 그러고는 사제의 성기를 바닥에 던져 아내에게 보여주었다. 그녀는 남편의 술수에 말려들었다. "이럴 수가!" 그녀는 소리쳤다. "이런 엄청난 일이 일어나다니! / 하느님께서 당신의 명을 짧게 해주기를! / 이제 당신 몸보다 더 / 내가 싫어하는 것은 없으니 / 이제 우리는 헤어져야겠어요!" 그녀는 즉시 하인에게 짐을 싸라고 시켰다.

그녀가 떠나기 직전에 남편은 그녀를 불렀다. "여보.' 그는 그녀에게 이례적으로 후한 선물을 주겠다고 했다. 그가 남편 노릇을 한 기간이 아무리 짧을지라도 그녀에게 당연한 몫을 주지 않는 것은 남편으로서 의무를 저버린 거라면서 그녀에게 재산의 절반을 가져가라고 했다. 하지만 거세를 당했으니 엉덩이에 매달린 주머니에서 그녀가 직접 현금을 꺼내 가라고 했다. 주머니를 뒤지던 그녀의 손가락이 맞닿은 것은 뜻밖에도 "그의 바지에 톡 튀어나온 / 원기 왕성한 그의 성기였다. / 그녀가 손바닥에 쥐고 느껴보니 / 단단하고 달아올라 있었다. / 그녀의 온 가슴은 기쁨으로 고동쳤다." 이게 무슨 기적이란 말인가? 남편은 '예전에 내가 갖고 있었던 / 내 성기'가 맞는다고 했지만 그녀는 믿을 수 없었다. "어떻게 다시 돌아온 거죠?" 남편은 "하느님이 당신이 / 나를 떠나지 않기를 바라서서 / 당신의 전능하신 능력으로 하신 일"이라고 말했다. 그것으로 충분했다. 젊은 여자는 황홀경에 빠져서 하인에게 짐을 다시 풀라고 소리쳤다. "나의 주인님My lord이 성기를 다시 찾으셨네! / 우리 주님Our Lord께서 하신 일이라네!" 그녀는 섹스 말고 다른 게 중요하다는 가식을 모두 버리고 남편의 소중한 성기를 잡았다. 해설자는 다음의 메시지를 전달했고, 두 사람은 오래오래 행복하게 살았다고 한다.

이야기를 이렇게 마무리하겠다. / 어떤 아내에게 남편이 있는데 / 아무리

잘생기고 아무리 똑똑하고 / 아무리 존경받고 / 훌륭한 원탁의 기사 / 가웨인Gawain보다 더 멋지다고 해도 / 남편의 성기가 잘리면 / 곧바로 남편을 버리고 / 제일 못난 남자를 찾을 것이라네. / 자주 섹스를 해줄 / 남자를 찾을 때까지.

작가는 '아내'를 총칭해서 이야기를 정리한다. 어떤 아내든지 '아내'는 '쓸모 있는serviceable' 성기 없이는 살지 못하며, 여기에서 '쓸모 있는'이라는 것은 언제든 '흥분'할 준비가 되어 있는 성기를 말한다고. 이러한 가정假定이 나오게 된 이면을 생각해보면, 당시 남자들이 성기능에 대한 걱정, 더 정확하게 말하면 성기능 장애에 대한 걱정이 이만저만이 아니었나 보다. 남편의 성기능 장애로 말미암아 성적으로 굶주린 아내가 다른 남자를 찾는다고, 현실 속 남편까지는 아니더라도 문학 속 남편들은 생각했다. 다만 다른 것은 남편들의 반응이었다. 복수할 것인가, 아니면 아내의 부정을 덮어줄—짐짓 모른 척할—것인가? 복수심에 불타는 남편의 의심이 근거 없는 것으로 밝혀진다고 해도, 중세 사회는 아내의 부정을 모르는 것이 더 나쁘다고 생각했다. 아내의 성생활을 잘 감시하지 못하면 남자답지 못한 것으로 인식되었고, 남자답지 못하면 사람들의 조롱거리가 되어 남자다움은 무력화되었다. 차라리 의처증으로 죄 없는 아내를 잡는 것이 낫다고 보았다.

잘 알려진 훈계조의(여자에게는 훈계를, 남자에게는 교훈을 주는) 이야기에서, 배신당한 남편은 민첩하고 무정하게 [아내의 외도에] 대처함으로써 남성성을 지켰다. 그는 아내의 정부를 죽이고 심장을 도려내 아내를 속이고 그 심장을 먹였다. 별미를 맛보게 한 후 재료를 밝히자, 불륜을 저지른 아내는 식음을 전폐하고 자살했다. 이와 비슷하지만 더 섬뜩한 이야기에서는 남편 열두 명이 자기 아내들이 기사 한 명과 같이 잔 것을 알게 되었다. 그들은 그 기사를 찾아서 죽이고 시체를 훼손해서 심장과 성기를 잘라 맛좋은 스튜로 만들었다. 그들은 아무것도 모르는 아내들에게 그 스튜를 먹였고 재료를 알게 된 아내는 절식을 통해서 스스로 목숨을 버렸다[5](종교개혁 이후 좀더 온화하고 부드러운 결혼관을 갖게 된 시대에도, 픽션에 등장하는 부정한 아내는 굶어 죽는 것으로 최후를 택하곤 했다. 토머스 헤이우드Thomas Heywood가 1607년에 쓴 희곡『정 때문에 살해된 여자A Woman Killed with Kindness』에서 남편은 아내의 불륜을 발견하고 아내의 정부를 죽이고 그 시체로 요리를 하는 대신 아내를 집에서 내쫓는다. 집에서 쫓겨난 그녀가 택한 최후 역시 굶어죽기였다).[6]

탐욕스러운 여자들에 대한 가설은 더 발전해서, 아무리 정숙한 아내라고 할지라도 탈선할 기회를 호시탐탐 노리는 부정한 존재일 거라고 가정했다. 같은 시대에 만들어진 이와 같은 이야기가「시리스 부인Dame Sirith」이다. 매력적인 젊은 여자가 남편이 집을 비운 사이 혼자 남았다(남편의 부재는 늘 좋지 않은 결과를 낳는다). 남편이 집을 떠나 있는 사이, 매력적인 젊은 남자가 근처를 지나다가 젊은 부인에게 흑심을 품는다. 그녀는 남자의 유혹을 단칼에 거절한다. "남자가 수작을 걸거나 거드름을 피우려고 나에게 수치를 안겨주는 일은 절대로 일어나지 않게 하겠어요!" 그 남자(결국은 그녀의 애인이 되는)는 일단 한 걸음 후퇴하고는 이웃인 시리스 부인과 작전회의를 열었다. 시리스 부인은 오지랖 넓은 여자였던 모양이다. 그녀는 곧 원하는 것을 얻을 수 있을 것이라고 남자를 안심시켰다. 부인은 자기 딸이 구혼자의 구애를 거절했다가 개로 변해서 밤낮으로 울기만 한다는 터무니없는 이야기를 꾸며서 그 이야기가 젊은 여자의 귀에 들어가게 했다. 이게 어찌된 영문인가! 여자가 마음을 고쳐먹고―심지어는 그 남자를 찾아서 다시 데려올 수 있는지 부인에게 문의하기까지 하는데, 남자를 다시 데려오는 거야 식은 죽 먹기다―실은 내숭을 떨었다는 사실이 밝혀지면서, 임무는 완수되었다. 남편에게 발각되지 않는 한, 정부情夫의 성기는 잘려나가지 않을 것이다.[7]

하지만 이는 남편이 아내의 부정을 모를 경우고, 복수를 감행하는 남편의 이야기는 더 자극적이다. 이런 남편들에게 처한 어려움은 모든 남자가 꿈에라도 겪고 싶지 않을 흔한 것이다. 바로 정력 감퇴, 노화의 두려움, 여자가 관계에서 주도권을 잡는 것, 공개적으로 창피를 당하는 것이다(12~13세기 프랑스에서 유행한, 운문으로 된 짧은 이야기인 파블리오fabliaux를 보면 남편들이 창피를 당하는 형태도 여러 가지다. 조롱하는 사람들 앞에서 아내의 음부에 억지로 입을 맞춰야 하는 남편의 이야기가 있는가 하면, 또 다른 이야기에서는 여왕의 정부가 되기를 원하는 풋내기 기사에게 여왕은 그의 빈약한 턱수염을 가리키면서 "건초용 쇠스랑이 쓸모가 있는지 없는지는 건초의 상태만 척 봐도 알 수 있다"고 말한다).[8] 대부분은 '아이 아버지가 누구인지 모르므로 불안하다'는 게 이야기의 주제다.

바람난 아내를 둔 남편이라는 뜻의 'cuckold'는 프랑스 고어古語에서 유래했다. 작자 미상의 시 「부엉이와 나이팅게일The Owl and the Nightingale」(1250)에 'cuckeweld'가 나오면서 영어에 이 단어가 처음 등장한다.[9] 영리함(뻐꾸기가 다른 새 둥지에 알을 낳으므로)과 어리석음(자기 새끼인 줄 알고 키우는 어수룩한 뻐꾸기의 특징을 빗대어)이라는 두 가지 뜻을 포함하고 있다. 자기가 속은 줄도 모르거나 모른 척하면서, 다른 남자의 자식을 제 자식처럼 키우는 남편을 가리키므로 cuckold에는 후자의 뜻이 적용된다. 남편의 성기능 장애 때문에 아내가 외도를 했다고 자기합리화를 꾀한 것이다.

결혼체제[질서]가 위협받으면—이 말이 무슨 뜻이든, 어느 시대나—사회체제[질서]도 위협받는다. 중세 유럽 사회는 다양한 의식을 통해 이러한 위협을 조롱거리로 삼음으로써 위협에 대처했다. 가장 잘 알려진 의식은 샤리바리charivari라는 가장행렬假裝行列이었다. 이러한 의식을 하는 의도는 범죄자에게 수치심을 주는 것뿐만 아니라 범죄자가 사회 질서를 지키지 않음으로써 끼친 집단적인 불쾌감을 해소하고 올바른 질서를 거듭 시각화해서 모든 사람이 볼 수 있게 하기 위함이었다. 부부의 역할이 전복되는 것만큼 불편한 것도 없었다. 남성들이 성기능에 극도로 자신감이 없던 시점에서, 이러한 전복을 가장 잘 보여주는 사례가 오쟁이 진 남편이었다. 속고 사는 남편만 '바람난 아내를 둔 남편'의 상징인 남근 모양 뿔을 머리에 쓰고 거리를 행진했다―속고 사는 남편은 바보 중의 바보라서 이는 또한 바보의 상징이었다. 아내에게 휘둘리는 남편이 그렇듯, 그는 당나귀 위에 거꾸로 앉아서 소란 법석을 떠는 군중이 늘어선 길을 지나갔다. 군중은 양의 내장이나 프라이팬을 집어던지거나, 턱수염을 잡아당기거나, 심지어는 사타구니를 차기도 했다(프로테스탄트 결혼윤리가 문화를 지배하면서, 굴욕의 대상은 아내를 학대하고―특히― 구타하는 남편에게 옮겨갔다).[10]

바람난 아내를 둔 남편을 픽션의 등장인물로 솜씨 좋게 그린 거장 두 사람이 바로 제프리 초서와 조반니 보카치오다. 그들은 오쟁이 진 남편을, 너무 늙고 약하고 성적 능력마저 떨어져서 자신의 운명에 대항할 수 없는 인물로 묘사했다―아마도 작가들(그리고 틀림없이 그들의 독자들)은 쾌락을 찾아 나서는 게 아내의 당연한 권리라고 인정했기 때문이리라. 교회가 열심히 선전활동을 펴왔음에도 이 작가들이 보이는 태도는 놀라우리만큼 현대적이고 분별이 있다. 14세기 중반 보카치오가 쓴 성 정치학의 걸작 서사 『데카메론』은 열흘 동안의 이야기를 그렸다. 피렌체 귀족 남녀는 흑사병이 강타한 도시를 떠나, 교외 별장에 모여서 서로에게 에로틱한 체험을 들려준다. 이 이야기를 통해서 보카치오는 순결을 경멸하고 도덕적 위선자들을 비난하며, 우둔하게 속고 사는 남편들을 공격하는 것도 당연히 잊지 않는다 ― 여성들의 솔직한 성욕 표출을 두려움보다는 찬탄의 눈빛으로 바라본다.

그중 한 이야기는 "남자들이 이 여자, 저 여자 꽁무니를 좇으며 세계 각지를 떠도는 동안 집에 남은 아내는 지루하게 빈둥거린다고 착각하는" 남자들의 '어리석음'을 지적하면서 시작한다. 이런 어리석은 남자 중 한 명이 피사의 부유한 판사 리차르도 디 킨치카다. "그는 근육보다 뇌가 발달한 스타일로, 공부도 잘했으니 그 능력으로 아내를 충분히 만족하게 해줄 수 있으리라 생각하고 젊고 예쁜 아내를 열심히 찾아낸다." 젊고 아름다운 바르톨로메아와 결혼식을 치르고 첫날밤이 찾아왔지만 신랑의 밤일 솜씨는 형편없었다. "그는 겨우 그녀와 한 번 일을 치러서 겨우 초야를 치르고 본 게임이 끝나기도 전에 나가떨어지다시피 했다. 다음 날 아침 마르고 홀쭉하게 여윈 그는 강장제와 온갖 약재로 원기를 회복해야 했다."

'자신의 정력이 어느 정도인지 현실을 파악한' 킨치카는 '한때 라벤나에서 학생들이나 볼 것 같은 달력[11]'을 아내에게 가르침으로써 자신의 부족한 정력을 숨기려 했다. 각주脚註에 따르면 라벤나는 1년에 365일이 있다면 그 날짜 수만큼 교회가 많은 도시라고 한다. 킨치카는 인내심을 갖고 아내에게 설명하지만 아무 소용이 없었고, 아내는 (킨치카를 뺀 모든 사람과 마찬가지로) 남편의 말을 곧이곧대로 믿을 정도로 어리석지 않았다.

한 명 또는 그보다 많은 성인을 위한 축일이 아닌 날이 하루도 없다. 성인들에게 존경심을 표현하고자, 그가 논점에서 벗어난 주장을 하는 것처럼, 남녀는 금욕을 해야 한다. 그는 성인 축일뿐만 아니라 (가톨릭 미사에 참여해야 하는) 의무적인 성일聖日, [사순절, 오순절, 9월 14일, 12월 13일의 첫 일요일에서 이어지는] 사계 재일 주간, 사도 축일 전야, 그 밖의 다양한 성인 축일, 성 금요일, 성 토요일, 안식일, 성회일부터 부활절 전야까지 사순절 전체 기간, 달의 차고 기울기에 따라, 그리고 여러 특별한 경우들을 보냈다.

킨치카는 이런 식으로 여자의 정신을 혼란스럽게 했는데, 이러한 계산법으로 따지면 부부관계는 기껏해야 한 달에 한 번밖에 할 수 없게 된다. 이렇게 함으로써 도덕적 우월함을 독차지하는 동시에, "그가 축일을 가르쳐준 것보다 더 자세하게 달력에 대해 가르쳐주는 사람이 없도록" 아내를 "주의 깊게 감시할 수 있었다." 한편 그의 '아름다운 아내'는 반복되는 성적 욕구불만을 '분하게 여기고' 있었지만 종교적 헌신이라는 논리를 반박할 수 없었다.

그러던 중 피사에 불볕더위가 찾아왔다. 판사는 별장이 있는 몬테네로의 서늘한 날씨가 몹시 그리워서 아내와 휴가를 떠났다. 몬테네로에 머무는 동안 아내의 '기분이 조금이라도 나아질 수 있게' 신경을 써서 낚시 여행도 계획했다. 리차르도와 그가 고용한 어부들이 한 배를 탔다. 바르톨로메아는 다른 여자들과 함께 다른 배에 타서 남자들이 낚시하는 광경을 황홀하게 바라보며 재미를 찾았다. 그때 '악명 높은 해적' 파가니노 다 마레가 여자들이 탄 배를 습격했다. 그는 아름다운 바르톨로메아에게 한눈에 반해서 그녀를 납치했다.

바르톨로메아는 온종일 대성통곡했다. 파가니노는 그녀를 말로 위로해보려 했지만 소용이 없자 '행동으로 달래기 시작했다.' 성적인 행동으로. 기적과도 같은 '그의 위로가 어찌나 효과적이었던지' 그녀는 울음을 뚝 그쳤다. 힘없이 축 처지고 독실한 척하는 남편과 달리, 파가니노는 "달력은 신경도 쓰지 않는 남자였고 축일이니 성일이니 하는 것 따위는 잊은 지 오래였다." 바르톨로메아는 자신을 유괴한 사람과 곧바로 열정적인 [정신적·육체적] 사랑에 빠졌다. 해적의 고향 모나코에 도착하기도 전에 "판사와, 그가 정한 규칙은 그녀의 기억에서 사라졌고, 파가니노와 함께하는 삶은 매우 행복했다.""파가니노는 그녀를 밤낮으로 달래줄 뿐만 아니라 그녀를 아내처럼 극진히 대우했"기 때문에 육지에 도착해서도 바르톨로메아는 내내 행복했다.

시간이 흘렀다. 아내의 행방을 알게 된 킨치카는 아내의 몸값을 가지고 혼자 모나코로 항해를 떠났다. 그는 파가니노를 찾았고, 아내를 얼마면 넘기겠느냐고 물었다. 영리한 남자 파가니노는 돈이 문제가 아니라면서 그들의 운명은 그녀가 누구를 원하는지에 따라 결정된다고 말했다. 그러나 바르톨로메아는 남편을 못 알아보는 척했다. 판사는 그녀와 잠시 둘만 있게 해달라고 청했다. 파가니노는 판사의 부탁을 순순히 들어주었다. "오, 사랑하는 그대여, 내 사랑, 여보, 내 보물! 나 자신보다도 당신을 사랑하는, 당신의 리차르도를 기억 못 하겠소?" 킨치카 판사가 말했다. 그녀는 웃으며, 그의 낯 간지러운 대사를 끊었다.

당신이 내 남편이라는 것을 알 만큼 내가 충분히 기억력이 좋다는 사실은 당신도 잘 알고 있을 거예요. (중략) 하지만 내가 당신과 함께 살 때 당신은 나를 알아보려는 노력을 조금도 하지 않았어요. 그때든 지금이든 당신이

스스로 현명하다고 생각하는 것만큼 현명하다면, 풋풋하고 원기 왕성한 나 같은 젊은 여자는 얌전을 떠느라 입 밖에 꺼낼 수 없어서 그렇지, 옷과 음식만으로는 만족할 수 없다는 상식 정도는 분명히 알았어야죠. 그런 면에서 당신은 나를 어찌나 불만족스럽게 했는지. 아내와 함께 사는 것보다 법 공부를 하는 데 더 관심이 많았다면 애초에 결혼하지 말았어야죠.

그녀는 남편과 돌아가기를 거부했다. 판사는 미칠 듯이 슬퍼하면서 피사로 돌아와 그곳에서 죽었다. 파가니노는 미망인과 결혼해서 그 후로 오래오래 행복하게 살았다. 이야기가 끝나자마자 좌중에서는 웃음소리가 왁자지껄하게 울려 퍼졌다.

보카치오 이후 몇십 년이 지나 활동한 초서는 『캔터베리 이야기』에서 절뚝거리며 느릿느릿 등장하는 불쌍한 남편의 행렬어 보카치오보다는 조금 동정적인 시선을 던졌다. "여편네가 없는 사람은 여편네 바람 때문에 창피를 당하진 않을 것 아닌가"[12]라는 표현처럼, 초서가 창조한 세계에서 기혼 남성들이 언제나 부당한 대우를 받는다는 사실을 생각하면, 초서가 이런 작중인물들에게 가혹한 태도를 보이지 않아서 다행이다. 초서는 결혼제도를 비판하고자 하는 것이 아니다. 그는 남성들에게 미치는 총체적인 위험을 최소화하는 게 낫다는 사실을 다른 남자들도 알아야 한다고 생각했다. 초서는 남자가 자기 주제를 정확히 파악하고 아내를 현명하게 선택해야만 행복한 결혼생활을 할 수 있다고 보았다. 불쌍한 남자들에게 연민어린 태도를 보이는 초서도, 젊디젊은 아내와 결혼하면 회춘할 수 있다고 착각하는 노인네들을 참지 못했다. 이런 노인 캐릭터는 초서의 작품에 자주 등장한다.

「상인 이야기The Merchant's Tale」에서 미혼의 괴짜 늙은이는 인생의 한겨울을 보내고 있었다. 이름도 걸맞게 재뉴어리January였다. 그는 갑자기 결혼이라는 '영적 행복'을 경험하고 싶어졌다.

재뉴어리는 부인이 어리면 고분고분하고 마음대로 휘어잡을 수 있을 거라는 남자들의 오랜 착각을 신봉했다―기가 차다는 듯, 눈을 굴리는 초서의 표정이 상상이 되지 않는가? 재뉴어리는 자신이 결혼을 하고도 다른 여자에게 한눈을 팔지도 모른다고 걱정했다. 그래서 젊고 매력적인 아내와 결혼하면 바람을 피우지 않을 거라는 말도 안 되는 결론을 내렸다. 재뉴어리는 메이May(1년 중 가장 원기가 좋은 달)와 결혼했다. 메이는 재뉴어리의 착각을 바로잡아주었다.

제일 인상적이고 무시무시한 「바스의 여장부 이야기Wife of Bath」는 10대 여성뿐만 아니라 중년 여성도 남자들의 성적 능력에 대한 착각을 산산조각 낸다는 사실을 보여준다. 바스의 여장부는 원기 왕성하고 육감적이며 생명력이 넘친다. 그녀보다 훨씬 더 젊은 남편들도 그녀에 비하면, 제대로 대결하기도 전에 기권이라도 할 듯, 병약하고 무기력한 존재다. 『캔터베리 이야기』에 등장하는 여성 인물 중에는 특별히 정숙하거나 겸손한 사람은 없으며(그런 진부한 캐릭터를 누가 더 만나고 싶겠는가?) 남성 캐릭터에게는 없는 왕성한 생기가 있다―그 생기 앞에서 남자들은 주눅이 들었다.[13]

그러나 남자들은 여전히 '정숙한 아내' 판타지를 품고 있었다. 그리셀다Griselda라는 중세 버전의 정숙한 아내를 재현한 사람이 보카치오다. 그녀의 이야기는 『데카메론』 맨 마지막에 나오는데, 여기에만 등장하는 것이 아니다. 페트라르카는 이탈리아어로 쓰인 제자의 작품을 당시 공용어인 라틴어로 번역했고, 이를 바탕으로 초서는 「바스의 여장부 이야기」와 대조를 이루게 하려는 의도였던지 『캔터베리 이야기』의 「옥스퍼드 서생의 이야기」에 그리셀다 모티프를 각색한다. 그리셀다 모티프는 단순화한 서사 형태—혼기가 꽉 찬 딸과 말 잘 듣는 신부를 훌륭한 아내로 길들이는 이야기—의 대중문학이 되었다.

이 모티프를 담은 전형적인 이야기를 보면, 그리셀다는 지주의 눈에 든 소작농의 딸로 등장한다.[14] 그는 그녀와 결혼하기를 원하지만 그녀는 모든 면에서 그의 뜻을 따르겠다고 약속해야 했다. 그녀는 약속했고 지주는 그리셀다와 결혼했다. 그러나 지주는 그리셀다가 과연 정숙한 아내인지 엄격한 테스트를 해보고 싶었다. 첫 딸이 태어나자마자 신분 높은 남편은 유아 살해의 뉘앙스를 풍기면서 갓 태어난 아이를 '데려가겠다'고 말한다. 그리셀다는 그때도 그 이후로도 아무것도 묻지 않는다. 아기는 사라졌고 어머니는 별다른 반응을 보이지 않는다. 4년 후 그리셀다는 아들을 낳았다. 지주는 이 아이도 '데려가도 되겠느냐'며 그녀의 의견을 묻는다. 그녀는 물을 필요도 없다고 대답한다. "당신이 저와 제 아이의 주인이십니다." 그녀는 남편을 안심시킨다. "그러므로 당신 마음대로 하시고 제 의견은 묻지 않으셔도 됩니다." 아기는 또 사라졌다. 아이를 강제로 빼앗기고 불평도 하지 않은 아내에게 남편은 이번에는 이혼하고 다른 여자와 재혼하고 싶다고 말한다. 그래도 그리셀다가 반대하지 않자 남편은 마침내, 아이 두 명을 죽이고 이혼을 하겠다고 한 것은 그녀가 얼마나 순종적인지 알아보려는 계략이었다고 털어놓는다. 그동안 아이들은 친척들의 손에서 안전하고 건강하게 잘 지내고 있었고, 재혼할 다른 여자는 없었다. 그리셀다가 자신이 꿈꾸는 아내로서 기대에 넘치게 부응했기 때문에, 그는 그녀와 계속 살기로 한다. 이 이야기는 도덕적 교훈을 담은 깔끔한 소품이다. 작가는 이야기의 교훈을 다음과 같이 요약한다. "현명한 아내는 남편에게 순종함으로써 남편의 사랑을 얻을 수 있다"고.

그런데 이 모범적인 아내 모델은 그다지 신선하게 느껴지지 않는다. 현명한 아내의 전신으로 그리셀다의 선배격인 알케스티스와 루크레티아는, 남편에게 정조를 지키고 남편을 섬기는 것은 기본이었고 우아함과 고상함의 화신이었다. 반면, 그리셀다가 유명해진 이유는 그저 맹목적으로 복종했기 때문이다. 이것이 중세 문화에서 정의하는 좋은 아내(이자 '현명한 여자')의 주요특징이 되었다면, 시간이 지나면서 남자들의 상상력이 무뎌졌거나 그들의 불안감이 커졌거나, 아니면 둘 다인 것 같다.

여자들에 대해 불평하는 남자들을 여자들이 어떻게 생각하는지 알아보면 좋겠지만, 르네상스가 도래하기 전까지 몇 가지 눈에 띄는 예외를 빼고는 여자를 주체로 해서 남긴 기록은 전혀 없다.[15] 그 예외 중 하나가 10세기에 영어로 쓰인 극적인 독백인 「아내의 탄식The Wife's Lament」이다―여성인 체하는 남자가 아니라, 정말로 익명의 여성 작가가 쓴 것으로 추정한다면 말이다.[16] 중세에 남자들이 아내에 대해 불평을 늘어놓았던 것을 떠올리면, 이 영시에 등장하는 탄식은 다음과 같이 예상해볼 수 있다. 착한 기독교도 여성은 술주정뱅이 남편을 위해 종일 노예처럼 일하는데 남편은 취할 때만 그녀를 안고 맨정신일 때는 몇 개월이고 건드리지도 않는다. 남편이 집에 와서 내뱉는 첫 마디는 저녁식사가 왜 이렇게 식었느냐는 것이며 첫 번째 행동은 뺨을 갈기거나 그보다 더 악랄한 짓이다. 그녀는 그리셀다처럼 침묵을 지키며 갖은 학대를 견디면서 속으로 남편이 즉사하기를 빈다. 그녀는 이래라저래라 잔소리하는 아내가 되거나, 아니면 그녀의 마음을 달래줄 애인을 만나거나 하게 된다.

그런데 탄식하는 아내는 위에서 열거한 그런 아내가 아니다. 그녀는 정숙하며 남편이 죽기를 바라기는커녕 남편을 다시 찾고자 한다. 그녀는 남편의 존재를 슬퍼하는 게 아니라, 남편의 부재 때문에 괴로워한다. 부부는 비열한 시댁 식구들 때문에 억지로 갈라서야 했는데, 그 별거 사유는 나오지 않는다. 그녀는 두 사람이 다시 만날 날이 없을지도 모른다고 생각한다(그녀는 남편을 중세에 배우자를 부르던 일반적인 표현대로 '나의 주인님my lord'이라고 부른다). 시댁 식구들은 영국 해협으로 추정되는 '거친 파도'를 건너서 남편을 데리고 갔다. 그는 이제 어딘가 멀리 떨어진 외국에서 살고, 그녀는 시댁 식구들이 사는 적지에서 '친지도 없이 고독하게 유배생활'을 한다. 시댁 식구들은 그녀를 집에서 쫓아내 수목이 우거진 숲의 '토굴'로 보냈다. 토굴 안에서 그녀는 '주인님'을 밤낮으로 그리워한다. "예전에는 한 번도 그런 적이 없었는데 이제는 우리의 우정이 산산이 부서졌다"고 그녀는 결혼에 대해 말한다. "죽음 말고는 그 어떤 것도 우리를 갈라놓을 수 없다고 그토록 자주 맹세했는데, 이제 모든 게 변했어요. (중략) 지상에는 친구들이 있고 살아 있는 연인들은 한 침대에 눕는데, 저는 새벽에 떡갈나무 밑을 혼자 걸어 이곳 토굴에 오네요." 그녀는 그녀가 '가장 사랑한 사람'과 자기 자신 둘 다 '비참하게 살고 있다'고 생각한다. '그가 더 행복한 집을 얼마나 자주 떠올릴지 알기 때문에' 그녀는 그의 고통도 자신의 고통처럼 예민하게 느낀다. 그 행복한 집은 이제는 존재하지 않는 부부의 집을 가리키는 것이리라.

이 시를 쓴 작가가 정말로 여성이라면, 그리고 그녀의 이야기가 본질적으로 정확하다면—정확한 사실이냐는 의미가 아니라, 화자의 감정에 진정성이 있는가 하는 의미에서— 우리는 그녀의 당연한 탄식을 경탄해야 할 것이다. 시대에 상관없이 이렇듯 사랑이 가득한 결혼은 보기 드물 뿐만 아니라, 부부애를 찾기 어려운 이 시기에 이런 부부가 있었다는 것은 엄청난 기적이기 때문이다. 그래서 정말로 여자가 썼는지 의심스럽다. 귀족이 아닌 여성이 이토록 글솜씨가 뛰어나고 이토록 감동적인 결혼찬가를 썼다는 것만으로도 제법 놀라운데, 그보다 더 놀라운 것은 그녀의 작품이 보존되었다는 사실이다. 게다가 이 작품이 나온 것은 암흑시대 말기였던 10세기다. 성직자 다음으로 교육받을 확률이 높았던 남자 귀족조차 대개는 문맹이었고, 비종교적 글쓰기의 생산은 기껏해야 극소수가 했으며, 비종교적 글의 보존은 과소평가되었다. 그리고 이런 글을 여자가 쓴 경우는 사실상 없었다. 그런데도 이런 글이 보존되었다는 것은 제로보다도 낮은 확률이다. 그래서 「아내의 탄식」의 작가가 남자가 아닐까 하는 추측이 과장은 아니다.

만일 그렇다면 이는 또 하나의 '좋은 아내' 판타지일 것이다. 여자들을 일깨우고자 귀감을 제시하려는 의도보다는, 좀더 개인적인 의도가 깔린 듯하다. 남편을 인생의 전부로 아는, 남편만 사랑해주는 완벽한 아내에 대한 남자의 판타지로 보인다─아니면 그런 완벽한 아내가 있었는데 그녀가 사라진 '남편의 탄식'으로 보인다. 둘 중 어떤 경우든 이 영시는 10세기, 아니 어쩌면 21세기의 어떤 남자도 절대로 드러내고 싶지 않은 면─남자답지 않은, 의존성과 예민한 감수성─ 을 드러내고 있기 때문에 이 작가가 여자의 가면을 빌린 게 아닐까 추측해본다.

제10장

불륜의
황금기

하느님이 이브더러 입 다물고 남편에게 복종하라고 명령한 이후, 결혼에 대해 불평하고 결혼을 심사숙고하고 결혼과 관련된 법률을 제정하고 결혼문제를 신학적으로 고민했음에도, 패러다임의 변화—섹스를 죄악시한 기독교 결혼관 때문에, 결혼을 성욕 해소 방법으로 바라보게 된 것—는 한 번뿐이었다. 걱정하기에는 아직 이르다. 또 한 번의 패러다임 변화가 진행 중이었다.

　문예가 부흥하고 학문이 다시 유행하며 기사들이 빛나는 갑옷을 걸친 12세기의 눈부신 햇살 아래, 암흑시대의 어두운 나날들은 그 자취를 감추었다. 새로운 생각이 사람들 사이에 퍼지면서, 특정 세력이 주도권을 잡게 되었다. 그들은 거만함, 권력, 재력, 기동력, 게다가 기독교가 지배하던 유럽을 넘어서 세속적 지식에 접근할 수 있는 능력 면에서, 교회에 맞설 수 있는 유일한 사회계층이었다—그들은 종교적 권우를 교교하게 피하는 데도 익숙했다. 이 사회계층이 귀족이다. 그리고 귀족사회가 사랑한 것은 바로 ‘사랑’이었다. 신에 대한 영적인 사랑(교회가 유일하게 인정하는 사랑)이나 남자들 사이의 정신적 사랑(고대 사회에서 유일하게 인정한 사랑)이 아니라, 남자가 여자에게 품는 에로틱한 사랑이었다. 이성에 대한 욕망, 로맨스, 더 노골적으로 말하면 성적 욕구였다. 이런 종류의 사랑이 이 시기에 처음 알려진 것은 아니다. 그러나 에로틱한 사랑이 신에 대한 사랑보다 더 위대하지는 않더라도, 신에 대한 사랑만큼 중요하게 목표로 삼아야 할 이상이며, 인간의 사랑 중 최상의 형태라고 서구에서 장려했던 적이 이전에는 한 번도 없었다. 특히 이런 종류의 사랑이 본질적으로 불륜과 같은 혼외관계라는 점에서, 교회로서는 이보다 더 사회전복적인 것은 없었다. 이[런 종류의 사랑]보다 더 성에 대한 인식, 그리고 필연적으로는 결혼을 변화시킬―이 시기에 나타나는 변화는 아니지만[장차 일어날 일이지만]―잠재력을 지닌 것은 없었다.[1]

　　당시 사회를 지배하던 종교적 원칙은 귀족의 전통, 귀족이 중요하게 여기는 관심사와 정면으로 충돌했다. 귀족들은 성직자들이 세속적인 생활, 특히 결혼생활에 간섭하는 것에 분개하고 저항했다. 결혼은 깰 수 없는 굳은 서약이고 부부는 서로 성적으로 독점적이어야 한다는 원칙을 귀족으로서는 지킬 수 없었다. 이 원칙은 귀족 결혼이 지향하는 목표―대를 이은 부富와 토지와 정치권력의 축적과 보존―와 정면으로 배치되었다. 오늘날 중동 평화협정이나 다국적기업 합병처럼, 귀족들은 장시간 동안의 집중적인 협상을 통해 세부사항을 일일이 따지고 절충안을 마련하는 조정을 함으로써 혼인을 결정했다. 양측은 현재뿐만 아니라 장기적으로 미래를 내다보고 정치적 · 경제적 이점을 최대한 챙기려고 노력했다. 고대 그리스처럼 ‘감정’을 중요한 요인으로 생각하지 않았다. 신랑과 신부는 교환하고 과시하는 상품이었다. 재산과 직위, 이후에는 아들을 낳는 능력에 따라 상품의 가치가 매겨졌다.

"자네, 마리아를 사랑하나?" 존 마스턴John Marstor의 희곡 『불평분자*The Malcontent*』에 나오는 어떤 남자 귀족은 다른 남자 귀족에게 이렇게 묻는다. 질문을 받은 남자는 고귀한 태생의 약혼녀에게 '열렬한 애정'은 없지만 "혈통을 고귀하게 하고 재산을 늘리기 위해서 현명한 남자가 신분 높은 여자를 사랑하듯" 그녀를 존중한다고 대답한다. 이 대답은 마스턴이 희곡을 쓰던 1600년 무렵 귀족의 현실을 꽤 실감 나게 묘사한 것이지만, 1100년의 상황에 적용하더라도 맞아떨어지며 1981년 찰스 왕세자가 다이애나와 결혼하던 상황에도 적용할 수 있다. 왕족들이 깊은 애정을 바탕으로 결혼한다면 대단히 운이 좋은, 우연한 경우이기 쉽다. 보통 깊은 애정이란 왕이 자신의 정부情婦에게 품는 것이다. 왕비는 [왕과의 혼인을 통해 애정이 아닌] 왕관만 받는다. 왕비도 정략결혼이라는 목표를 달성하고 나면, 다른 데서 '애정'을 찾는다, 그것도 신중하게. 고귀한 태생의 공인받은 처녀로서, 조상이 물려준 작위와 자기 소유의 토지가 있고 가임기가 창창하게 남은 다이애나는 왕족의 대를 이을 수 있는, 의심할 나위 없이 합법적이고 완벽한 왕세자비 후보였다―그것이 영국 왕실에서 바라보는 다이애나의 가치였다. 다이애나가 왕이든 왕세자든 왕족과 결혼한다는 것은 로맨스가 아니라 비즈니스 거래라는 사실을 처음부터 이해하고 받아들였더라면, 이혼하지도 않았을뿐더러 치명적인 사고로 목숨을 잃지 않았을지도 모른다.

중세 젊은 여자들은 귀족이 아니더라도 결혼이 거래라는 사실을 잘 알고 있었다. 소지주의 딸이든 부유한 상인의 딸이든 성적으로 성숙한 단계에 이르면 결혼의 본질을 파악하고 있었다. 아버지가 물려줄 신부 지참금의 액수와 혈통에 따라, 사회적으로 어느 수준에 있는 사람과 결혼할 수 있는지 결정되었다. 다시 말해, 모두가 결혼할 수 있는 건 아니었다. 장자 상속권에 따라 차남과 삼남은 본인의 의지와 상관없이 노총각으로 남아 있는 경우가 종종 있었다. 여자가 결혼적령기(사춘기)가 되었는데도 집안에서 언니들을 결혼시키느라 재산이 바닥난 경우도 있었다. 아버지가 찾아준 배필감이 딸의 눈에 차지 않기도 했다─명문가 여성이지만 가세가 기울어서 지참금을 많이 준비하지 못한다면, 돈보다는 명예를 따지는(이름 없는 가문 출신의) 남자와 결혼했다. 신부 측 아버지가 가난한 주제에 가문에 대한 자부심이 하늘을 찌른 나머지 이를 괘씸하게 여긴 신랑 측이 혼사를 깨거나, 신랑 측에서 신붓감에 심한 신체적 결함이 있어서 자식을 낳아줄 어머니로는 적합하지 않다고 여긴다면, 여자에게 남은 선택은 수녀원밖에 없었다. 그나마 선택의 자유가 있었던 계급은 소작농뿐이었다. 교환할 상품도, 작위도 없고 결혼을 통해 얻을 권력도 없는 부모는 자식의 결혼에 관여하지 않았다. 소작농의 아들과 딸은 연애결혼도 할 수 있었다. 귀족들은 상상도 할 수 없는 일이었다. 그래서 연애결혼은 꿈도 꿀 수 없었던 귀족들, 특히 귀족 여성들이 '궁정연애'에 매료되었다. 300년간 궁정연애를 주도한 것도 귀족 여성들이었다.[2]

어떻게 맺은 혼사든, 중세 유럽에서 기독교도는 이론상 이혼할 수 없었다. 교회법에 따르면 왕도 이혼할 수 없었다. 그러나 귀족은 기독교 신자임에도 자신들만의 법에 맞춰 사는 데 오랫동안 익숙해져 있었다. 귀족들의 법은 교회법과 정반대되는 가치체계를 반영하고 있었다. 대를 이은 안정, 정치적 동맹, 경제적 이익은 종교적 고려사항보다 더 중요하게 생각되었다. 부와 명예를 물려줄 아들을 얻지 못한 귀족들은 교회가 결혼 문제에 간섭하는 데 반항했다. 그들은 무슨 수를 써서라도 대를 이으려고 했다. 후계자[아들]를 낳지 못하는 아내는 갈아치웠다. 경제적으로나 정치적으로 더 큰 이득을 얻을 결혼의 기회가 생기면 이미 결혼한 귀족이더라도 또 결혼하기를 주저하지 않았다. 그들에게 깨지 못할 혼인서약은 없었다.

그들은 돈으로 성직자를 매수할 수 있다는 사실을 곧 알게 되었다. 뇌물이 통하는 주교 앞에 두툼한 돈뭉치를 던지면—짜잔!—신성한 혼인서약도 마법과 같이 무효가 되었다. 결혼한 지 10년이 됐는데 알고 보니 부인이 십촌뻘 친척이더라 같은 핑계를 대면 혼인이 무효가 되었다. 귀족 남성이 탐욕스러운 고위직 성직자 앞에서, 자기도 모르게 [친척과 결혼한] 죄를 저질렀다고 경건하게 고해성사를 하면, 성직자는 그의 영혼이 위험에 처해 있지만 혼인을 무효로 선언하면 영혼이 즉시 구원받을 수 있다고 진지하게 동의해준다. 돈이 오가고, 교황과 상의하고, 혼인무효 판결이 내려지고, 문제는 해결된다.[3]

섹스를 죄악으로 보는 결혼관처럼, 획기적으로 결혼제도에 변화를 가져온 사람이 바로 이와 같은 귀족 남성이었다. 그런데 이전의 패러다임 변화와 달리, 그가 가져온 변화는 일리가 있었다. 그는 프랑스 땅의 3분의 1을 다스리는 봉건영주이자 얕잡아볼 수 없는 전사며 자유연애주의자였고, 궁정에 모여드는 사람들에게 여성에 대한 에티켓을 가르치고 싶어 했다. 이 중세의 자칭 '미스터 매너'가 푸와티에 백작이자 아키텐 공작인 기욤 9세William IX다.

이 시기 유럽은 암흑시대의 혼란에서 가까스로 빠져나온 참이었다. 수 세기 동안 엄격한 종교가 지배하던 사회에 최초로 비종교적 권력구조를 세운 봉건주의가 막 안정을 찾았다. 귀족들에게는 참으로 기쁘게도 부와 사치가 다시 궁정에 나타났지만 예의범절은 완전히 사라진 것처럼 보였다. 심지어 궁정에서도 사람들은 손으로 음식을 먹었고 콧물이 나오면 소매로 쓱 닦았다. 포크와 손수건이 발명되는 것이 600년 후의 일이다. 기독교적 인문주의자인 에라스무스가 젊은 남자들에게 남들 보는 앞에서 방귀를 뀌지 말라고—또는 기침할 때는 손으로 가리라고—충고한 것도 500년 후의 일이다. 멋진 실크나 레이스 장식으로 아무리 많이 치장을 하고 봉건 영지를 상속받았다 하더라도, 그 귀족이 예의범절도 갖추었으리라고는 보장할 수 없었다. 당연히 모든 일에는 예외가 있었으니, 기욤 9세가 바로 그 예외적인 인물이었다. 그는 다른 귀족들의 상스러운 행동을 참을 수가 없었다. 그렇다고 그의 행실이 눈부셨던 것은 아니다. 그와 동시대를 살았던 작가 중 한 명은, 1차 십자군 원정에서 돌아와서는 자기가 얼마나 많은 여자와 잤는지 떠벌리고 다니는 그를 "모든 악의 구렁텅이에서 뒹구는, 어리석고 교활한 남자"라고 표현했다. 여자를 떠받드는 에티켓을 가르치고 다닌 것으로 유명한 이 남자가 소문에는 아이러니하게도 어떤 면에서는 여성혐오자라고 전해진다.[4] 그럼에도 그는 하나의 게임—'궁정연애courtly love'라는 게임—으로 가장한, 정교한 에티켓 레슨 시리즈를 고안해냈다.

완전히 새로운 개념이라는 게 세상에 존재한다면, 궁정연애는 그런 새로운 개념이 아니다. 기욤 9세는 끊임없이 모험을 찾아 헤매는 사람으로, 십자군 원정을 이끌었고 세계를 돌아다녔다. 아랍의 연애시戀愛詩는 10세기에 걸쳐 중동에서 빠르게 성장했고 11세기에 유럽 궁정에 들어왔다. 기욤 9세는 중동에 머물 때 아랍 연애시를 접했다. 아서 왕, 기네비어, 랜슬럿이 등장하는 서사시를 비롯한 궁정연애 문학의 뿌리는 아랍 연애시보다는 라틴 시, 그중에서도 1세기 초반 오비디우스Ovidius가 쓴 필생의 역작 『사랑의 기술The Art of Love』이다. 아마도 이 책이—출산을 장려하고 로마의 도덕질서 회복을 위해 노력했으며 아내가 구해온 처녀들의 처녀성을 빼앗는 데 집착한 아우구스티누스 황제는 이 책에 격분해 오비디우스를 추방했다 ─기욤 9세에게 가장 많은 영감을 불어넣은 듯하다. 1세기 초반에 집필된 『사랑의 기술』은 궁정연애의 표준 고과서다. 이 책은 불륜의 추구, 완성, 유지, 마무리를 다룬 방대한 지침서로, 남자와 여자를 섹션별로 나누어 정리했다. 12세기 들어서 이 책의 영향력은 산불처럼 빠르게 번졌다.

오비디우스에 따르면 '대중, 근엄한 심판관, 선출된 상원의원과 마찬가지로 여자들은' 말을 청산유수처럼 잘하는 남자에게 '백기를 들고 함락될 것'이기 때문에 남자는 반드시 언변이 뛰어나야 한다. 직관력도 중요하다. "그녀는 자신이 두려워하는 것은 묻고, 원하는 것은 묻지 않으므로." 일단 구애에 성공하면 남자는 여자를 자신보다 열등한 존재로 대우하면 안 된다. '그녀에게 주도권을 주는' 한편, '당신이 그녀의 아름다움에 매혹되었다는 것'도 알려주어야 한다.

남자든 여자든 사람을 유혹하는 심리학에 통달한 오비디우스가 쓴 『사랑의 기술』은 ─여자들의 마음이 어떻게 움직이는지 남자가 이해하기 쉽게 도운 것은 말할 나위 없이─다른 남자들보다 더 세련되게 여자들 앞에서 행동하고자 하는 남자들에게는 지식의 보고였다(오비디우스는 기특하게도 여자들에게도 마음이 있다고 생각했나 보다). 기욤 9세도 이 책에서 몇 가지 비법을 얻을 수 있었다. 게다가 오비디우스는 여자들을 재잘거리는 백치, 아이나 낳는 기계, 뒤통수 치는 사기꾼, 색정증 환자로 묘사하지 않았기 때문에─다른 곳은 아닐지라도 적어도 아키텐Aquitaine에서는─남녀관계가 개선되는 데 도움이 되었다.

어디에서 나온 이야기인지는 모르겠지만, 기욤 9세는 연애이론을 가르치기만 한 게 아니라 연애전선에 열심히 직접 뛰어들기도 했다고 한다. 그는 방패에 애인의 이미지와 "그녀가 그를 침대에서 안아주었듯, 그녀를 전투에 데려온 것은 그의 뜻It was his will to bear her in battle, as she had borne him in bed"5)이라는 문구를 새겨 넣었다고 한다. 그는 프로방스의 음유시인으로서 최초의 무훈시chanson de geste(운율 있는 서사시) 몇 편을 써서 유럽에서 낭송했다. 궁정연애는 귀족을 제외한 민중에게는 미치지 않았지만, 궁정연애의 이면에 깔린 사상은 이후 결혼에 지대한 영향을 미쳤다.

교회가 섹스에 병적으로 집착했다면, 궁정은 사랑, 특히 남자가 여자에게 품는 사랑에 집착했다. 평생 처녀성을 지킨 것으로 알려진 마리아가 궁정연애의 귀감이었다고는 하나, 궁정연애는 처녀성과는 아무런 관련이 없었다고 많은 학자가 주장한다. 궁정연애는 종종 이루지 못한 사랑—실연은 연인을 고귀하게 만들며 천상의 높이로까지 고양한다는 원칙에 따라 사랑이 완성되는 순간을 일부러 질질 끌었다—을 찬양하곤 하지만, 언제나 유혹의 분위기가 감돌았다. 어떻게 원죄 없이 잉태된 순결한 마리아가 에로틱한 욕망의 대상이 될 수 있었을까?(또 어떻게 원죄 없이 태어난 사람이 성교에 의해 잉태될 수 있을까? 전자가 사실이면 후자는 거짓이 된다. 영원히 풀리지 않을 미스터리다). 궁정연애에는 두 가지 전통이 존재하며—사랑의 완성[섹스]에 관심 없는 한 가지 전통과, 사랑의 완성에 모든 초점을 맞추는 또 한 가지 전통—두 가지 형식이 존재하는데, 바로 게임과 문학이다.

궁정연애라는 게임(실제로는 인물 두 명이 등장하는 연극에 가깝다)은 욕망을 해소하기보다는 욕망을 억압하는 방법을 자세히 설명한다. 욕망을 채우지 못하고 더 오래 참을수록, 기사는 자신이 더 완벽한 연인이라는 사실을 증명하는 셈이다. 궁정연애는 진심이라기보다는 연기였다. 미혼인 기사 역할을 맡을 남자가 한 명 등장하며, 그 기사보다 지위가 높은 다른 남자의 아내이자 마음을 얻기 어려운 고귀한 태생의 여자가 등장한다. 꽉 짜인 여러 의식과 미리 원고를 써온 대사를 통해 드라마가 펼쳐진다. 드라마가 펼쳐지는 무대는 주로 기사들이 말을 타고 시합장을 질주해 상대를 말 위에서 떨어뜨리며 창 솜씨를 뽐내는 마상 시합장이다. 기사는 시합에 나가기 전에, 시합을 보러 온 사람들 가운데 귀부인을 한 명 선택한다. 기사는 말을 타고 그녀에게 다가가서 그가 시합에서 힘을 낼 수 있도록 그에게 응원의 표시—스카프, 꽃, 키스—를 해달라고 부탁한다. 남자가 부탁하는 언어 표현부터 여자가 부탁을 받아들이는 몸가짐까지 모든 것은 미리 짜인 각본에 따라 행해진다. 서정시에서 비롯된 문학은 비유법을 겹겹이 써서, 서정시보다 더하지는 않더라도 서정시만큼 형식미를 추구한다—요즘으로 치면, 공항 터미널이나 버스에서 쉽게 읽을 수 있는 글이 아니라는 뜻이다.

예컨대 13세기 프랑스에서 쓰인 후 유럽 전역에 30C년 동안 침투해 들어간 『장미 이야기*The Roman de la Rose*』는 등장인물과 그들의 행동과 소품—정원, 화살, 분수, 그리고 당연히 장미—이 저마다 어떤 것을 상징한다. "검은 머리도 갈색 머리도 아닌 고귀한 혈통의 귀족 여성으로, 달처럼 환하게 빛나는 존재라서 그녀 옆에서 다른 별은 작은 촛불에 불과하며, 붓꽃처럼 하얗고 깨끗한 신부"인 '아름다움Beauty'이 이야기 속에 나온다. '높은 신분에다 막대한 재산을 갖춘 중요한 귀족 여성'인 '풍요로움Wealth'도 나오는데, 화려한 그녀는 남자들에게 힘을 과시했다고 한다. "신분이 높은 사람이든 낮은 사람이든 모두 '풍요로움'께 경의를 바쳤습니다. (중략) 모두가 세상을 손에 쥔 그녀를 두려워했기 때문에 그녀를 자신의 레이디라고 불렀습니다." '풍요로움'은 왕족만 입을 수 있는 자줏빛 옷을 입었는데, '아름다움'의 아름다움이 자세히 묘사된 것처럼 '풍요로움'이 입은 옷도 보석(보석을 흘긋 보기만 해도 누구는 치통을 잊었다고 하고, 잠시 쳐다만 봐도 눈이 부셔서 눈을 가려야 했다), 허리띠 버클, 단추 하나하나와 실 한 올 한 올의 디테일까지—한 페이지에 걸쳐서—묘사했는데, 필요 이상으로 장황한 묘사인 것 같다. '풍요로움'에게는 연인이 있는데, 그는 '머리부터 발끝까지 뛰어나게 아름다운 청년'으로, 그녀의 돈 때문에 그녀를 이용하는 것으로 보이지만 아름답게 유혹하기 때문에 그녀는 그다지 신경 쓰지 않는다. '관대함'도 등장하는데, 이쯤 해두기로 하자.

사랑에 성공하든 실패하든 궁정연애는 처음부터 분명히 불륜이었다. 말을 타고서 손에 창을 쥐고 시합에 나온 기사들은 인기가 하늘을 찌르는 숙녀를 얻고자 경쟁한다. 그러나 그들은 그녀에게 청혼하려고 싸우는 게 아니며, 구애의 특권을 얻으려고 싸우는 것은 더더욱 아니다. 그녀는 이미 결혼한 몸이다. 적어도 처음에는 그녀와 동침할 특권을 얻으려고 싸우는 게 아니다. 그들은 그녀를—섬기는 것과 같은 뜻인—사랑할 특권을 얻고자 싸운다. 궁정식 사랑에 따르면 기사는 숙녀에게 보답을 바라지 않는다. 그는 단지 그녀를 숭배하게 허락해달라고 간청한다. 그녀가 그에게 생명을 위협하거나 터무니없고 굴욕적인 요구를 하면 할수록 더욱 좋다. 그녀가 까다로운 요구조건을 제시할수록 그의 사랑은 더 고귀해진다.

서정시로 위장한 예의범절 강습에서 시작한 관습은 봉건주의와 기사도의 흥망성쇠와 운명을 함께하며, 유럽 전역에서 어엿한 문학 장르로 발전했다. 그러나 문학적으로만 발전했을 뿐 사회적 영향력은 미미했다. 중산층이 지배층으로 떠오른 16세기부터 이 문학 장르의 신작이 예전처럼 양산되지는 않았지만 생명력을 잃지는 않아서—바그너는 트리스탄과 이졸데 이야기를 소재로 하여 오페라를 만들었고, 러너Lerner와 뢰베 Loewe는 아서 왕 전설을 각색해 뮤지컬을 만들었다 ─이러한 문학 장르 의 진정한 유산인 사랑의 유산은 곳곳에서 찾을 수 있다.

　품위 넘치는 기사와 미인을 얻으려는 기사의 세련된 구애방식을 그 린 서정시는 고상하지도, 세련되지도 않았다. 가령 유명한 「붉은 고양이 시poem of the red cat」는 소문 날 염려 없이 사랑을 나눌 남자를 찾는 귀 부인 두 명의 이야기다. 그들은 남자가 정말로 입이 무거운지 시험해보려 고 고양이 발톱으로 남자의 등을 긁었다. 귀부인들은 그가 아무 소리 없 이 고통을 잘 참자 믿을 만한 사람으로 생각한다. 그들은 차례로 남자와 재미를 보고 남편에게 돌아간다. 남자는 그녀들과 맺은 육체관계를 시로 소상히 써서, 세상 사람들이 모두 암송할 수 있게 한다.

얼마나 자주 그녀들과 재미를 봤는지 아는가?

무려 백여든여덟 번이라네!

나의 마구馬具와 연장은 못 쓸 지경이 되었고

그로 말미암아 내가 겪은 큰 고통은

차마 말로 다 할 수 없네.[6]

　세련되지는 못했을지라도 궁정연애가 일시적인 유행이 되고, 일시 적인 유행은 주기적으로 반복되는 유행이 되었다가 하나의 감수성이 되 고, 마침내 폭넓은 사회혁명이 되는 것을 막을 수는 없었다. 기욤 9세 이 후 200~300여 년 동안 많은 귀족이 기욤 9세의 전철을 밟아 궁정연애 문 학의 발전에 이바지했다. 직접 글을 쓰고 낭송하는 사람이 있는가 하면 전문가를 고용하는 사람도 있었다 ─세련된 궁정에서는 입주 전문 시인을 두기도 했다. 현존하는 궁정연애 시 2,000여 편 가운데 작자명이 알려진 작품이 수백 편이다. 그중 가장 유명한 것은 기욤 9세의 증손자인 '사자왕' 리처드 1세의 시다.

궁정연애는 대를 이어 계속되었다. 궁정연애가 상류층의 공식적인 불륜 의식에서 오늘날 서구의 결혼을 결정짓는 기준으로 발전하는 데 고귀한 혈통 4대가 참여했다. 궁정연애를 창시한 사람은 기욤 9세지만, 중세의 에듀테인먼트edutainment를 현대적 로맨스로 탈바꿈시킨 장본인은 기욤 9세의 손녀인 아키텐의 엘레오노르Eleonore d'Aquitaine와 그녀의 딸 마리 드 샹파뉴Marie de Champagne다.[7]

엘레오노르는 기욤 9세 사후 50년이 지난 1122년에 태어났다. 아키텐 궁정에는 최초의 음유시인의 영향이 여전히 남아 있었다. 기욤 9세의 아들인 기욤 10세(엘레오노르의 아버지)는 귀족 작위와 봉토만 물려받은 게 아니라 아버지의 진보적인 사고, 용감무쌍한 전사로서의 기질, 적당한 권리를 가진 영역에 종교가 개입하는 데 반항하던 성격까지 닮았다. 엘레오노르가 성장한 궁정은 생기 있고 세속적인 부계의 기질을 반영하고 있었다. 계급 고하를 막론하고 엘레오노르처럼 자유로운 생각의 흐름과 활기찬 대화와 오감을 거리낌 없이 즐기는 분위기를 경험한 중세 소녀는 거의 없었을 것이다. 그녀의 시기에 이르러 그녀의 할아버지가 창시한 로맨스라는 세련된 게임은 유럽 궁정 전체로 퍼졌다. 귀족 남성들은 깃대로 종이에 서정시를 끼적였다. 상류층의 훌륭한 매너와 사랑지상주의는 그들만의 관습이 되었다.

아버지와 할아버지처럼 엘레오노르도 대단히 매력적이고 의지가 강한 세속주의자였다. 그녀는 내세가 아닌 현세의 감각을 즐기면서 살고자 했다. 금욕주의는 엘레오노르의 가문에는 영향을 미치지 못했다. 따뜻한 프로방스의 햇살과 타임과 라벤더 향으로 가득한 엘레오노르의 조상의 땅에는 금욕주의가 끼어들 구석이 없었다. 교회와 반목했던 모든 프랑스 귀족 가문 가운데, 그녀의 가문만큼 까다롭고 반항적인 집안이 없었다. 엘레오노르도 가문의 전통을 계승할 모든 자질을 갖추었다.

기욤 10세는 서른여덟 살에 비명횡사했다. 그의 장녀이자 상속인인 엘레오노르는 겨우 열다섯 살에 아키텐 공작부인이자 푸아티에 백작부인으로 임명되었다. 이제 그녀는 프랑스 군주인 루이 6세보다 더 넓은 영토의 주인이 되었다. 엘레오노르는 매우 아름답고 젊었지만, 그녀가 유럽에서 일약 제일의 신붓감으로 떠오른 이유는 그녀와 결혼하면 엄청난 이익을 챙길 수 있었기 때문이다. 그녀의 영토를 차지한 운 좋은 귀족 남성은 자동으로 봉건제도의 다른 경쟁자들을 제압할 수 있었다. 중세 귀족사회였기 때문에 엘레오노르에게는 당연히 신랑을 선택할 권리가 없었다. 그 권한은 그녀의 봉건영주인 루이 6세에게 있었다. 루이 6세(일명 '뚱뚱한 루이Louis the Fat')는 파리에서 경건한 궁정을 다스리는 경건한 왕이었다. 그는 기욤 9세와 정반대되는 인물이었다. 또 정치적 계산에 뛰어났다. 그에게 엘레오노르의 짝을 지어주는 일은 쉬웠다. 그의 사리사욕과 국익이 완벽하게 들어맞았기 때문이다. 루이 6세는 자신의 후계자이자 열일곱 살난 아들 루이를 엘레오노르의 배필로 골랐다.

왕위를 물려주는 순간은 생각보다 일찍 찾아왔다. 성대한 결혼식이 치러지고 2주 후 뚱보왕 루이는 전체적으로 좋지 않은 건강과 비만으로 세상을 떴다. 갓 결혼한 10대 부부가 이제 프랑스의 왕과 왕비가 되었다. 엘레오노르는 향기롭고 아름다운 프로방스를 떠나, 차갑고 칙칙한 파리에 입성했다. 파리 궁정은 음유시인보다는 사제들이 북적거리는 곳이었다. 이제 루이 7세가 된 루이는, 6년 전 불의의 사고로 사망하지 않았다면

형 필립이 차지했을 왕위를 물려받았다. 루이는 당시 왕가의 차남이라면 보통 그랬듯, [왕세자와는] 다른 삶을 살도록 교육받고 있었다. 왕위 계승식은 교회에서 거행되었다. 형이 죽었을 때 열두 살이었던 루이는 노트르담 수도원에서 불려 나와서 그의 운명이 앞으로 영원히 달라질 것이라는 말을 들었다. 종교법과 종교의식을 배우던 그는 급하게 좋은 왕이 되는 데 필요한 덕목을 배웠다. 원래 독신으로 살아갈 준비를 하던 그는 억지로 결혼식을 올리게 되었다. 어린 부부의 금실이 좋을 리 없었다.

1137년 루이와 엘레오노르가 입성했을 때 파리는 우아한 아름다움보다는 지적 열기로 명성이 자자했다. 대학마다 열띤 신학 토론이 벌어지고 있었다. 빛나는 인격과 자신이 가르친 여제자 엘로이즈Heloise로 유명한 피에르 아벨라르Pierre Abelard가 노트르담에서 후학을 양성하고 있었다. 열성적인 학생들이 그의 뒤를 따랐다. 학생들은 이제 수사가 된 아벨라르에게 몰려왔다. 그는 삼위일체에 관한 신선한 강의로 학생들에게는 피리 부는 사나이와 같은 존재가 되었고, 교회에는 불길한 영향을 미쳤다. 비非교리적인 사고방식에 노출된 사람들은 교회권력의 절대적 특성에 의문을 제기하고 거부하기 시작했다.

엘레오노르도 우울한 파리 궁정에 할아버지의 우아한 스타일과 매혹적인 풍습을 가져오려고 했지만, 재미없는 루이 왕에게 가로막혔다. 사랑노래를 참아낼 타입이 아니었던 그는 아내가 자신의 성 안이나 주변에서 그런 경박한 활동을 하는 것은 원치 않았다. 불쌍한 엘레오노르. 매일 그녀는 7대 죄악 가운데 하나를 범하고 있었으니, 바로 나태였다. 루이가 영적 구원을 위해 십자군 원정에 나서자 엘레오노르도 남편과 동행하기를 고집했다. 사랑하는 아내로서가 아니라 새로운 환경을 찾아 나선 모험가로서. 그들은 끈기 있게 예루살렘까지 갔지만, 함께 가지는 않았다.

엘레오노르 일행은 그녀보다 겨우 여덟 살 연상인 매력적인 삼촌에 의해 중간에 '납치되었다.' 야사野史에는 그녀의 삼촌인 '안티오키아의 레몽 Raymond of Antioch'이 그녀의 첫 연인이었다고 한다.

결혼생활 15년 동안 딸 둘(그중 한 명은 아버지가 누구인지 확실히 알 수 없다)만 낳고 아들을 못 낳자 ―레몽과 아내의 부적절한 관계를 아는― 루이는 마침내 엘레오노르에게 자유를 주었다. 그녀는 혼인무효를 위한 구실을 찾아냈다. 그녀와 루이가 십촌뻘 친척이기 때문에 두 사람의 영혼이 위험에 처했다는. 교황 자신도 이들처럼 신분이 높은 왕족의 혼인무효를 승인할 수밖에 없었다. 1151년, 교황은 엄숙한 주교들 앞에서 즉시 혼인무효를 선언한다.

돌아온 싱글이 된 엘레오노르는 또다시 유럽 혼인시장에서 최고가 상품으로 떠오른다. 그녀의 싱글 상태는 오래가지 않는다. 8주 후 노르망디 공작, 헨리 플랜태저넷(앙리 플랑타주네)과 결혼한다. 결혼 당시 열여덟 살이던 헨리는 프랑스 영토를 차지하려는 왕족 간의 경쟁에서 루이의 숙적이었다 ―영토분쟁은 곧 헨리의 승리로 막을 내린다. 루이의 전처를 신부로 얻은 헨리의 봉토는 세 배로 늘어난다. 엘레오노르는 곧 루이에게는 주지 않았던 상을 헨리에게 내린다. 후계자가 될 아들을 낳아준 것이다. 이 결혼생활의 첫 3년은 루이와의 따분한 결혼생활 15년보다 나았다. 앙주 백작부인, 노르망디 공작부인이라는 작위가 늘어났고, 궁정을 그녀만의 방식으로 바꿀 수 있었던 데다가, 그녀만큼이나 세속적인 성향이 강한 남편은 그녀의 뜻을 받아주었다. 여행을 통해 넓은 세상을 보고 더 세련되어진 엘레오노르는 이제 할아버지가 시작한 궁정연애라는 전통을― 좀더 큰 스케일로―계승할 능력과 권한을 갖게 되었다. 그녀가 머무는 곳마다 프랑스 왕족들이 따라다녔다. 그녀는 '사랑의 궁전'에서 화려한

엔터테인먼트와 생기 넘치는 화법과 매혹적인 유혹의 게임을 이끄는 지휘자였다. 그녀는 차세대 음유시인을 장려하고 후원했다. 음유시인들은 사랑의 노래를 통해 그녀를 영원불멸의 존재로 칭송하는 한편, 연애시를 더 세련되게 발전시켰다.

음유시인 중 한 명인 베르나르 드 방타두르는 문학에서 칭송하는 것을 넘어서 엘레오노르라는 여자에게 푹 빠졌다. 억제할 수 없는 열정에 사로잡힌 베르나르의 서정시는 연애시의 전형으로 현존하고 있다. 엘레오노르는 베르나르를 자신의 연인으로 받아들여, 베르나르에게 궁극의 호의를 하사한다. 저 멀리 잉글랜드에 머물던 자유방임주의자인 헨리조차 베르나르의 에로틱한 열정―짝사랑이든 아니든―이 단지 예술에서 표현되는 것만은 아니라는 사실을 눈치챘을 정도였다. 헨리는 보기 흉한 호들갑은 떨지 않고 머리를 써서 베르나르에게 악기를 들고 북쪽인 잉글랜드로 오라고 명령한다. 헨리의 서신에 따르면 잉글랜드 궁정이야말로 음악의 즐거움이 절실하게 필요하다는 것이다. 베르나르는 왕의 명령을 따르지만 엘레오노르의 곁을 억지로 떠나 있는 동안, 그녀를 그리워하는 고뇌에 찬 노래를 수도 없이 지으며 그녀 곁으로 돌아가게 해달라고 빌었다. 그가 마침내 엘레오노르의 곁으로 돌아갔을 때 그녀는 그에게 관심을 잃었다.

이미 노르망디 공작이자 앙주 백작 작위를 차지한 헨리는 아내처럼 더 큰 야심을 품고 있었다. 1154년 그는 헨리 2세로서 잉글랜드의 왕위에 올랐고, 엘레오노르는 두 번째로 왕비 자리에 오르게 됨으로써 잉글랜드 궁정은 사랑게임 규칙 전문가를 모시게 되었다. 여기에서 귀족이 이상으로 꼽는 사랑에, 딱딱한 형식은 빼고 조금 수정하면 두 마음과 몸과 심장이 하나가 되는 중산층의 이상적인 결혼이 된다. 그러나 이상은 이상일

뿐이니 현실과 혼동하지 않기를 바란다. 어쨌든 엘레오노르 일가로서는, 의무는 다하지만 열정이 없는 결혼에 언젠가 불륜의 열정적인 특징이 가미되는 날이 오리라고는 상상도 하지 못했다.

어쩌면 결혼과 사랑이 만날 수 있게 도와준 게 불륜인지도 모른다— 불륜이라는 뒷문을 통해 사랑이 결혼에 들어온 것이다. C. S. 루이스가 궁정연애를 연구한 비평서 『사랑의 알레고리』에서 지적한 것처럼 "결혼을 순전히 실리적인 목적으로만 생각하던 사회에서 성적 사랑을 이상화하려는 어떠한 시도도 불륜을 이상화하는 데서 시작하므로." 『장미 이야기』에는 로맨틱한 사랑의 종점이 부부의 연을 맺는 것이라고 말하는 짤막한 장면이 나온다. 이 장면에는 장미꽃봉오리(순진한 젊은 여자)와 깊은 사랑에 빠진 젊은 남자가 등장한다. 그는 멀리에서 그녀를 사랑하는 것도 아니고, 유혹하려는 목적도 아니며, 바람을 피워보려는 것도 아니다. 다만 그녀를 아내로 만들고자 장미꽃봉오리를 조심스럽게 꺾는다.[8] 돌이켜보면 이것은 엄청난 사고의 발전이었지만, 당시는 반결혼적·반여성적 정서는 입도 벙긋 못하는 혼란기였기 때문에 묻히고 만다. 예컨대 작자 미상에 냉소적인 제목이 붙은 『결혼의 열다섯 가지 즐거움The Fifteen Joys of Marriage』이라는 글에서—성기능장애 불안이라는 측면에서는 아무런 도움도 안 되겠지만—상대적으로 약한 부분을 하나만 인용해도 충분할 것이다. "고귀한 사람이든 아니든 모든 아내는 자기 남편이 세상에서 제일 보잘것없고 사랑의 비밀을 실천하는 데 제일 무능한 사람이라고 믿고 자부심을 느껴도 될 것이다."[9] 결혼을 반대하거나 혼외정사를 주제로 삼는 작품에서는 결혼을 찬성하는 요소를 찾기 어렵다.

성적인 부분을 스스로 포기하는 요소가 궁정연애 교리를 관통하고 있지만, 교회 지도자층을 달래기에는 역부족이었다. 교회는 궁정연애가 위협적이고 이단적이라고 생각했다. 연인이 성욕이라는 부분을 고상하게 만든 것은 사실이었지만, 이 사랑 또한 신을 위한 사랑이 아니라 인간에 대한 사랑이었다. 그 부분이 이단적인 요소였다. 인간의 사랑 자체가 바로 지금, 바로 여기, 지상에서 구원이자 절대적인 선인 동시에, 영적(정신적)·육체적 사랑, 높고 낮은 사랑을 인간관계—그것도 여자와의—에서 찾을 수 있다는 생각은 교회로서는 위협적이었다. 궁정연애는 이성애를 천상의 수준으로 올려놓음으로써 과거와 단절된다. 인간의 사랑을 신에 대한 사랑과 같은 높이(그보다 높지는 않을지라도)에 올려놓음으로써 중세 교회의 교리와 단절된다. 남성이 여성에게 헌신하면 남성으로서의 정체성에 해가 되는 게 아니라 오히려 더 고귀해진다는 생각을 암시함으로써 남성적 전통도 해체한다.

C. S. 루이스는 음유시인이 사랑을 '발명'했다고 과장한다. 사랑은 그전부터 있었다. 성서를 보면 그 열정의 정체가 무엇이든 열정적인 사랑이야말로 델릴라가 삼손을 무너뜨린 수단이었다. 호메로스는 트로이 전쟁을 촉발한 원인이 열정적인 사랑이라고 썼다. 기원전 첫 1,000년과 기사들의 로맨스가 등장한 중세 사이에, 사랑 때문에 인생을 망친 사람은—현실과 픽션 둘 다에서—수도 없이 많았다.

음유시인들은 사랑을 '재발명'한 것이라고 볼 수 있다. 그들은 사랑을 추구하는 것이 바람직하며, 심지어는 칭찬할 만한 일인 것으로 만들었다. 과거에 성적 욕망의 서사시는 모든 당사자가 몰락하는 것으로 끝을 맺었다. 메시지는 부정적이었다. 미치광이나 바보만이 사회질서나 가족의 보존을 무시할 만큼 무모해서, 가치도 없고 스쳐 지나가는 순간의 감정에 모든 것을 걸었다. 그러나 궁정연애 방식이 프랑스 귀족을 위한 즐거운 게임에서 사람이 친해지는 새로운 유형으로 발전함에 따라 비용대 편익 분석은 극적인 변화를 겪게 된다. 로맨틱한 황홀경을 위해 자신이 가진 모든 것, 심지어 목숨조차도 거는 일이 천상의 행복을 맛보는 방법이 된다. 궁정연애 문학에 등장하는 기억에 남는 로맨틱한 연인들―트리스탄과 이졸데, 랜슬럿과 기네비어, 트로일러스와 크레시다―은, 비참하지만 고결한 최후를 맞는다. 그들은 영광스러운 신념을 위해 순교했다. 사랑이라는 새로운 종교는 미래를 여는 실마리가 되었다.

궁정연애시에서 근대 세속문화의 작은 새순을 최초로 찾을 수 있다―사랑을 인간답게 만들고, 섹스와 죄악을 구별하고, 그 대신 사랑과 섹스를 하나로 합쳐서 궁극적으로는 결혼으로 나아가는 투쟁의 시작이었다. 궁정연애 교리는, 인간이 행복해지려면 사랑으로 결합하고 법으로 하나가 되며 사회에서 받아들이는 커플이 되어야 한다는, 지금으로써는 잘 알려진 당연한 논제에 생명력을 불어넣었다.

여성을 바라보는 패러다임은 늘 그렇듯 여전히 두 가지[성녀와 창녀]였지만, 중세 교회는 아우구스티누스와 조화를 이루어 그 간극을 더 벌렸다. 현실 속 여자가 어떻게 동정녀 마리아에 부합할 수 있단 말인가? 아마도 기사들에게 열정의 대상으로 이상화된 귀부인이 마리아와 가장 비슷한 존재였을 것이다. 그녀는―궁정연애시에 따라서―헌신, 욕정, 존경심, 사랑이라는 모든 감정을 단 한 명의 남성의 마음에 고취할 수 있는 인물이었다. 이것은 새로운 개념이었다.

지난 100년간 학자들은 '귀부인'의 의미를 놓고 논쟁을 벌였다. 그녀는 가까이 다가갈 수 없으므로 찬양을 받는다. 이것은 여성을 주류에서 밀어내고 남성의 세계에서 몰아내면서, 부엌보다는 제단에 바치려는 좀 더 새롭고 미묘한 방법의 다른 얼굴이 아닐까? 그녀에게 바치는 존경심은 진짜일까, 거짓일까? 그녀가 완벽함을 대표하는 존재라면, 이것이 그녀를 열등한 존재로 보는 것보다 인간성을 덜 말살하는 것으로 볼 수 있을까? 그녀가 중세에 공개적으로 추앙받는 유일한 여성상인 마리아를 모델로 하고 있음은 명백하지 않은가?

의미야 어쨌든 적어도 더 약한 성별은 변화로 나아가기 위한, 기분 좋은 압박감을 느끼고 있었다. '귀부인'은 처음에는 비인간적으로 냉정하고 쌀쌀해 보였지만, 궁정연애 문학이 진화할수록 인간미를 얻는다 ─구애하는 기사와 범접할 수 없는 귀부인은 열정적인 연인일 뿐만 아니라 로맨틱한 사랑을 나누는 동등한 존재가 되었다. 중세의 안개 저 어딘가에 미래로 가는 다리가 놓여 있지만, 여성에 대한 판타지가 양쪽 끝을 가로막고 있었다. 하나는 현실에 존재하기에는 너무 완벽해서 숭배받는 여성이고, 또 다른 하나는 현실에 존재하기에는 너무 사악해서 두려워하는 여성이다. 아직 타협점은 존재하지 않는 듯했다.

제11장

세상의
종말?

1347년 중반, 이탈리아 상선 함대의 선원 여러 명이 베네치아, 제노바, 시칠리아 섬의 메시나 항에서 승선하여 동부 지중해와 흑해의 무역항으로 항해를 떠났다. 총 항해기간은 수개월이며—14세기 비즈니스 여행 기준으로 보았을 때는 특별할 게 없었다—선원들은 겨울이 시작되기 전에 가족들 품으로 돌아갈 예정이었다. 이탈리아 영해로 돌아온 배는 예정대로 정확히 10월에 메시나 항에 도착했다. 그러나 평범한 귀항은 아니었다.

부두로 들어오며 노를 젓는 선원들은 비 오듯 땀을 흘리고 있었다. 일이 힘들어서가 아니라 열병이 나서였다. 습하고 열나는 겨드랑이와 사타구니 부위에 사과 크기만 한 무시무시한 부종이 자라고 있었다. 검은 반점이 팔뚝에 번졌다. 선원들은 증상의 원인은 알 수 없었지만 결과는 알고 있었다. 먼저 세상을 뜬 동지들처럼 곧 고통스럽게 죽게 되리라는 것을. 항해 중에 어디에선가 침투한 병균은 마른 불쏘시개처럼 엄청난 속도로 전염되었다(이것이 서구에 선腺페스트bubonic plague 유행병이 1차로 창궐했을 때의 일이다. 유행병으로 총 7,500만 명이 목숨을 잃었다. 이 병은 10년 전 중국에서 시작되어 중앙아시아로 퍼지고 이후 유럽으로 퍼진 것으로 보인다). 선원들은 병의 유래와 감염 경로를 전혀 알지 못했다. 중세 배에 살던 작은 시궁쥐가 병균의 번식처가 되었다는 사실이나, 쥐의 혈액을 뜯어먹고 사는 벼룩이 그 병균을 인간에게 전염시켰고 이제 인간이 전염병을 옮기는 보균자가 되었으리라고는 상상도 하지 못했다. 메시나 항에 도착해서 베네치아와 제노바 집으로 돌아간 선원들은 자기도 모르는 새 치명적인 병균을 지니고 돌아온 것이다. 이미 감염된 사람은 수 시간 내, 길어봐야 2~3일 내로 사망했지만 가족들에게 전염되는 데는 단 몇 분이면 충분했다. 재채기 한 번이면 충분했다.

겨울이 오고 전염률은 서서히 떨어지기 시작하더니 거의 제로가 되었다. 사람들은 추운 겨울에는 병균이 잠복기에 들어간다는 사실을 알지 못하고 역병이 이제 끝난 것으로 생각했다. 그러나 봄이 오자 전염병은 다시 창궐했다. 유럽에서 무역이 활발하게 일어나는 해안선과 내륙 수로를 항해하는 상선이 나른 병균은 이탈리아를 훑고 지나가 국경을 건너 마르세유까지 상륙했다. 전염병은 프랑스 서남부를 휩쓸고 남쪽으로는 스페인, 북쪽으로는 파리, 동쪽으로는 보르도와 부르고뉴까지 퍼지고, 노르망디에서 해협을 건너 영국까지 퍼졌다. 늦가을에는 알프스 산맥을 뛰어넘어 스위스와 헝가리에도 침투했다. 또 겨울이 찾아오고 죽음의 물결은 마법과도 같이 끝난 것처럼 보였다. 1349년 역병은 네덜란드, 벨기에, 독일, 오스트리아, 스칸디나비아, 그린란드, 러시아를 휩쓰는 한편, 원래 병균이 창궐했던 지역으로도 급히 돌아갔다. 전염병의 기세는 1350년까지 수그러들지 않았다. 결국 유럽 총 인구의 3분의 1이 사망했다.[1]

이것이 최초이자 최악의 페스트였지만 최후의 페스트는 아니었다.

처음에는 '선腺페스트Pestilence', 더 적나라하게는 '떼죽음Great Mortality'으로 불렸던 전염병은 이후 200년 동안 재발했다. 1400년 무렵 누군가가 이 재앙에서 확실히 알 수 있는 두 가지 요소─증상과 예후─를 결합해 '흑사병Black Death'이라는 명칭을 붙였다. 그 뒤 500년이 흘러서야 전염원과 매개체가 밝혀진다. 과학자들은 다른 페스트와 구별하고자 이 병에 '선bubonic'(서혜 임파선종bubo이 흑사병의 전형적인 증상이므로)이라는 형용사를 첨부했다.

원인균을 옮긴 벼룩은 누추한 오두막에서 궁전에 이르기까지 중세 가옥 형태에서 흔했다. 현대의 집 안 청소 기준으로 보면 당시의 청소로는 벼룩을 없앨 수 없었다. 감염된 쥐나 벼룩에 물린 사람이 한 명만 있어도 모두가 위험에 빠질 수 있었다. 특히 번화한 시장 광장이나 태와 같이 비좁은 장소는 더 위험했다. 병자의 콧물, 침, 땀과 같은 체액에 무심코 노출되면 전염될 수 있었고, 중세 일상생활에서 이런 노출은 피할 수 없었다. 개인위생은 당연히 관심사가 아니었을 뿐만 아니라 개인위생이라는 개념조차 없었다. 손수건, 잠옷, 포크는 존재하지 않았다. 치아 사이에 긴 고기조각을 쑤셔서 빼내는 게 치아위생의 전부였다. 충치는 노소를 막론하고 누구나 겪는 성가신 질환이었다. 나무 숟가락과 다용도 칼이 있었지만, 이 도구들은 암탉의 내장을 제거하고 바로 저녁식탁에 올라온 것이지 개인용 기구가 아니었다. 코가 흐르면 자기 소매로 쓱 닦았고, 하인의 소매로 닦으면 더 좋았다. 소매가 없으면 손을 쓰면 될 일이었다. 그리고 공동으로 쓰는 커다란 냄비에서 그 손으로 음식을 꺼내 입에 넣었다. 이런 일은 흔했다. 하지만 그 손을 씻는 일은 흔하지 않았다─심지어 밭에 소똥을 거름으로 주고, 돼지사료를 여물통에 쏟아 붓고, 동물 가죽을 벗기고, 염소 젖을 짜고, 아기를 낳고, 뒷일을 본 후에도 손을 씻지 않았다.

손도 안 씻는데 하물며 목욕은 말할 것도 없었다. 중세에 옷을 갈아 입는 일은 매일은커녕 매주 있는 일도 아니었고 단벌뿐인 사람들도 많았다. 옷을 깨끗이 빨아 입는 것보다 잘 말려서 입는 일이 더 중요했다. 알몸으로 모여서 자는 일—하인, 아이, 나이가 지긋한 친척, 부부, 손님, 가끔은 가축과 함께 커다란 매트리스 하나에서 뒹굴면서—도 하나의 관습이었다. 호시탐탐 기회를 엿보는 병균에게는 천국과 다름없는 환경이었다. 한데 모여 자면서 재채기하고 기침하고 침 흘리고 코골고 사정射精했다. 침대에 오줌을 싸기도 했다. 아이를 포함해 한 사람당 일일평균 맥주 소비량이 대략 4리터에 달했다. 화장실이 없던 시절 용변을 보려고 일어나려면 잠을 완전히 깨고 어쩌면 아직 술이 깨지 않은 상태에서 어두컴컴한 속에서 같이 자는 사람을 넘어가 침실용 변기를 더듬어서 볼일을 봐야 했다. 하지만 현대와 같은 의미의 매너나 사생활이라는 개념이 없는 상태에서, 사방에 벽이 둘러쳐 있고 아무도 누워 있지 않은 바닥이 지척에 있는데 굳이 힘들게 요강을 찾을 필요가 뭐가 있겠는가? 게다가 열기가 가시지 않은 한여름 밤에는 집 밖에서 해결해도 될 일이었다. 한여름을 제외하고는 굉장히 배려심이 있는 사람이나 벌거벗고 한밤중에 밖에서 볼일을 봤다. 낮에는 길거리, 공공건물 벽, 지역농지가 변소로 쓰였다. 공중위생 개념이 등장하는 것은 200~300년 후의 일이다. 아무도 살지 않는 농촌지역도 안전하지는 않았다. 몇 킬로미터 내에 아무도 살지 않는다고 해도 장원영주가 아니라면 동물과의 접촉을 피할 수 없었다. 벼룩은 말과 소와 돼지와 개를 좋아하는데, 이 모든 동물이 흑사병에 걸려 폐사되기 전에 병균을 사람에게 전염시켰다. 동물의 접촉을 운 좋게 피했다고 해도 숨을 안 쉴 수는 없었다. 전염성이 매우 강한 선페스트는 대기 중에서 폐로 침투했다.[2]

그래서 흑사병 피해는 도시에서 가장 막심했다. 여러 명이 좁은 공간에서 함께 사는 도시에서는 병이 더 빠르고 넓게 퍼졌다. 수녀원, 수도회, 감옥과 같이 밀폐된 공간에서는 사망률이 100퍼센트에 달하기도 했다. 언제나 그렇듯, 부유층과 특권층이 빈곤층보다 운이 좋았다. 시골에 토지가 있고, 특히 개인 우물을 갖춘 귀족들은 생존할 가능성이 있었다. 흑사병으로 인명피해만 있었던 게 아니다. 인간성도 상실되었다. 원인도, 치료법도 모르는, 치명적이고 빠르게 전염되는 병이 창궐하자, 모두 힘을 합쳐야 살 수 있다는 단결 같은 것은 기대할 수 없었다. 전염병이 휩쓰는 내내 왕진을 거부하는 의사도 있었고(다리가 부러져 의사를 부르는 경우라도 그 집에 검은 반점이 번진 환자가 있을지 모르는 일이니까) 환자의 유언장에 임종 서명을 받기를 거부하는 공무원도 있었으며, 동성을 땅에 매장하기를 거부한 형도 있었다.

"네 이웃을 네 몸과 같이 사랑하라"는 신약성서의 핵심은 언제나 설교하기는 쉬워도 실천은 어려운 법이라지만, 서남부 프랑스의 기독교도들 대다수는 이웃을 사랑하는 척도 하지 않았다. 1348년 여름, 프랑스 사람들은 마을을 공격한 페스트의 원인을 그들의 이웃이자 동료인 유대인들에게로 먼저 돌렸다. 그들은 유대인들이 마을 우물에 독을 넣었다고 비난하고 유죄를 입증하고 처형했다(당연히 집단교수형을 내렸는데도 전염병은 멈추지도 줄어들지도 않았지만 누구도 후회하는 기색을 보이지 않았다). 기독교의 박애정신은 가족 사이에서도 증발했다. 보카치오는 『데카메론』 서문에 다음과 같이 묘사했다. "전염병은 사람들의 마음에 커다란 공포심을 심은 나머지, 형은 동생을, 삼촌은 조카를, 누나는 남동생을 버렸고, 남편을 버리는 아내는 부지기수였다. 이보다 더 가혹하고 엄청난 사실은 부모가 제 자식을 남 보듯 하며 돌보지도, 돕지도 않았다는 것이다."

당시 사람들은 흑사병으로 세상의 종말이 온 것으로 생각했다. 어떤 의미에서 종말이 온 것은 맞았다. 질문은 허용되지 않고 회의론이라면 질색하고 주인에게 복종하는 것이 전부였던 세상이 끝날 조짐을 보였으니까. 누구에게나 적어도 한 명의 주인이 있었다―궁극적인 주인은 아마도 하느님이겠지만 현실에서는 관련 교회 권위자가 주인 역할을 했다. 대개 사람들에게 관련 교회 권위자는 주임사제였고, 왕과 황제에게는 교황이었다. 교황으로서는 누구에게도 답할 필요가 없었다. 아마도 흑사병으로 말미암은 가장 큰 손실은 믿음―교회에 대한 믿음―일 것이다.

중세 유럽인들에게 생활의 중심이 종교였다는 사실은 아무리 과장해도 모자란다. 마을 교회에서 울리는 종소리로 기도, 일, 휴식의 시각을 알 수 있었던 것도 전혀 놀라운 일이 아니다. 하느님과 다를 바 없는 교황으로 상징되는 교회는 신도들에게 성찬, 단식, 간음 등 모든 것을 미리 정해서 알려주었다. 사람들은 교황이야말로 하느님의 귀에 다가갈 수 있는 지상의 유일한 인간이라고 세뇌당했다. 기도를 하고 싶으면 교구에 가서 사제의 지시를 따라야 했다. 고해성사를 원할 때 고해소에 가서 벽 반대쪽에 앉아 있는 사람에게 죄를 털어놓으면 그 사람은 판결을 내리고 참회방법을 일러주었다. 성직자들은 간수가 죄수의 우편물을 검사하는 것처럼 하늘로 올려 보낼 모든 메시지를 샅샅이 검토했다.

그러던 중 흑사병이 휩쓸어, 죄지은 자와 죄 없는 자의 목숨을 무차별적으로 앗아갔다. 교회의 명령을 따르지 않으면 사후에 죗값을 치를 지옥이 존재한다고 믿었던 사람들은 죄를 짓든 안 짓든 죗값을 치를 지옥이 있을지도 모른다는 사실을 깨닫게 되었다. 처녀의 사타구니에도 창녀의 사타구니와 마찬가지로 검은 부종이 돋아났고 죽을 때 모습도 똑같았다. 사지는 뒤틀리고 얼굴은 찡그리고 살은 부패해서 악취가 났다. 월요일까지 건강하던 사람이 화요일에 병에 걸려 토요일에는 시체가 될 수 있었다. 심판의 날을 대비해 고해성사를 하고 죄를 뉘우침으로써 죄를 깨끗이 씻어낼 귀중한 시간은 허락되지도 않았다. 가장 곤란한 것은 전염병으로 임종을 앞둔 이에게 마지막으로 죄를 사해줄 병자성사를 집전하려는 사제가 없었다는 사실이다. 사제가 오더라도 기도 몇 마디 하는데 터무니없는 거액을 요구했다. 병자성사에 금품을 요구한 사례는 수도 없이 많아서, 사치와 탐욕이야말로 성직자들의 관심이라는 통념에 불을 붙였다.

전염병이 맹렬한 기세로 창궐하는 동안 제일 중요한 것은 생존이라는 생각이 사람들을 사로잡았다. 사람들은 헌금이 사제들의 주머니로 직행한다는 사실을 의심할 법한데도, 헌금을 하면 하느님이 미소를 보낸다는 사제들의 말을 듣고 지역 종교조직이나 자선기관에 거액을 기부했다. 그러나 일단 전염병이 잦아들면 생존자들은 종교조직으로부터 금세 고개를 돌렸다. 그 대신 성자들, 특히 고통과 고난과 관련된 성자들에게 믿음을 바쳤다.

어느 현대 사학자는 흑사병이 종교생활에 미친 영향력을 알아보려는 한 방편으로, 흑사병 이후 피렌체에서 아들의 이름으로 무엇이 인기 있었는지 비교·연구했다.[3] 흑사병이 종교생활에 미친 영향력은 한마디로 엄청났다. 1350년 전에 피렌체에서 태어난 사람 가운데 이름이 '안토니오Antonio'였던 사람은 사실상 한 명도 없었다. 안토니오는 억압받고 나이 들고 가난하고 굶주린 자들의 성인인 '파도바의 안토니오Anthony of Padua'에서 유래한 이름이다. 1427년 이후 안토니오는 인기 있는 이름 2위에 오른다. 6위에 오른 이름은, 흑사병이 급증하기 전에는 알려지지 않았던 바르톨로메오Bartolomeo다. 바르톨로메오는 예수의 열두 제자 중 한 사람으로, 로마인들에 의해 산 채로 전신 살가죽이 벗겨져 십자가에 못 박혀 순교했기 때문에 고통과 고난이라는 카테고리로 분류하기에 충분했다(미켈란젤로가 그린 〈최후의 심판〉을 보면 바르톨로메오가 흑사병의 증상을 가장 극명하게 보여주는 신체조직인 살가죽을 들고 있다). 흑사병 발병 전에는 묻혀 있다가 갑자기 유행하게 된 또 하나의 이름은 로렌초Lorenzo였다. 로렌초는 벌겋게 단 숯불 위에서 순교한 3세기 로마의 부사제 라우렌티스Lawrence of Rome에서 비롯된 이름이다. 역병의 수호성자인 '크리스토퍼Christopher'도 갑자기 인기를 얻게 되었는데, 이 이름이 인기를 얻게 된 배경은 설명할 필요도 없을 것이다.

교회의 공권력은 인노켄티우스Innocentius 3세 집권하에 절정에 달했다. 교황의 절대권력을 광포하게 휘두른 인노켄티우스 3세의 재위는 그가 1216년에 서거하면서 막을 내렸다. 그는 18년의 재위기간 동안 왕과 황제를 그의 통치에 강제로 굴복시키고자, 파문하고 조종하고 괴롭히고 십자군 원정에 강제로 파병을 요구하는 한편, 이단이라는 흔적만 발견되어도 무자비하게 억압했다. 무소불위의 권력을 휘두른 이 중세 교황은 『사람의 미천한 상태에 관하여De Miseria Conditionis Humanae』라는 신학 저술에서 육체혐오를 정신착란의 새로운 경지로 끌어올리는 위업을 달성한다. 12세기 말에서 17세기까지 이 글은 가장 인기 있는 주제에 관한, 가장 인기 있는 작품으로 남았다—종교적인 작가뿐만 아니라 초서를 비롯한 다수의 비종교적 작가가 자신의 글에 인용하거나 언급함으로써 대중에게 널리 알렸다.

인노켄티우스 3세는 원죄의 순간에 타락했다는 아우구스티누스의 주장을 계승하지 않았다—원죄의 순간에 타락하는 것도 너무 늦다고 생각했다. 교황은 인간이 창조되는 그 순간 이미 타락했다고 생각했다. "하느님은 땅의 티끌로 인간을 만드셨는데, 흙은 다른 요소에 비해서 열등한 것이다." 가령 불에서는 별이 탄생하고, 물로는 물고기를 만든다. 오직 인간과 짐승만 '흙'으로 만들어져 하느님의 피조물 가운데서 '가장 미천한' 존재인 것이다. 설상가상으로 그 미천함은 '욕정이라는 악취 속에서 대단히 추악한 정자'로부터 생겨난다. 이런 과정이 반복되는데, 한 번 반복될 때마다 '냄새나고 불결한, 끔찍한 타락의 덩어리'를 하나 더 만들어낸다.

교황은 육체를 혐오했다. 사실 그는 인간의 몸 자체—몸의 모든 부분—를 혐오했고, 특히 여자의 몸을 혐오했다. 인노켄티우스 3세는 아리스토텔레스의 '여자는 남자가 잘못 잉태된 것'이라는 이론을 따르면서(르네상스가 가까이 옴에 따라 곧 곳곳에서 아리스토텔레스의 이론을 따른다) 임신의 원리를 설명한다. "태아가 자궁에서 무엇을 먹는지 생각해보라. 당연히 생리혈이다. 태아가 여성의 몸에서 생리혈을 먹기 때문에 여성이 임신하면 생리를 하지 않는 것이다. 이 피는—알 수 없는 출처에 따르면—구역질 나고 불결해서 농작물이 이 피에 닿으면 싹이 나지 않고, 과일은 시들고, 초목은 죽고, 과수에서는 과일이 떨어진다. 개가 이 피를 먹으면 미쳐버린다."[4] (사실 생리혈에 관한 서구의 어두운 판타지는 기독교 전통보다 더 오랜 기원을 찾을 수 있다. 인노켄티우스 3세는 플리니우스를 인용하는 것으로 보인다. 서기 1세기에 플리니우스는 월경 중인 여자가 있으면 과일과 술이 시어지며, 월경 중인 여자가 몸을 드러내면 "우박을 동반한 폭풍과 회오리바람이 불고, 번개도 놀라서 물러간다"고 말했다. 이 괴담에 덧붙여, '13세기의 아우구스티누스'인 토마스 아퀴나스는 "월경 중인 여자를 보면 거울이 흐릿해지고 금이 간다"고 한 술 더 떴다. '약한 성'에게 이런 강한 면이 있는지 누가 알았겠는가?)[5]

수 세기를 지나면서 여러 교부와 교황이 역사에 등장했다가 사라졌지만, 그중 미치광이는 일부였다. 그러나 어느 교황이 권력을 잡았는지에 관계없이, 교회가 인간의 성性을 바라보는 관점은 조금도 밝아지지 않았다. 1,000여 년 동안 유럽에 기독교도 인구가 압도적으로 증가하면서, 대중은 교회의 계율을 듣지 않을 수 없었다. 귀 기울여 듣지 않는다고 해도 몇 마디는 귀에 들어올 수밖에 없었다. 1,000여 년 동안 그들은 '육체 Flesh'를 부인하고 억압하고 초월하라 —정욕을 억제하라 —는 말을 들었다. 다른 부분도 아닌, 살이 썩는 페스트라는 병으로 말미암아 처음에는 교황, 나중에는 왕, 더 나중에는 남편에게 복종하던 시대가 막을 내렸다는 사실은 얼마나 흥미로운 현상인가?[26]

제12장

남자가
원하는
것

흑사병은 사람들의 기억 속에서는 말할 것도 없고 실제로도 금세 사라지지 않았다. 흑사병은 30여 년마다 시시때때로 재발하다가—단순히 우연의 일치만은 아니게—믿음의 시대가 이성의 시대로 넘어가는 전환점이 된 18세기에 잦아들었다.

신앙심에서 우러나와서 한 것이든 기계적으로 따른 것이든, 독실한 신자들은 물론 종교에 냉담한 사람들마저 매일 교회가 시키는 대로 종교의식을 거행했다. 종교의식은 오랫동안 사람들의 일상생활뿐단 아니라 정신세계의 구심점이었다. 왕이든 소작농이든 신분 고하를 막론하고, 이러한 종교의식을 따라야 액운을 막아준다고 믿었다.

흑사병이 창궐해 서구에서만 2,500만 명이 목숨을 잃었는데, 이번에는 또 다른 종류의 전염병이 찾아왔다. 그런데 이 병은 눈에 보이는 증상은 없고, 퍼지는 데도 수백 년이 걸렸다. 인간의 정신을 감염시키는 병이었다. 정치 · 사회 · 종교계 권력자 등 당대 실세에 대한 대중의 환멸이 이

병의 이름이었다.

처음에는 무의식적으로, 그러나 점진적으로 사람들은 예전에는 찾지 않던 곳에서 마음의 안정과 길잡이와 위안을 찾기 시작했다. 교회라는 외부세계가 아니라 내면을 들여다보았다. 자기 자신, 가족, 따뜻한 가정, 무엇보다도 결혼생활을 들여다보았다—도저히 부응할 수 없는 높은 기대치를 요구하는 이상적인 결혼을 꿈꾸게 된 것이다. 이 모든 과정이 일어나는 데는 오랜 세월이 걸렸지만, 상처로 얼룩진 14세기가 끝나기 전에 과정의 단초가 보였다.

1393년, 파리에 사는 어떤 부유한 남자가 신부에게 특별한 결혼선물을 주었다. 사실 신부에게 그 선물을 줌으로써 혜택받을 사람은 오히려 신랑이었다. '도덕과 가정 경영에 관한 책A Treatise on Moral and Domestic Economy'이라는 부제가 붙은 이 책은 아내가 남편의 시중을 드는 방법을 자세히 기술한 지침서다. 시중받을 대상인 남편이 직접 쓴 책이다.[1] 이 프랑스 남자는 상인이다. 그는 멋진 필명을 짓겠다는 허식은 빼고 '좋은 남자Goodman' 또는 '시민Citizen'으로 번역할 수 있는 '르 메나지에Le Menagier'라고 자신을 소개한다. 이 지침서는 귀중한 사회사 자료다. 이 책을 보면 예나 지금이나 남자들이 아내에게 바라는 것은 대동소이하다는 사실을 알 수 있기 때문이다.

메나지에는 외부가 아닌 내부, 특히 아내에게서 삶의 즐거움을 찾는 사람이다. 그런데 그가 점토를 빚어서 여자의 모습을 만들듯, 신부라는 재료로 이상적인 아내를 구현하려는 시도는 '그리셀다'를 쏙 빼닮았다. 이 중세의 피그말리온은 자기가 쓴 책에서도 그리셀다 이야기를 아내에게 애정을 담아서 들려주고 있다. 그리셀다는 농부의 딸로 왕자와 결혼했다. 그런데 왕자가 아이들을 '죽였다'고 거짓말했는데도 불평 한마디

안 해서 여성들이 본받아야 할 귀감이 되었다. 전통적으로 결혼생활에 내재된 두 가지 위험은 싸움과 망신이다. 예순 살의 상인은 부부싸움과 망신에서 벗어나도록, 전통적인 논리에 따라 전통적인 선택을 한다. 그래야 아내가 고분고분하게 말도 잘 듣고 자기도 마음이 편하리라 생각하고, 열다섯 살밖에 안 된 신부와 결혼한 것이다.

메나지에와 동시대를 살았던 초서와 보카치오가 이 결혼소식을 들었다면, 신부는 [성생활에] 만족하지 못할 것이고 당연히 바람이 날 거라고 경고했을지도 모른다. 초서와 보카치오는 그들이 창조한 문학작품에서 늙은 남자와 어린 여자의 결혼은 잘못된 만남이라고 조롱했다(메나지에 부부의 결혼생활이 행복했는지는 알 수 없다. 메나지에가 결과보고를 하지 않았으므로). 그러나 고대 아테네나 중세 유럽에서 늙은 남자와 어린 여자의 결혼은 흔했다. 수요가 존재하는 한, 이런 결혼관습은 계속 유지되었다— 여전히 남성들이 사회를 지배했고, 남성들은 이런 결혼이 문제를 양산하기보다는 문제를 해결한다고 생각했다. 초서와 보카치오는 시대를 앞서간 예외적인 인물이었다. 그들은 메나지에와 같은 평범한 남자—대부분이 다 이런 평범한 남자였다—는 아직 내다보지 못한 길고 험난한 미래를 내다본 선각자들이었다. 평범한 남자들은 그 뒤 200년이 지나서야 초서와 보카치오가 깨달은 바를 이해하게 된다. 그런데 이 200년 후라는 시점도 내가 숨 쉬는 현재로부터는 까마득하게 먼 옛날이다. 그런 의미에서 섣부른 낙관론 대신 냉정하게 현실을 인식하자면 2,000년 동안 사람들의 뇌리에 쌓인 생각이 사라지는 데는 2,000년이 더 걸릴지도 모른다. 그러나 희망을 버리지는 말자.

우선 아내의 행실이 바르지 못하면 남편의 명예가 실추된다는 의식부터 사라져야 할 텐데, 이 시기에는 아내의 행실이 남편의 명예와 직결

된다는 의식이 어느 때보다도 강했다. 메나지에는 아내의 올바른 행실은 자신의 현재의 명성뿐만 아니라 사후의 명성에까지 영향을 미친다고 생각했다. 그는 자기가 나이가 많이 들어서, 신부와 함께 살날이 얼마 남지 않았다고 판단했다. 그가 죽으면 아내는 분명히 재혼할 것이고―그녀의 가임기는 이제 막 시작되었으므로―그녀의 두 번째 남편이 아내의 행실이 나무랄 데 없이 훌륭하다고 생각하지 않는다면 첫 번째 남편인 자신의 명예가 실추될 터였다. 21세기를 사는 독자 여러분은 죽어서 매장된 마당에 그런 것이 뭐가 중요하냐고 묻겠지만, 1393년을 살던 남자들에게는 중요한 문제였다. 게다가 메나지에는 죽기 전에 아내를 임신시킬 생각이었다. 성서를 비롯해 수없이 많은 책에서 명예와 불명예는 남자의 혈통을 따라 흐른다고 나와 있기 때문이다. 메나지에는 부르주아였기 때문에 자신이 명예롭게 남을 것이냐, 명예롭지 않게 남을 것이냐에 집착하지 않을 수 없었다.[2]

그런데 이 늙은 남자가 솜털이 뽀송뽀송한 신부에게 무엇보다도 원한 것은, 시대를 초월해 모든 남자가―한 명의 예외도 없이, 모든 남자가―신부가 결혼하면서 들고 오기를 바라는 정신적 지참금이었다(누군들 이걸 마다하랴?). 답은 두 단어다. 마음의 평안.

상인은 책 속에서 아내를 '사랑하는 누이'라고 부른다. '사랑하는 누이'는 그 시대에 유행했던 배우자에 대한 애칭이었다. 기가 센 '바스의 여장부'가 그 애칭을 싫어하지 않았다면, 이 어린 신부도 이 표현을 싫어하지는 않았을 것이다. 메나지에는 초서와 같은 프로작가는 아니었지만, 오랜 세월 남자들이 품은 로망을 한 문장으로 요약해내는 기지를 발휘한다. "남편의 즐거움이 아내의 즐거움보다 중요하다."

감수성이 예민한 소녀를 세뇌하는 데 한 번으로는 부족할 뿐만 아니라—세뇌방법을 교회에서 배웠나 보다—문장 하나만 달랑 써놓고 '책'이라고 부를 수는 없으므로 그는 비슷한 이야기를 늘어놓는다. 신랑은 "여자는 어떻게, 누구와 결혼할지 신중하게 생각해야 한다"고 가르치고 있는데, 너무 늦은 조언이 아닐까 싶다. "결혼 전에는 아무리 가난하고 비천한 사람일지라도, 결혼 후에 함께 살 오랜 시간을 생각할 때, 신랑감은 성품이 훌륭해야 한다." '사랑하는 누이'는 남편에게 말대꾸해서는 안 되며, 특히 남들 앞에서 그러면 안 된다.

그런데 '사랑하는 누이'는 아내뿐만 아니라 남편도 남들 앞에서 아내를 무안하게 하면 안 된다고 생각했던 모양이다. 그녀는 영리하고 용감하게 남편의 동의를 얻어냈다. 그녀는 남편이 아내의 행실을 꾸짖는 것까지는 이해한다. 그런데 책 속의 어느 구절을 보면 그녀는 꾸짖더라도 낯선 사람이나 아랫사람 앞에서 하지 말고 '우리의 침실'에서 해달라고 부탁한다. 메나지에는 "나의 가르침과 지시에 따라 행동을 반드시 고치고 전심전력을 다해 나의 뜻에 따른다면" 그러겠다고 약속한다(그는 아직 신혼인데도 아내가 "장미 나무를 가꾸고, 바이올렛을 돌보고, 화관을 만들고, 춤추고 노래 부른다"며 기뻐한다).

중산층 여성의 삶은 즐거운 것만은 아니었다. 특히 많은 노동력이 필요했던 시대에는 그러했다. '누이'는 남편이 없을 때는 남편의 역할을 대신했을 뿐만 아니라 여성으로서 집안일을 담당했다. 메나지에가 적어놓은 아내가 해야 할 일 목록을 보면, 하인 관리에서 시작해서 재테크와 봉건법까지 남편을 대신해서 할 일과 아내 본연의 소임 양쪽 카테고리를 넘나든다. 요리에 대한 조언을 보면 일상적인 저녁식사 조리법(달팽이, 개구리, 패스트리)과 '특별한 날'을 위해 공들여 준비한 메뉴(총 스물네 가지)가 포함되어 있다. 손님접대가 중요한 경우에 안주인은 '부리와 발톱에

금박을 입히고 깃털이 달린 가죽을 다시 꿰맨' 백조나 꿩 요리를 올렸다. (여름에는) 침대에 벼룩이 없게 하고 (겨울에는) 연기가 나지 않게 불을 피우는 방법도 등장한다. 사계절 내내 아내는 남편의 '비밀'을 누설하면 안 되고, 남편이 '어리석은 행동'을 하지 않게 말려야 한다. 자신의 영혼을 구제하는 것에 못지않게 남편을 편안하게 모시는 것이야말로 아내에게 가장 중요한 일이다. 아내가 이러한 소임을 잘 해내면 기혼 여성의 성배聖杯와 다름없는 것을 얻을 수 있다. 남편의 사랑이다. 신약성서에는 아내가 남편에게 시중을 잘 들면 남편의 사랑을 받는다고 나와 있다. 부부가 일상생활에서 이러한 주고받음을 잘 지킨다면 '사랑하는 누이'는 두 사람 모두에게 '평화'를 가져올 수 있다. 결혼생활에서 중요하지만, 얻기 어려운 요소가 바로 평화다.

메나지에는 힘든 '바깥 일'을 하는 남편을 위해 아내는 항상 웃는 얼굴로 시중을 들라고 참을성 있게 설명한다. 남자는 무거운 짐을 어깨에 짊어지고 갖은 고생을 한다. 길에서, 전쟁터에서, 바다에서, "비가 오나, 바람이 부나, 눈이 내리나, 우박이 몰아치나, 여기저기 여행을 다녀야 하는" 사람들은 언제나 남자이기 때문이다. 극도로 궁핍한 상태에서 몇 주, 몇 달, 때로는 몇 년을 견뎌야 하는—당연히 자기 자신을 위해서가 아니라 하느님, 왕, 봉건영주를 위해—남자들을 버티게 하는 것은, 따뜻한 집으로 돌아가리라는 희망이 있기 때문이다. 당연히 아내가 바가지 긁는 여자가 아니어야 집이 그리운 법이다. 메나지에는 자신의 아내가 잔소리하는 여자가 아니길 절실하게 바란다. 여행 중인 남자는 "집에 돌아가면 자신을 정성껏 뒷바라지하는 아내가 있고, 아내 덕에 편안함과 기쁨과 즐거움을 누릴 수 있다는 희망으로 버티오. 아내가 따뜻한 불 앞에서 신발을 벗기고, 발을 씻어주며, 새 양말과 신발을 신기고, 좋은 음식을 차려주고, 하얀 요를 깔고 포근한 잠자리에 드는 것을 그리워하오. 그런 시중을 받는 남편은 사랑하는 아내의 얼굴을 보고 싶어 가정으로 돌아가고, 다른 여자를 가까이하지 않는다오.”

그러나 남편에게 시중을 잘 들더라도 올바른 태도로 해야 남편이 행복해지고 결혼생활이 평화로워진다. 상인은 “가장을 집 밖으로 내모는 세 가지는 비가 새는 지붕, 막힌 굴뚝, 바가지 긁는 여자”라는 ‘평범한 속담’을 인용하면서 자명한 이치를 설명한다. 집 안에 이 가운데 하나라도 있으면 마음의 평온은 영원히 물 건너간다. 지금까지 남편을 대하는 올바른 태도에 관한 책을 썼던 사람들은 모두 잔소리가 심한 아내의 반대말은―그리고 마음의 평화로 가는 지름길은―말 잘 듣는 아내라고 입을 모아 말했다(21세기 남자들은 아내가 잔소리를 안 해야 마음이 평화롭다고 생각하지 않기를 바랄 뿐이다. 그런데 프로이트의 유명한 문제저기처럼, 여성들이 진정으로 원하는 것은 무엇일까? 여성들은 17세기에야 지속적인 방식으로 공적 담론에 합류했다. 여성들은 자신도 결혼에 대해 할 말이 많고 게다가 유창하게 말할 수 있다는 사실을 보여주었다. 그러나 여성들의 결혼에 대한 생각은 제각각이었다. 시대에 따라 변하는 남자들의 심리적 특성을 이해하려는 여자들 처지에서는 남자들의 전근대적인 사고방식이 못마땅하겠지만, 그래도 일관성 있게 전근대적이어서 남자를 이해하는 데는 매우 큰 도움이 되었을 것이다. 여성심리에 대한 실마리라도 얻고자 하는 남성들에게는 행운을 빌 뿐이다. 여성의 심리는 단순하기는커녕 복잡하게 얽혀 있으니 말이다). 그 책을 쓴 목적은 아내에게 복종심을 가르치는 것이다. 그래서 메나지에는 그 목표를 달성하고자 여러 가지 노력을 한다. 직접 강의하기도 하고, 교훈이 담긴 으화를 들려주기도 하며, 겁을 주는 계도적인 이야기도 한다. 거룩한 그티셀다의 이야기는 도덕적 교훈이 담긴 우화 카테고리에 들어간다. 메나지에는 그리셀다의 이야기를 들려주고—‘사랑하는 누이’가 행여 그 의미를 놓칠세라—
“남편에게 순종하는 현명한 여자는 남편의 사랑을 얻는다”는 게 이야기
의 교훈이라고 가르쳐준다. 현명한 남자는 복종심을 설명하면서, 본받아
야 할 대상으로서 사람뿐만 아니라 개도 등장시킨다. “개는 멀리 떨어져
있을 때도 눈과 마음은 항상 주인을 향하고 있다오. 심지어 주인이 때리
고 돌을 던져도 주인을 따른다오.” 상인은 복종에 대한 강의는 마치고, 이
제 ‘바른 행실’로 넘어간다.

그는 자신이 성급하거나 얼빠진 행동을 하려고 하면 ‘사랑하는 누
이’가 자신을 말려주기를 원하지만, 반드시 ‘섬세하고 신중하며 부드럽
게’ 해주기를 바란다. 누구도—특히 그녀의 남편은—아내가 남편 뒤
에서 조종하는 모습을 보고 싶지 않고, 아내가 부정적인 발언을 하거나
불평하는 소리를 듣고 싶지 않다. 왜냐하면—그 이유가 자못 충격적인
데—“여자가 주도권을 잡고 군림해서 남자의 마음을 바꿔놓으려고 하
는 것을 남자들은 힘들어하기 때문이다.” 이어서 도덕적 교훈이 담긴 우
화를 들려준다. 이 우화에는 영리한 아내, 우둔한 남편, 잘 속는 정부情婦
세 명이 나온다. 어느 날, 아내는 정부의 집(당시 유부남들은 몰래 술집을 기
웃거릴 필요가 없었다)에 우호적인 방문을 가장해서 찾아간다. 정부는 너
무 가난해서 아내처럼 남자를 편안하게 모실 수 없었다. 이를 딱하게 여
긴 본처는 남자를 잘 모실 방법을 몰래 공유하는 게 어떻겠냐고 제안한
다. 순진한 정부는 선뜻 동의했다. 아내는 남편의 발을 씻길 대야와 깨끗
한 양말과 난로용 땔감과 깨끗한 시트를 간 침구와 베개와 이불, 그리고
용도를 알 수 없는 ‘리넨linen’을 정부에게 보냈다.

남자가 정부의 집에 들렀을 때 정부는 그를 즐겁게 해줄 만반의 준
비가 되어 있었다. 비밀을 지키겠다고 맹세한 여자는 새로운 물품이 어디

에서 온 것인지 밝히지 않는다. 남자는 얼굴을 붉히며 훔친 것이냐고 여자를 몰아세운다. 여자는 억울함을 밝히려고 진실을 털어놓는다. 남자는 정부와 헤어지고, 곧바로 아내에게 돌아간다. 아내는 자신의 계략이 성공한 것을 보고 속으로 우쭐해진다. 남자는 바람을 피웠다고 자백하고 다시는 다른 여자에게 한눈을 팔지 않겠다고 맹세한다. 이 이야기의 교훈을 메나지에의 입으로 직접 들어보자. "그 아내는 이렇듯 섬세한 방법으로 남편의 마음을 되찾을 수 있었소."

기혼 여성이 다른 사람들 앞에서 처신하는 방법을 설명하는 형용사로 '섬세한'은 딱 들어맞지 않는다 ─ '겁에 질린'이 더 적절한 표현인 것 같다. '사랑하는 누이'는 왼쪽으로 지나가는 행인(여자라고 할지라도)도, 오른쪽으로 지나가는 행인도 보지 말고 눈을 내리까는 동시에 '수상한 일행', 특히 수상한 여자가 없는지 경계를 늦추지 말아야 한다. 메나지에는 대체 어떤 사람이 수상한지 아닌지 어떻게 알 수 있는지는 설명하지 않는다. 하지만 그런 사람을 만나면 어떻게 해야 하는지는 말해준다. "피해야 하오." 1초만 지체해도 치명적인 결과를 낳을 수 있기 때문이다. 메나지에는 다음과 같이 지루하게 늘어놓는다. 아무리 억울하더라도 여자가 '오명'을 쓰면 명예가 영원히 더럽혀져서 ─ 루크레티아처럼 ─ 스스로 목숨을 버려야 할지도 모른다. 그러고는 메나지에는 루크레티아 이야기를 들려준다.

남편이 집에 없을 때 아내 앞으로 봉인된 편지가 배달되었을 때는 어떻게 해야 할까? 아내가 손톱만큼의 '오명'도 얻지 않을 최선책은 무엇일까? 먼저 그녀는 증인들 앞에서 필적을 입증해야 한다. 남편의 필적이 확실하면 그녀는 '매우 기쁘지만 공손한 태도로' 증거를 보여준 후, 물러나서 '혼자 조용히' 편지를 읽는다. 그러나 편지를 보낸 사람이, 편지를 보낼 합당한 권리가 있는 배우자 이외의 사람이라면, 어떤 부도덕도 없음을 밝히고자 그녀는 증인들 앞에서 편지를 뜯고 그 자리에서 큰 소리로 읽어야 한다.

메나지에의 글은 새로운 사상을 담은, 새로운 문학 장르다. 아니, 새로운 생각이라기보다는 원래부터 있던 생각이지만, 1,000년 이상의 시간 동안 누구도 생각해내지 못했기 때문에 새로운 것이라고 볼 수 있다. 이승의 삶에서 개인의 지위는 고정되어 있다고 종교 권위자에 의해 세뇌된 사람들의 마음속에서는 떠올릴 수조차 없었던 '자기계발self-help'이라는 장르가 바로 그 새로운 생각이다. 교리를 주입하는 교회의 능력은 빠르게 저물어가고 있었지만, 그것만이 태도변화를 이끌어낸 요인은 아니다. 흑사병은 대중의 심리를 통째로 변화시키는 영향력을 발휘했다. 현세의 삶에 대한 갈증을 끌어올렸으며, 이 순간이 지속되는 동안 더 잘 살고 싶다는 희망도 키웠다. 희망이라, 이 얼마나 대단한 개념인가? 당시 시대사조를 구성하는 중요한 요소로서 희망은 인간 중심이고 지적 생동감이 넘치던 고전주의 시대에 가장 또렷하게 나타났다. 고전주의 시대가 부활한 것은 우연의 일치가 아니다.

자기계발서가 나온 지 얼마 안 된 이 시기에, 자기계발서 작가들은 시장 상황을 신중하게 탐색하면서 조심스러운 행보를 했다(가동 활자의 발명으로 100년 내에 출판시장은 폭발적으로 발전한다). 너무나 생소한 분야였고, 시장에 뛰어든 사람들은 여러 실험을 하기에는 풋내기였다. 예컨대 아내의 관점에서 남편의 행실은 어떠해야 하는지를 소재로 다루기에는 미숙했다. 이 정도의 화제가 다루어지려면 프로테스탄트 윤리가 도래할 때까지 기다려야 한다. 당시로는 아내의 품행이 무난한 화제였고, 언제나 그렇듯 핵심 주제는 복종과 통제였다.

아내를 가르치려는 남편만 있는 게 아니라, 딸을 길들이려는 아버지도 있었다. 이 분야에서 탁월한 작품을 쓴 작가인 조프루아 드 라 투르 랑드리Geoffroy de la Tour Landry 경은 딸이 셋 있었다. 1371년 발간 직후 『투르 랑드리 기사의 책The Book of the Knight of la Tour Landry』은 영국과 프랑스, '비교적 문명화된 독일 일부 지역'의 양가 규수를 위한 품행교과서가 되었다.[3] 이 책은 19세기에 영어 번역본이 나오면서 또 한 번 베스트셀러가 된다. 메나지에가 쓴 책에 경건함과 상냥함은 더하고 마사 스튜어트Martha Stewart와 같은 디테일은 뺀 이 책은 메시지 전달에 초점을 맞추고 있다. 당연히 "훌륭한 여성은 하느님께서 신성한 서약으로 맺어주신 남편의 비위를 거스르거나 남편의 명령에 불복종해서는 안 된다"는 흔한 메시지다. 현명한 아내는 '달콤한 말'로 남편의 화를 가라앉혀야 한다. 그런 일은 절대로 없어야겠지만, 그 행동으로 말미암아 '불명예'가 뒤따를 수 있는 '흉악'을 남편이 저지르려고 할 때 특히 남편을 잘 달래야 한다. 아내가 남편을 그르렁거리는 순한 고양이로 바꿔놓으면 남편은 아내가 유도하는 대로 잘 따를 것이다. 어디가 잘못되었는지, 잘못을 고치려면 무엇을 해야 하는지 아내는 남편에게 아무도 듣지 않는 곳에서 아주 부드럽게 말해야 한다. 조프루아 경은 ― 어쩌면 메나지에와 이렇게 똑같은 소리를 하는지 ― "그렇게 해야 아내는 평화를 유지하고 남편의 사랑을 얻을 수 있다"고 결론 내린다.

조프루아 경은 딸이 쓰디쓴 약 같은 교훈을 잘 받아들일 수 있게 하려고 여러 일화를 들려주는 영리함을 발휘한다. 그중 하나가 드보라Deborah라는 잘 알려지지 않은 젊은 여자에 관한 얘기다. 드보라는 '매우 지혜로우며 덕이 높고 참을성이 많은' 선량함의 화신이다. 그녀는 '무자비하고 잔인한' 남편을 개과천선시킬 만큼 훌륭한 여자다. "매우 지혜롭고 남편을 잘 다루면서도 남편에게 잘 처신해서 남편을 그 어느 때보다도 만족하게 하고, 남편의 광포함을 몰아냄으로써 남편이 아내뿐만 아니라 모든 사람에게 얌전하게 굴게 되었다.” 조프루아 경의 생각은 다른 남자들의 이야기와 그다지 다르지 않다. 어쨌든 그의 의견으로는, 남자의 사악함은 오로지 아내의 선량함으로 완화될 수 있으며, 남편이 사악하면 사악할수록 아내가 더 선량해야 한다. “여자의 선량함은 남자의 사악함을 줄이고 신의 노여움을 달랠 수 있기 때문이다.” 아내는 ‘혼인서약에 따라’ 남편을 위해 기도하고, 남편이 ‘모든 악한 행동을 하지 않게’ 막을 의무가 있다.

　여성들의 모범이 될 또 한 명의 주인공인 에비게일Abigail은 ‘어리석은 행동과 나쁜 말버릇’ 때문에 (그녀가 없었으면) 자멸하고 말았을 무모한 남편을 구하는 데 헌신했다. 조프루아 경이 말한 바로는 “더없이 선량한 이 여자는 조심스럽고 선량하게 남편의 잘못을 고쳐주었고, 남편 때문에 인내해야 했던 고통과 슬픔을 참을성 있게 견뎠다.” 에비게일은 “하느님이 결혼의 인연으로 두 사람을 묶어주었기 때문에, 남편이 아무리 어리석고 자신과 다르더라도 남편을 열심히 지지하고 구하고 지키고자 노력하고 참고 견디면서, 모든 여성에게 귀감이 될 나무랄 데 없는 행실을 보여주었다.” 조프루아 경은 여성들에게 모범이 되는 사례를 여러 건 설명하고 나서, 마침내 왜 이런 거룩함이 남성의 특징이 아니라 여성의 특징이며, 특징이어야 하는지 그 이유를 설명한다. 그는 출처를 밝히지 않고 인용한다. “현자賢者의 말로는 남성은 여성보다 용기가 있기 때문에 여성은 남성보다 가련한 존재다.” 조프루아 경은 이렇게라도 자기합리화를 해야 했나 보다. 그는 “겸손하고 가련하지 않은 여자는 여자답지 않다”며, 버릇없고 건방지게 용기가 있는 여자는 악한 여자라고 덧붙인다.

마지막 구절과 관련하여 부정적인 사례를 들고자 조프루아 경은 어떤 여자든 한 번 들으면 평생 악몽에 시달릴 이야기를 한다. 남편에게 화를 내는 젊은 여자의 이야기다. 여자는 친정으로 가버린다. 이유야 어찌됐든 친정아버지는 남편을 버리고 왔다며 딸을 혼낸다. 친정아버지는 사위가 딸을 데리러 오자 안도한다. 화해한 부부는 집으로 돌아가는 길에 하룻밤 쉬어가려고 어느 마을에 들렀는데, 하필 그 마을은 '여자를 밝히는 거친 젊은이 여러 명'이 살고 있었다. 무뢰한들은 여자에게 수작을 걸었다. 여관 주인은 투숙객 대신 차라리 자신의 딸 중 한 명을 데려가라고 아량을 베풀었지만(조프루아 경은 소돔과 고모라 이야기에서 이 디테일을 빌려왔다), 그들은 여자를 강제로 붙잡아서 차례로 강간했다. 다음 날 아침 여자는 "너무나 수치스럽고 자신이 더럽혀졌다는 생각에 슬픔으로 죽었다."(루크레티아 이야기와 지나치게 비슷하지 않은가?)

이제 남은 것은 피의 복수다. 남편은 아내의 시신을 집으로 가져와 열두 조각을 내서 한 조각씩 친구들에게 보냈다. 남편은 아내가 어떻게 죽게 된 것인지 사연을 적고는, 아내를 수치스럽게 죽게 한 강간범들에게 복수해달라고 친구들한테 요청했다. 친구들은 모두 분연히 일어섰다. 총 열두 명이 문제의 마을로 가서 남녀를 막론하고 마을사람들 3만 3,000명을 학살했다. 작가는 이처럼 다윗 대 골리앗 같은 싸움이 어떻게 가능한지는 설명하지 않는다. 예상대로 작가는 이야기의 도덕적 교훈에만 집착한다. "그러므로 딸들이여, 남편을 버린 나쁜 행실 때문에 이런 참극이 일어나지 않게 조심해야 한다. 여자도 죽었고 많은 남자도 살해되었다. 그러니 여자는 화를 참고 남편을 기쁘게 하고, 간섭하지 말고, [집을] 떠나서는 안 된다."

이미 아는 바와 같이 이론상으로 여자는 약하고 순진하고 감정의 기복이 크고 멍청한 데다 사랑, 우정, 정절을 지킬 능력도 없다. 그런데 지금까지 살펴본 이야기에서 여자는 남자를 자유자재로 속이는 사기의 대가(델릴라)에다, 남편의 평판, 유산, 성기능, 출산능력, 남자로서의 정체성까지 좌지우지할 능력도 있으며(이름을 거론하기에는 너무나 많은 여자), 전쟁을 촉발시킬 수도 있고(트로이의 헬렌), 제국을 멸망시킬 수도 있으며(루크레티아), 인류에게 죽음을 가져다줄 수도 있고(이브), 세상에 괴로움을 불러올 수도 있을 뿐 아니라(판도라), 조프루아 경의 말로는 3만 3,000명을 학살시킬 수도 있다. 메나지에와 조프루아 경이 책을 쓴 공통된 목적은 여자 길들이기를 이론화하려는 게 아니라 (둘이 바라건대) 현실의 여성들이 할 수 있는 실제 기술을 가르치려는 것이다. 그러나 그 과정에서 그들은 남자가 여자에 대해 갖는, 전형적으로 모순된 사고방식의 증거를 보여준다. 아마도 그래서 남자가 여자를 통제하려는 시도는 한 번도 성공하지 못한 게 아닐까? 군대를 이끄는 장군에게 마음의 갈등은 좋은 태도가 아닐 테니까.

여성들에게 복종을 주입하는 캠페인을 모두가 힘을 합쳐서 2,000~3,000여 년간 벌였지만, 여전히 결정적인 결과나 진전의 기미는 보이지 않았다. 정신적인 희생도 이때쯤에는 아마 상당했을 것이다. 수 세기에 걸친 캠페인으로 바람직한 효과 — 여성들이 더 온순해지고, 정절을 잘 지키고, 제멋대로 날뛰는 게 무뎌지거나 아내들의 치명적인 '잔소리'가 줄어들거나, 아니면 단순히 잔소리를 그만두게 하는 효과 — 가 있었다면 남편들과 아버지들이 여자의 나쁜 행실을 예방하기 위한 지침서까지 쓸 필요가 있었을까? 오쟁이 진 남자들이 나오는 문학작품이 줄어들기는커녕 왜 늘어났겠는가?

1430년대 초반, 문자 그대로 르네상스적인 남자 — 건축가, 인문주의자, 철학자, 수학자, 사회평론가, 귀족이자 작가인 레온 바티스타 알베르티Leon Battista Alberti ─가 새로운 시도를 했다. 알베르티는 호통을 치면서 여자들에게 복종심을 주입하는 방식은 지양했다. 그 대신 사뭇 거드름을 피우면서 나누는 두 남자의 대화를 통해 남자들에게 집안을 다스리는 방법을 가르쳤다. 이 책은 남성독자를 대상으로 하는 자기계발서의 새로운 물결을 예고했다.[4] 책 제목인 『가족에 관하여*Della Famiglia*』는 주제를 반영한다. 가족, 특히 알베르티 집안과 같은 피렌체의 부유하고 걸출한 상인 집안에 대해 다룬다(실재 인물을 약간 각색해서, 두 남자 친척 간의 대화를 그렸다). 알베르티는 사회제도로서 '가족'의 미래를 그린다. 그는 농업경제학에서부터 남자 간 우정의 이점까지 여러 측면을 논한다.

알베르티의 분신은 자상한 지아노초Giannozzo로, 자기보다 훨씬 어리고 순진한 사촌동생 리오나르도에게 경험에서 얻은 지혜를 전달하는 역이다. 지아노초의 입을 통해 알베르티는 사회제도로서의 '가족'이 심각하게 쇠퇴하고 있다고 걱정한다 ─ 알베르티가 이 문제를 처음으로 걱정한 사람은 아니다. 알베르티와 동시대를 살았던 사람들은 이렇게 가족이 의미를 잃어가게 된 이유를, 늘 거론되는 사회악에서 찾는다. 그들은 만연한 불륜, 간음, 통제되지 않는 여성 탓으로 돌린다. 알베르티는 남자들의 만혼(사생아 출생률이 높아졌다는 의미가 함축되어 있다)도 또 하나의 위협요소로 지적한다.

알베르티는 미혼이지만 오랜 결혼생활을 한 지아노초를 대역으로 내세워 결혼에 관해 장황하게 강의를 한다(미혼이라 대역이 필요했던 모양이다). 지아노초가 거미줄을 치는 거미를 비유로 들어서 가장이 집안을 다스리는 방식을 설명하는 동안, 리오나르도는 조용히 듣는다.

모든 실은 원의 중심에서 반지름 모양으로 뻗어나간다. 아무리 긴 반지름도 중심에서 출발한다. 실은 중심에서 시작해서 밖으로 향한다. 근면한 거미는 중심에 앉아 있고, 중심을 거주지로 삼는다. 일단 거미줄을 치는 작업이 끝나면 거미는 원의 중심에 머물지만, 방심하지 않고 경계를 늦추지 않는다. 가장 먼 거미줄에 미세한 움직임이 생기더라도 곧바로 느끼고 즉시 나타나서 상황에 대처한다. 한 가족의 가장도 이와 같아야 한다. 가장은 일을 처리하는 사람이다. 가장은 우두머리로서 가족들이 우러러보는 위치에서 모든 일을 지휘한다. 가정의 토대를 지키는 일도 가장에게 달렸다.

리오나르도는 이처럼 '적절하고 유용한' 비유를 들어본 적이 없다고 말한다. 그런데 아무리 부지런하고 계획적이라고 할지라도 한 명의 '주인'이 어떻게 '모든 일을 한꺼번에' 처리할 수 있는지 의심을 품는다. 지아노초는 '빠르고 훌륭한 방법'이 가까운 곳에 있으니 걱정하지 말라고 리오나르도를 안심시킨다. 리오나르도는 귀를 쫑긋 세운다.

다른 남자들과 더 중요한 일을 처리해야 할 때가 종종 있어서, 같이 집안일을 보는 게 쉬운 일은 아니지. 그래서 덜 중요한 집안일은 아내의 손에 맡기는 게 현명하다고 생각하게 되었네. (중략) 솔직히 사람들 이목이 쏠리는 시장에서 다른 남자들과 부대끼면서 바쁘게 일하는 여자가 있다면, 그런 여자의 남편을 누가 우러러보겠나? 남자들 사이에서 해야 할 남자다운 일이 많은데, 여자들이 많은 집에서 아무런 말도 하지 않고 있는 남자도 문제라고 생각하네. (중략) 큰일 할 남자들이 사소한 집안일까지 세세하게 신경 쓸 필요는 없다고 보네.

지아노초는 자기 말이 맞는지 잠깐 반추의 시간을 갖는다. 자기 생각을 확신하지 못해서가 아니라 멋있는 척하려는 것으로 보인다. "글쎄", 그는 말을 잇는다. "아마 내 생각이 틀렸는지도 모르지." 틀릴 리가 있나! 지아노초는 '고전주의자들의 의견을 정확히 반영하는 사람'이다. 르네상스적인 사고를 하는 리오나르도에게 지아노초의 모든 말은 진리다. 리오나르도는 '고전주의자들이' 이미 잘 알던 사실을 요약한다.

남자는 선천적으로 여자보다 고결한 존재입니다. (중략) 남자는 여자보다 천성적으로 강합니다. 적의 공격에도 더 잘 견디고, 피로도 더 오래 참고, 스트레스를 받으면서도 잘 버티죠. (중략) 반면, 여자들은 본래 겁이 많고 연약하고 느립니다. 여자들은 가만히 앉아서 우리가 하는 것을 보는 게 더 도움이 됩니다. 자연의 섭리처럼 남자는 밖에서 일하고 여자는 집을 지키는 게 행복해지는 지름길입니다.

아무리 근사하게 꾸미고 훌륭하게 연출된 남자다운 남자도 제대로 된 아내(부지런하고 사려 깊은 아내)를 만나지 못하면 집안이 잘 돌아갈 리가 없다. 운 좋게도 지아노초는 아내 복이 있었다. "내 아내는 우리 집안의 완벽한 어머니라네." 그는 리오나르도에게 말한다. 지아노초는 집안이 더없이 행복한 이유가 부분적으로 '아내의 어떤 성격과 기질' 때문이라고 말한다. 하지만 '내가 잘 가르친 덕분'이라며 그 공을 대부분 자신에게 돌린다. 가까운 장래에 남편이 되기를 희망하는 리오나르도는 질문을 던진다. "비결이 뭐죠?" 지아노초는 타이밍이 중요하다고 운을 뗀 후(현명한 남편은 신부가 새로운 환경에 적응할 시간을 주어야 한다. '갓 시집온 새댁이 친정을 그리워하며 겪는 상심'이 잦아들 때까지 기다려야 한다), 적절한 일화, 자화자찬하는 혼잣말, 팁, 테크닉을 몇 페이지에 걸쳐서 장황하고도 자세하게 활용해 그 과정을 설명한다.

가령, 남자는 어떤 여자에게도 작은 것이든 큰 것이든 절대로 비밀을 말해서는 안 된다. 지아노초는 존경할 만한 성인들과 같은 여성관을 지니고 있다. "여자의 뇌에 신중함이나 좋은 충고가 있을 것으로 생각하는 남편은 미친 거라네. 여자는 남자의 비밀을 절대로 지켜주지 않지. 그 사실을 깜빡하고 여자에게 비밀을 지껄이는 남자는 어리석은 사람이라네!" 지아노초가 아내의 사랑이나 분별력이나 겸손을 의심해서가 아니다―지아노초의 말로는 그의 아내는 도덕의 화신이라고 하니까. 하지만 지아노초는 리오나르도에게 "아내가 남편을 해칠 마음을 먹을 수도 없을 뿐만 아니라 해칠 수도 없게 만들고자" 아내에게 모든 것을 털어놓지 않는 것이 언제나 '더 안전하다'는 사실을 이해시키려고 결연한 의지를 다지는 것 같다. 신혼 때부터 그는 "집안일이나 품행문제나 자녀문제를 제외하고는 아내와 어떤 말도 하지 않기로" 결심했다. 이 문제만으로도 그는 할 말이 넘쳤고, 다행히 아내도 기꺼이 남편 말을 따랐다. "친정부모님이 제게 부모에게 순종하라고 가르치셨고, 언제나 남편에게도 순종하라고 명령하셨어요. 그래서 저는 당신이 시키는 건 무엇이든 할 준비가 되어 있어요." 그녀는 이렇게 남편을 안심시켰다. 지아노초는 아내에게 남편을 만족하게 하고 싶다면 다음의 세 가지 기본규칙을 지키라고 말했다. "첫째로, 내 아내여, 나를 제외한 다른 남자와 이 침대를 절대로 같이 쓰지 않겠다고 다짐해주시오."(이 말을 듣고 아내는 조신한 여자라면 마땅히 그래야 하듯 '얼굴을 붉히고 눈을 내리깔았다.') 다음으로, "겸손함, 침착함, 평온함으로 집안을 돌봐야 하오." 마지막으로―다소 중복된다는 느낌이 있지만―"집안에 잘못되는 일이 없도록 유념해야 하오." 그는 여자의 품성은 '가족의 보석'과도 같다고 설교한다. 당연히 여자의 품성이 가족의 수치가 아닐 때 그렇다는 이야기다. 여자의 품성이 가족의 수치가 될 때에는 남편의 책임이다.

'그대가 즐겨 읽는 고대 작가들이'(지아노초가 리오나르도를 놀리며 말하는 것처럼) 이 문제에 관해 지껄여대기를 좋아했다는 사실을 생각하면, 리오나르도와 같은 젊은 남자는 이러한 규칙을 이미 알고 있었으리라. 사촌형제의 대화는 2,000여 년 전에 나온 크세노폰의 『(가정)경영론』의 한 대목을 연상시킨다. 그 책에서는 소크라테스가 지아노초 역할을 맡았다. 고대의 현자는 제자에게 이렇게 말한다.

> 양이 아플 때 우리는 대개 양치기 탓을 합니다. 또 말이 사납게 굴면 우리는 보통 기수를 나무랍니다. 아내로 말하면, 아내가 남편에게 올바른 교육을 받고도 행실이 올바르지 않으면 아내가 책임을 져야 합니다. 하지만 남편이 아내에게 제대로 가르치지 않아서 아내가 이런 것들을 알지 못한다면 남편에게 책임을 묻는 것이 마땅하지 않을까요?

자신이 완벽한 남편이라고 주장하는 지아노초도 여자가 끼칠 수 있는 해악에 관해 곰곰이 생각하면서, 리오나르도에게 경계를 늦추지 말아야 한다고―한 번 이상―훈계한다. 말할 기회가 생기자 리오나르도는 실생활에서 도움이 되는 조언을 해달라고 끈질기게 조른다. "가장 효과적인 기술은 뭐죠? 아내는 훈계를 어떻게 받아들입니까? 화장을 비롯해서 모든 문제에서, 정확히 어떻게 해야 아내를 길들일 수 있죠?" 리오나르도는 "실제 모습보다 정숙해 보이지 않게 하얀 분가르나 호두 빛으로 염색하는 것처럼 화장을 하면 안 된다"고 아내에게 가르친 '고대 작가들'

을 언급하면서 이 화제를 꺼낸다. 척척박사인 지아노초가 답을 준다. 그는 '아내가 화장을 혐오하도록 하는 좋은 방법'을 안다고 말한다. 먼저 그는 문을 단단히 닫은 방 안에 아내와 함께 들어가서 자신과 함께 무릎을 꿇고 기도를 하자고 청했다. 그들은 하느님께 다른 모든 것 중에서 '많은 아들'을 달라고 청하고, 그 자신을 위해서는 '부유함과 우정과 명예를', 그녀를 위해서는 '고결함과 청순함과 완벽한 안주인으로서의 품성'을 달라고 기도한다. 기도는 알고 보니 장시간에 걸친 강연의 도입부로 밝혀졌다. 지아노초는 여성의 덕성 함양과, 하느님이 소원을 들어주게 하려면 어떤 일을 해야 하고 어떤 일은 하지 말아야 하는지에 관해 훈계를 늘어놓았다. '순결하지 못하면' 하느님이 소원을 들어주지 않는다. "하느님은 순결하지 못한 여성에게 가장 엄한 벌을 내리오. (중략) 그런 여자들은 수치스럽고 비참하게 살게 된다오." 모든 의지, 정신, 정숙함을 바쳐야 할 것이 바로 '순결'이다. 순결만큼 '하느님의 마음에 들고 나에게 흡족하며 아이들 보기에 소중한' 것이 없기 때문이다.

이 모든 소리가 아내가 뺨에 연지를 칠하지 못하게 하는 것과 무슨 관련이 있단 말인가? 한 마디, 한 마디가 다 관련이 있다. 아내는 마리아처럼 깨끗할 수 있지만 얼굴에 화장을 하면 아무도 그녀의 고결함을 칭송하지 않을 것이다. 칭송은커녕 그녀는 하느님, 남편, 아이들을 '욕되게 할 것이다.' 다른 사람들도 고개를 저을 것이며 그녀 자신에게도 돌이킬 수 없는 화를 불러올 것이다. 화장으로 초래될 끔찍할 결과 가운데서 지아노초의 아내는 '천박한 외모'를 한 여자들이 '수많은 탐욕스러운 남자'의 최악의 본능을 얼마나 즉시 자극하는지에 관해 귀가 따갑도록 듣는다. 그 때문에 틀림없이 여자는 타락하게 된다. "그런 남자들은 모두 그런 여자에게 몰려드는데, 갑자기 달려드는 남자들도 있고 끈덕지게 들러붙는 남자들도 있고 사기를 치는 남자도 있어서, 결국에는 불운한 비참함이 완벽한 망신으로 끝나오. 그렇게 타락하면 여자는 지워지지 않는 크나큰 오명을 쓰고 다시는 일어날 수가 없게 된다오."

"현명한 조언이십니다." 리오나르도가 마침내 입을 열었다. "그런데 형수님이 형님 말을 따르던가요?" 완전히 따른 것은 아니라고 지아노초는 순순히 인정한다. 한번은 부부가 부활절 만찬에 손님을 초대한 적이 있는데 "내 아내가, 세상에, 얼굴에 분칠을 하고는, 오가는 손님들과 활기에 넘쳐서 대화를 하고 있었네. 내가 보니, 아내는 돋보이게 사람들과 웃고 즐기고 있었네." "형수님을 혼내셨어요?" 리오나르도가 물었다. "하하!" 지아노초가 대답했다. "당연하지, 그런데 꾸짖는 데도 기술이 필요하다네. (중략) 자네한테 한 수 가르쳐주지. 여자를 혼낼 때는 알맞은 방법으로 부드럽게 해야만 하네. (중략) 노예는 으르고 때려도 참을 수 있네. (중략) 하지만 아내는 겁을 주기보다는 사랑을 줘야 더 잘 순종하는 법이네. (중략) 그러니까 나처럼 적당한 때에 상냥하게 아내의 잘못을 고쳐주는 게 최선이지."

지아노초는 기다렸다가 손님들에게 들리지 않는 구석으로, 얼굴에 분을 바른 아내를 데리고 갔다. "그러고는 아내에게 미소를 지으면서 말했네. '여보, 얼굴에 뭘 그리 묻혔소? 냄비에라도 부딪힌 거요? 다른 사람들이 놀리기 전에 어서 가서 세수하고 오시오. 다른 가족들에게 단정한 품행과 선행의 모범을 보여주려면 한집안의 안주인이자 어머니는 언제나 말쑥하고 깨끗해야 하오.'" 이 말에 지아노초의 부인은 ― 어렸을 때부터 윗사람의 마음에 들어야 한다고 배우고 자라서 ― 남편의 마음에 쏙 들게 반응했다. 그녀는 곧바로 눈물을 보였다. "그 후로 같은 말을 다시 할 필요가 없었네." 장면이 전환되고 큐 사인이 들어오면, 리오나르도는 이렇게 외친다. "정말 훌륭한 아내군요." 지아노초는 어떤 남자든 아내를 훌륭하게 가르칠 수 있다고 말한다. "어떤 아내든 고분고분해지게 할 수 있네." 그는 흡족해하면서 말한다. "남편이 남편 노릇을 제대로 하면 말일세."

남편 노릇을 최고로 잘하는 이 남편이 친절함을 보여준 것은 사실이다. 그렇지만 친절함은 단호함을 대신할 수 없다. 지아노초는, 아내를 길들이면서 '자포자기'하는 분위기를 말이나 행동에서 조금이라도 보이면, 존경보다는 멸시를, 순종보다는 반항을 이끌어낼 수 있다고 경고한다. 여자 앞에서 '약한 모습'을 보이면 '너무나 깊이 여성적인 정신'을 드러내는 것으로, 남자들이 쭈뼛쭈뼛할 정도로 싫어하는 부분이다. 이런 비극을 피하려면 리오나르도는 지아노초를 본받아야 한다. "언제나 진정한 남자다운 기개를 보여주었지."

언제나? 그럴 리가 없다. 그러나 자신의 대역으로 가짜 남편의 탈을 쓴 총각이 그 사실을 알 리가 있을까? 남자들은 처음부터 자신에게 '언제나'라는 부담스러운 기대치를 지웠다. 이루어질 수 없는 꿈이고, 성취하기 어려운 목표며, 결혼이라는 산꼭대기에 올려놓아도 다시 굴러 떨어지고 마는 시시포스Sisyphos의 바위라는 사실을 알까? 자신에게 맞설 증거를 갖게 하지 않으면 자신의 벌거벗은 본성의 상태를 보여서는 안 될 그 사람[아내]에게 남자가 자신의 모습을 최대로 노출하는 것이 바로 결혼이다. 서구의 남편들이 이미 느슨해지기 시작한 걸까?

제13장

마녀사냥의
계절

12세기에 상류층의 마음에 사랑이라는 생각을 심어주면서 고동치기 시작한 뇌파가 이제는 모든 사람에게 사랑에 대한 생각을 강하게 전달해주었다―고전에 대한 사랑을. 이른바 '르네상스'로 불리는 문화적·지적 폭풍이 몰아치면서 가치관이 변화하고 있었다. 비관주의, 운명론, 불안, 무식, 사회 안정, 내세 중시, 오감 억제, 신神 중심 사고방식이 한물간 대신 낙관주의, 자기결정, 희망, 지식, 사회발전, 현세 중시, 오감을 한껏 즐기기, 인간 중심 사고방식이 주목받게 되었다. 유럽이 고대 사상가를 재발견하고 그들의 생각을 읽는 법을 익히면서 르네상스는 비록 고대의 형태이긴 하지만 근대적 세계를 가져왔다.

흑사병과 같은 고전적인 전염병은 14세기 이탈리아에서 나머지 유럽으로 퍼져 나갔다. 그러나 병균은 사상보다 더 빨리 움직인다. 특히 때로는 그 사상이 멀리 떨어진 외딴 지역에서 시들어가던 수천 년 묵은 고문서에 담겨 있을 때는. 르네상스가 기원한 이탈리아에서 이탈리아인들이 그리스 어를 통하고 나서야 르네상스는 본격적으로 번성할 수 있었다. 라틴어로 기록된 문서에만 기초를 두었더라면, 문서형태로 기록된 고전적 지식의 르네상스를 대문자 R을 붙인 '르네상스'라고 부를 수 없었을 것이다. 고전적인 로마 문화 자체가 그리스 문화에서 유래했기 때문이다. 그러나 수 세기 동안 사람들은 라틴어와 그리스어로 기록된 책과 함께 그리스어를 유창하게 말하는 능력을 잃어버렸다.

르네상스의 중심지는 피렌체, 아니 정확하게 말하면 페트라르카Petrarcha의 마음과 생각 속에 있었다. 페트라르카는 강박적으로 고전을 수집했고 자신의 우상들―호메로스, 베르길리우스, 세네카―에게 편지를 보내고, 현대의 관광객들처럼 로마 언덕에 올라서 유적 주위를 거닐며 고대의 공기를 마시는 취미가 있는 학자였다. 페트라르카와 그의 제자인 보카치오는 둘 다 그리스어를 몹시 배우고 싶어했다. 그러나 피렌체 그리스어 교사들도 그리스어를 유창하게 구사하지 못했다(보카치오는 호메로스를 번역해달라고 그리스어 선생님에게 졸랐다. 선생의 번역이 서툴렀는데도 보카치오는 『오디세이아』와 『일리아스』 라틴어 번역문을 공들여 옮겨 쓰고 또 썼고, 필사본을 동료들과 돌려 보았다). 피렌체의 대학 당국이 마침내 진짜 그리스어 학자를 수소문하고 설득해서 교수로 초빙했을 때, 페트라르카와 보카치오는 이미 세상을 뜬 지 오래였다. 하지만 그들은 열정의 씨앗을 심어서 새로운 세대로 하여금 이제 지리적으로나 사회적으로 확장되고 있는 비옥한 [학문의] 토지에서 르네상스를 양성할 수 있게 했다. 12세기와 15세기 사이에 새로이 학문과 사랑에 빠진 사회계층인 중산층의 수요가 증가함에 따라, 유럽의 대학 숫자는 규모 면에서 세 배나 늘어났다. 상인의 아들은 이제 귀족의 아들과 함께 교육을 받게 되었으며, 그들은 함께 고전을 탐독하고 있었다(그리고 마침내 그리스어도 배우게 되었다). 학문이 더는 성직자와 귀족에만 국한되지 않았기 때문에, 고전이라면 뭐든 배우겠다는 학구열은 모든 계층으로 퍼진다 ─ 게다가 15세기 중반에 인쇄기가 발명되면서 학문의 대중화는 가속화되었다.

지적으로 침체해 있던 암흑시대와 비교하면 고무적인 현상이다. 그러나 고대의 사상이 찬란하게 부활함으로써 서구를 햇살과 빛으로 흠뻑 적셔주었다는 르네상스기의 전형적인 모습은 아름답지 않은 그림자를 드리운다. 여성은 날 때부터 본디 모자란다는 아리스토텔레스의 이론, 유베날리스가 「풍자시 6편」에서 보여준 여성의 선천적 결함에 대한 치명적인 묘사, 아내가 상복을 벗는 것을 허락한 남편은 바로 아내에게 휘둘려 노예상태의 굴욕을 당하게 된다는 카토의 경고. 이 모든 것이 르네상스기에 새롭게 발굴되었고, 학구열에 불타는 대중이 볼 수 있게 새롭게 노출되었다.

15세기 후반에 기독교 인문주의는 르네상스의 상징적 철학으로 떠올랐다. 기독교 인문주의의 일부 주창자 가운데는 참신하게도 결혼을 찬성하는 작은 움직임이 있었고, 그들의 생각은 이른바 '결혼을 옹호하는' 소논문을 통해 드러난다. 이들 작가 중 한 명은 이렇게 노래한다. "남편과 아내가 사랑과 선택으로 서로에게 이끌리고, 한 명이 원하면 또 다른 한 명은 상대가 원하는 것을 선택하고, 한 명이 말하면 또 다른 한 명은 마치 그 말을 자신이 한 것처럼 침묵 속에서 긍정하는 둘만의 우정을 경험하는 것보다 더 행복하고 달콤한 게 있겠는가."[1] 이 구절은 이 작가들의 전형적인 어조를 보여주며, 그 자체로 주목할 만한 가치가 있다. 그러나 이들의 글은 비슷한 생각을 하는 지성인이라는 좁은 그룹 내에서 통용된 경향이 있었다. 그들의 목소리는 이미 고전에 푹 빠져 있는 대중의 관심을 이끌어내기에는 너무 작고 부드러웠다.

13세기 이래로 신학적 관심도 고전, 특히 아리스토텔레스의 저작에 집중되었다—그 시기는 공교롭게도 교회가 종교재판을 빌미로 이단에 전쟁을 선포한 기간과 일치했다. 생리혈 혐오증을 보였던 교황 인노켄티우스 3세는 아리스토텔레스의 지혜를 전파함으로써, 고전 부활에 대한 관심을 처음으로 촉발하는 데 일조한 인물이다. 13세기에 지대한 영향력을 미친 주교이자 철학자며 토마스 아퀴나스의 스승인 독일의 대大알베르투스도 영감(과 일부 유용한 문장)의 원천으로 아리스토텔레스에 의존했다. "여자는 잘못 태어난 남자며 남자보다 선천적으로 불완전하고 결함이 있다. 여자는 자신이 얻을 수 없는 것을 거짓말과 악마와 같은 속임수를 통해 얻으려고 한다. 그러므로 간단히 말해 모든 여자를 독사나 뿔 달린 악마처럼 조심해야 한다."[2]

종교재판을 이끈 사람들은 그들이 마법이라고 부르는 이교도의 행동이 부활하는 것에 맞서 싸우려고—이 무슨 아이러니란 말인가!—아리스토텔레스라는 이교도의 저작을 참고했다. 고대 작가들은 '마녀들의 망치'로 해석할 수 있는 『말레우스 말레피카룸Malleus Maleficarum』을 위한 핵심 자료를 제공했다. 강박적으로 꼼꼼하게 정리하고, 고전을 요약한 사실상의 안내서인 이 책은 서양문화를 풍성하게 하거나 과학수사를 발전시키겠다는 겉치레는 걷어냈다. 이 책은 종교재판을 이끈 쌍두마차인 마녀사냥꾼과 마녀용의자 심문관을 위한 지침을 제시하고자 만들어졌다. "마법은 성욕에서 비롯되는데, 성욕은 [성적으로] 만족하지 못한 여성들에게서 발견된다"는 『말레우스 말레피카룸』의 독창적이지 않은 주제에 걸맞게, 마녀용의자로 몰린 사람 다섯 명 중 네 명은 여성이었다.[3]

이 책은 대량 인쇄가 도래하고 10여 년이 지난 1487년에 출간되는 행운을 얻었다. 『말레우스 말레피카룸』은 1487년에서 1520년 사이에만

14쇄, 1574년에서 1669년 사이에 또 적어도 6쇄가 찍힌다(마녀사냥 전문
인력을 양산할 필요가 거의 없는 요즘도 아마존닷컴에 주문하면 24시간 내에
이 책을 받아볼 수 있다). 초판 서문에는 당시 교황이던 인노켄티우스 8
세가 1484년 마녀와의 전쟁을 선포하면서 쓴 악명 높은 칙서가 나와 있
다. 그는 『말레우스 말레피카룸』의 공동저자로 요하네스 슈프렝어James
Sprenger와 하인리히 크레머Heinrigh Kremer를 선정한 것으로 보인다.
슈프렝어와 크레머는 바티칸에서 총애하는 인물의 위치에 올라 있었다.
정치적 인맥만으로는 이처럼 매우 특별하고도 선택된 임무를 차지하기
어려웠다. 교황이 두 사람을 선정한 이유는 그들이―이 프로젝트에 적
합한―고전학자일 뿐만 아니라 극도로 광적인 종교재판 심문관이었기
때문이다.[4]

그들이 쓴 『말레우스 말레피카룸』은 가상의 질의응답으로 구성되어
있다. 그런데 질문은―유부남이 마녀에게 가장 취약한 이유는 뭔가요?
마녀는 왜 신속하고 가혹하게 처벌해야 하는 건가요?―단지 고대 문헌
에서 발췌한 대답을 쓰기 위한 형식에 불과하다. 예를 하나 들어보자. "마
녀는 왜 남자가 아니라 연약한 여성에게서 나타납니까?" 훌륭한 학생인
슈프렝어와 크레머는 답을 알고 있다. 여성은 "[악마의] 영향을 더 쉽게
받아들이고 잘 속고 잘 감동하므로" 당연히 [남자보다] 타락하기 쉽기
때문이다. 일단 악마의 유혹에 빠지게 되면 다른 모든 여성도 위험에 처
한다. "[여성들은] 말솜씨가 뛰어나고, 사악한 기술로 알게 된 것들을 다
른 여자들에게 감출 수 없는 약한 존재이기 때문에, 마법으로 자신의 결
백을 입증하는 쉬운 비법을 찾는다."

슈프렝어와 크레머는 구약성서, 그리스 신화, 로마 신화 같은 뻔한
텍스트뿐만 아니라 아리스토텔레스, 세네카, 키케로, 사도 바울, 제롬,

유베날리스 같은 고대와 초기 기독교 사회의 거물의 권위를 빌려왔다. 2,000년 동안 놀랄 만큼 일관성 있게 다른 남성들에게 여자를 조심하라고 경고한 남성작가들의 명문만 선별해 모은 이 책은 (우연이기는 하지만) 부부의 역학관계가 왜 계속 정체를 보였는지 그 이유를 밝힌다. 작가들은 상대적으로 온건한 사람부터 지나치게 적대적인 사람들까지 여러 명의 견해를 아우르는 와중에 미혼의 현자賢者인 성 제롬 이야기로 화제를 돌린다―한편, 성 제롬은 괴로운 남편 소크라테스 이야기로 화제를 돌린다. 미혼 남성은 완벽하게 이해하기 어려운 결혼의 딜레마에 관한 이야기다. "[결혼]하지 않으면 외롭고, 대를 이을 수 없으며, 낯선 사람이 유산을 상속받는다. 결혼하면 영원한 불안상태와 불평불만과 장모의 잔소리에 시달리고 아내가 바람피울까, 대를 이을 아들이 태어나지 않을까 걱정된다."

이 논점이 너무 미묘해서 이해하지 못할까 봐 걱정된 슈프렝어와 크레머는 〈신혼여행자들The Honeymooners〉(1950년대 미국에서 인기를 끈 텔레비전 시트콤―옮긴이)의 웃긴 에피소드 소재가 될 법한 일화를 들려준다. 이 이야기에는 아내를 잃고 그다지 슬퍼하지 않는 남편이 등장한다. 그는 강에 빠져 죽은 아내의 시신을 찾고 있는데, 강 하류가 아니라 상류를 따라 걸으면서 찾는다. 언뜻 이해가 안 되는 행동인데 그는 그 이유를 이렇게 설명한다. "아내가 살아 있을 때 말이든 행동이든 언제나 내가 시키는 것과 반대로 했다. 그래서 죽은 다음에도 청개구리 습성을 그대로 간직하고 있을지 몰라서 반대 방향을 찾는 것이다."

여성문제에 관한 르네상스적 해석에는 아테네의 전문가인 아리스토텔레스 이야기가 빠지지 않는다. 여성은 열등하다는 그의 이론은 2,000년 동안 반박되지 않았고, 작가들도 이 전통을 깰 생각이 전혀 없었다. 여자는 열등한 남자이기 때문에 여자가 남자보다 열등하다는 이론을 기억할 것이다. "최초의 여자가 탄생할 때부터 결함이 있었다. 여자는 가슴을 덮은 갈비뼈인 구부러진 뼈로 만들어졌다. 남자의 뜻을 거스르겠다는 듯 구부러졌다. 이 결함이 여자를 불완전한 동물로 만들었으므로 언제나 거짓말을 한다." 작가들은 테오프라스투스를 인용하면서 경고한다. "몇 가지 사소한 디테일만 남겨놓고, 집안 살림을 전부 넘겨주더라도 아내는 자기를 못 믿겠느냐며 시비를 걸 것이다. 금세 화해하지 않으련 그녀는 당신을 죽이려고 독약을 준비하고, 점쟁이의 말을 듣고 마녀가 될 것이다." 아내가 마녀로 절대 변하지 않는다 하더라도 결혼생활에는 여자가 포함되기 때문에 남자에게는 승산 없는 시나리오다. 늘 그렇듯 죽은 지 오래된 현인賢人이 나타나 한마디 읊는데 이번에는 키케로다. "아내가 지배하고, 규칙을 정해주고, 명령하고, 하고 싶은 것을 하지 못하게 해서, 아내가 요구하는 것을 거절할 수도 없고 감히 거절할 처지도 안 되는 사람을 과연 자유인이라고 할 수 있을까? 그런 남자는 아무리 고귀한 혈통을 타고났다고 할지라도 노예, 그것도 가장 비참한 노예다." 동방정교회의 테르툴리아누스라고 불릴 만한 (미혼으로 추정되는) 요하네스 크리소스토무스는, 부유한 남자의 아내는 "밤낮으로 사악한 감언甘言을 하고, 성가시게 졸라대며, 언쟁으로 남편을 흥분시킨다. 가난한 남편을 둔 여자도 밤낮으로 남편을 불안하게 하고 싸움을 건다. 여자가 과부가 되면 어디를 가나 남들을 얕보고, 자만심으로 잔뜩 흥분해서는 안하무인처럼 군다."

　슈프렝어와 크레머는, 글을 읽고 쓸 줄은 알지만 학교교육은 받지 못한 대다수 독자를 무시하지 않고 사려 깊게도 가끔 역사적 교훈도 일러준다. "우리가 조사해보니 세계의 거의 모든 왕국이 여자 때문에 멸망한 것으로 나타났다." 적절한 예시가 뒤따른다. '여자 한 명이 강간강함으로

‘써’ 트로이가 멸망한다. ‘저주받은 이세벨과 그녀의 딸 아달랴Athaliah’는 ‘유대 왕국’의 종말을 가져왔다. 로마인들은 ‘최악의 여성인 클레오파트라 때문에 커다란 불운을 견뎠다.’ 그 외에도 열거하지 않은 ‘다른 사람들’이 있다. 작가들은 “지금 세상이 여자들의 악의로 시달리는 것도 당연하다”고 결론짓는다.

위에 열거한 것은 그저 배경음악에 불과하다. 작가들(과 그들을 후원하는 광고주)이 집착하는, 여성의 최대 약점이자 음흉한 능력이며 결혼생활의 암흑의 핵심인 섹스를 다룰 때에야 ‘심문’은 최대 볼륨까지 올라간다. 그들의 설명으로는, 여자들은 ‘인간의 삶에 비양심적인 해악을 가한, 육체 자체의 성욕’을 힘의 원천으로 삼는다.

‘비양심적인 해악’에 직면한 인류는 어떻게 해야 할까? 작가들은 이 문제에 대한 답으로, 로마가 기독교를 공인하기 전에 감찰관을 지낸 카토 Cato the Censor의 공상을 제시한다. “세상에 여자가 없어진다면, 우리는 하느님의 곁에 가까워질 것이다.” 또 다른 고대 로마인인 발레리우스가 순진한 친구 루피누스에게 뼈아픈 진실을 일깨워줄 때 한 말을 인용함으로써 그 생각을 뒷받침한다. “자네가 모르는 것 같아서 하는 소리인데, 여자는 세 가지 동물의 형상을 한 괴물 키메라라는 사실을 알아야 하네. 얼굴은 빛나고 고귀한 사자의 형상을 하고, 몸통은 음란한 염소의 형상을 하고, 치명적인 독사의 꼬리가 달려 있는 괴수 말일세.” 슈프렝어와 크레머는 동시대의 루피누스들을 위해, 발레리우스의 비유법을 풀어서 설명해준다. “여자는 바라보기에는 아름답고, 만지면 타락하게 되고, 곁에 두기에는 치명적이다.”

교황이 승인한 마녀사냥지침서 『말레우스 말레피카룸』을 보면, 일단 종교재판관이 마녀를 색출하고 난 이후의 과정은 천편일률적이다. 다양하고 종종 독창적인 고문방법(이 책에는 고문방법이 속속들이 담겨 있다)을 통해 자백을 이끌어내면 자동으로 유죄가 확정된다. 유죄가 확정되면 마녀를 화형대에 올리면 된다. 비유적으로 말해 지금 용의자가 화형대에 올라 있는 이유는 그녀가 이단이기 때문이라지만, 이단은 사실 표면적인 이유에 불과하다. 교회 지도자들에게 진짜 이슈는 통제다. 그들의 통제력이 스르르 사라지고 있었기 때문이다. 통제력이 붕괴하는 추세를 되돌릴 수는 없더라도, 그 추세를 조금 지연시키려는 한 가지 방법은 교회정책에 조금이라도 반감을 보이면 그 흔적을 지우는 것이었다. 다시 말해, 교회정책의 어떤 문제든 문제를 제기하는 기독교도가 있다면 이단으로 몰아 처형했다. 교회와 신념의 분열은 중세를 관통하면서 심해졌지만—신념을 관리하고 신도를 감시하는—교회 지도층은 신념에 대한 의무보다는 교회에 대한 복종을 중시했다. 교회의 정책이 도전을 받으면 그 신도를 이단으로 간주할 정도로, 이단의 정의는 아무런 의미가 없을 지경으로까지 확장되었다.

작가들은 '사악한 미신에 탐닉하는 사람들이 왜 주로 여자인지' 묻는다. 여자가 마법에 탐닉하는가, 아닌가는 중요하지 않다. 여자들이 주로 마법을 쓰며 마법은 사악한 것이므로 여자들은 적이라는 게 종교재판 논리에서는 기정사실이다. 주장 자체는 독창적이지 않지단 그 과정은 새로운 것이었다. 사회의 최고위 수뇌부이자 법을 집행하는 유일한 기관이 다국적으로 '여자사냥'을 선동하고 조직하고 주도했다. 잔소리가 심한 여자 길들이기, 마녀 죽이기, '여자문제' 해결하기, 남성의 혈통 보존하기(성서에서도 노골적으로 주장하는 부분이다. 싸움을 말리는 와중에 남자의 고환에 해를 가한 여자에게 얼마나 가혹한 처벌이 내려지는지 기억나는가?)까지 모든 문제를 『말레우스 말레피카룸』이 해결할 수 있었다.

미혼으로 추정되며 금욕생활을 하는 교회 지도자들이 왜 자신들에게는 필요도 없는 신체부위에 그토록 관심을 두는지 미스터리였다. 그런데 『말레우스 말레피카룸』의 공저자는 그 미스터리를 밝힌다. 슈프렝어와 크레머는 "성욕은 [성적으로] 만족하지 못한 여성들한테서 발견된다"고 주장한다. '자궁의 입구'를 만족하게 할 방법은 없다. 그러므로 "마법이라는 이단에 감염된 자는 남자보다는 여자가 많은 것이 당연하다." 저자들의 주장은 계속된다. 특정 성별만 '감염'되기 때문에 지금 문제가 되는 이단은 '마법사의 마법wizardcraft'이 아니라 마녀의 마법witchcraft이다. 특징이 더 강하게 나타나는 성별에 따라 이름을 붙이기 때문이다. 여성을 '더 강한 성'으로 보는 생각은 여자를 잘못 태어난 남자로 보는 전통적인 견해와 모순되는데 『말레우스 말레피카룸』은 이 자가당착을 인정하지 않는다. 마법사의 마법보다 마녀의 마법이 더 만연한 이유도 남자의 공이다. 예수 덕분이다. "지금까지 그 엄청난 범죄로부터 남성을 지켜주신 높으신 분께 복이 있나니. 그분께서 우리를 위해 기꺼이 세상에 나시고 고통받으셨기 때문에 남자들에게 이처럼 특별한 은혜를 내리셨도다."

그러니까 예수님은 '남성'들만을 위해 목숨을 바치셨다는 것이다. 그래서 남자들은 '감염된' 여자를 잘 피하기만 하면 이단이라는 범죄를 저지르지 않을 수 있다. 슈프렝어와 크레머는 모든 여자가 반드시 감염된다고는 주장하지 않았으니 그 관대함에 감사할 일이다. 저자들은 모든 여자는 좀처럼 만족하지 못할 성욕을 갖고 있는데 마녀가 되려면 두 가지 자질을 더 갖춰야 한다고 주장한다. 바로 부정不貞과 야심이다. "여자는 만족할 줄 모르며 세 가지 악덕 중에서 마지막 악덕[육욕]이 제일 심하므로 야심만만한 여자가 더 깊이 감염되고, 더러운 욕망을 충족하려고 더 뜨겹게 감염되는데, 그런 여자들이 간부姦婦, 간음녀, 위대한 남자의 첩이다."—후자가 누구인지는 상세히 밝히지 않았다.

사악한 여자들이 쓰는 일곱 가지 방법 가운데—슈프렝어와 크레머는 책 서문에 나오는 교황의 칙서에서 이 부분을 차용했다—'남자에게 해를 끼치는 것'이 가장 먼저 논의된다. 지금까지 역사를 살펴본 독자라면, 결혼에는 섹스가 포함되며 여자는 만족을 모르기 때문에 결혼을 하면 어떤 남자든 해를 입을 수 있…… 등등의 논리는 더는 놀랍지도 않을 것이다. '등등' 이후의 이야기는 상상에 맡기겠다. 상상이 잘 안 된다면 슈프렝어와 크레머가 있으니 걱정할 것 없다. 『말레우스 말레피카룸』에 나온 바로는, 혼인은 하느님이 정해준 것이지만 "때로는 악마의 솜씨로 결딴나기도 한다." 하느님이 결혼을 허락해놓고 자신이 한 일이 방해를 받는 것을 두고 보는 이유를 설명하려고 저자들은 아우구스티누스를 끌어들인다. "죄를 짓고 처음으로 타락하여 악마의 노예가 되는 것은 출산을 통해서이기 때문에 하느님은 다른 무엇보다도 이 행위에 악마에게 커다란 힘을 허락하신다." 흥, 뭐라고?

다음으로 저자들은 악마가 여성을 도구로 삼아 성교와 출산을 조종한다는 사실을 이론화한다—마녀사냥을 업으로 삼은 사람들에게 이들의 이론이 널리 받아들여져서 『말레우스 말레피카룸』은 200년 동안 베스트셀러로 자리잡는다. 악마는 발기가 안 되게 하고 사정을 막고 임신을 불가능하게 하거나 억지로 유산을 시킬 수 있다. 악마는 조 부부 사이에 불화를 일으킬 수도 있다. "마녀들은 부부 사이에 증오를 일으켜서 부부가 결혼생활의 출산이라는 기능을 어떤 식으로든 수행하지 못하게 할 수 있다. 그래서 부부들은 한밤중의 고요를 틈타서 내연의 연인을 만나러 먼 거리를 달려가기도 한다."

당연히 누군가의 아내도 마녀가 될 수 있고 그녀의 운 나쁜 남편은 아내가 마녀라는 사실을 너무 늦게 알게 된다. 슈프렝어와 크레머는 '어떤 좋은 집안 태생의 남자'의 아내가 "성격이 어찌나 고집불통인지 남편이 아무리 부인의 뜻을 맞춰주려고 해도 남자가 원하는 것이라면 뭐든지 반대하고 언제나 독설을 늘어놓으며 비아냥거려서 남편을 괴롭혔다"는 이야기를 들려준다. 어느 날 불쌍한 남자가 뭔가를 하다가 집에 갔는데, 문턱을 들어서기 무섭게 '아내가 악다구니를 퍼부어서' 남자는 이제 더는 못 참겠다고 생각하고 밖으로 나가려고 했다. 그런데 부인은 이미 문을 잠가놓았다. 여자는 사면초가에 빠진 남자에게 자신을 때리라고 요구하면서 자기를 때리지 않으면 '정직이나 믿음'이 없다는 뜻이라고 우겼다. 부인이 잘 파악하고 있던 대로 남자는 잔인한 성격이 아니어서 손을 뻗어 손바닥으로 여자의 엉덩이만 살짝 톡 쳤는데 "치자마자 남자는 갑자기 바닥에 고꾸라져 사지에서 힘이 풀리더니 몇 주 동안이나 중병에 시름시름 앓으면서 침대에 누워 있었다."

저자들은 부인이 남편에게 마법을 쓴 게 분명하다고—"이와 매우 유사한 사건이 일어난 적이 있다"고—결론 내린다. 『말레우스 말레피카룸』은 그와 같은 사건 가운데 하나로, 자기와 비슷한 신분의 젊은 여자와 결혼한 독일 귀족 이야기를 싣고 있다. 15세기에 이런 정략결혼은 평생 행복을 보장하는 결합일 텐데도 백작은 "어떤 마법 때문에 힘을 쓸 수 없어서 부인과 육체관계를 맺지 못했다." 남자는 당연히 허둥지둥하면서 자기가 아는 성인이란 성인에게 모두 기도를 드렸지만 아무런 효과가 없었다. 괴로운 상태가 3년쯤 계속되던 어느 날, 남자는 볼일이 있어서 들른 낯선 도시를 거닐다가 옛 연인을 우연히 만났다. 그는 '옛정'을 생각해서 여자에게 따뜻하게 인사를 건넸고 여자는 남자의 건강에 대해 물었다. 남자는 괜찮다고 대답했다. 여자는 깜짝 놀라서 입을 떼지 못하다가 무심결에 비밀을 털어놓았다. "당신 몸에 마법을 걸어서 부인과 관계를 맺을 수 없다고 한 그 늙은 여자는 저주받아야 해요! 제 말이 거짓이 아니라는 증거로, 당신 집 뜰 가운데 있는 우물에 단지가 있을 텐데, 그 안에 든 내용물에 사악한 마법이 걸려 있어요. 그 내용물이 거기에 그대로 놓여 있는 한 당신은 성교를 할 수 없어요." 이 귀중한 정보를 듣고 백작은 집으로 돌아와 우물물을 퍼내고 단지를 끌어올려서 내용물을 태웠고 "곧바로 남자는 잃었던 성기능을 회복했다." 백작부인은 지역 내의 모든 귀족을 초대해 두 번째로 결혼피로연을 열었다. 백작부인은 '오랫동안 처녀로 남아 있었는데' 이제야 '이 성과 영지의 안주인'이 되었다고 한다.

하느님이 허락한 결합으로 맺어진 부부라도 마법에서 면제될 수 있다고 자만해서는 안 된다. 또 믿을 만한 성기능을 가진 건강한 남자라도 마음을 놓아서는 안 된다. 정상적이고 빈번한 부부관계를 즐기는 부부라 하더라도 지난 6년 동안 부인이 바람을 피웠을 수도 있기 때문이다―'몽마Incubus devil'(꿈에 나타나 성적 환상을 보여주고 정기를 뽑아 먹고사는 악마―옮긴이)와 매주 일요일, 화요일, 목요일마다, 그리고 '다른 성스러운 날 밤에도.' 그녀는 '남편 곁에 누운' 부부 침대에서 악마 연인과 쾌락을 나누었다. 종교재판관은 그녀를 현행범으로 체포했고 '화형판결'이 내려졌다. 그녀는 진심으로 모든 죄목을 자백해 하느님으로부터 죄 사함을 받았지만, 그래도 화형대에서 불탔다. 슈프렝어와 크레머는 이 여자의 남편이 아내가 대놓고 바람을 피우는 사실을 알았는지, 몰랐는지는 언급하지 않지만 보통 시나리오는 이런 식이다. "남편은 몽마가 아내와 성교하는 모습을 실제로 보는데, 악마가 아니라 남자라고 생각한다. 남편은 무기를 꺼내 들어서 무찌르려고 하는데 악마가 돌연 사라지면서 그 모습이 어디에도 보이지 않는다. 그러자 부인은 남편을 두 팔로 껴안으면서 대체 뭘 본 거냐고 악마에게 홀리기라도 했느냐고 남편에게 큰 소리로 따지고 놀린다."

악마의 일차적 기능은 '교회의 단결을 깨뜨리고 인류를 철저히 타락시키는 것'이다. 아기 악마를 낳는 것보다 더 좋은 방법이 있을까? 그러나 스스로 정액을 배출하지 못하는 악마는 정액을 훔친다. 슈프렝어와 크레머는 자위행위나 몽정이 아닌 성교 시에 가장 품질이 우수한 정액이 나온다고 한다. 악마는 생식력이 있는 마녀, 아무것도 모르는 아내, 마녀인 동시에 생식력이 있는 아내를 이용해 정액을 수집하는 위업을 달성한다. "남편에 의해 임신한 마녀라면 악마가 다른 남자의 정액과 섞어서 태아를 감염시킬 수 있다."

이제 아홉 번째 질문으로 넘어갈 차례다. 마녀가 요술을 부려서 남성의 성기가 완전히 제거되거나 몸에서 떨어져나간 것처럼 보이게 할 수 있는가? 질문은 수사의문문이기 때문에 그 대답은 당연히 '그렇다'다. 마녀는 "실제로 남근을 제거할 수 있다." 저자들의 주장으로는, 사실 남근을 떼어내는 것은 (또다시 등장한 기이한 비교를 보면) 롯의 아내를 소금기둥으로 만드는 것만큼이나 어렵지 않은 일이다. 악마는 원시적인 방식에 의존할 필요도 없다. 그는 정신이나 감각, 또는 둘 다를 속여서 피해자가 자신의 성기를 만지거나 볼 수 없게 하여 성기가 사라진 것처럼 보이게 한다. "남성 성기와 관련해서 믿기 어려운 일을 할 수 있는 마녀들이 있다." 악마가 갓 사정한 정액을 긁어모으느라 허둥대는 동안 마녀들은,

남자 성기를 많이 모으는데, 많게는 스무 개에서 서른 개도 되며 모은 성기

를 새둥지에 넣어놓거나 상자 안에 넣어둔다. 그런데 많은 사람의 목격담으로는 그 안에서 성기가 살아 있는 생물처럼 귀리와 옥수수를 먹는다고 한다. (중략) 마녀로 알려진 여자한테 가서 성기를 돌려달라고 요구한 남자도 있다. 마녀는 괴로워하는 남자에게 어떤 나무에 올라가면 새둥지가 있고 그 안에 성기가 여러 개 있는데 원하는 것을 가져갈 수 있다고 말한다.

남근이 잘린 남자(이쯤 되면 농담으로 받아들여야 할까?)는 마녀가 말한 나무에 올라가서 새둥지를 찾는다. 그런데 그가 커다란 성기를 집어들려고 하자 마녀는 이렇게 말한다. "그건 가져가면 안 됩니다. 그건 주임사제님 겁니다."

억제되지 않는 성욕을 가진 여자와 기이한 이교도 의식과 같은 개념은 기독교의 색깔과 형태만 입혔을 뿐, 사실상 하나도 변하지 않고 고대에서 중세로 전승되었다. 고대에서 종교재판으로 전승된 것은 엄청난 비약이 아니다. 종교재판에서는 이교도의 주술을 사악한 악마로 대체하고, 음탕한 여자의 이미지를 악마와 성교하는 마녀로 바꾼다. 문학이 사회상을 반영한다고 볼 때, 이 시대 남자들은 아내가 성기능을 통제할까 봐—자신의 마법이든 마법을 부릴 수 있는 다른 여자의 도움을 받아서든, 아니면 두 가지 방법으로든—두려워했던 것 같다(산파는 언제나 의심의 눈길을 받았다). 부인이 마을의 마녀가 독약을 만드는 곳에 가자, 남편은 부인을 미행하면서 숲 속을 살금살금 뒤따라간다. 남편을 성 불능이나 불임으로 만드는—성욕이 넘치는 부인이라면 놀랍게도 남편이 끊임없이 발기할 수 있게 하는—부인의 시도를 비슷한 방법으로 막으려고 남편도 약초와 시약을 몰래 사들인다.

중세 초기 신학자인 페트루스는 『말레우스 말레피카룸』에 묘사된,

생식을 '방해하는' 다섯 가지 방법을 밝힌 사람이다. "[여자의] 이해심을 빼앗아 남편이 싫어서 견딜 수 없게 함으로써, 세상에서 제일 싫은 일이 남편과 한 침대에 눕는 일이 되게 하는 것"은 악마에게 가장 쉬운 작업이다. 이 책략은 반대 방향으로도 적용된다. 악마는 남편의 상상력을 '교란시켜' 아내 근처에도 가기 싫게 한다. '방해'를 자주 받는 것은 아내인데도(유산 또는 불임을 초래해서), 슈프렝어와 크레머와 페트루스는 남성 성기야말로 발기가 안 되거나 사정을 못함으로써 '마법'에 가장 취약하다는 데 의견을 같이한다. 페니스가 종종 극도로 민감한 감정적 안테나임을 생각할 때 발기나 사정을 차단하는 능력은 얼마나 매혹적인가? 일시적인 성기능 장애나(수 세기 동안 에일 맥주는 퍼마시면서도 비아그라는 아직 출시되기 전이었으니) 성교를 하는데도 불임인(불임 전문의는 주변에 없고 악마만 있으니) 이유를 마법이나 아내 탓으로 돌리는 것은 남자들 구미에 굉장히 당겼을 것이다. 저자들도 이 문제를 제기하고 있다. 남자의 성기능 장애가 마법 때문인지, 아니면 마법보다는 사악하지 않은 어떤 것—'선천적 불감증이나 그 밖의 선천적 결함'—때문인지 어떻게 판별할 수 있을까? 늘 그렇듯 저자들은 다른 사람의 답변을 빌려오는데, 이번에는 호스티엔시스Hostiensis다. "남근이 어떻게 해도 흥분하지 않고 성교할 수 없다면 선천적으로 불감증이 있다는 증거지만, 흥분도 되고 발기도 되는데 성교는 할 수 없다면 마법에 걸렸다고 볼 수 있다."

페트라르카와 보카치오뿐만 아니라 세르반테스, 마키아벨리, 몽테뉴, 돈Donne, 셰익스피어 같은 빛나는 선각자들과 어깨를 나란히 하는 르네상스 시대에 나온 텍스트임에도 『말레우스 말레피카룸』은 두말할 여지없이 쓰레기다. 그래도 어쨌든 모나리자의 미소만큼이나 당대 사회상을 표상하는 르네상스의 쓰레기라는 것도 틀림없는 사실이다―르네상스 시대 교회를 상징하는 종교재판과 연관이 있다는 사실은 차치하더라도.『말레우스 말레피카룸』은 고전의 지식 가운데 가장 악한 것만 골라서 모은 정수인 동시에 거의 1,500년간 교회를 설립하고 이끈 남자들의 머릿속을 지배하는 더 극단적인 일련의 생각을 한눈에 알아볼 수 있게 하는 역사적 개요다. 또한 고대 이교도의 견해에 광범위하게 노출된 또 다른 부정적 영향력을 보여주는 예다. 르네상스는 중세의 마법에 관한 믿음, 다시 말해 이교도의 마법에 대한 믿음을 넓히고 악화시켰다―서구의 막대한 기독교 인구가 결국은 본래 2~3세기 사이에 다 함께 기독교로 개종한 이교도 인구였던 것이다. 종교재판은 원래 이단에 관한 것이며, (갈릴레오가 지구는 태양 주위를 돈다고 주장한 것처럼) 고회의 관점에서 보면 정말로 이단인 경우도 있었다. 그러나『말레우스 말레피카룸』은 악마의 명령에 따라 마술을 부리는 마녀를 사냥하고 심문하는 내용을 노골적으로 담았다. 종교재판 기간에 가장 널리 이용된 전문지침서의 작가들이 엄청난 관심을 보인 마법은 여자가 남자에게 행하는 성적 마법이었다.

평범한 남편이 언젠가 자기 페니스가 사라질 것으로 생각하거나 아내가 페니스를 없애버릴 꿍꿍이를 품거나 그럴 능력이 있다고 의심했다는 말이 아니다. 발기한 남근상이 공공장소에 서 있던 아테네, 쿨륜을 저지른 아내에게 복수심을 품고 남근을 넣은 스튜를 끓이는 중세의 우화,『말레우스 말레피카룸』에서 지겹도록 자세히 설명하는 '정액을 훔친 마녀'를 함정에 빠뜨리는 방법까지, 여자가 중심이 되는 남근 불안은 아무리 잠재의식이라고 할지라도 남자의 집단지성에 오랫동안 살아 있었다고 말할 수 있을 것이다―그 때문에 부부 금실은 좋을 리가 없었다. 1,000년 동안 독신을 설교했고 여자는 남자보다 날 때부터 열등하다는 일관된 견해가 있었기 때문에 이런 태도가 얼어붙어 있다는 것도 그리 놀라운 일은 아니다. 돌이켜 생각해보면 정작 놀라운 것은 그 태도의 수명을 생각할 때 그 태도가 얼마나 빨리 바뀌었는가 하는 점이다.

15세기 말에 쓰인 '결혼을 옹호하는' 에세이는 변화를 암시하지만 일반대중은 변화의 조짐을 읽지 못했다. 이 모든 시간 동안 사회 전역에 축적된 정신적인 부빙浮氷을 깨뜨리는 데는, 결코 간과할 수 없는 무언가 또는 누군가가 필요할 것이다. 그 누군가가 얼음을 깨뜨리기까지 그리 오랜 시간이 걸리지는 않는다.

제14장

번식하고
번성하여
가득 채우라—속편

이제 독신이 결혼보다 우세했던 1,000년의 세월이 막을 내리려 하는데, 이러한 움직임을 이끈 장본인은 놀랍게도 수사 복장을 한 마흔 살의 동정남이었다. 마르틴 루터는 육욕을 느끼지만—그는 압도적 과반수의 성직자가 육욕을 느낀다고 생각했다—결혼할 수 없는 성직자에게 어떤 일이 일어나는지 몸소 경험했다. 부부관계를 통해 욕구를 허소하지 못하는 성직자들에게 해결책은 간음밖에 없었다. 그래서 성직자들은 동거녀나 창녀와 관계를 가졌고, 목회를 하는 일부 사제들은 여성신도와 간음을 했다. 타락을 원치 않았던 성직자들은 자기도 모르게 몽설夢泄을 해서—루터는 몽정을 이렇게 표현했다—다음 날 성체를 모시면서 부끄러워했다. 수 세기 동안 내려온 독신의 의무는, 성욕을 억제해 육肉이 아닌 영靈의 문제에 전념할 수 있게 하기는커녕 오히려 그 정반대의 결과를 불러왔다. 성직자의 이러한 죄악은 면죄부라는 제도 때문에 궁극적으로 교황에게 이득을 가져다주었다.

면죄부indulgence('너그러운, 상냥한'이라는 뜻의 라틴어 *indulgeo*에서 유래)는 본래 너그러운 행위를 일컫는 말이었으나, 후에 빚이나 세금을 면제해준다는 뜻이 되었다. 교회법상으로는 죄의 경중에 따라 매긴 만큼 현금을 받고 일시적으로 죄를 사면해준다는 뜻으로 쓰였다(독신의 성직자에게는 죗값 체계가 있었다. 예컨대 성매매를 하면 한 번 할 때마다 원천징수를 한다. 정부와 동거하면 연간으로 세금을 매기며―평신도들은 이와 같은 결합을 하도 많이 봐서 성직자의 동거녀를 '신부 사모님Mrs. Priest', '주교 사모님Mrs. Bishop'과 같이 성직자의 직함에 따라 부르는 게 일반적이었다―아이를 낳았을 때는 요람세cradle tax를 내면 죄가 용서되었다). 죗값을 내지 못하는 사람은 빵과 물만 먹고 금식하면서 참회하면 되지만, 사실 죄를 고백하고 정해진 죗값을 사제에게 건네주는 게 더 쉬웠다. 이러한 제도 덕택에 비도덕적인 종교 지도자들(성직자들의 비도덕성은 높게는 교황까지 미쳤다. 루터는 교황을 '돈을 긁어모으는 불쌍한 사람'이라고 표현했다)[1]은 영혼을 구원하는 데 열심인 성직자들과 평신도들을 수백 년 동안 속일 수 있었다. 면죄부를 악랄하게 남발하자, 루터는 자신이 모시는 실질적으로 제일 높은 상사인 교황 레오 10세에게 공개적으로 대항하기에 이르렀다. 그러나 루터가 아무런 기반도 없는 상태에서 반란을 일으킨 것은 아니었다. 1517년 무렵―교황 자리에 올라 있는 사람이 누구든 상관없이―로마 교황청은 금품거래가 횡행해서 부도덕한 의사결정을 내린다는 통념이 널리 퍼져 있었다. 14세기 흑사병으로 고통받은 이래, 대중의 분노는 도미노처럼 쌓여 있었다. 쌓아올린 도미노는 이제 무너지기 직전이었다.

이때 로마에 있는 성 베드로 성당 개축을 위해 대대적으로 모금활동을 벌이던 교황은 독일의 선제후인 알브레히트 폰 브란덴부르크가 교회의 높은 관직을 돈으로 사고 싶어한다는 소식을 듣고 기뻐한다. 그는 열띤 협상 끝에 합의에 이른다. 알브레히트는 마인츠 대주교가 되고, 레오 10세는 자신의 '펫 프로젝트pet project'(고위층 또는 자신의 개인적인 관심으로 만들어낸 프로젝트—옮긴이)를 위한 금화 1만 닢을 얻는다.[2] 짭짤한 거래였지만, 레오 10세는 더 많은 자금이 필요했다. 교황은 도미니쿠스 수도회 탁발수사인 요한 테첼에게 모금업무를 위임했다. 수사라기보다는 면죄부 외판원에 가까웠던 테첼은 작센 지방에서 면죄부 판매 총력전에 들어갔다(소문으로는 테첼이 면죄부 판매를 위한 설교에서 다음과 같은 2행 연구聯句를 말할 만큼 뻔뻔했다고 한다. "금화가 헌금 궤에 떨어지며 소리를 내는 순간, 영혼은 연옥을 벗어나 하늘나라를 향해 올라가리라"). 테첼은 루터가 사는 지역에서는 면죄부를 팔 수 없었다. 작센의 선제후가 면죄부 판매를 금지했기 때문이다. 금화 1만 닢을 쓴 후 엄청난 부채에 시달리던 알브레히트 대주교는 편리하게도 테첼이 사는 곳 바로 옆 지방의 선제후여서 테첼에게 자신이 다스리는 백성을 속일 것을 기꺼이 허락했다—자신이 수익금을 나눠 가질 수 있는 한.

이때 비텐베르크의 주임사제인 루터가 등장한다. 루터는 상황이 어떻게 돌아가는지 처음에는 몰랐다. 그가 끝내 상황을 파악하지 못했을 수도 있다. 만약 그가 팔을 걷어붙이지 않았으면 역사는 지금과는 다르게 흘러갔을지도 모른다. 그는 신도들이 고해성사를 받고 싶어하는 믿을 만한 사제였다. 그의 교구민들은 상황이 어떻게 돌아가는지 알고 있었다. 알브레히트가 다스리는 지방에서 돈을 받고 영혼을 구원해주고 있었다. 이 기회를 잘 활용한 교구민들도 있었다. 그들은 고해성사를 하러 가서 이미 회개를 했다면서 그 사실을 증명하는 영수증을 내보였고 사제는 격분했다—그들에게 화를 낸 것은 아니지만.

루터는 사태를 두고 볼 수 없었다. 그는 95개조 반박문을 썼고, 초기 단계의 인쇄기술 덕분에 반박문을 플래카드에 복사할 수 있었다. 1517년 10월 31일, 그는 지역 성직자와 종교학자들이 게시판으로 이용하곤 하는 비텐베르크 성 교회 문 앞에 반박문을 붙였다. 그는 알브레히트 대주교를 비롯하여 비텐베르크 밖에 있는 관련자들에게도 사본을 보냈다. 그러나 루터는 자신의 이의제기를 공론화할 의도는 아니었다. 그의 목표는 교황의 사기행각을 내부자에게 알리는 것이었다. 95개조 반박문은 비텐베르크 대학의 공개토론에서 논쟁의 골자로 쓰일 예정이었다. 그러나 인쇄기술 덕분에 반박문은 독일 전역으로 퍼져나갔다. 타락한 대주교는 사본 한 부를 로마 교황청으로 보냈고, 교황 레오 10세는 격노했다. 그럼에도 교황은 4년 후에나 루터를 처벌한다.

그사이에 루터는 기회가 있을 때마다 성직자들에게 맹공을 퍼부으면서 당시 집권 중인 교황 이하 성직자들을 '굽실거리는 비열한 인간들'이라고 조롱한다. 루터는 적극적으로 활동하면서 에세이와 연설을 통해 여러 차례 '탐욕스러우신 분His Avarice'(교황을 빗댄 말)과 교회를 '추악한 변소filthy privy'로 만들고 '온 세상을 음란함으로 물들인 아첨꾼과 깡패와 영혼의 살인자'³⁾들에게 욕설을 퍼붓는다—점점 늘어나는 그의 팬들은 매우 기뻐하며 그를 지지한다. 그동안 내내 루터는 교황이 특별기동대를 보내 자신을 암살하러 올까 봐 걱정한다.

그러나 레오 10세는 어쩔 줄 몰라 하며 루터에게 이렇다 할 처분을 내리지 못한다. 아마도 사냥, 도박, 방탕한 잔치와 같은 성스러운 쾌락을 즐기며 교회재산을 한 푼도 민중을 위해 쓰지 않고 자신의 사치를 위해 축내느라 바빴기 때문이리라.⁴⁾ 1521년 마침내 교황이 루터에 대한 조치를 취했을 때는 그를 제거하기에 너무 늦었다. 그때쯤 루터는 그의 조국인 독일을 넘어 폭넓은 대중의 지지를 등에 업은 민중의 영웅이 되어 있었다. 레오 10세는 파멸을 불러올 스캔들을 조금도 원하지 않았다. 교황은 루터를 화형에 처하는 대신, 파문하고 그의 책을 불태우고 그를 이단으로 비난하면서 95개조 가운데 41개 주장을 철회하라고 요구했다. 재판은 교황이 불참한 가운데 독일에서 소집되었고, 루터는 이른바 이단적이라는 자신의 주장을 단 하나도 철회할 수 없다고 밝혔다. 보름스 의회Diet of Worms라고 불린 재판에서 보인 루터의 도발은 종교개혁의 시발을 알린 상징적 사건이 되었다.

이후 교황은 루터를 괴롭히지 않았지만, 루터는 교황자리에 누가 오르든 교황 괴롭히기를 한시도 멈추지 않았다(레오 10세는 그 뒤 2년이 지나 세상을 뜬다). 면죄부가 필요 없는 루터는—파문당했는데도 수사복을 여태 벗지 않고 있었다—결혼의 장점goodness, 아니 '신성함godliness'을 끊임없이 찬양하면서 독신의무에 대해 맹공격을 퍼붓기 시작했다. 그는 자신이 저지른 성적 죄악 때문에 '양심이 찔리고 수치스러워하며'—자신처럼 독신생활을 하는 수사와 수녀들을 비롯한—'불행한 생활을 하는 많은 사람'을 해방하고자 했다. 이들의 구원을 지망하는 루터는 이 많은 사람에게 독신생활의 '악행과 부도덕'을 버리고 하느님이 주신 결혼의 영광을 받으라고 확신을 심어주어야 했다. 루터는 '몸이 시키기 때문에 몽설'을 이따금 경험한다고 허물없이 털어놓았지만 '그렇게 욕구를 많이 느끼지는 않았다.'⁵⁾ 그래서 그는 아내가 필요하지 않았다. 그에게 필요한 것은 그를 제외한 모든 사람을 위해 결혼의 복음을 전파하는 일이었다.

루터는 "결혼은 하느님의 선의이자 하느님의 일이기 때문에 마귀와 순응하지 않는다"고 여러 사람들에게 설교했다. "그러므로 마귀는 결혼제도에 반대하는 말과 글을 쓰고, 사람들이 이 신성한 생활을 두려워하면서 멀리하고 간음과 비밀스러운 죄악의 구렁텅이에 빠지게 모든 책략을 꾸민다." 그가 펼친 핵심 논지의 기반은 창세기 2장 28절의 "번식하고 번성하여 가득 채우라"는 네 어절이었다. 루터는 이 논지를 여러 가지 방식으로 응용해서 쉴 새 없이 말한다. "[남자와] 여자는 많은 자녀를 낳으려면 반드시 결합해야 한다. (중략) 자유로운 선택이나 결정의 문제가 아니라 자연스럽고도 필수적인 것이다. 어떤 남자든 여자가 있어야 하며, 어떤 여자든 남자가 있어야 한다."[6] 그는 또 남편과 아내의 성교라는 육체적 행위는 '대장과 방광을 비우는 일'보다 '훨씬 더 필요한' 것이라고 말한다('못지않게 필요하다'면 몰라도 '훨씬 더 필요하다'고?). 하느님은 각자의 소임을 다하도록 하고자 남자와 여자를 창조하신 것과 같이 제 기능을 수행하도록 하려고 대장과 방광을 만드셨다. "관련 장기臟器가 존재하는 이유만큼이나 선천적인 생리욕구이자 본능이며, 이 본능을 저항하려고 할 때마다 오히려 참을 수 없게 되어 간음, 불륜, 은밀한 죄악을 통해 해소하게 된다. 왜냐하면 선택이 아니라 본능의 문제이기 때문이다."[7]

루터는 독신제도 비판을 시작한 지 1년이 지나자 과감한 행동에 나설 것을 촉구했다. "신부, 수사, 수녀는 자손을 생산하고 번식하라는 하느님의 명령이 강하고 설득력 있게 느껴질 때 [독신]서약을 저버릴 의무가 있다." 자신은 예외라고 생각하는 신부, 수사, 수녀를 위해 루터는 그 부분에 관한 신약성서 구절을 인용한다. "처음부터 결혼할 수 없는 몸으로 태어난 남자도 있고, 장애가 있어서 결혼할 수 없는 남자도 있으며, 하늘나라를 위해 스스로 결혼을 포기한 사람도 있다."[8] 루터는 세 가지 분류에 들어가지 않는 대다수 사람이 '가증스러운 죄악'을 저지르지 않을 수 있는—적어도 극심한 고뇌를 느끼지 않을 수 있는—유일한 대안은 결혼이라고 결론을 내린다(그는 앞의 두 부류에 속하지 않으며 결혼할 의사가 없으므로, 자신이 세 번째 부류에 들어간다고 파악한 것 같다). 루터는 늙어서도 여전히 '몽설'을 한다고 불평하는 아우구스티누스와, 욕망에 사로잡혔는데 그 욕망을 가라앉힐 수 없을 때 '돌로 가슴을 친다'는 제롬과, '가시 위에 누웠다'는 베네딕투스 수도회의 창시자인 성 베네딕투스와, '지독한 악취가 날 때까지 지친 몸을 쇠약하게 만들었다'는 또 다른 성자의 예를 들었다.[9]

그러나 결혼을 하면 모든 것이 순조로웠다 —"번식하고 번성하여 가득 채우라"는 하느님의 명령만 지킨다면. 그런데 배우자가 생식의 의무를 지킬 능력이 없을 때는 어떻게 해야 할까? 루터는 깜짝 놀랄 만한 조언을 한다. 남편에게 신체적인 원인 때문에 생긴다고 추측되는 성기능 장애가 있다고 판명될 때—어떤 방식으로든 성기능에 평생 장애가 있을 때—남편은 아내가 가져야 할 성性과 모성에 대한 자연권을 인정하고 대리자를 허락해야 한다고 주장한다. 루터도 평범한 남자라면 이런 주장에 난색을 보일 거라는 사실을 모를 리 없었지만, 그런 남편을 둔 여자를 동정하지 않을 수 없었다. 그는 유대인들을 그다지 좋아하지는 않았지만 유대인들처럼 여성의 모성권을 열정적으로 지지했다. 남편이 순순히 응하지 않으면 아내는 권리를 더 강하게 주장해야 한다. 아내는 이렇게 말할 수 있을 것이다. "이봐요, 사랑하는 당신, 당신은 남편으로서 제게 의무를 다할 수 없어요. (중략) 하느님이 보시기에 우리 사이에는 진정한 결혼생활이 없어요. 당신 형제나 가까운 친척과 내가 비밀 결혼을 할 특별한 권리를 허락해주고 당신은 계속 남편으로 남아서 당신 재산이 낯선 사람에게 상속되지 않게 해주세요. 제 허락 없이 당신이 저를 [성적으로] 저버린 것처럼 제가 스스로 당신을 저버릴 것을 승낙해주세요."[10] 루터는 이렇게 말해도 순순히 듣지 않으면 남편을 속이거나 버리거나 중혼을 하라고 태평하게 말한다. 이런 상황에 부닥친 아내는 '몰래 남편한테서 도망쳐 다른 나라로 가서 결혼하면' 된다.

이와 반대되는 상황을 설명하면서—자격 없는 아내와 불쌍한 남편—루터는 여자의 문제점은 신체적인 게 아니라 정신적인 것으로 생각한다. 다시 말해, 여자의 태도에 문제가 있다는 것이다. "남편이 부정不貞의 죄악에 열 번 이상 빠지든 말든 조금도 상관하지 않고 절대로 뜻을 굽히지 않는 고집 센 아내들이 많다. 이럴 때 남편은 이렇게 말해야 한다. '당신이 안 한다면 다른 사람이 할 거요. 아내가 하지 않으면 하녀가 올 거요.'" 당연히 아직은 하녀를 끌어들이면 안 된다. 먼저 아내에게 자신의 의사를 한 번 이상 밝히고 이웃들에게도 알려야 한다. 루터는 아내가 남편의 경고에도 계속 [잠자리를] 거부하고 이웃들도 비난하면 남편은 '여자를 없애야 한다'고 생각한다. 이혼하라는 뜻은 아니다. 아내가 해야 할 일을 하지 않으면 "시 정부가 나서서 그녀를 사형에 처해야 한다." 그는 이 충격적인 주장을 뒷받침하고자 "아내의 몸에 대한 권리는 자신에게 있지 않고 남편에게 있다"는 사도 바울의 말을 인용한다. '그녀가 그에게 바친 몸을 다른 사람에게서 훔친 것'이라며 그녀의 범죄를 도둑질에 빗댄다.

아내가 '부부의 의무를 수행할 능력'이 신체적으로 불가능하다면 이 규칙은 적용되지 않는다. 그럴 때는 남편이 참을성을 발휘해야 한다(여자는 남자처럼 자제력이 없으므로). "그로 하여금 병자를 대신해서 주님을 섬기고 주님의 기쁨을 기다리게 하라. 병자를 통해 하느님께서 당신의 가정에 천국으로 가는 치유의 약을 내리셨다고 생각하라." 루터는 결혼을 하고도 본의 아니게 금욕을 하게 되어 간음할 위험에 대해서는 간혹 상관하지 않는 모습을 보였다.

"나는 성욕을 자제할 수 없다"고 말할지도 모릅니다. 그것은 거짓말입니다. 당신이 진심으로 병약한 아내를 섬기고자 한다면 하느님께서 이 짐을 당신에게 지웠음을 알고 하느님께 감사하는 마음을 가진 후 하느님께 모든 문제를 맡기십시오. 하느님께서 분명히 당신께 은혜를 베푸셔서, 당신이 할 수 있는 것보다 더 많이 참을 필요는 없을 것입니다. 하느님은 굉장히 헌신적인 분이셔서 당신의 육욕을 잠재우지 않고 병을 통해 강신의 아내를 빼앗지 않습니다.

루터의 결혼 찬성 운동은 참신하고 위안이 되는 구석이 있다. 자신은 절대로 경험하지 않겠다며 섹스와 결혼이라는 사악한 한 쌍을 맹비난하는, 결혼해본 적 없는 독신 신학자 대신에, 자신이 직접 경험한 독신과 금욕이라는 사악한 한 쌍을 맹비난하는, 결혼해본 적 없는 독신 신학자가 등장한 것이다. 그러나 이 남자에게는 뭔가 석연찮은 점이 있다—그는 고립되어 있었다. 루터는 여전히 수도원에서 살고 있었다. 그 자신은 솔선수범할 생각이 없는 상태로, 수사 복장을 하고 독신생활을 하는 동료에게 수치스러운 공간(루터는 수도원과 창녀촌의 차이라면, 창녀촌에서는 돈이 오가고 수도원에서는 거래가 없는 것뿐이라고 생각했다)에서 도망쳐서 결혼하라고 설교하며 돌아다녔다. 아직 그는 이 모든 활동에서 어떤 부분이 이상한지—자기는 결혼하지 않으면서 동료에게는 결혼을 권하는 루터의 태도를 위선이라고 생각하는 사람들도 있을 것이다—인식하지 못한 것 같다.

제15장

사랑,
결혼과 만나다
―새로운 개념

마르틴 루터의 메시지는 무시되지 않았다. 점점 더 많은 수사와 수녀가 독신생활을 버리고 결혼을 택하면서 루터의 목소리에 반응했다. 때로는 수사와 수녀가 결혼하기도 했는데, 그들은 별로 망설이지도 않았다 ―마치 그동안 자기들을 구원할 왕자님을 기다려온 것처럼. 한편 '왕자님'은 결혼을 찬성하는 운동을 하면서 거의 4년이 지나서야 자신에게 진실성의 문제가 있음을 깨달았다. 1522년, 그는 자신의 곤란한 처지를 비꼬듯 인정한다. "내가 경험하지 않은 것에 대해서 말하지 말라며 누군가 나보고 조용히 하라고 할까 봐, 행복한 결혼생활에 내재된 좋은 점이나 기쁨을 더 말하지 못하겠다." 그런데 루터는 자기가 내뱉은 말을 잊어버리기라도 한 듯, 자신이 경험하지도 않은 것에 대한 강의를 계속했다. 누구도 그에게 조용히 하라고 하지 않았다. 그는 여전히 결혼을 몸소 경험할 생각도 없었고 ―루터는 파문을 당한 후에도 계속 수사로 남았다 ― 결혼 전도를 그만둘 생각도 없었다. 그는 자신의 문제를 시인했으니 문제가 해결된 것으로 생각했다.

자신이 한 설교의 결과에 개인적으로 연루된 이듬해에 그는 더 깊은 고민에 빠지게 된다. 지역의 청어 상인이 근처 수녀원에서 수녀 10여 명을 탈출시키는 것을 도와달라고 루터에게 부탁했다. 그 수녀들 가운데는 상인의 딸도 있었다. 루터로서는 거절하기 어려웠다. 루터는 수녀들이 행복해질 권리에 책임감을 느꼈을 뿐만 아니라 조만간 교황이 그를 이단죄로 화형에 처할 거라고 여전히 믿고 있었다. 그는 수녀들을 구출함으로써 처형이 앞당겨져도 상관없다고 생각했다.

그리하여 구출계획은 실행되었다. 생선장수는 마차를 타고 수녀원에 가서 늘 하던 대로 생선배달을 했다(아니, 생선배달을 하러 온 척했다). 상인의 딸을 포함해 수녀원을 탈출하려는 수녀들은 짐칸으로 몰래 들어가서 텅 비어 있는 청어 통에 몸을 숨겼고 마차는 출발했다.[1] 상인은 딸을 집으로 데려갔고 수녀 중 두 명은 가족의 품으로 돌아갔다. 남은 수녀 아홉 명은 비텐베르크에서 지내게 되었다. 루터는 수녀들이 자신들을 책임질 남편을 찾을 때까지 보호자 역할을 하겠노라고 약속했다—사회통념상 미혼이든 기혼이든 여성들은 자기 자신을 책임질 수 없었다. 루터가 젊은 처녀들을 보호하던 어느 날, 그의 동료 중 한 명이 예상 가능한 제안을 한다. 탈출한 수녀 중 한 명과 루터가 결혼하는 게 어떠냐는 제안이었다. 루터는 교황이 자기를 언제 처형할지 모르는데 아내를 맞아들여서 과부로 만들 수는 없다는 평계를 댄다.

그러나 교황은 그를 내버려두었다. 루터가 수녀들을 탈출시킨 지 2년이 흘렀는데도 그는 멀쩡히 살아 있었다. 그가 보호자 역할을 하던 수녀는 이제 한 명만 남았다. 그녀는 스물여섯 살의 카타리나 폰 보라Katherine von Bora로, 다른 여자가 생긴 약혼자에게 막 실연을 당한 상태였다. 루터는 카타리나에게 금세 마땅한 남편감을 찾아주겠다며 안심시켰다. 그리고는 남편감을 찾아주었지만 루터에게는 '마땅해 보이는' 남편감이 그녀에게는 마땅하지 않았다. 스물여섯 살이었지만 카타리나는 당시로써는 노처녀 취급을 받았다. 카타리나는 좋아하지도 않는 사람과 대충 결혼할 생각이 없다고 루터에게 말했다. 그녀는 결혼하고 싶은 사람을 이미 마음속으로 정했는데 그 사람이 바로 마르틴 루터라고 말했다. 루터는 카타리나의 고백에 조금도 흔들리지 않았다. 교황이 자기를 곧 처형할 거라는 핑계를 먼저 대고, 이제 자기는 마흔두 살이라 결혼하기에는 너무 늙었다는 새로운 핑계도 덧붙였다.

그러나 나이 든 부모님을 뵙고 온 지 얼마 되지 않아 루터의 마음은 흔들린다. 부모님을 만나러 가자 루터의 아버지는 숨겨둔 소원을 드러낸다. 한스 루터는 대가 끊기는 것을 원치 않았다. 그는 손자손녀를 보고 싶었다. 한창때 한스는 엄격하고 대쪽 같은 아버지로서 아들이 수사가 되겠다는 결정에 격분했다. 그때 마르틴 루터는 노발대발하는 아버지의 모습을 보았다. 새로 자리에 오른 교황의 심기를 불편하게 할 수 있는 것은 물론이고, 좀처럼 마음에 들기가 어렵기로 악명 높은 아버지를 기쁘게 할 수도 있다는 생각에 마음이 흔들린 루터는 마침내 카타리나의 청혼을 긍정적으로 고려한다. 아버지를 행복하게 하고 교황을 비참하게 할 수 있으리라는 개인적인 만족감을 넘어, 카타리나와 결혼하는 것은 정치적으로도 충분히 일리가 있었다. 루터는 드디어 자신이 설교하던 것을 실천할 때가 왔다고 판단했다. 그는 여전히 언제 처형당할지 걱정되었지만, 처형을 기다리는 그의 태도는 달라졌다. 어차피 오래 살 수 없다면 다른 사람들에게 한번 해보라고 주장했던 것을 스스로 경험해보는 것도 나쁘지 않을 것이라고. 게다가 그는 카타리나에게 안정적인 사회적 지위—카타리나는 수녀도 아니고 아직 누군가의 아내도 아니므로 사회적 지위가 불안 정했다―와 인생에서 존경받을 수 있는 위치도 줄 수 있었다. 혹 루터가 책임감 이상의 감정(애정)을 카타리나에게 느꼈더라도 그는 그 사실을 솔직하게 인정하지는 않았다. 비텐베르크에 돌아왔을 때 그는 결심을 굳 혔다. 채 한 달도 지나지 않은 1525년 6월 27일, 환속한 수사와 수녀는 부 부의 연을 맺는다.[2]

　　루터는 마흔두 살의 숫총각치고는 놀라울 정도로 결혼생활에 잘 적 응한다. 그도 신혼 초에 누구나 겪는 충격을 느꼈지만 그렇게 당황하지 않는다. 나중에 그는 대수롭지 않다는 듯, 신혼의 감회를 '야릇한 생각' 에 지나지 않는다고 표현한다. 케이티Katy―루터가 카타리나를 부른 애 칭―와 함께 저녁식탁에 앉아 맞은편에 앉은 그녀를 바라보면서 "예전 에는 혼자였는데 이제는 둘이네"라고 생각하며 살짝 놀란다. 아침에 일 어나면 "예전에는 못 보던, 양 갈래로 땋아 내린 머리가 옆에 누워 있었 다"는 것을 알아차린다. 그보다 먼저 결혼한 수많은 선배 남자들처럼 루 터도 "아내들이란 남편이 아무리 바빠도 하찮은 여러 가지 문제를 남편 에게 묻는다"는 사실을 일찌감치 깨닫는다. 그는 신혼 시절 아내가 자신 을 멋대로 방해했던 것을 몇 년이 지난 후 이렇게 회상한다. "나의 케이 티는 내가 열심히 공부를 하고 있는데 내 옆에 앉아 조잘거리면서 '박사 님, 기사단 단장이 후작侯爵의 형제인가요?'라고 물었다."[3]

　　세월이 흐르자 처음에는 어색하기만 했던, 여자와 같이 먹고 자는 일 이 이제 더는 '야릇한 생각'이 들지 않는―아니, 아무런 생각도 나지 않 는―일상이 되었다. 16세기를 사는 남자로서 루터가 바라는 결혼생활이 란 결혼생활에 대해 별다른 생각을 하지 않아도 되고, 남편과 아내 모두 가 만족하는 예측 가능한 편안한 일상에 안주하는 것이었다. 결혼식을 올리기 바로 전에 신부가 될 사람에게 조금도 '반하지 않았다'고 말했던 루터는 결혼 6년 만에 아내를 깊이 사랑하게 되었다. 1531년 그는 이렇게 단언했다. "프랑스를 준다고 한들, 베네치아를 준다고 한들, 나의 케이티와 바꾸지 않겠다. 첫째, 하느님께서 그녀를 나에게 주셨고 나를 그녀에게 주셨기 때문이다. 둘째, 종종 느끼는 바지만—아내를 자랑하는 귀여운 남편처럼—다른 여자들은 나의 케이티보다 단점이 많기 때문이다(당연히 그녀에게도 결점이 있지만 다른 많은 장점이 있기 때문에 결점이 상쇄된다). 셋째, 그녀가 정절과 존중이라는 혼인의 맹세를 지키기 때문이다."[4]

그녀는 그에게 아이들도 낳아주었다. 그것도 여섯 명씩이나. 그가 부모로서 느끼는 행복감은 남의 불행을 고소하게 생각하는 마음이 약간 곁들여지면서 더 달콤해졌다. 아들 중 한 명이 태어난 1532년, 루터는 흡족한 미소를 지었다. "하느님께서 교황에게 자식을 볼 기쁨을 주지 않으신 걸 보면, 하느님께서 교황을 증오한다는 사실을 알 수 있다." 또 다른 아들이 아장아장 기어다니면서 '기쁨을 표현하는 옹알이'를 하는 것을 보면서 루터는 이렇게 말한다. "이것이야말로 교황은 감히 느껴보지 못한 결혼생활의 기쁨이다."—루터가 말한 교황은 특정인이 아닌 교황 전체를 가리킨다. 1532년 당시 재직 중인 교황은, 1522년에 루터를 재판에 부쳤던 '탐욕스러우신 분' 레오 10세가 아니라 클레멘스 7세였다.[5]

그는 행복한 남편이었던 나머지 때로는 하지 않아도 될 걱정까지 사서 했다. "나는 나에게 훨씬 더 많은 것을 주신 예수님보다 카타리나를 더 높게 평가하는 것 같다." 그는 쓸데없는 걱정으로 초조해한다. 예수님이라 할지라도—말이 나와서 말인데 잠언 31장에 나오는 부지런한 아내도—놀라우리만치 유능하고 활동적인 카타리나를 능가하기는 어려웠으리라. 그녀는 루터의 자녀 여섯 명을 낳았고, 수양 자녀 네 명까지 총 열

명을 양육했으며, 아이들을 이끌고 성지까지 맨발로 걷는 순례도 거뜬히 해냈다. 아이들 열 명 키우는 것은 아무것도 아니라는 듯, 식탁에 올라갈 음식재료뿐 아니라, 집안의 '주치약사'로서 동종요법 재료가 되는 약초와 채소를 키우고 과수원도 돌보았다. 채소밭을 망쳐놓는, 몸집이 비버만 한 생쥐를 잡는 것도 그녀의 몫이었다. 헛간 앞마당에서 가축을 기르고 나중에는 도축도 직접 했다. 양어지에서 송어와 농어를 길러 내장을 손질하고 조리하여 식탁 위에 올렸다. 포도를 경작해서 만찬에 올릴 와인을 만들었다. 가족 소유 양조장에서 고급 맥주를 만들어 가족들도 마시고 시장에 내다 팔기도 했다. 은둔 수도원을 고쳐 가족들이 살 곳과 투숙객 서른 명을 수용할 수 있는 호스텔(호스텔 운영도 당연히 케이티가 했다) 겸용으로 바꾸는 일 또한 그녀의 소임이었다. 결혼하지 않은 그녀의 이모와 루터의 조카들도 함께 살았다. 일거리가 산더미인 루터 박사의 사무보조를 맡는 대신 숙식을 제공받는 여러 젊은 학자도 호스텔에서 지냈다.[6]

　　정부 관리, 학자, 제자, 동료가 사방에서 루터에게 조언을 구했다. 루터에게 격려를 받고 교단에서 도망치거나 추방당한 교계의 이단들도 끊임없이 몰려왔다. 그들은 루터 부부의 자택 겸 사설 민박집에서 지내면서 케이티의 5시 만찬에 모이고 저녁식사가 끝나고 나서도 한참 동안 대화를 나누었다. 루터의 언어는 신랄하고 그의 발언은 충격적이어서 지루할 틈이 없었지만, 대체로 루터가 혼자서 길게 이야기하는 형식이었다. 청중은 어쨌든 그의 말에 매료된 것 같다(박사는 우울하거나 기분이 가라앉을 때가 종종 있었는데 그때조차 재치를 잃지 않았다). 그는 하느님의 본성부터 그가 최근에 쓰는 관장제의 특성까지, 헝가리 정치부터 이탈리아의 우수한 의료 서비스까지, 운명 예정설에서부터 그의 아내가 아이를 임신하면서 또 다른 아이를 키우고 있다는 사실까지 다양한 화제를 놓고 열변을 토했다. 집안일 때문에 대화는 종종 중단되었다. 아빠가 네덜란드 인문주의자 에라스무스에 대해 공격의 포문을 열려고 하는 찰나에 아빠의 무릎에 앉아 있던 갓난아기 아들이 말썽을 일으켰다. 케이티는 난데없이 나타나서 집안 어딘가에 들쥐가 몰래 들어왔다고 말하거나 하인이 말을 듣지 않는다고 불평하기도 했다―루터는 아내의 비위를 맞춰주거나 굻리거나 때로는 둘 다 하면서 반응했다(손님들은 루터의 일상을 기록을 남겼고, 이 글은 『탁상담화』 여러 권에 담겨 있다). 케이티는 남편의 손님들에게 음식을 대접했을 뿐만 아니라 포괄적인 의학·약학 서비스도 제공하는 한편, 남편을 위한 연중무휴 안마사이자 개인주치의의 역할도 했다―루터는 여러 질환을 앓았기 때문에 남편의 건강을 돌보는 일만 해도 풀타임 업무였다. 케이티는 남편의 불면증과 신장결석을 악화시키는 와인을 조금만 마시게 하고, 그 대신 두 가지 질환을 완화하는, 직접 만든 맥주를 권했다.

1542~1543년 사이 겨울, 어느 저녁식사 자리에서 루터는 두통이 심하다고 말했다. 그는 다음 날에도 통증이 나아지지 않으면 유학 보낸 열일곱 살 난 아들을 부르라고 케이티에게 말했다. "아들이 내 임종을 지켰으면 하오." 케이티는 청혼하던 날부터 이와 같은 말을 들어왔다. 그녀는 톡 쏘아붙였다. "선생님, 제발 쓸데없는 생각 좀 하지 마세요." 박사는 평생 만성변비에 시달린 사람이 아니면 떠올릴 수 없는 기발한 비유로 받아쳤다. "내가 금방이라도 나올 것 같은 대변이라면, 세상은 거대한 항문과 같소. 지금 우리는 서로 놓아주려 하오."[7]―둘은 3년 후에나 서로 놓아준다.

부부관계에 대한 루터의 신학적 견해는 독신 시절부터 쭉 아우구스티누스와 일치했다(원죄로 말미암아 성욕이 생겼다는 주장을 확고부동하게 믿은 루터는 수사로서 첫발을 내디딜 때 규율이 엄격한 아우구스티누스회 수도원에 가입했다). 그는 아우구스티누스가 쓴 구절을 줄줄 외웠다. 성교는 "죄악이 없지 않지만 하느님은 은혜롭게도 너그러이 봐주셨다. (중략) 하느님은 [성욕이라는] 죄악 안에 결혼을 심어놓고 은총을 내린 모든 장점을 넣어두셨다." 성욕은 병이고 결혼은 치료제다(체크!). 부부는 '성욕이라는 열정이 육체를 지배하게 허락해서는' 안 된다(체크!). 바우자가 '간음과 같은 죄악의 위험'에 노출되지 않도록 부부관계를 자제해선 안 된다(체크!).[8] 하지만 그 이외의 부분에서 루터는 자유로웠다.

기본적으로(그리고 명백하게) 루터는 결혼을 독신보다 나은 위치로 끌어올렸고, 그보다 한발 더 나아갔다. 그는 결혼으로 속죄받지 않는 한 섹스는 죄악이라는 생각에 동의하지만, 출산을 위한 본능이 있을 때만 성행위가 정당화된다고 말하지도 않고 성행위에 잠재된 쾌락에도 기겁하지 않는다. 루터는 부부관계의 세부사항에 관해 자기만의 방식이 있었다. 바로, 세부사항은 상관하지 않는 것이다. 루터는 서로 정절을 지키는 것 이외에 부부가 침대에서 하는 일은 남이 상관할 문제가 아니라고 생각했다. 어떤 체위는 용납되지 않으며 어디 삽입하면 비정상이라는 말은 한마디도 하지 않았다―그는 부부들에게 '타락한 설교자'가 '성일聖日이나 평일'에 내린 제한을 무시하라고 말했다.[9] 루터 이전의 수많은 신학자는 육체적 관계에 계속 집착했지만, 루터는 달랐다. 자녀를 여섯 명 둔 것만 봐도 그의 성기능이 건강했음을 알 수 있지만, 그는 다른 사람의 성생활에 관심이 없었던 것과 마찬가지로 자신의 성생활에도 집착하지 않았다.

독신 시절에 루터는 결혼이 '성욕을 치료하는 병원'에 지나지 않을 것이라고 짐작했다. 직접 체험하고 보니 그는 자신의 생각이 틀렸다고 기뻐하면서 말했다. 결혼은 '인격을 수양하는 학교'였다. 교회는 인격을 수양하는 역할을 담당하는 곳이 수도원뿐이라고 주장했지만, 수도원생활과 결혼생활을 모두 해본 루터는 고된 결혼생활에 비해 기도와 명상이 주를 이루는 수도원의 일상은 아이들 장난 같다고 자신 있게 말할 수 있었다. "결혼을 하면 힘든 일이 얼마나 많이 생기는지!" 그는 경탄했다. 루터는 교회가 정말로 인격함양을 중요하게 생각한다면 모든 수사는 아내를 맞아들여야 한다고 주장했다. 날이면 날마다 여자와 함께 살면서 견디면 의연함, 참을성, 겸손함, 포용력, 다정함이 생긴다고.[10]

공교롭게도 여자와 교회라는 주제가 나오면 루터는 설명에 도움이 되는 인용문구를 곁들여 획일적인 여성혐오를 격렬하게 비판했다. 과거의 글을 인용한 경우가 많았지만─"여자가 말하는 것을 들으면 그 여자가 쉿쉿 소리를 내는 뱀인 양 여자로부터 도망쳐라"는 그가 좋아하는 인용문으로, 3세기 신학자의 말이다[11]─자신과 동시대를 사는 사람들의 글을 더 많이 인용했다. 그의 숙적인 마인츠의 대주교 알브레히트가 그중 한 명이었다. '코를 찌르는 악취가 나는 여성의 음부'[12]라는 알브레히트의 불평을 듣고는 그에게 노발대발할 이유가 새롭게 하나 더 생겼다. 루터는 이런 생각과 이보다 더 나쁜 생각이 전부터 교회 지도자들의 입에서 나왔다는 사실을 잘 알았지만 알브레히트는 특별한 경우였다. "자기도 어머니와 누이가 있으면서 저 불경한 악당은 자기를 낳아준 신의 창조물을 감히 모독했다"고 루터는 호통을 쳤다. 여성의 행동을 공격하는 것은 루터 자신도 종종 즐기는 것이지만 '여성의 창조와 본성을 모독하는 것은 매우 불경한 일'이라고 생각했다. 그는 이렇게 말했다. "이것은 마치 코 때문에 남자의 얼굴을 조롱하는 것과 같다! 코는 남자의 머리에 난 구멍이며 입 위에 서 있기 때문이다. 하느님 자신도 이 변소 아래에서 모든 기도와 숭배가 일어나게 허락하셨음이 분명하다."[13]

루터는 아내를 '나의 주 케이티my lord Katy'라고 부르고 자기 자신은 '지위가 높은superior' 주인인 그녀에 비해 '지위가 낮은 주인inferior lord'이라고 불렀다. 케이티를 포함해서 모두 그가 농담을 하고 있다는 사실을 알았다. 그는 아내가 예의범절을 아는 사람이라고 생각했다. 케이티는 집에서도 남편을 '선생님' 또는 '박사님'이라고 불렀다. 그렇게 부르지 않는 것은 그의 권위를 인정하지 않는 것이라고 생각했다.[14] '남자는 우월하고 여자는 열등하다'는 공식은 당시 사회의 모든 계층과 남녀 모두가 받아들이는 일반적인 생각이었다. 루터는 다른 사람들과 마찬가지로 이러한 구조에 마음으로부터 동의했다. 그는 어느 날 저녁식탁에서 이렇게 주장했다. "여자아이가 남자아이보다 빨리 말을 시작하고 일어설 수 있는 것은 잡초가 실한 농작물보다 언제나 빨리 자라는 것과 같다."[15] 영국의 헨리 8세가 보낸, 독일어를 못하는 사절이 루터 집에서 열린 만찬에서 오가는 대화를 이해하지 못하자 루터는 '청산유수로 갈을 잘하는' 아내를 개인교사로 추천했다. "아내는 능변가여서 나보다 더 말을 잘한다." 루터는 평소답지 않게 겸손하게 말하고는 금세 자신의 말을 후회한 것 같다. 그는 곧바로 말을 이었다. "그렇지만 여자가 말을 잘하는 것은 칭찬받을 만한 게 못 된다. 여자는 혀 짧은 소리를 내거나 말을 더듬는 게 더 잘 어울린다." 루터의 진보적인 사고방식은 남편과 아내의 관계까지 미치지는 못한 듯하다.[16]

루터는 아내를 높게 평가하고(누군들 케이티 같은 아내를 원치 않겠는가?) 여자들을 칭송했다. "여자라는 성이 없으면 어떻게 될지 상상해보라. 가정, 도시, 경제생활, 정부政府도 사실상 사라질 것이다. 남자는 여자 없이 살 수 없다. 남자가 임신과 출산을 할 수 있다고 하더라도 여자 없이는 살 수 없을 것이다."[17] 그는 결혼한 지 7년째인 1531년에 아리스토텔레스를 인용하면서 자신의 추종자들에게 그가 가장 좋아하는 이론을 털어놓는다. "남자는 어깨와 가슴이 넓고 엉덩이가 작고 좁으며, 지적 능력이 여자보다 앞섭니다. 여자가 어깨가 좁고 엉덩이가 큰 것은 가정에 남아 가사를 돌보고 자녀를 양육하도록 하기 위함입니다."[18] 그는 여자가 어머니 이외의 일을 하는 것은 상상하지 못했다. 당시로써는 남자든 여자든 다 그렇게 생각했다. 여자에게 모성 이상을 기대하기는 아직 이르다.

루터가 언급하는, 아내가 날마다 하는 '참으로 훌륭하고 귀한 일'은 "그녀가 아이에게 젖을 물리고, 아이를 달래고 목욕시키고, 다른 일들을 분주히 하고, 남편을 내조하고 남편에게 순종하는 것"을 가리킨다. 루터는 수도원 시절에 가장 훌륭하고 고귀한 것은 아이를 낳는 일이라고 생각했다. 수도원 시절 쓴 에세이에서 그는 출산을 기다리는 아빠에게, 산고로 괴로워하는 아내를 격려하는 말을 해주라면서 매우 재미있는 글을 썼다. "그레테에게"—얼마든지 다른 이름으로 바꿔서 읽어보라—"당신은 여자고 당신 안에 하느님이 하신 일은 하느님을 기쁘게 합니다. (중략) 아이를 낳다가 죽더라도 고귀한 일이며 하느님께 굴종하는 일이니 행복하게 세상을 떠나십시오. 아이를 낳다가 명예롭게 고통을 참으며 하느님의 일과 뜻을 하다가 죽는 것은 남자들도 부러워하는 여자만의 능력입니다."

루터는 미혼 시절에도 출산에 대해 조언할 수 있었으니 남편이자 아버지가 되자 이제는 수유 전문가를 자청한다. '그레테에게'를 쓴 후 여러 해가 지나서 루터는 식탁에서 모유의 우수성을 말하다가 여성의 가슴 이야기를 하게 되었다. 가슴은 언제 '여성의 장식'이고 언제 그렇지 않은가? 크기에 따라 달라지는데, 가슴이 '커다랗고 축 늘어진' 여자는 딱하다는 게 루터의 생각이다. 커다란 가슴은 장식도 아닐뿐더러 "많은 기대를 하게 하지만 실제로는 별 볼일 없기 때문에 불행하다." 모유가 적게 나온다

는 뜻일까, 아니면 섹스 이야기를 하는 걸까? 어쨌든 '단단한 가슴'이 최고란다.[19]

　　루터는 부부문제 전문가로도 나섰다. 부부 사이에 벌어지는 분쟁에 관한 의견을 묻는 성직자들이 곳곳에서 몰려들었기 때문에 루터는 집에서 모의재판을 벌이기도 했다. 일단 재판이 열리면 루터는 판사와 배심원 일인이역을 했다. 한번은 부업으로 설교를 하는 프랑크푸르트에 사는 교사에 관한 재판이 벌어졌다. 그런데 이 남자의 설교는 상당히 인기가 있어서 많은 신도가 설교를 들으러 오자 교회 지도자는 그에게 부제가 되어달라고 요청했고 남자는 그 제안을 영광스럽게 여기면서 기꺼이 받아들였다. 이 사건을 재판에 회부한 사람의 말로는, 문제가 이 남자의 아내로, "오만방자해서 남편이 성직자가 되는 것을 원하지 않았다."

　　누가 재판에서 승소했을지는 충분히 예상할 수 있지만, 굳이 밝히자면, 루터는 "아내가 남편을 따라야지, 남편이 아내를 따라가서는 안 된다"며 구약성서의 원칙을 쉽게 풀어서 설명했다. 루터는 이 아내가 성서의 법규를 무시한 "사악한 여자로 주님과 사도들이 부여받은 사명을 부끄러워하는 마귀"라고 맹비난했다.[20] 이 재판의 쟁점은 다음과 같았다. 남편이 집안의 평화를 지키려는 명목으로, 압박감에 못 이겨 성직을 포기하고 한 집안의 가장으로서의 역할에만 만족해야 하는가? 아니면 아내를 버리고 성직을 맡은 후 자신의 일을 더 잘 지지해주는 배우자를 다시 찾을 것인가? 루터는 이상적인 세계에서는 두 가지 길 모두 필요하지 않고, 정부가 나서서 '심술궂은 부인'의 남편을 지지하도록 "영향력을 행사해야 한다"고 대답했다. 그러나 현실세계에서 정부는 부부 갈등을 중재하지 않는다. 그럼에도 이 남편은 아내의 요구에 순순히 응학으로써 하느님이 주신 권한을 넘겨주어서는 안 된다. 아내의 요구를 들어준다면 집안의 질서를 무너뜨리는 것이며, 가정이 안정되지 않으면 사회의 근간이 바로 서지 못한다. 아내가 말을 듣지 않는다면 헤어져야 한다. 그래서 루터는 성서의 법규를 따르는 것보다 남편의 권위를 유지하는 것이 더 중요하다는 결론을 내렸고 재판 참석자들은 모두 그의 판결에 동의했다. 다른 대안은 상상할 수도 없었다.

루터의 결혼관에 섹스도 포함되지만 무분별한 열정을 말하는 것은 아니다. 결혼은 열정에서 시작될 수 있다고 생각할 정도로 그는 독창적으로 사고했지만—루터 이전의 사람들과 비교했을 때는 독창적이었다—그는 열정에 그다지 관심을 두지 않았다. 그는 "결혼생활에서 사랑이 계속 꽃피는 것이야말로 하느님께서 내린 가장 큰 축복"이라고 말했지만 '극도의 흥분상태가 가라앉아야만' 비로소 진정한 사랑이 꽃핀다고 생각했다(그의 말은 일리가 있다). 루터는 부부관계도 대담해야 하며 부부 사이만큼이나 부부관계의 질(또는 양)도 중요하다는 아주 모던한 사고, 어쩌면 포스트모던한 사고까지는 하지 못했다. 사실 그는 섹스 자체에 그다지 관심이 많지 않았다. 루터가 생각한 부부애란 "네 이웃을 사랑하라"가 발전된 형태였다. 부부애는 가정생활의 중요한 요소다. 한 남자에게 잠자리, 이름, 미래, 자식을 공유하는 여자보다 더 소중한 이웃은 없기 때문이다. 신약성서는 남편은 자신의 아내를 사랑해야 한다고 밝히고 있다. 루터는 그 말에 전적으로 동의하지만 남자에게 아내를 사랑하라고 시킨다고 해서 정말로 사랑하는 것은 아니다. 루터는 '아내를 한결같은 마음으로 사랑하는 것'이 가장 중요하다고 보았다.[21]

이성애가 신에 대한 사랑보다 더 고귀하며(기독교의 견지에서 이단적인 생각), 동성애보다 더 낫다고(고전주의자의 견지에서 이단적인 생각) 감히 사회전복적인 주장을 펼친 음유시인들은 이미 '변치 않는 사랑'—이웃을 사랑하는 것이든 아니든—을 문학적 주제로 다룬 바 있다. 그러나 기사의 사랑을 노래한 음유시인들은 사랑을 원래 늘 있던 자리—부부가 사는 집 바깥—에 두었다. 사랑과 결혼을 하나로 녹이려고 했던 르네상스 인문주의자들은 올바른 생각을 하고 있었지만, 시대를 잘못 타고났다. 한 50년쯤 빨랐다고나 할까. 루터는 르네상스 인문주의자들의 생각에 많은 부분 공감한다. 루터도 그만의 사랑과 결혼의 공식을 만드는데 그의 타이밍은—여느 때처럼—절묘했다. 루터의 '성스러운 결혼holy matrimony' 관을 보면 과거에 결혼생활을 흐렸던 불륜, 독신, 금지된 성욕 대신, 경건함, 교양, 절제, 정절, 성실, 존경이라는 매우 진지한 요소들이 포함되어 있다. 이 모든 요소가 갖춰지면 '매우 행복한 [결혼]생활'을 할 수 있다.

루터는 변함없는 사랑이 열정에서 나올 수 있다고 생각했지만, 타오르는 열정이 미지근해진 뒤에야 한결같은 사랑이 가능하다고 보았다. 그는 변함없는 사랑—흔들리지 않고 언제나 따뜻한 애정—이야말로 부부애의 본질이라고 생각했다. 모든 부부가 결혼생활에서 겪는 첫 번째 위기(그리고 위험)는 타오르는 불 같은 사랑의 단계를 지나, 상실감을 느끼지 않으면서도 따사로움을 느낄 수 있는 사랑으로 발전해야 해결된다.

어느 날 저녁식탁에서 루터는 루카스 크라나흐라는 청년의 이야기를 한다. 루카스는 결혼한 지 얼마 안 된 화가인데 신혼 몇 개월간 사랑의 노예가 되어서 잠시도 신부 곁을 떨어져 있을 수 없었다. 어떤 현명한 친구가 뜨거운 사랑에 빠진 루카스를 우연히 만나 흥분을 조금 가라앉히라고 조언했다. "반년도 안 지나 금방 열정은 사라질 걸세. 집안의 하녀라도 부인만 아니면 더 좋아질 때가 온다네." 루터는 여기에서 교훈을 설명했다. "우리는 옆에 있는 것에는 싫증을 내고 곁에 없는 것을 사랑하네. 그게 우리의 약한 본성이지."

사랑에 푹 빠진 새신랑으로서는 겨우 6개월 만에 마음이 변할 수 있다는 것을 이해하기 어려울지 몰라도, 결혼생활을 오래 한 사람이라면 노력하지 않아도 사랑하는 마음이 절로 우러나던 시기가 끝나면 변함없는 사랑을 지키기 위한 내적 갈등이 시작된다는 사실을 안다. 루터는 이렇게 말한다. "악마가 나타나서 남편과 아내 모두에게 미움과 의심과 색욕을 가져다주어 배우자의 의무를 내버려두는 결과를 낳습니다." 루터는 배우자 선택부터 시작해서 이런 운명을 피하는 방법을 알려준다. 어른들은 언제나 그렇듯 자식의 길잡이가 되어줘야 하지만 루터는 자식이 적극적으로 저항하는 배우자와 강제로 짝을 지어주는 부모를 강력하게 반대한다. 루터는 젊은 남녀가 자유롭게 선택할 권리를 인정하는 수준까지 나아가지는 않지만 배우자를 자유롭게 고를 수 있는 것이 보편적이게 되는 날을 앞당기는 데 도움이 된 것은 사실이다. 루터는 신체적인 매력에 이끌려서 결혼을 결심하면 실패가 당연한 순서라는 널리 퍼진 견해에 공감하며, 이러한 통념을 없애는 데도 일조했다. 배우자 선택은 당사자 두 명이 알아서 결정할 영역이 될 운명의 조짐을 보였다. 그 운명이 실현되는 날 신체적 매력은 배우자를 고를 때 첫 번째 기준이 된다―사랑해서 결혼하는 게 아니라 결혼하고 나서 사랑하게 되는 것은 굉장히 이상하게 느껴지게 된다.

루터는 "삶의 패턴과 사고방식에는 조화가 있어야 한다"고 역설했다.[22] 그는 또한 중년의 남성이 이제 막 사춘기가 된 어린 신부를 고르는 관습이 여전하던 전통에 반대하며, 부부의 연령대가 비슷해야 한다고 조언했다. 이에 덧붙여 '부부의 연을 맺다holy estate of matrimony'라는 표현에 걸맞게 부부는 경건한 마음으로 결혼해야 한다고 말했다. 둘 다 성경험이 없어야 하며, 양가의 축복까지는 아니더라도 결혼 승낙을 얻어야 한다. 마지막으로, 상호 협력, 선의, 정절을 지키겠다고 약속해야 한다. 루터가 말한 바로는, 부부애가 생기는 데 이 약속은―악마의 공격을 물리치는 한결같은 사랑과 더불어―가장 중요한 재료다.

돈, 지위, 생식능력과 같은 현실적인 문제보다는 부부의 조화com-patibility, 비슷한 연령대를 강조함으로써 루터는 미래로 한발 나아갔다. 비교적 주관적이고 비종교적이고 감정적인 가치―반려자로서 적합한지, 성격은 잘 맞는지에 덧붙여 개인적으로 중요하게 보는 몇 가지―는 현재 부부가 사랑하기 위한 이상적인 조건의 일부가 되었다. 뒤늦게 어떤 일이 벌어질지 예상하지 못한 루터는, 과거부터 언제든 절대로 들어오지 못하게 막은 늑대에게 결혼의 문을 열어주었으리라고는 생각지도 못했다. 그 늑대는 바로 육욕, 육체적 사랑, 로맨스다.

루터는 1546년에 사망하지만 그의 결혼관은 그와 함께 무덤에 묻히지 않았다. 종교개혁 이후 프로테스탄트가 유럽 전역에 영향을 미치면서―기본적으로는 루터의 결혼관에서 몇 가지 세부사항을 보태고 뺀―프로테스탄트의 결혼관도 함께 퍼져나갔다. 프로테스탄트의 결혼관은 아우구스티누스의 '혼인의 미덕' 세 가지를 새로운 교회와 신교의 사뭇 다른 감수성에 맞게 재구성한 세 가지 핵심 가치에서 유래했다. 자녀 출산과 정절은 그대로 남았다(각각 '결실을 낳고자bring forth fruit'와 간음을 예방하고자avoid fornication'로 표현이 바뀌었다). 그러나 신성한 결합은 동지애companionship에 자리를 양보했다―그 자체로 혁명과도 같은 일이다. 그에 못지않게 의미 있는 부분은 루터와 프로테스탄트가 가치의 순서도 바꾸었다는 사실이다. 아우구스티누스는 첫째로 자녀 출산, 둘째로 정절, 셋째로 신성한 결합이 중요하다고 순서를 매겼지만, 프로테스탄트는 동지애가 첫 번째고 그다음이 자녀 출산이며 마지막이 정절이라고 보았다. 1,500년 만에 처음으로 결혼생활의 도덕적 문제를 중재하는 것이 종교적 영역('타락한 설교자들'의 손아귀)에서 벗어나게 되었다. 사회 지배층—프로테스탄트 또는 프로테스탄트의 영향을 받은 중산층—이 바뀌면서 사람들은 자신의 성생활을 스스로 결정하게 되었다.

다시 말해, 사람들은 결혼생활에서 양쪽 배우자 모두 보람을 느끼는 동반자적 관계라는 새로운 비전과, 약한 성의 사회일원으로서 아내는 남편에게 종속된다는 오래된 사고방식 사이에서 선택하게 되었다. 그런데 두 가지 요소는 서로 양립할 수 없다. 결혼생활의 행복에 대한 기대치가 낮을 때만 두 요소는 양립할 수 있다. 기대치가 높아지면 결혼관도 재정립되어야만 한다. 첫째, 여자도 뇌가 있다는 것을 남자가 알 수 있게 하도록, 둘째, 부부가 생식기관에서 흘러나오는 액체뿐만 아니라 생각도 주고받을 수 있도록 여자는 우선 뇌를 계발할 필요가 있었다.

비종교적 서구사회에서 이 모든 과정은 여전히 진행 중이다—그 진행과정은 질서정연하지도 않고 단계별로 발전하는 것도 아니다. 불륜을 저지른 사람에게 돌을 던지는 것과 같은, 남편이 아내를 지배하는 관습도 법률로, 사회적 합의로 사라졌다. 그러나 개인적인 차원에서 여자들은 자신들이 생각할 수 있는 동시에 아이도 낳을 수 있다는 사실을 남자들에게(그리고 자기 자신에게) 여전히 증명하려고 애쓰고 있다. 남자들도 사람들이 보는 앞에서 아내가 '박사님'이라고 불러줘야만 남성다움을 느끼는 존재가 아니라는 사실을 보여주려고 애쓰고 있다. 결혼이 자녀를 생산하는 공장, 부성을 증명하는 방법(DNA 테스트는 엄청나게 발전했다), 토지를 물려받는 수단, 막대한 부동산을 노린 것, 상속·보험을 유리하게 하려는 것, 권문세가의 동맹, 절대로 깰 수 없는 굳은 서약, 간음을 방지하는 방책이라고 생각하는 사람은 이제 많지 않다.

사랑은 기대다. 낭만적 · 동정적 · 성적 · 지적 · 정서적 · 육체적 사랑, 이 모든 것을 한꺼번에 늘 받고 싶은 희망이자 망상이다. 이혼이 흔한 것도, 실제로 경험해보니 그 희망이 깨지는 것도 당연하다. 성욕을 치료하는 방법으로서의 결혼이 이제는 외로움을 치료하는 방법이 되었고, 그 치료법은 바로 사랑이다.

종교개혁 이전에 사랑을 위한 결혼은 일반적으로 드려움과 비난과 방해를 받았고(양쪽 다 얻을 것도, 잃을 것도 없는 최하위층을 제외하고) 사회계층의 높고 낮음에 따라 과소평가되었다. 18세기가 되자 사랑을 위한 결혼은 대단한 인기를 끈다. 다니엘 디포Daniel Defoe는 사랑 이외의 이유로(예컨대 돈) 결혼하는 관습을 파헤친 「결혼의 매춘Matrimonial Whoredom」이라는 논문을 썼다. 오늘날에는 평범한 일이 된 결혼관습을 조롱하는 글을 쓴 사람은 디포만이 아니었다. 단지 그의 글 제목이 가장 자극적이었을 뿐이다.

물론 돈과 같은 이유 때문에 결혼하는 사람들이 여전히 있지만 대부분 솔직하게 인정하지는 않는다. 우리가 입에 발린 말을 하는 커버스토리는 변했다. 오래된 생각이 얼마나 오랫동안 우세했는지 생각하면 변화가 그토록 빨리 왔다는 것이—변화가 일어났다는 것 자체도—놀라운 일이다.

사랑이 답이 아닐 수도 있지만 당분간은 결혼에 관한 가장 그럴듯한 커버스토리로 남을 것이다.

13년 동안 하나의 프로젝트―특히 그 프로젝트가 중세 남근 거세 판타지와 마르틴 루터의 변비에 대해 집착적으로 떠들어대는 것이니―에 매달린 작가를 먹이고 재우고 달래고 부추기고 괴롭히고 지지해준 지원팀은 기억해야 마땅할 존재일 뿐만 아니라 놀라울 만큼 대단한 존재라고 생각합니다. 아래에 언급한 이름은 극히 일부에 지나지 않습니다. 이름이 언급되지 못한 분들께―누군지 아시죠?―양해를 구하며 진심으로 고맙다는 말씀을 드립니다.

카렌 리날디가 이 책의 아이디어를 냈습니다. 일레인 페퍼블릿은 작가로 저를 추천했습니다. 두 분께 고마움을 느낍니다. 저를 믿어주고 참아준 카렌에게는 그 고마움을 말로 다 표현할 수 없습니다. 언제나 저를 든든하게 지지해주고 절대로 간섭하지 않으면서도, 완벽한 능력과 손길로 일을 처리해준 ICM의 에이전트 크리스 달, 절실하게 필요했던 리서치 작업을 도와준 애나 로젠크랜츠, 마지막 순간에 중요한 역할을 해준 뉴욕 공공도서관의 데이비드 스미스와 워런 플랫께 감사드립니다.

집필 작업 초반에는 벤 치버가 사도들에 관해 언제나 재치 있고 친절하게 인터넷 일대일 강의를 해주었습니다. 벤은 G. K. 체스터턴과 도로시 세이어즈를 소개해주고 제가 삼위일체라는 개념을 이해할 수 있게 온 정성을 기울였습니다. 제가 아직도 삼위일체를 이해하지 못한다면 벤의 탓이 아닙니다. 후반 작업 때는 사무실 동료와 동료 작가들이 저마다 특별한 방식으로 도움의 손길을 뻗쳤습니다. 주말에 성적 죄악의 순서에 관해 물었을 때 도와준 앤드루 벨론스키, 제가 겨우 한 권을 쓰느라 씨름하는 동안 세 권을 탈고하고도 뽐내지 않은 짐 트라우브와 리처드 잭스, 고맙습니다.

세계문학에 대한 백과사전적 지식을 갖고 있지만 아이스크림 케이크 만드는 솜씨는 형편없는 일레인 콜은 저에게 정신적 양식과 물질적 양식을 끊임없이 제공해주었습니다. 신시아 클링은 차오 공감과 기민한 통찰력을 주었고, 얼마나 많이 썼느냐는 금기 질문은 하지 않는 센스도 있는 친구입니다.

주디 허시는 제가 힘들어할 때마다 힘이 되어주었고 관심과 애정을 보여주었으며, 그래도 해줄 수 있는 게 없을 때는 드워스 위스키를 권했습니다.

초고 일부분을 읽고 귀중한 제안을 해준 캐롤라인 밀러와 캐롤린 화이트, 중요한 장을 위한 막판 조언을 해준 신디 슈피겔, 천재적인 두뇌로 제게 자극이 되어주고 좋은 책, 기사, 아이스크림을 꾸준히 권해주고 무엇보다도 변함없이 믿어준 해나 레먼에게 큰 신세를 졌습니다.

마릴린 존슨은 자기 책 리서치하랴, 또 다른 책 홍보하랴, 한창 사춘기를 겪고 있는 아이들 돌보랴 정신없이 바쁜데도 자기 할 일을 잠시 미루고 힘든 와중에도 제 원고를 한 번 이상 읽어주었습니다. 그녀는 고쳐야 할 부분을 더없이 섬세하게 고쳐서 크고 작은 부분에서 원고를 개선해주었고, 그녀의 지칠 줄 모르는 의욕은 마감에 시달리는 저에게 에너지와 자신감을 불어넣어 주었습니다.

닉 트라우트베인은 예리한 편집능력, 사람의 마음을 읽는 영민함뿐 아니라 꼭 필요할 때는 무서운 추진력까지 갖춘 사람입니다. 닉은 제 까다로움을 잘도 참아주었습니다. 인내심의 비결이 뭔지 언젠가 닉에게 듣고 싶습니다.

이 책에 매달린 13년 동안, 특히 마지막 두 해 동안 낸시와 최고의 여동생인 레베카 귄터가 없었으면 견딜 수 없었을 겁니다. 게다가 레베카는 의회도서관에 근무 중이어서 제가 부탁만 하면 모든 종류의 난해한 자료를 바로 찾아낼 수 있었습니다.

이 일뿐만 아니라 모든 일을 할 때 의식적으로든 무의식적으로든 저를 격려해준 데이비드 스콰이어에게 감사의 마음을 전합니다. 제게 지식을 빌려주고 심적으로 기댈 버팀목이 되어준 팻 스콰이어, 손님을 매우 잘 접대하는 앨런과 애넉조라 스쿠버스키 부부, 제가 부탁하면 숙부로서 그 이상의 의무를 다해주시고 앤디와 결혼해준 것도 고마운 데이비드 웰트먼, 늘 곁에 있어주는 헬렌과 애론 슈피겔 부부, 존재 자체만으로도 힘이 되는 맥스 허쉬에게도 감사를 표합니다.

이 책을 쓰는 세월 동안 저는 운 좋게도 아내 노릇을 하지 않아도 되었습니다. 소홀한 아내를 이해해준 남편 덕분에, 작업 막바지에는 더욱더 소홀할 수 있었습니다. 바다 같은 이해심 하나만으로도 데이비드 허시는 저에게 더없이 소중한 남편입니다. 딸에게도 소홀했지만 그럼에도 딸아이는 예나 지금이나 저에게 조건 없는 지지를 보내줍니다. 제가 책을 쓰느라 정신이 없는 와중에 딸 에밀리는 대학생으로 맞이한 첫 방학을 빨래를 하면서 보냈습니다. 저에게 과분한 가족들, 사랑합니다.

제1장

1) 고대 인류가 섹스와 임신의 인과관계를 알지 못했다는 사실을 보여주는 가장 유명한 사례는 브로니슬라프 말리노스키Bronislaw Malinowski의 『미개인의 성생활*The Sexual Life of Savages*』(1927)이다. 이 책은 뉴기니 근처 트로브리안드 군도의 미개한 원주민에 관한 보고서다. 트로브리안드 군도 원주민의 성性 윤리는 미개하지 않았고 어디에서나 흔하게 볼 수 있는 일부일처제였다. 남자 한 명과 여자 한 명이 한 지붕 아래에서 같이 살았다. 그러나 트로브리안드 원주민이 아버지에 대한 사회적 개념─남자는 아이 엄마와 함께 산다는 이유로 같이 사는 여자가 낳는 모든 아이의 '아버지'가 되었다─을 만들어내는 동안 생물학적으로 누가 누구의 아버지가 되는 것인지에 대해서는 무지했다. 레이 타나힐Reay Tannahill의 『성의 역사*Sex in History*』는 기원전 9000년까지 인류가 전반적으로 성에 무지했다는 사실을 설득력 있게 피력하고 있다. 도널드 사이먼스Donald Symons의 『섹슈얼리티의 진화*The Evolution of Human Sexuality*』와 로버트 브리폴트Robert Briffault의 『어머니들*The Mothers*』도 참고하라.

2) 이 책에서는 정치적으로 올바른 표현political correctness을 쓰자는 최근의 움직임과 유대인의 전통에 따라 BC(Before Christ)와 AD(Anno Domini) 대신 종교적으로 중립적인 BCE(Before the Christian Era)와 CE(Common Era)를 쓰고자 한다.(우리말로는 달리 적당한 말을 찾기 어려운 까닭에, 일반적으로 쓰는 대로 '기원전'과 '서기'라는 표현을 사용했다─옮긴이)

3) 이 부분에서 묘사한 선사시대 생활은 불가피하게 추정에 근거한 것이다. 타나힐의 『성의 역사』, 사이먼스의 『섹슈얼리티의 진화』, 재러드 다이아몬드Jared Diamond의 『총, 균, 쇠*Guns, Germs, and Steel*』, 라이오넬 타이거Lionel

Tiger의 『고대 인류의 집단생활*Men in Groups*』, 매트 리들리*Matt Ridley*의 『붉은 여왕*The Red Queen*』, H. G. 웰즈*Wells*의 『세계사 개관*The Outline of History*』, 1권을 참고하라.

4) 이미 정설로 굳건히 자리잡은 진화에 대한 개념 정의가 먼저 내려지지 않고는 이론적으로 논쟁의 여지가 있을 수 있겠지만, 찰스 다윈*Charles Darwin*의 놀라운 저작 『종의 기원*Origin of Species*』이 1859년에 출판된 후, 인류가 성관계를 진화론적 관점에서 이론화하려는 연구 속도는 '0'에서 시속 100만 마일로 엄청나게 앞당겨졌다(영장류 행동 분석이라는 흥미진진한 분야의 연구 덕분에 그 속도는 최근 30년 동안 더 빨라졌다). 루이스 헨리 모건*Lewis Henry Morgan*을 비롯해 여러 사람이 집단혼—또는 군혼群婚—이라는 개념을 반복적으로 주장했다. 모건의 저작에서 영감을 얻어 마르크스가 시작한 연구를 엥겔스가 마르크스의 유고를 바탕으로 완성하기도 했다. 몇 가지 연구 성과를 예로 들면, 모건의 『고대 사회*Ancient Society*』, 엥겔스의 『가족의 기원*The Origin of the Family*』, 브리폴트의 『어머니들』이 있고, 가장 최근작으로는 새라 블래퍼 하디*Sarah Blaffer Hrdy*의 『여성은 진화하지 않았다*The Woman That Never Evolved*』가 있다. 인류가 본래 일부일처제를 택하지 않았을 수도 있다는 주장은, 일부일처제를 열렬히 옹호하고(개인적으로는 성매매와 포르노그래피를 옹호하는) 19세기 후반 빅토리아 시대의 학자들middle-brow을 충격으로 몰아넣었다. 이들 중 일부 학자는, 인간이 타고난 '일부일처제 본능' 때문에 집단혼과 같은 문란한 탐욕에 빠지지 않고 인간성을 지켜왔음을 '증명'하기도 했다. 이들 학파의 대표주자인 에드바르트 베스터마크*Edward Westermarck*는 『인류 혼인사*History of Human Marriage*』(1903)에서 일부일처제의 존재를 염원하면서 자신의 주장을 뒷받침하기에는 매우 빈약한 증거를 제시했다. 이 책의 주장은 한때 정설로 받아들여졌으나, 스코틀랜드 출신 외과의사이자 사회인류학자인 로버트 브리폴트는 『어머니들』에서 이 주장을 조목조목 반박해 정설을 뒤집었다. 찬반 진영은 여전히 존재하고, 이들은 추정에 불과한 이론을 펼치고 있으며, 가끔은 다른 사람들보다는 조금 더 근거 있는 주장을 하는 경우도 있다. 하지만 대다수 사회인류학자, 진화심리학자, 사회생물학자(전문 분야가 세분화됨에 따라 새로운 학문이 많이 생기고 있다)는 선사시대 후반까지 집단이나 부족 내에는 느슨한 조직을 갖춘 비非배타적인 짝짓기 시스템이 있었고, 이 짝짓기 시스템이 '남녀 한 쌍의 결합pair-bonding'과 공존했거나 이 시스템이 나타난 이후에 '남녀 한 쌍의 결합'이 등장했다는 데 의견을 같이하고 있다. 임신한

여성과 그 여성의 섹스 파트너가(또는 섹스 파트너들이) 아이가 유년기를 넘길 때까지 같이 살 때 종種의 생존확률이 높아진다는 추정과, 섹스와 임신의 인과관계가 알려지기 훨씬 전에 부성 애착paternal attachment이 생겨났다는 추정이 또 다른 이론의 축이다. '남녀 한 쌍의 결합'이라는 용어는 데이비드 버래쉬David Barash가 1977년에 집필한 『사회학과 행동Sociology and Behavior』에 처음 등장했다. 헬렌 피셔Helen Fisher의 『사랑의 해부학Anatomy of Love』, 하디의 『여성은 진화하지 않았다』와 『모성 본능Mother Nature』, 버래쉬와 주디스 이브 립턴Judith Eve Lipton의 공저인 『일부일처제의 신화The Myth of Monogamy』, 사이먼스의 『섹슈얼리티의 진화』 참고.

5)   이 운동의 대표주자인 존 험프리 노이즈John Humphrey Noyes는 자신이 고안한 배우자 스와핑 시스템을 복합결혼complex marriage이라고 불렀다. 배우자 스와핑은 뉴욕 주 북부에 만들어진 오네이다Oneida 커뮤니티에서 이루어졌으며 노이즈 자신도 적극적으로 참여했다. 레이먼드 먼시Raymond Muncy의 『유토피아 커뮤니티의 섹스와 결혼Sex and Marriage in Utopian Communities』, 에베렛 웨버Everett Webber의 『유토피아로의 탈출Escape to Utopia』, 로버트 S. 포가티Robert S. Fogarty의 『오네이다의 욕망과 의무Desire and Duty at Oneida』, 시드니 디치온Sidney Ditzion의 『미국의 결혼과 윤리와 섹스Marriage, Morals, and Sex in America』 참고.

6)   『문명화 과정The Civilizing Process』은 노르베르트 엘리아스Norbert Elias가 1939년 『매너의 역사The History of Manners』라는 이름으로 처음 출판한 책의 개정판 제목이다.

7)   제4빙하기의 종식에 인간이 미친 영향이 궁금하다면 타나힐의 『성의 역사』와 다이아몬드의 『총, 균, 쇠』를 참고하라.

8)   제임스 스트롱James Strong, 『스트롱의 성서 용어 총정리 개정판The New Strong's Exhaustive Concordance of the Bible』.

9)   에바 C. 퀼즈Eva C. Keuls, 『남근의 지배The Reign of the Phallus』.

10) 스티븐 오즈먼트Steven Ozment의 『아버지가 지배하던 시절When Fathers Ruled』, 1쪽, 바버라 에렌라이히Barbara Ehrenreich와 데이드러 잉글리시 Deirdre English 공저, 『여성을 위하여For Her Own Good』, 35쪽. 메리 위스너Merry Wiesner의 『젠더의 역사Women and Gender in Early Modern Europe』, 265쪽 참고.

11) 애덤 주크스Adam Jukes, 『왜 남성은 여성을 미워하는가?*Why Men Hate Women*』 XIV.

12) 제프리 초서Geoffrey Chaucer, 「방앗간 주인의 이야기The Miller's Prologue」, 『캔터베리 이야기*Canterbury Tales*』(국역: 송병선 옮김, 책이있는마을, 2003).

13) 특별히 다른 주註를 달지 않는 한 1장에 나오는 성서 구절은 모두 『토라: 현대적 주석*The Torah: A Modern Commentary*』을 참고했다.

14) 데이비드 프리드먼David Friedman, 『남근의 역사*A Mind of Its Own*』, 7쪽.

15) 창세기 2장 18절. 인용한 참고서적은 킹 제임스 버전King James Version, 개정영어성서Revised English Bible, 『하퍼콜린스 스터디 성경*HaperCollins Study Bible*』의 신개정표준성서New Revised Standard Version 순이다.

16) 『토라: 현대적 주석』, 30n.

17) '일부다처Polygyny'가 여러 명의 아내를 두는 것이라면 이보다 좀더 일반적인 단어인 '복혼polygamy'은 '많은 배우자'를 갖는다는 뜻이다. 다시 말해 아내에게도 여러 명의 남편을 가질 특권을 주었다는 뜻인데 이 문맥에서는 해당되지 않는다. 아주 엄밀하게 말해 고대 이스라엘의 일반적인 결혼형태는 '일부다처'와 '일부일처monoandry'를 혼합한 것이었다. 요컨대 남자는 아내를 여러 명 가질 수 있었지만 여자는 남편을 한 명만 가질 수 있었다. 당시 사회를 지배하던 기독교 문화에 따라, 유럽(독일 · 폴란드 · 러시아) 유대인들은 서기 1000년 무렵에 일부다처제를 금지했다. 이슬람 문화권에 살고 있던 스페인계 · 포르투갈계 유대인들은 기독교 문화의 압박을 받지 않았으므로 수 세기 동안 일부다처제 전통을 고수했고, 예멘과 에티오피아는 오늘날까지 그 전통을 유지하고 있다(현대 이스라엘에서는 단혼Monogamy이 일반적이다. 그러나 다른 나라에서 한 명 이상의 아내와 결혼하여 망명한 사람은 예외로 한다. 이미 결혼한 여러 명의 아내들은 그대로 유지할 수 있지만 일단 이스라엘에 돌아오면 새로운 여자와 또 결혼할 수는 없다). 두말할 나위도 없이 남성중심적이고 문명화된 서구사회에서 '일처다부polyandry'는 사실상 존재하지 않았다. 하지만 속단하지는 말자. 현 프랑스 대통령 니콜라 사르코지의 매혹적인 부인 카를라 브루니는 일처다부제를 공공연하게 지지하고 있다. 미세스 사르코지가 지지하고 있으니 일처다부제도 언젠가 전성기를 맞지 말란 법도 없지 않을까?

18) 『토라: 현대적 주석』, 35n.

19) 노먼 F. 캔터Norman F. Cantor, 『중세의 작가들*The Medieval Reader*』, 191쪽.

20) 성 암브로시우스, 『교부들의 결혼관*The Human Couple in the Fathers*』, 재판본, 219쪽, 221쪽.

21) 테르툴리아누스, 「여성의 복장에 관하여On the Apparel of Women」, 『니케아 이전의 교부들*The Ante-Nicene Fathers*』, 4권, 14쪽.

22) 장 칼뱅, 「사도 바울의 서신, 에베소서에 관한 설교Sermon on the Epistle of Saint Paul to the Ephesians」, 케이트 오터슨Kate Aughterson 편집, 『르네상스적 교양을 갖춘 여성*Renaissance Woman*』, 17쪽.

23) 고린도전서 14:34, 디모데전서 2:11, 2:12.

24) 국역: 이창배, 범우비평판세계문학선 6-1 『실낙원』. ─옮긴이

제2장

1) 열왕기 상上 11:3. 기묘하게도, 아니 어쩌면 그렇게 기묘한 건 아닐지라도, 히브리어로 '첩concubine'은 주인과 잠을 자는 가족노예 또는 하인을 가리키며 히브리어로 '아내'는 원래 아내와 같은 뜻이다.

2) 『토라: 현대적 주석』, 111n.

3) 같은 책.

4) 같은 책.

5) 신명기申命記 25:11, 23:2. 그 남자는 이러한 의도로 고의로 수술을 받은 것이라고 추측된다. 『토라』, 1495n.

6) 신명기 5:18.

7) 로렌스 스톤Lawrence Stone, 『가족, 성, 결혼*The Family, Sex, and Marriage*』, 35쪽, 새뮤얼 메네피Samuel Menefee, 『아내를 팝니다*Wives for Sale*』, 2쪽. 토머스 하디Thomas Hardy의 『카스타브리지의 시장*The Mayor of Casterbridge*』(1886) 첫 장에서도 술 취한 남편이 아내를 파는 장면이 나와, 동시대 평론가들을 경악케 했다. 무지몽매한 하층민의 비공식적이며 비합법적인 결혼과 이혼 관습을 까맣게 있고 있던 평론가들은(아내를 파는 관습은 1073년 무렵에 시작되었다) 아내를 파는 모습을 묘사한 대중인쇄지(그중 하나는 메네피의

책 표지를 장식했다)가 19세기에 제작되고 널리 유포되고 있었는데도 그러한 일이 19세기 영국 땅에서 벌어지고 있다는 사실을 상상도 하지 못한다.

8) 모계전통은 서기 200년 무렵에 시작되었다.

9) 사무엘 하下 11장.

10) 민수기民數記 5:12~31, 1052n. 보통 물이나 불이 등장하는(독을 먹거나 뜨거운 숯불 위를 걷게 하는 것이 물이나 불보다는 흔하지 않았다) 신성재판Trial by Ordeal은 길고 다채롭고 역겨운 이문화異文化 간 역사적 전통을 갖고 있다. 마법을 믿는 이교도의 믿음이나 하느님을 믿는 종교적 믿음 모두 종종 신성재판이라는 같은 결과를 초래했다. 신성재판을 통해 죄의 유무를 가리는 것은 중세 후기에는 덜해지는데, 교묘하기까지 하다고 말하기는 뭐해도 더더욱 역겨운 고문의 형태가 나타났기 때문이다. 그런데도 신성재판의 전통은 16세기까지 계속된다. 헨리 리Henry Lea의『무력과 미신Superstition and Force』, 제프리 러셀Jeffrey Russell의『중세의 마법Witchcraft in the Middle Ages』, 로버트 바틀렛Robert Bartlett의『신성재판Trial by Fire and Water』 참고.

11) 신명기 24:1~4.

12) 『토라: 현대적 주석』, 1498n.

13) 간음에 대한 처벌방법은 신명기 22:13부터 나온다.

14) 신명기 21:15~17

15) 신명기 25:5~10.

16) 웨인 A. 믹스Wayne A. Meeks 편저,『하퍼콜린스 스터디 성경』, 307n.

17) 오난과 유다와 다말의 이야기는 창세기 38장 9절부터 나온다.

18) 창세기 19:31~38.

19) 신명기 24:5.

20) 신명기 21:10~14.

21) 신명기 7:1~14.

22) 삼손의 슬픈 이야기는 판관기 16장에 나온다. 열왕기 상 11:11 솔로몬 편 참고.

23) 이세벨은 열왕기 상 16:31에 처음 등장해 21:29에 다시 출연한 후 한동안 나오지 않다가 열왕기하 9:30에서 다시 모습을 드러낸다. 성서 구절은『하퍼콜린스

스터디 성경』을 참고했다.

24)   잠언 31:10~13. 이 유명한 구절은 킹 제임스 버전 영어 번역을 참고했다. 이보
       다 현대적인 영어 성서도 킹 제임스 버전을 따라가기 어렵다. 그러나 'haveths'
       나 'feareths'와 같은 케케묵은 고어가 쓰이기 때문에 이 세 절만 빼놓고는 개역
       개정 성서와 『하퍼콜린스 스터디 성경』에서 인용했다.

25)   스티븐 오즈먼트Steven Ozment, 『아버지가 지배하던 시절』, 68쪽.

제3장

1)   국역: 천병희, 『아이스퀼로스 비극 전집』, 숲, 2008. ―옮긴이

2)   아내를 격리시켰다는 내용과 관련해 반론이 궁금하다면 신시아 B 패터슨Cyn-
      thia B. Patterson의 『고대 그리스의 가족*The Family in Greek History*』을 참
      고하라.

3)   사라 포메로이Sarah Pomeroy, 『여신, 창녀, 아내, 노예*Goddesses, Whores,
      Wives, and Slaves*』, 57쪽, 퀼즈, 『남근의 지배』, 5쪽, 타나힐, 『성의 역사』, 92쪽,
      104쪽.

4)   플로이드 델Floyd Dell, 『기계시대의 사랑*Love in the Machine Age*』, 57쪽 번
      역을 참고했다.

5)   꽃병에 대한 자세한 내용을 알고 싶다면 퀼즈의 『남근의 지배』를 참고하라.

6)   토머스 R. 마틴Thomas R. Martin, 『고대 그리스*Ancient Greece*』, 135쪽, 포메
      로이, 『여신, 창녀, 아내, 노예』, 63쪽.

7)   아리스토텔레스, 『정치학*The Politics*』, 293쪽.

8)   캐서린 M. 로저스Katharine M. Rogers, 『까다로운 협력자*The Troublesome
      Helpmate*』, 28n에서 인용.

9)   크세노폰, 『경영론』에서 인용.

10)   헨리 조지 리델Henry George Liddell, 로버트 스캇Robert Scott 공저, 『그리
      스어-영어 사전*A Greek-English Lexicon*』, 368쪽.

11)   퀼즈, 『남근의 지배』, 6쪽.

12)   같은 책.

13) 아리스토텔레스,『동물 발생론』, 100n.(편집자 주)

14) 같은 책.

15) 토머스 라커Thomas Laqueur,『섹스의 역사*Making Sex*』, 4~5쪽.

16) 포메로이,『여신, 창녀, 아내, 노예』, 1장.

17) 국역: 이봉희,『에우메니데스』, 동인, 2004. —옮긴이

18) 거세 미스터리가 궁금하다면 퀼즈,『남근의 지배』, 30~32쪽을 참고하라.

19) 포메로이,『여신, 창녀, 아내, 노예』, 6쪽(국역:『신통기: 그리스 신들의 계보』, 김
     원익 옮김, 민음사, 2003).

20) 같은 책, 2쪽.

21) 헤시오도스가 옛날 사람이고 글을 난해하게 썼으며 그가 쓴 작품이 단편적이어
     서 그가 남긴 전설 가운데는 모호한 내용이 많다. 판도라 이야기도 그렇다. 그
     리스어 고어에서 라틴어로 번역되고 다시 라틴어에서 여러 언어로 수 세기에
     걸쳐 번역되었는데 번역의 질 또한 의심스럽다. 예컨대 16세기에 에라스무스
     Erasmus는 항아리*pithos*를 상자*pixis*로 오역했다. 헤시오도스, '작품과 생애',
     터프츠 대학 웹사이트.

22) 필립 아리에스Philippe Aries,「부부애Love in Married Life」,『서양의 성*West-
     ern Sexuality*』, 132쪽.

23) 로렌스 스톤Lawrence Stone이 인용한 로버트 크로스Robert Crosse,『가족,
     성, 결혼*The Family, Sex and Marriage*』, 102쪽.

24) 에우리피데스,『아울리스의 이피게니아*Iphigenia at Aulis*』. 인용한 문장은 이
     피게니아의 대사다.

25) 데이비드 체리David Cherry,『로마사*The Roman World: A Sourcebook*』, 52,
     54쪽.

제4장

1) 조앤 셸튼Jo-Ann Shelton,『로마인의 일상사*As the Romans Did*』, 299쪽.

2) 카토는 여자를 동물에, 특히 말('고삐'에서 암시하듯)에 빗대, 이후 문학사에서
    자주 발견될 비유법의 창시자가 된다. 톨스토이도 여자를 말에 비유했다. "처음

부터 맘대로 하게 둬선 안 된단 말이지. 들판에 있는 말하고 집 안에 있는 아내는 믿을 수 없지요.”(『크로이체르 소나타*Kreutzer Sonata*』, 1889. 국역:『크로이체르 소나타』, 이기주 옮김, 웅진씽크빅, 2008, 179쪽.) 조너선 스위프트는 여자가 ‘당나귀보다 조금도 나을 게 없는 종’이라고 말했다. 니체는 여자를 맹금猛禽이라고 깎아내렸고, 프로이트는 여자를 고양이와 비교했다.

3)   J. P. V. D. 발스돈Balsdon,『로마 여성*Roman Women*』, 32~37쪽.

4)   같은 책, 217쪽.

5)   고고학자들은 로마가 기원전 8세기 중반에 건국되었다는 사실을 증명했지만, 초기 로마사에 해당되는 부분은 가감해서 들을 필요가 있다 로물루스와 그의 쌍둥이 동생(권력투쟁에서 이미 형제 살해의 피해자가 된) 레무스는 다름 아닌 호메로스식 영웅 아이네아스Aeneas의 후손인 어머니에게서 태어났다. 그들의 어머니는 순결을 맹세한 베스타 신전의 여사제였는데 신에게 겁탈을 당하고 쌍둥이를 잉태했다. 쌍둥이는 어머니가 생매장(상황이 어찌됐든 순결을 지키지 못한 여사제에게 내려지는 전형적인 처벌) 당하러 옮겨지는 중에 태어났다. 쌍둥이는 티베르 강에 던져져 죽을 운명이었지만 암컷 늑대가 그해서 갓난아기에게 젖을 물려 건강한 사내아이로 키웠다는 이야기가 전해진다.

6)   티투스 리비우스Titus Livius,『로마사*History of Rome*』, 1, 9쪽.

7)   원시적 형태의 결혼식 관련 자료는 윌리엄 J. 필딩William J. Fielding,『기묘한 구혼과 결혼풍습*Strange Customs of Courtship and Marriage*』, 13장과 조지 라일리 스캇George Ryley Scott,『재미있는 섹스와 결혼풍습*Curious Customs of Sex and Marriage*』, 5장 참고.

8)   발스돈,『로마 여성』, 181~185쪽.

9)   리비우스,『로마사』, 1, 57쪽.

10)   리비우스는 로물루스 또는 누군가가 로마를 건국한 이후 거의 800년에 해당하는 ‘역사’를 집필했는데 그중 첫 4세기에 해당하는 부분은 사료史料 없이 쓴 것이다. 호메로스와 헤시오도스가 쓴 문학적인 서사도 논픽션으로 볼 수 있다면 모를까, 리비우스가 기록한 역사를 순전히 실화로 보기는 어렵다고 생각한다. 혹시 존재했을지도 모를 어떤 기록도 기원전 390년 갈리아족이 로마를 강탈하면서 파손되었다. 로마가 왕정으로 시작해서 공화정으로 전환된 이유가, 귀족 여성이 왕자에게 강간을 당했기 때문이라는 리비우스의 주장을 반박할 방법은

없다. 어쨌든 아예 역사적인 기록이 없는 것보다는 뭐라도 있는 게 나을지도 모른다.

11) 리비우스처럼 도덕적 보수주의자였던 플루타르코스도 리비우스 다음 세기에 로마사를 자신만의 색깔로 그린다. 존 T. 누난John T. Noonan, 『피임*Contraception*』, 41쪽을 참고할 것.

12) 발스돈, 『로마 여성』, 47~48쪽.

13) 로마의 결혼 변천사가 궁금하다면 발스돈, 『로마 여성』, 메리 R. 레프코비츠Mary R. Lefkowitz, 모린 B. 팬트Maureen B. Fant 공저, 『그리스와 로마 여성의 삶*Women's Life in Greece and Rome*』, 번 벌로Vern Bullough 외, 『종속된 성별*The Subordinated Sex*』, 조르주 뒤비Georges Duby, 미셸 페로Michelle Perrot 편저, 『서양 여성사*A History of Women in the West*』, 1권을 참고하라.

14) 발스돈, 『로마 여성』, 179~180쪽.

15) 같은 책, 282쪽.

16) 같은 책, 76쪽.

17) 유베날리스, 『풍자시 16편*Sixteen Satires*』 중 「풍자시 6편」.

18) 발스돈, 『로마 여성』, 36쪽.

19) 타나힐, 『성의 역사』, 121쪽.

20) 아우구스투스 시대의 결혼 개혁이 궁금하다면 발스돈의 『로마 여성』과 누난의 『피임』을 참고하라.

21) 유기는 원하지 않는 영아를 험한 환경에 그대로 노출하는 것을 의미한다. 로물루스와 레무스처럼 티베르 강에 던져서 익사시키는 방법도 있고, 산 정상에 버려서 얼어 죽게 두거나 동물에게 잡아먹히게 하는 방법도 있다.

22) 발스돈, 『로마 여성』, 202쪽.

23) 누난, 『피임』, 39쪽에서 인용. P. 코르넬리우스 타키투스Cornelius Tacitus는 『연대기와 역사*Annals and the Histories*』, 3권에서 자신이 살았던 시대 바로 전 세기를 바라보면서 아우구스투스의 법이 효력을 발휘하지 못했다고 상세히 설명한다.

24) 타나힐, 『성의 역사』, 5장.

25) 아우구스투스의 혼인 · 성적 취향이 궁금하다면, 발스돈의『로마 여성』, 타키투스의『연대기』, 1권, 타나힐의『성의 역사』, 5장을 참고하라.

26) 아우구스투스를 제외한 다른 이들의 혼인 · 성적 취향이 궁금하다면, 아리에스와 베진 공저,『서양의 성』에 등장하는 폴 벤Paul Veyne의 에세이를 참고하라.

27) 발스돈,『로마 여성』, 77쪽.

28) 같은 책, 14, 201, 277쪽.

29) 플루타르코스,『도덕론Moralia』, 4권.

30) 게리 윌스,『교황의 죄Papal Sin』, 109쪽.

31) 유베날리스,『풍자시 16편Sixteen Satires』 중「풍자시 6편」.

32) 위와 같음.

제5장

1) 마가복음 1:1~1:17, 누가복음 1:27, 1:32, 2:4, 3:23~3:38, 사도행전 13:17~13:23. 주를 별도로 붙이지 않고 신약성서 구절을 인용한 경우에는 신개정표준성서인『하퍼콜린스 스터디 성경』을 참고한 것이다.

2) 누가복음 2:41~2:52.

3) 이사야서 24~34장.

4) 초대 교회에 관해 그 내용이 궁금하면, 폴 존슨Paul Johnson,『기독교의 역사A History of Christianity』, 1~2부, 존 도미닉 크로산John Dominic Crossan,『기독교의 탄생The Birth of Christianity』, 1~3장, 필립 샤프Philip Schaff,『기독교 교회사History of the Christian Church』, 1~3권을 참고하라.

5) 누난은 귀중한 저작『피임』에서 이 부분을 자세히 다루었다. 제목은 함축적이나 방대한 내용을 담고 있는 책이다.

6) 같은 책, 107쪽.

7) 사도행전 7:58~8:3.

8) 사도행전의 상당 부분을 바울의 개종, 전도, 순교에 관한 내용이 차지하는데, 그 이야기는 9장부터 시작된다.

9)   사도행전 23:6.

10)   고린도전서 7:7, 7:1.

11)   고린도전서 7:9.

12)   고린도전서 7:6.

13)   고린도전서 7:3~7:5.

14)   버트런드 러셀, 『결혼과 성*Marriage and Morals*』, 26쪽.

15)   이 구절은 고린도전서 7:26~7:34에 포함되어 있다.

16)   에베소서 5:22~5:24.

17)   에베소서 5:28~5:29, 5:33.

18)   고린도전서 14:34~14:35.

19)   『하퍼콜린스 스터디 성경』, 2154n.

20)   고린도전서 11:7~11:9.

21)   디모데전서 2:11~2:14.

22)   베드로전서 3:3~3:5, 3:7.

23)   테르툴리아누스는 '라틴 신학의 창시자'라는 칭호를 분명히 좋아했을 것이다. 그런데 자기가 '실존주의의 창시자'라는 칭호도 좋아했을까? 실존주의는 매우 세속적이며 신을 부정하는 20세기 철학으로, 부조리가 핵심개념이다. 그런데 부조리라는 개념을 만든 사람이 바로 테르툴리아누스다. 하느님이 인류의 고통을 대신하고자 사람의 형태를 띠고 지상에 내려온 이유를 묻자, 테르툴리아누스는 이 질문에는 논리적인 답이 없고 이러한 생각 자체가 부조리한 것이므로 사실일 수밖에 없다면서 "불합리하기 때문에 믿는다*Credo quia absurdum est*"고 말한다. 예수를 인류의 구세주인 그리스도로 인정하려면 '맹신leap of faith'이 필요하다는 키르케고르의 주장도 테르툴리아누스의 견해를 바탕으로 한 것이다. 실존주의자들은 종교의 영역에서 아이디어를 얻어 사상을 전개했다.

24)   고린도전서 7:39.

25)   마태복음 1:18~1:25.

26)   마태복음 13:55, 마가복음 3:31, 누가복음 8:19, 요한복음 2:12, 사도행전 1:14,

갈라디아서 1:19, 고린도전서 9:5 외 여러 구절.

27)   마가복음 6:3.

28)   성 제롬St. Jerome, 「요비니아누스의 의견에 반대하며Against Jovinianus」, 『니케아 공의회 시대 교부들과 니케아 공의회 이후의 교부들The Nicene and Post-Nicene Fathers』, 6권, 386쪽.

29)   "아내를 지나치게 사랑하고 아내에게서 커다란 즐거움을 얻는 남편은 아내가 자신의 아내가 아니었다면 정부처럼 좋아했을 것이므로 죄인"이라고 16세기 프랑스 신학자 장 베네딕티Jean Benedicti는 경고했다. 이 주제는 신학자가 아닌 작가들의 마음도 빼앗았다. 예컨대 몽테뉴는 "우리가 아내에게 품는 사랑은 지극히 합법적이지만" 남편은 '이성의 경계를 넘지 않게' 그 사랑을 '억제하고 제한해야 한다'고 썼다(인용된 두 부분 모두 아리에스, 베진 공저, 『서양의 성』에 실린 장 루이 플랑드랭Jean-Louis Flandrin의 에세이 「중세 초기 결혼생활의 섹스Sex in Married Life in the Early Middle Ages」를 참고했다).

30)   성 제롬, 「축복받은 마리아의 평생 동정Perpetual Virginity of Blessed Mary」, 『니케아 공의회 시대 교부들과 니케아 공의회 이후의 교부들』, 6권, 334쪽 이후.

제6장

1)   아우구스티누스의 저작을 제외하고, 6장을 쓰기 위해서 주로 인용한 참고문헌의 출처는 다음과 같다. 피터 브라운Peter Brown의 『히포의 아우구스티누스Augustine of Hippo』와 『몸과 사회The Body and Society』, 19장, 일레인 페이절스Elaine Pagels의 『아담, 이브, 뱀Adam, Eve, and the Serpent』, 5장, 헨리 채드윅Henry Chadwick의 『아우구스티누스Augustine』, 누난의 『피임』, 4장.

2)   아우구스티누스가 자신에 대해 말한 부분 인용은 게리 윌스의 『고백록』 번역을 참고했다.

3)   아우구스티누스는 원죄 전과 후의 상황에 대한 자신의 생각을 『신국론』, 14권 10~26장에서 펼쳤다.

4)   평생 동정론을 열렬히 옹호하는 사람조차도—대표적인 사람으로 아우구스티누스의 스승인 암브로시우스를 들 수 있는데, 그는 평생 동정설을 반박한 헬비디우스를 제롬과 함께 공격했다—마리아의 부모가 성교 이외의 다른 수단으로

마리아를 낳았다고 말하지는 않는다. 그럼에도 그들은 마리아의 임신을 '원죄 없는 잉태Immaculate Conception'라고 부른다. 예수가 9개월 동안 어머니 배 안에 있으면서 독毒을 빨아들이지 않게 하려면, 마리아는 원죄에서 자유로워야만 했다.

5) 성 아우구스티누스, 「혼인의 미덕에 관하여The Good of Marriage」, 『초기교회의 결혼Marriage in the Early Church』, 재판본, 114쪽.

6) 성 아우구스티누스, 「부부에게To the Married」, 『교부들의 결혼관The Human Couple in the Fathers』, 재판본, 275쪽.

7) 성 아우구스티누스, 「혼인의 미덕에 관하여」.

8) 누난, 『피임』, 405~406쪽.

제7장

1) 교회가 사람들의 정신세계를 지배할 여지가 얼마나 넓고 비옥했는지 더 자세히 알고 싶다면 다음 책을 참고하라. 찰스 프리먼Charles Freeman, 『서구 정신의 쇠퇴The Closing of the Western Mind』, 크리스 위컴Chris Wickham, 『초기 중세사Framing the Early Middle Ages』, 타나힐, 『성의 역사』, 136~138쪽.

2) 초기 중세 시대 유럽의 에로틱한 면모뿐만 아니라, 중세에 새롭게 등장한 성욕에 관한 지침을 더 자세하게 알고 싶다면 다음 책을 참고하라. 피에르 J. 페이어Pierre J. Payer, 『섹스와 참회고행 지침서Sex and Penitentials』, 존 T. 맥닐John T. McNeil, 헬레나 M. 게이머Helena M. Gamer 공저, 『중세 참회고행 지침서Medieval Handbooks of Penance』.

3) 누난, 『피임』, 206~207쪽.

4) 제임스 A. 브런디지James A. Brundage, 『중세 유럽의 법, 성, 기독교 사회Law, Sex, and Christian Society in Medieval Europe』, 103쪽. 마이클 M. 쉬헌Michael M. Sheehan, 『중세 유럽의 결혼, 가족, 법Marriage, Family, and Law in Medieval Europe』, 299쪽.

5) 누난은 『피임』, 204쪽에 성직자 계급에 따른 처벌의 경중을 표로 깔끔하게 정리하고 비교해놓았다.

6) 대중 사이에 널리 퍼진 마법에 대한 믿음과 마법을 행하는 사람은 여자라는—

분명히 현실에 바탕을 둔—인식은 100년이 흐르는 동안 더 심해져서 결국은
'종교재판'이라는 마녀사냥을 낳는다. 암흑시대의 상황이 궁금하다면 아론 구
레비치Aron Gurevich의 『중세의 민중문화Medieval Popular Culture』와 누
난의 『피임』을 참고하라.

7)   타나힐, 『성의 역사』, 152쪽. 누난, 『피임』, 199쪽.

8)   구강성교, 특히 펠라티오는 중세에 처음 생겨난 것이 아닌데도 성직자뿐만 아
     니라 평신도들에게도 역겨움과 매혹을 동시에 불러일으켰다. 그리스와 로마
     의 작가들도 이 주제에 비슷하게 집착했다. 아리에스, 베진 공저, 『서양의 성』,
     30~31, 121쪽.

9)   재클린 머리Jacqueline Murray, 『중세의 사랑, 결혼, 가족Love, Marriage, and
     Family in the Middle Ages』, 44~50쪽.

10) 부르크하르트 관련 참고서적은 다음과 같다. 조르주 뒤비, 『기사, 귀부인, 성직
     자The Knight, the Lady, and the Priest』, 59~74쪽. 구베리치, 『중세의 민중문
     화』, 84~89쪽. 누난, 『피임』, 207~210쪽.

11) 피에르 페이어, 『욕망의 억압The Bridling of Desire』, 76~77쪽.

12) 누난, 『피임』, 290쪽.

13) 조르주 뒤비, 『기사, 귀부인, 성직자』, 65~74쪽. 브런디지, 『중세 유럽의 법, 성,
     기독교 사회』, 154~165쪽. 피에르 페이어, 『섹스와 참회고행 지침서Sex and
     Penitentials』, 24~28쪽.

14) 잭 구디Jack Goody, 『유럽의 결혼과 가족의 역사The Development of the
     Family and Marriage in Europe』, 190n.

15) 조르주 뒤비, 『기사, 귀부인, 성직자』, 67쪽.

16) 쉬헌, 『중세 유럽의 결혼, 가족, 법Marriage, Family, and Law in Medieval
     Europe』, 298쪽.

17) 벌로, 브런디지 공저, 『중세 교회와 성규범Sexual Practices and the Medieval
     Church』, 23쪽.

제8장

1) 루이스 콜린스Louise Collins, 『중세 여성의 회고록*Memoirs of a Medieval Woman*』, 23쪽.

2) 캐롤라인 워커 바이넘Caroline Walker Bynum, 『성찬과 성 단식*Holy Feast and Holy fast*』, 215쪽.

제9장

1) 뒤비, 『기사, 귀부인, 성직자』, 71쪽.

2) 캐서린 라이더Catherine Rider, 『중세의 마법과 성 불능*Magic and Impotence in the Middle Ages*』, 24~25쪽.

3) [성적 욕구에서] 만족을 모르는 여성들에 대한 이야기가 나와서 말인데, 1920년대 이후 "부부관계가 너무 잦다고 생각하는 아내의 비율은 꾸준히 감소하는 반면, 부부관계가 너무 드물다고 생각하는 아내의 비율은 꾸준히 증가하고 있다"고 한다. 도널드 사이먼스Donald Symons의 『섹슈얼리티의 진화』 참고.

4) 존 듀발John DuVal, 『파블리오 전집*Fabliaux Fair & Foul*』, 55~59쪽.

5) R. 하워드 블록R. Howard Bloch, 『중세 여성혐오*Medieval Misogyny*』, 123~124쪽.

6) 남편은 아내를 자애롭게 다스려야 한다고 강조한 프로테스탄트의 생각이 셰익스피어의 『말괄량이 길들이기*The Taming of the Shrew*』에 영향을 미친 것으로 보인다. 이 희곡은, 이 작품보다 대략 50년 전에 나온 「모렐의 가죽으로 감싸서 말괄량이 아내를 길들인 유쾌한 이야기A Merry Jest of a Shrewd and Curst Wife Lapped in Morel's Skin for Her Good Behavior」라는 작자 미상의 영국 발라드를 토대로 썼다. 『말괄량이 길들이기』에서 페트루키오는 머리를 써서 여자의 마음을 움직이는 심리 게임을 벌인다. 이와는 대조적으로 『말괄량이 길들이기』의 모태가 된 발라드에서 극중 남자 주인공은 고전적인 방법을 썼다. 그는 잔소리가 심한 마누라가 기절할 때까지 때려서 피까지 흥건하게 흘리게 한다. 아내를 길들이려는 목적으로, 경작용 말 모렐을 죽인 후 가죽을 벗겨서 소금을 뿌려두었다. 그리고는 그 가죽으로 아내를 감쌌다. 열린 상처에 소금이 스며들어서 아내는 찌릿찌릿한 고통으로 몸을 흔들었다. 고문하는 남편에게

영원히 순종하겠다고 약속한 후에야 남자 주인공은 모렐의 가죽을 아내에게서 벗겼다. 부부의 위계질서는 다시 잡혔다. 『말괄량이 길들이기』에 나온 부부와 발라드에 나온 부부 모두 그 후로 오래오래 행복하게 살았으리라.

7)   벌로, 브런디지 공저, 『중세 교회와 성규범』, 170~171쪽.

8)   같은 책, 164쪽.

9)   앨리슨 싱클레어Alison Sinclair, 『배신당한 남편The Deceived Husband』, 32~33쪽.

10)   나탈리 제먼 데이비스Natalie Zemon Davis, 『근대 초기 프랑스의 사회와 문화Society and Culture in Early Modern France』, 97~105, 140쪽. 정신분석학적 관점이 궁금하다면 싱클레어의 『배신당한 남편』, 58~63쪽 참고.

11)   라벤나에 대한 언급은 조반니 보카치오의 『데카메론』, 819쪽 편집자 주를 참고했다.

12)   이 대사는 「방앗간 주인의 이야기」에 나온다.

13)   「바스의 여장부의 서시와 이야기Wife of Bath's Prologue and Tale」는 알프레드 데이비드Alfred David가 엮은 『노튼 영문학 명문집(중세편)Norton Anthology of English Literature(Middle Ages)』, 253~281쪽을 참고했다. 이 이야기 속 여자 주인공은 솔직하고 거침없으며, 색을 밝히고, 결혼만 다섯 번 했다. 초서는 이 등장인물을 통해 교회의 권위에 경멸 어린 시선을 던진 것으로 보인다. 처녀성을 찬양하는 제롬으로 대표되는 교회의 결혼비판론을 비웃은 것이다.

14)   아일린 파워Eileen Power 번역, 『파리의 메나지에The Goodman of Paris』.

15)   르네상스는 대략 초서가 활동했던 시기에 시작되었다. 초서가 활동했던 시기에 크리스틴 드 피장Christine de Pizan, 마저리 켐프, 엘로이즈Heloise가 글을 남겼다. 그러나 그들의 배경을 보면 [여성작가라는 사실 외에도] 비범한 인물임을 알 수 있다. 피장은 과부로, 최초의 전문 왕실 작가였다. 글을 쓰지 않았다면 평범한 주부에 불과했을 것이다. 켐프는 문맹이었고, 엘로이즈는 미혼이었다.

16)   「아내의 탄식」은 데이비드가 엮은 『노튼 영문학 명문집(중세편)』, 102쪽을 참고했다. 이 책에 실린 편집자 주에는 누가 이 시를 썼는지 확실히 밝혀지지 않았다고 나와 있다. 그런데 이 책에서는 작가가 알려진 대로 남자라고 믿는 것 같다. 현재로써는 작가가 남자인지 여자인지 확실히 알 수 없다.

제10장

1) 궁정연애에 관한 독창적인 문학평론서인 C. S. 루이스의 『사랑의 알레고리*Allegory of Love*』는 이제 오래된 감이 없지 않다. 어빙 싱어Irving Singer, 『사랑의 본질*The Nature of love*』, 2권과 드니 드 루즈몽Denis de Rougemont, 『서구의 사랑*Love in the Western World*』을 추천한다.

2) R. 하워드 블록의 『중세 여성혐오』, 7장에는 왕족들이 불행한 결혼의 도피처로 궁정연애에 몰두했다고 한다.

3) 브런디지, 『중세 유럽의 법, 성, 기독교 사회』, 140~141, 191~195, 200~201, 203, 238, 243, 288, 355~357, 454쪽.

4) 블록, 『중세 여성혐오』, 156~161쪽.

5) 모리스 킨Maurice Keen, 『기사도*Chivalry*』, 30쪽.

6) 블록, 『중세 여성혐오』, 158쪽.

7) 앨리슨 위어Alison Weir, 『아키텐의 엘레오노르*Eleanor of Aquitaine*』, 조르주 뒤비, 『기사, 귀부인, 성직자*The Knight, the Lady, and the Priest*』, 10장.

8) 조르주 뒤비, 『기사, 귀부인, 성직자』, 224~225쪽.

9) 재클린 머리, 『중세의 사랑, 결혼, 가족』, 322쪽.

제11장

1) 흑사병의 전염경로가 궁금하다면 데이비드 헐리히David Herlihy의 『흑사병과 서구의 변화*The Black Death and the Transformation of the West*』, 24~25쪽, 로버트 S. 고트프리트Robert S. Gottfried의 『흑사병*The Black Death*』을 참고하라.

2) 필립 아리에스, 조르주 뒤비 공저, 『사생활의 역사*A History of Private Life*』, 2권 참고.

3) 헐리히, 『흑사병』, 73~79쪽.

4) 세니의 로타리오Lotario Dei Segni(인노켄티우스 3세가 교황에 즉위하기 전 이름), 『사람의 미천한 상태에 관하여』, 94, 96, 100쪽.

5) R. 하워드 블록, 『중세 여성혐오』, 212쪽.

6)   프로테스탄트 개혁가들은 교회의 단일권력을 파괴하면서('가톨릭Catholic'이 앞에 붙지 않고, 대문자로 'Church'라고 표현하는 언어방식도 함께 사라졌다), 남편의 권력은 오히려 강화되었다. 그들은 가족 중심 신앙생활을 강조하면서 가정을 '작은 교회'로 삼았다. [남자] 가장家長이 교황과 사제가 비운 권력의 공백을 채웠다. 프로테스탄트는 결혼(을 비롯한 모든 것)에 관한 교리를 참고할 수 있는 텍스트는 오로지 성서뿐이라고 생각했다. 그래서 아내가 남편에게 복종해야 한다는 바울의 주장은 프로테스탄트의 입에 자주 오르내리는 구절이 되었다. 민주주의가 등장하고 왕정제가 종식되면서, 남편의 권력은 비로소 역사의 저편으로 물러난다.

제12장

1)   아일린 파워 옮김, 『파리의 메나지에*The Goodman of Paris(Le Menagier de Paris): A Treatise on Moral and Domestic Economy by an Bourgeois of Paris*』(1393년경)

2)   아내의 불륜을 이유로 남편이 아내를 살인하는 것은 우발적인 살인이든 고의적 살인이든—적어도 서구에서는—이 시기에는 더는 합법적인 것이 아니었으므로 어느 정도 진전은 있었다고 볼 수 있다. 그러나 아내의 행실에 따라 남편의 명예가 결정된다는 생각은 요즘도 여전히 유효한 것 같다. 불과 얼마 전에(1995년 1월 16일) 빌 매카트니라는 전직 프로풋볼 팀 코치는 『스포츠 일러스트레이티드*Sports Illustrated*』지에서 "아내를 보면 그 남자가 어떤 사람인지 알 수 있다"고 말했다.

3)   조프루아 드 라 투르 랑드리, 『투르 랑드리 기사의 책』(편집자 주). 인용문 출처도 모두 이 책이다.

4)   레온 바티스타 알베르티, 『르네상스기 피렌체의 가족*The Family in Renaissance Florence*』, 3권. 『가족에 관하여』. 인용문 출처도 모두 이 책이다.

제13장

1)   1472년, 기독교 인문주의자인 알브레히트 폰 아이프Albercht von Eyb가 쓴 글이다. 스티븐 오즈먼트, 『아버지가 지배하던 시절』, 7쪽에서 인용.

2)   게리 윌스, 『교황의 죄』, 109~110쪽에서 인용.

3)   스티븐 오즈먼트, 『아버지가 지배하던 시절』, 1쪽.

4)   몬터규 서머스Montague Summers 옮김, 『하인리히 크레머와 슈프렝어의 말레우스 말레피카룸*The Malleus Maleficarum of Hicnrich Kramer and James Sprenger*』, 도버, 1971. 모든 인용문의 출처가 이 책이다. 이 터무니없는 내용의 책은 출간되고 2~3년이 지나서 교회가 금서로 명령했다. 그러나 이 책은 17세기 후반까지 유럽 전역의 마녀사냥꾼과 심문관에게 표준지침서 역할을 했다.

제14장

1)   마르틴 루터, 「기사에게 권고함Exhortation to the Knights」, 『사회 속의 기독교인*The Christian in Society*』, II, 144쪽.

2)   이 재미있는 관습은, 사도 베드로에게 돈을 주고 영적 능력을 사려 했던 신약성서에 나오는 시몬 마구스Simon Magus라는 인물(사도행전 8장 9절에서 24절)의 이름을 따서 성직 매매simony라고 불린다. 교황 레오 10세와 알브레히트 대주교의 부패한 거래와, 그 거래에서 테첼이 맡은 역할, 이 거래의 여파에 관해 알고 싶다면 롤랜드 H. 베인턴Roland H. Binton의 『마르틴 루터의 생애*Here I Stand: A Life of Martin Luther*』를 참고하라.

3)   루터의 가장 화려한 비판글이자 부유층을 당혹시킨 논문은 「지배계급에게 호소함An Appeal to the Ruling Class」과 「교황의 이방적 예속The Pagan Servitude of the Church」(「바빌로니아의 포로가 된 교회Babylonian Captivity」로 더 잘 알려졌다)이다. 존 딜렌버거John Dillenberger가 편집한 『루터 저작선*Martin Luther: Selections from His Writings*』 참고.

4)   베인턴, 『마르틴 루터의 생애』, 56쪽.

5)   마르틴 루터, 『탁상담화*Table Talk*』, 121쪽.

6)   마르틴 루터, 「결혼관Estate of Marriage」, 『사회 속의 기독교인』, II, 18쪽.

7)   같은 책.

8)   루터는 마태복음 19장 12절을 인용하고 있다.

9)   마르틴 루터, 『탁상담화』, 3777.

10)　이 부분과 아래 두 단락은 루터의 「결혼관」에서 인용했다.

제15장

1)　수녀들의 탈출담은 스티븐 오즈먼트의 『아버지가 지배하던 시절』, 16~17쪽에 나온다.

2)　베인턴의 『마르틴 루터의 생애』에 루터가 필연적인 운명에 승복하게 되는 과정이 나와 있다.

3)　마르틴 루터, 『탁상담화』, 3178a.

4)　같은 책, 49.

5)　같은 책, 1607.

6)　베인턴의 『마르틴 루터의 생애』는 케이티의 피곤한 생활을 피곤할 정도로 자세하게 소개해놓았다. 실제로 그런 삶을 사는 것이 그런 삶에 대해 읽는 것보다 덜 피곤할지도 모른다.

7)　루터, 『탁상담화』, 5537.

8)　루터, 「결혼관」, 3부.

9)　같은 글.

10)　베인턴, 『마르틴 루터의 생애』, 234~235쪽.

11)　루터, 『탁상담화』, 4625.

12)　같은 책, 2807b.

13)　같은 책.

14)　스티븐 오즈먼트, 『선조Ancestors』, 37쪽.

15)　루터, 『탁상담화』, 2980b.

16)　같은 책, 4081.

17)　같은 책, 1658.

18)　같은 책, 55.

19)　같은 책, 4105.

20)　같은 책, 5578.

21)　같은 책, 5524.

22)　같은 책.

Aberth, John. *The Black Death*. Boston: Bedford/St. Martin's, 2005.

Agrippa, Henricus Cornelius. *Declamation on the Nobility and Preeminence of the Female Sex*. Trans. Albert Rabil. Chicago: University of Chicago Press, 1996.

Alberti, Leon Battista. *The Family in Renaissance Florence*. Book 3. Trans. Renée Neu Watkins. Prospect Heights, IL: Waveland Press, 1994.

Alvarez, A. *Life after Marriage: Love in an Age of Divorce*. New York: Simon & Schuster, 1981.

Amussen, Susan Dwyer. *An Ordered Society: Gender and Class in Early Modern England*. New York: Columbia University Press, 1988.

Ariès, Philippe. *Centuries of Childhood: A Social History of Family Life*. Trans. Robert Baldick. New York: Vintage Books, 1962.

Ariès, Philippe, and André Béjin. *Western Sexuality: Practice and Precept in Past and Present Times*. Trans. Anthony Forster. Oxford: Basil Blackwell, 1985.

Ariès, Philippe, and Georges Duby, eds. *A History of Private Life*. Vol. 1, *From Pagan Rome to Byzantium*. Cambridge, MA: Harvard University Press, 1987.

______, *A History of Private Life*. Vol. 2, *Revelations of the Medieval World*. Cambridge, MA: Harvard University Press, 1988.

______, *A History of Private Life*. Vol. 3, *Passions of the Renaissance*. Cambridge, MA: Harvard University Press, 1989.

Aristophanes. *Lysistrata*. Trans. Douglass Parker. New York: Mentor Books, 1964.

Aristotle. *Ethics.* Translated by J. A. K. Thomson. Baltimore: Penguin Books, 1956.

______, *Generation of Animals.* Trans. A. L. Peck. Cambridge, MA: Harvard University Press, 1942.

______, *The Politics.* Trans. T. A. Sinclair. Baltimore: Penguin Books, 1962.

Arnold, John H. *Belief and Unbelief in Medieval Europe.* New York: Hodder Arnold, 2005.

Aughterson, Kate. *The English Renaissance: An Anthology of Sources and Documents.* New York: Routledge, 2001.

Bainton, Roland H. *Here I Stand: A Life of Martin Luther.* New York: Meridian, 1995.

______, *The Reformation of the Sixteenth Century.* Boston: Beacon Press, 1952.

Balsdon, J. P. V. D. *Roman Women: Their History and Habits.* London: Cox & Wyman, 1962.

Barash, David P. *Sociology and Behavior.* New York: Elsevier, 1977.

Barash, David P., and Judith Eve Lipton. *The Myth of Monogamy: Fidelity and Infidelity in Animals and People.* New York: W. H. Freeman, 2001.

Bartlett, Robert. *Trial by Fire and Water: The Medieval Judicial Ordeal.* Oxford: Oxford University Press, 1986.

Bataille, Georges. *Erotism: Death & Sensuality.* Trans. Mary Dalwood. San Francisco: City Lights Books, 1986.

Bernard, Jessie. *The Future of Marriage.* New Haven, CT: Yale University Press, 1982.

Bitel, Lisa M. *Women in Early Medieval Europe, 400-1100.* Cambridge, UK: Cambridge University Press, 2002.

Blackstone, William. *Commentaries on the Laws of England.* Vol. 1. Chicago: University of Chicago Press, 1979.

______, *Commentaries on the Laws of England.* Vol. 3. Chicago: University of Chicago Press, 1979.

______, *Commentaries on the Laws of England.* Vol. 4. Boston: Beacon

Press, 1962.

Blamires, Alcuin, ed. Woman Defamed and Woman Defended: An Anthology of Medieval Texts. Oxford: Clarendon Press, 1992.

Bloch, R. Howard. Medieval Misogyny and the Invention of Western Romantic Love. Chicago: University of Chicago Press, 1991.

Boccaccio, Giovanni. The Decameron. Trans. G. H. McWilliam. New York: Penguin Books, 1972.

Bloom, Harold. The Western Canon: The Books and School of the Ages. New York: Harcourt Brace, 1994.

Bowman, Henry A. Marriage for Moderns. New York: McGraw-Hill, 1942.

Braden, Gordon. Petrarchan Love and the Continental Renaissance. New Haven, CT: Yale University Press, 1999.

Breitenberg, Mark. Anxious Masculinity in Early Modern England. Cambridge, UK: Cambridge University Press, 1996.

Briffault, Robert. The Mothers. New York: Atheneum, 1977.

______, Sin and Sex. New York: Macaulay Co., 1931.

Briffault, Robert, and Bronislaw Malinowski. Marriage: Past and Present. Boston: Porter Sargent, 1956.

Brooke, Christopher. The Medieval Idea of Marriage. Oxford: Oxford University Press, 1989.

Brown, Peter. Augustine of Hippo: A Biography. Berkeley: University of California Press, 1967.

______, The Body and Society: Men, Women, and Sexual Renunciation in Early Christianity. New York: Columbia University Press, 1988.

Brundage, James A. Law, Sex, and Christian Society in Medieval Europe. Chicago: University of Chicago Press, 1987.

______, Medieval Canon Law. London: Longman, 1995.

Bumke, Joachim. Courtly Culture: Literature and Society in the High Middle Ages. Woodstock, NY: Overlook Press, 2000.

Bullough, Vern L. Sex, Society, and History. New York: Science History Publication, 1976.

Bullough, Vern L., and James Brundage. Sexual Practices and the Medieval

Church. Buffalo, NY: Prometheus Books, 1994.

Bullough, Vern L., Brenda Shelton, and Sarah Slavin. *The Subordinated Sex: A History of Attitudes Toward Women*. Rev. ed. Athens: University of Georgia Press, 1988.

Burford, E. J. *The Bishop's Brothels*. London: Robert Hale, 1976.

Burgess, Glyn S., and Keith Busby, trans. *The Lais of Marie de France*. New York: Penguin Books, 1986.

Burke, Peter. *Popular Culture in Early Modern Europe*. Rev. reprint. Aldershot: Ashgate, 1999.

Bynum, Caroline Walker. *Holy Feast and Holy Fast*. Berkeley: University of California Press, 1987.

Cantor, Norman F. *The Last Knight: The Twilight of the Middle Ages and the Birth of the Modern Era*. New York: Harper Perennial, 2005.

————, *The Medieval Reader*. New York: HarperCollins, 1994.

Capellanus, Andreas. *The Art of Courtly Love*. New York: Columbia University Press, 1960.

Castiglione, Baldesar. *The Book of the Courtier*. Trans. George Bull. New York: Penguin Books, 1967.

Chadwick, Henry. *Augustine*. Oxford: Oxford University Press, 1986.

————, *The Early Church*. New York: Penguin Books, 1990.

Chapman, George. *The Widow's Tears*. Ed. Ethel M. Smeak. Lincoln: University of Nebraska Press, 1966.

Chaucer, Geoffrey. *The Canterbury Tales*. Ed. A. C. Cawley. New York: Alfred A. Knopf, 1992.

Cherry, David. *The Roman World: A Sourcebook*. Malden, MA: Blackwell Publishing, 2001.

Cohen, Jeremy. *"Be Fertile and Increase, Fill the Earth and Master It": The Ancient and Medieval Career of a Biblical Text*. Ithaca, NY: Cornell University Press, 1989.

Collis, Louise. *Memoirs of a Medieval Woman: The Life and Times of Margery Kempe*. New York: HarperCollins, 1983.

Coulton, G. G. *Chaucer and His England*. London: Methuen, 1963.

Cowell, F. R. *Cicero and the Roman Republic*. London: Sir Isaac Pitman and Sons, 1948.

Crossan, John Dominic. *The Birth of Christianity*. San Francisco: Harper-SanFrancisco, 1998.

David, Alfred, ed. *The Norton Anthology of English Literature: The Middle Ages*. Vol. 1A. New York: W. W. Norton, 2000.

Davies, R. T., ed. *Medieval English Lyrics: A Critical Anthology*. Evanston, IL: Northwestern University Press, 1964.

Davis, Natalie Zemon. *Society and Culture in Early Modern France*. Stanford, CA: Stanford University Press, 1975.

Davis, Natalie Zemon, and Arlette Farge, eds. *A History of Women: Renaissance and Enlightenment Paradoxes*. Vol. 3. Cambridge, MA: Harvard University Press, 1993.

Dei Segni, Lotario. *DeMiseria Condicionis Humane*. Ed. Robert E. Lewis. Athens, GA: University of Georgia Press, 1978.

De Lafayette, Madame. *The Princesse de Clèves*. Trans. Robin Buss. New York: Penguin Books, 1978.

De Lorris, Guillaume, and Jean de Meun. *The Romance of the Rose*. Trans. Charles Dahlberg. 3rd ed. Princeton, NJ: Princeton University Press, 1995.

Dell, Floyd. *Love in the Machine Age*. New York: Octagon Books, 1973.

De Pizan, Christine. *The Book of the City of Ladies*. Trans. Jeffrey Richards. New York: Persea Books, 1998.

De Rougemont, Denis. *Love in the Western World*. Trans. Montgomery Belgion. Princeton, NJ: Princeton University Press, 1983.

Diamond, Jared. *Guns, Germs, and Steel: The Fates of Human Societies*. New York: W. W. Norton, 1999.

Dillenberger, John, ed. *Martin Luther: Selections from His Writings*. Garden City, NY: Doubleday, 1961.

Ditzion, Sidney. *Marriage, Morals, and Sex in America: A History of Ideas*. New York: W. W. Norton, 1969.

Dorlan, Frances E. *Dangerous Familiars*. Ithaca, NY: Cornell University

Press, 1994.

Duby, Georges. *The Knight, the Lady, and the Priest: The Making of Modern Marriage in Medieval France*. Chicago: University of Chicago Press, 1993.

______, *Love and Marriage in the Middle Ages*. Chicago: University of Chicago Press, 1994.

______, *The Three Orders: Feudal Society Imagined*. Trans. Arthur Goldhammer. Chicago: Chicago University Press, 1980.

______, *Women of the Twelfth Century*. Vol. 2, *Remembering the Dead*. Chicago: University of Chicago Press, 1997.

Duby, Georges, and Michelle Perrot, eds. *A History of Women in the West*. Vol. 1, *From Ancient Goddesses to Christian Saints*. Cambridge, MA: Harvard University Press, 1992.

Du Val, John. *Fabliaux Fair & Foul*. Asheville, NC: Pegasus Press, 1999.

Ehrenreich, Barbara, and Deirdre English. *For Her Own Good*. New York: Anchor Books, 1979.

Elias, Norbert. *The Civilizing Process,* Trans. Edmund Jephcott. Oxford: Blackwell, 1994.

Elliott, Dyan. *Spiritual Marriage: Sexual Abstinence in Medieval Wedlock*. Princeton, NJ: Princeton University Press, 1993.

Emerton, Ephraim, trans. *The Correspondence of Pope Gregory VII*. New York: Columbia University Press, 1990.

Engels, Frederick. *The Origin of the Family, Private Property, and the State*. New York: International Publishers, 1942.

Erasmus. *Ten Colloquies*. Trans. Craig R. Thompson. New York: Macmillan, 1986.

Erikson, Erik H. *Young Man Luther: A Study in Psychoanalysis and History*. New York: W. W. Norton, 1958.

Euripides. *Alcestis and Other Plays*. Trans. John Davie. New York: Penguin Books, 1996.

Fielding, William J. *Strange Customs of Courtship and Marriage*. Philadelphia: Blakiston Co., 1942.

Findlay, Alison. *A Feminist Perspective on Renaissance Drama.* Malden, MA: Blackwell, 1999.

Fisher, Helen. *Anatomy of Love.* New York: Fawcett Columbine, 1992.

Flandrin, Jean-Louis. *Families in Former Times: Kinship, Household, and Sexuality in Early Modern France.* Cambridge, UK: Cambridge University Press, 1979.

Fletcher, Anthony. *Gender, Sex, and Subordination in England, 1500-1800.* New Haven, CT: Yale University Press, 1995.

Fletcher, Anthony, and John Stevenson, eds. *Order and Disorder in Early Modern England.* Cambridge, UK: Cambridge University Press, 1985.

Fletcher, Richard. *The Barbarian Conversion: From Paganism to Christianity.* New York: Henry Holt, 1997.

Fogarty, Robert S., ed. *Desire and Duty at Oneida.* Bloomington: Indiana University Press, 2000.

Fonte, Moderata (Modesta Pozzo). *The Worth of Women* Trans. Virginia Cox. Chicago: University of Chicago Press, 1997.

Fredriksen, Paula. *Jesus of Nazareth, King of the Jews.* New York: Vintage Books, 1999.

Freeman, Charles. *The Closing of the Western Mind: The Rise of Faith and the Fall of Reason.* New York: Vintage Books, 2005.

Freud, Sigmund. *Sexuality and the Psychology of Love.* New York: Collier Books, 1963.

Friedan, Betty. *The Feminine Mystique.* New York: Dell, 1963.

Friedman, David M. *A Mind of Its Own: A Cultural History of the Penis.* New York: Penguin Books, 2001.

Gasparro, Giulia Sfameni, Cesare Magazzu, and Concetta Aloe Spada. *The Human Couple in the Fathers.* Boston: Pauline Books and Media, 1999.

Gassner, John, ed. *Elizabethan Drama.* New York: Bantam Books, 1967.

Gay, Peter. *The Bourgeois Experience: Victoria to Freud.* Vol. 2, *The Tender Passion.* Oxford: Oxford University Press, 1986.

Gies, Frances, and Joseph Gies. *Marriage and the Family in the Middle*

Ages. New York: Harper & Row, 1987.

Goldsmith, Oliver. *The Vicar of Wakefield*. 3rd ed. New York: Penguin Books, 1986.

Goody, Jack. *The Development of the Family and Marriage in Europe*. Cambridge, UK: Cambridge University Press, 1983.

______, *The European Family*. Oxford: Blackwell, 2000.

Gottfried, Robert S. *The Black Death: Natural and Human Disaster in Medieval Europe*. New York: Free Press, 1983.

Gottlieb, Beatrice. *The Family in the Western World*. Oxford: Oxford University Press, 1993.

Groves, Ernest R. *Marriage*. New York: Henry Holt, 1933.

Grubbs, Judith Evans. *Law and Family in Late Antiquity*. Oxford: Oxford University Press, 1999.

Gurevich, Aron. *Medieval Popular Culture: Problems of Belief and Perception*. Cambridge, UK: Cambridge University Press, 1988.

Hale, J. R. *Renaissance Europe*. Berkeley: University of California Press, 1977.

Hamilton, G. W. *A Research in Marriage*. New York: Medical Research Press, 1929.

Hanawalt, Barbara A. *"Of Good and Ill Repute": Gender and Social Control in Medieval England*. New York: Oxford University Press, 1998.

______, *The Ties That Bound: Peasant Families in Medieval England*. New York: Oxford University Press, 1986.

Harbage, Alfred, ed. *William Shakespeare: The Complete Works*. Baltimore: Penguin Books, 1969.

Henderson, Katherine Usher, and Barbara F. McManus. *Half Humankind*. Urbana: University of Illinois Press, 1985.

Hensley, Jeannine, ed. *The Works of Anne Bradstreet*. Cambridge, MA: Harvard University Press, 1967.

Herlihy, David. *The Black Death and the Transformation of the West*. Cambridge, MA: Harvard University Press, 1997.

Herlihy, David, ed. *Medieval Culture and Society*. New York: Harper Torch-

324 I don't

books, 1968.

Hinkle, Beatrice M. "Marriage in the New World," in *The Book of Marriage*. Ed. Hermann Keyserling. New York: Harcourt, Brace & Co., 1926.

Hofstadter, Richard. *Social Darwinism in American Thought*. Boston: Beacon Press, 1955.

Howe, Quincy, ed. *Selected Sermons of St. Augustine*. New York: Holt, Rinehart and Winston, 1966.

Hrdy, Sarah Blaffer. *Mother Nature: A History of Mothers, Infants, and Natural Selection*. New York: Pantheon Books, 1999.

______, *The Woman That Never Evolved*. Rev. ed. Cambridge, MA: Harvard University Press, 1999.

Hufton, Olwen. *The Prospect Before Her: A History of Women in Western Europe, 1500-1800*. New York: Vintage Books, 1995.

Huizinga, Johan. *The Autumn of the Middle Ages*. Trans. Rodney J. Payton and Ulrich Mammitzsch. Chicago: University of Chicago Press, 1996.

______, *Erasmus and the Age of Reformation*. New York: Harper Torchbooks, 1957.

Hull, Suzanne W. *Chaste, Silent, and Obedient*. San Marino CA: Huntington Library, 1982.

______, *Women According to Men*. Walnut Creek, CA: AltaMira Press, 1996.

Hunter, David G., ed. *Marriage in the Early Church*. Minneapolis: Fortress Press, 1992.

Jacquart, Danielle, and Claude Thomasset. *Sexuality and Medicine in the Middle Ages*. Princeton, NJ: Princeton University Press, 1985.

James, Henry. *The Golden Bowl*. Oxford: Oxford University Press, 1983.

Johnson, Paul. *A History of Christianity*. New York: Touchstone, 1976.

Jukes, Adam. *Why Men Hate Women*. London: Free Association Books, 1993.

Juvenal. *The Sixteen Satires*. Trans. Peter Green. New York: Penguin Books, 1967.

Key, Ellen. *Love and Marriage*. New York: Knickerbocker Press, 1912.

Kazin, Alfred, ed. *The Portable Blake.* New York: Viking Press, 1968.

Keen, Maurice. *Chivalry.* NewHaven, CT: Yale University Press, 1984.

Kelly, John. *The Great Mortality.* New York: HarperCollins, 2005.

Ker, W. P. *Epic and Romance: Essays on Medieval Literature.* New York: Dover Publications, 1957.

Keuls, Eva C. *The Reign of the Phallus: Sexual Politics in Ancient Athens.* Berkeley: University of California Press, 1985.

King, Margaret L. *Women of the Renaissance.* Chicago: University of Chicago Press, 1991.

Kirshner, Julius, and Suzanne F. Wemple, eds. *Women of the Medieval World.* Oxford: Basil Blackwell, 1987.

Laqueur, Thomas. *Making Sex: Body and Gender from the Greeks to Freud.* Cambridge MA: Harvard University Press, 1990.

Lasch, Christopher. *Haven in a Heartless World: The Family Besieged.* New York: W. W. Norton, 1977.

______, *Women and the Common Life: Love, Marriage, and Feminism.* New York: W. W. Norton, 1997.

Laslett, Peter. *Family Life and Illicit Love in Earlier Generations.* Cambridge, UK: Cambridge University Press, 1977.

La Tour-Landry, Geoffroy de. *The Book of the Knight of La Tour Landry.* Ed. G. S. Taylor. London: John Hamilton Ltd., 1906.

Lea, Henry. *Superstition and Force.* New York: Barnes & Noble, 1996.

Lecky, W. E. H. *History of European Morals.* New York: George Braziller, 1955.

Lefkowitz, Mary R., and Maureen B. Fant. *Women's Life in Greece and Rome.* 2nd ed. Baltimore: Johns Hopkins University Press, 1992.

Leites, Edmund. *The Puritan Conscience and Modern Sexuality.* New Haven, CT: Yale University Press, 1986.

Lemay, Helen Rodnite, trans. *Women's Secrets: A Translation of Pseudo-Albertus Magnus's* De Secretis Mulierum *with Commentaries.* Albany: State University of New York Press, 1992.

Lewis, C. S. *The Allegory of Love.* New York: Oxford University Press, 1958.

Liddell, Henry George and Robert Scott. *A Greek-English Lexicon*. Oxford: Clarendon Press, 1968.

Lovejoy, Arthur O. *The Great Chain of Being: A Study of the History of an Idea*. New York: Harper Torchbooks, 1960.

Lucas, Angela M. *Women in the Middle Ages: Religion, Marriage and Letters*. New York: St. Martin's, 1983.

Luhmann, Niklas. *Love as Passion: The Codification of Intimacy*. Trans. Jeremy Gaines and Doris L. Jones. Stanford, CA: Stanford University Press, 1982.

Luther, Martin. *Luther's Works*. Vol. 45, *The Christian in Society II*. Ed. Walther I. Brandt. Philadelphia: Fortress Press, 1962.

______, *Luther's Works*. Vol. 54, *Table Talk*. Trans. Theodore G Tappert. Philadelphia: Fortress Press, 1967.

Mackenzie, Henry. *The Man of Feeling*. New York: W. W. Norton, 1958.

Malinowski, Bronislaw. *The Sexual Life of Savages in North-Western Melanesia*. New York: Eugenics Publishing Co., 1929.

Marcus, Steven. *The Other Victorians*. New York: Basic Books, 1966.

Marinella, Lucrezia. *The Nobility and Excellence of Women and the Defects and Vices of Men*. Trans. Anne Dunhill. Chicago: University of Chicago Press, 1999.

Martin, Thomas R. *Ancient Greece*. New Haven: Yale University Press, 1996.

Maus, Katharine Eisaman. *Four Revenge Tragedies*. Oxford: Oxford University Press, 1995

McManners, John, ed. *The Oxford History of Christianity*. Oxford: Oxford University Press, 1993.

McNeill, John T., and Helena M. Gamer. *Medieval Handbooks of Penance*. New York: Columbia University Press, 1990.

Meeks, Wayne A., ed. *The HarperCollins Study Bible: New Revised Standard Version*. New York: HarperCollins, 1993.

Menefee, Samuel Pyeatt. *Wives for Sale: An Ethnographic Study of British Popular Divorce*. Oxford: Basil Blackwell, 1981.

Milton, John. *Paradise Lost* and *Paradise Regained*. Ed. Christopher Ricks. New York: New American Library, 1968.

Mitchell, Stephen. *The Gospel According to Jesus*. New York: HarperPerennial, 1993.

Montaigne. *The Complete Essays*. Trans. Donald M. Frame. Stanford, CA: Stanford University Press, 1965.

Morgan, Lewis Henry. *Ancient Society*. Tucson: University of Arizona Press, 1995.

Muncy, Raymond Lee. *Sex and Marriage in Utopian Communities: Nineteenth-Century America*. Baltimore: Penguin Books, 1974.

Murray, Jacqueline, ed. *Love, Marriage, and Family in the Middle Ages*. Toronto: Broadview Press, 2001.

Newman, Barbara. *From Virile Woman to WomanChrist*. Philadelphia: University of Pennsylvania Press, 1995.

Nohl, Johannes. *The Black Death: A Chronicle of the Plague*. Trans. C. H. Clarke. Yardley, PA: Westholme Publishing, 2006.

Noonan, John T. *Contraception*. New York: Mentor-Omega Books, 1967.

Okin, Susan Moller. *Women in Western Political Thought*. Princeton, NJ: Princeton University Press, 1979.

O'Neill, Nena, and George O'Neill. *Open Marriage*. New York: Avon Books, 1972.

Orlin, Lena Cowen. *Private Matters and Public Culture in Post-Reformation England*. Ithaca, NY: Cornell University Press, 1994.

Ovid. *The Art of Love and Other Poems*. Trans. J. H. Mozley. 2nd ed. Cambridge, MA: Harvard University Press, 1979.

Ozment, Steven. *The Age of Reform, 1250-1550*. New Haven, CT: Yale University Press, 1980.

______, *Ancestors: The Loving Family in Old Europe*. Cambridge, MA: Harvard University Press, 2001.

______, *The Burgermeister's Daughter*. New York: HarperPerennial, 1996.

______, *Flesh and Spirit*. New York: Viking, 1999.

______, *Magdalena and Balthasar*. New Haven, CT: Yale University Press,

1986.

Ozment, Steven. *When Fathers Ruled: Family Life in Reformation Europe.* Cambridge, MA: Harvard University Press, 1983.

Pagels, Elaine. *Adam, Eve, and the Serpent.* New York: Vintage Books, 1989.

______, *The Origin of Satan.* New York: Vintage Books, 1995.

Patterson, Cynthia B. *The Family in Greek History.* Cambridge, MA: Harvard University Press, 1998.

Payer, Pierre J. *The Bridling of Desire: Views of Sex in the Later Middle Ages.* Toronto: University of Toronto Press, 1993.

______, *Sex and the Penitentials.* Toronto: University of Toronto Press, 1984.

Plato. *Dialogues.* Ed. J. D. Kaplan. New York: Pocket Books, 1950.

Plutarch. *Moralia* IV. Trans. Frank Cole Babbitt. Cambridge, MA: Harvard University Press, 1936.

______, *Essays.* London: Penguin Books, 1992.

Pomeroy, Sarah B. *Goddesses, Whores, Wives, and Slaves.* New York: Pantheon, 1995.

Power, Eileen. *Medieval People.* London: University Paperbacks, 1963.

Power, Eileen, trans. *The Goodman of Paris.* London: George Routledge & Sons, 1928.

Quasten, Johannes et al., eds. *Ancient Christian Writers: St. Augustine.* Trans. John Hammond Taylor. New York: Newman Press, 1982.

Quasten, Johannes, and Walter J. Burghardt, eds. *Ancient Christian Writers: St. Jerome.* Trans. Charles Christopher Mierow. New York: Newman Press, 1963.

Quasten, Johannes, and Joseph C. Plumpe, eds. *Ancient Christian Writers: Tertullian.* Trans. William P. Le Saint. New York: Newman Press, 1951.

Ramsey, Lee C. *Chivalric Romances.* Bloomington: Indiana University Press, 1983.

Reay, Barry. *Popular Cultures in England, 1550-1750.* London: Longman,

1998.

Rider, Catherine. *Magic and Impotence in the Middle Ages.* Oxford: Oxford University Press, 2006.

Ridley, Matt. *The Red Queen: Sex and the Evolution of Human Nature.* New York: HarperPerennial, 2003.

Robinson, Jane. *Women Out of Bounds.* New York: Carroll & Graf, 2002.

Rogers, Katharine M. *The Troublesome Helpmate: A History of Misogyny in Literature.* Seattle: University of Washington Press, 1966.

Ruggiero, Guido. *Binding Passions: Tales of Magic, Marriage, and Power at the End of the Renaissance.* Oxford: Oxford University Press, 1993.

Rummel, Erika, ed. *Erasmus on Women.* Toronto: University of Toronto Press, 1996.

Russell, Bertrand. *Marriage and Morals.* New York: Liveright, 1970.

Russell, Jeffrey Burton. *Witchcraft in the Middle Ages.* Ithaca, NY: Cornell University Press, 1972.

Rybczynski, Witold. *Home: A Short History of an Idea.* New York: Penguin Books, 1986.

St. Ambrose. "The Relationship Between Adam and Eve," in *The Human Couple in the Fathers,* trans. Thomas Halton. New York: Pauline Books & Media, 1999.

St. Augustine. *Concerning the City of God against the Pagans.* Trans. Henry Bettenson. New York: Penguin Books, 1972.

______, *Confessions.* Trans. Garry Wills. New York: Penguin Books, 2006.

______, *On Free Choice of the Will.* Trans. Anna S. Benjamin. New York: Library of Liberal Arts, 1964.

______, "The Good of Marriage," in *Marriage in the Early Church.* Ed. David G. Hunter. Minneapolis: Fortress Press, 1992.

______, Saint Augustine. "Different Roles and Equal Zeal in Conjugal Chastity," in *The Human Couple in the Fathers,* trans. Thomas Halton. New York: Pauline Books & Media, 1999.

St. Jerome. *The Nicene & Post-Nicene Fathers.* Vol. 6. Grand Rapids, MI: Wm. B. Eerdmans, 1996.

St. Jerome. Letters of St. Jerome, Vol. 1. *Ancient Christian Writers* 33. New York: Newman Press, 1963.

Salisbury, Joyce, ed. *Sex in the Middle Ages*. New York: Garland, 1991.

Sanders, E. P. *The Historical Figure of Jesus*. New York: Penguin Books, 1995.

Scott, George Ryley. *Curious Customs of Sex and Marriage*. London: Senate, 1995.

Shakespeare, William. *The Complete Works*. Baltimore, MD: Penguin Books, 1969.

Shelton, Jo-Ann. *As the Romans Did: A Sourcebook in Roman Social History*. New York: Oxford University Press, 1988.

Shepherd, Simon, ed. *The Women's Sharp Revenge*. New York: St Martin's Press, 1985.

Shorter, Edward. *The Making of the Modern Family*. New York: Basic Books, 1975.

Sinclair, Alison. *The Deceived Husband*. Oxford: Clarendon Press, 1993.

Singer, Irving. *The Nature of Love*. Vol. 1, *Plato to Luther*. 2nd ed. Chicago: University of Chicago Press, 1984.

______, *The Nature of Love*. Vol. 2, *Courtly and Romantic*. Chicago: University of Chicago Press, 1966.

______, *The Nature of Love*. Vol. 3, *The Modern World*. Chicago: University of Chicago Press, 1987.

Spenser, Edmund. *Poetical Works*. Ed. J. C. Smith and E. De Selincourt. Oxford: Oxford University Press, 1970.

Stone, Lawrence. *The Family, Sex, and Marriage in England, 1500-1800*. Abridged ed. New York: Harper Torchbooks, 1977.

Stopes, Marie C. *Married Love*. New York: Eugenics Publishing Co , 1931.

Strong, James, *New Strong's Exhaustive Concordance of the Bible: King James Version*. Nashville: T. Nelson, 1995.

Summers, Montague, trans. *The Malleus Maleficarum of Henrich Kramer and James Sprenger*. New York: Dover Publications, 1971.

Suggs, M. Jack et al., eds. *The Oxford Study Bible*. New York: Oxford University Press, 1992.

Symons, Donald. *The Evolution of Human Sexuality.* Oxford: Oxford University Press, 1979.

Tacitus, P. Cornelius. *The Annals and the Histories.* Trans. Alfred John Church and William Jackson Brodribb. New York: Barnes & Noble, 2005.

Tannahill, Reay. *Sex in History.* Rev. and updated ed. Chelsea, MI: Scarborough House, 1992.

Taylor, G. Rattray. *Sex in History.* New York: Harper Torchbooks, 1970.

Tertullian. *The Ante-Nicene Fathers,* 4. Grand Rapids, MI: Wm. B. Eerdmans, 1994.

________, *Ancient Christian Writers* 13. New York: Newman Press, 1951.

The Bible:Authorized King James Version. Oxford: Oxford University Press, 1998.

The Torah: A Modern Commentary. Ed. W. Gunther Plaut. New York: Union of American Hebrew Congregations, 1981.

Tiger, Lionel. *Men in Groups.* New York: Vintage Books, 1970.

Ulrich, Laurel Thatcher. *Good Wives: Image and Reality in the Lives of Women in Northern New England, 1650-1750.* New York: Vintage Books, 1980.

Vives, Juan Luis. *The Education of a Christian Woman.* Trans. Charles Fantazzi. Chicago: University of Chicago Press, 2000.

Von Campenhausen, Hans. *The Fathers of the Latin Church.* Trans. Manfred Hoffman. Stanford, CA: Stanford University Press, 1964.

Waller, Willard. *The Old Love and the New: Divorce and Readjustment.* Carbondale: Southern Illinois University Press, 1967.

________, *The Family: A Dynamic Interpretation.* New York: Holt, Rinehart and Winston, 1938.

Walster, Elaine, and G. William Walster. *A New Look at Love.* Reading, MA: Addison-Wesley, 1978.

Webber, Everett. *Escape to Utopia: The Communal Movement in America.* New York: Hastings House, 1959.

Weinstein, Donald, and Rudolph M. Bell. *Saints and Society.* Chicago: University of Chicago Press, 1982.

Weir, Alison. *Eleanor of Aquitaine: A Life.* New York: Ballantine, 2001.

Wells, H. G. *The Outline of History.* Vol. 1, *Prehistory to the Roman Republic.* Garden City, NY: Garden City Books, 1920.

______, *The Outline of History.* Vol. 2. *The Roman Empire to the Great War.* Garden City, NY: Garden City Books, 1920.

Westermarck, Edward. *The History of Human Marriage.* London: Macmillan and Co., 1903.

Wickham, Chris. *Framing the Early Middle Ages.* Oxford: Oxford University Press, 2005.

Wiesner, Merry E. *Women and Gender in Early Modern Europe.* 2nd ed. Cambridge, UK: Cambridge University Press, 2000.

Wilcox, Donald J. *In Search of God and Self: Renaissance and Reformation Thought.* Prospect Heights, IL: Waveland Press, 1987.

Wills, Garry. *Papal Sin: Structures of Deceit.* New York: Doubleday, 2000.

______, *Saint Augustine.* New York: Viking, 1999.

Williams, Marty, and Anne Echols. *Between Pit and Pedestal: Women in the Middle Ages.* Princeton, NJ: Markus Wiener Publishers, 1994.

Xenophon. IV. *Oeconomicus.* E. C. Marchart, O. J. Todd. Loeb Classical Library. London: Harvard University Press, 1997.

Zacks, Richard. *History Laid Bare: Love, Sex, and Perversity from the Ancient Etruscans to Warren G. Harding.* New York: HarperCollins, 1994.

Zeldin, Theodore. *An Intimate History of Humanity.* New York: HarperPerennial, 1994.

| 참고 웹사이트 |

Euripides. *Iphigenia at Aulis.* Trans. Edward P. Coleridge. http://etext.library.adelaide.edu.au/e/euripides/ip_aulis/. January 14, 2008.

Hesoid. "Works and Days." Tufts University web site. http://www.perseus.
tufts.edu/cgi-bin/ptext?lookup=Hes.+WD+1. January 14, 2008.

Livy. "History of Rome, Book 1: The Earliest Legends." University of Vir-
ginia web site. http://etext.virginia.edu/etcbin/toccernew2?id=Liv1
His.sgm&images=images/modeng&da. January 14, 2008.

Schaff, Philip. *History of the Christian Church*. The Electronic Bible Society,
http://www.ccel.org/print/schaff/hcc1/titlepage. January 21, 2008.

I don't

남자는 덮고 싶고 여자는 알고 싶은 결혼의 역사

2009년 9월 15일 초판 1쇄 찍음
2009년 9월 25일 초판 1쇄 펴냄

지은이 | 수잔 스콰이어
옮긴이 | 박수연

펴낸이 | 정종주
기획편집 | 이재만, 이영호
마케팅 | 김창덕

펴낸곳 | 도서출판 뿌리와이파리
등록번호 | 제10-2201호(2001년 8월 21일)
주소 | 서울시 마포구 서교동 451-48 2층
전화 02)324-2142~3
전송 02)324-2150
전자우편 puripari@hanmail.net

디자인 | 가필드
출력 | 경운프린테크
종이 | 화인페이퍼
인쇄 및 제본 | 영신사
라미네이팅 | 금성산업

값 15,000원
ISBN 978-89-90024-96-1 (03900)

●이 도서의 국립중앙박물관 출판시도서목록(CIP)은
e-CIP 홈페이지(http://www.nl.go.kr/ecip)에서 이용하실 수 있습니다.
(CIP 제어번호: CIP2009002839)